| 民盟西北领袖 |

民盟西北领袖

杜斌丞

许发宏 山 石 杜芳滨 著

中国文史出版社

图书在版编目（CIP）数据

民盟西北领袖杜斌丞／许发宏，山石，杜芳滨著.
—北京：中国文史出版社，2019.6
ISBN 978-7-5205-1117-9

Ⅰ.①民… Ⅱ.①许… ②山… ③杜… Ⅲ.①杜斌丞
（1888-1947）–传记 Ⅳ.①K827=6

中国版本图书馆 CIP 数据核字（2019）第 102416 号

责任编辑：王文运　赵姣娇　　装帧设计：王　琳　程　跃

出版发行：中国文史出版社

社　　　址：北京市海淀区西八里庄路 69 号　　邮编：100142
电　　　话：010 – 81136606　81136602　81136603（发行部）
传　　　真：010 – 81136655
印　　　装：北京温林源印刷有限公司　　邮编：102445
经　　　销：全国新华书店
开　　　本：787mm×1092mm　1/16
印　　　张：23.75　　插页：16
字　　　数：330 千字
版　　　次：2019 年 8 月北京第 1 版
印　　　次：2019 年 8 月第 1 次印刷
定　　　价：68.00 元

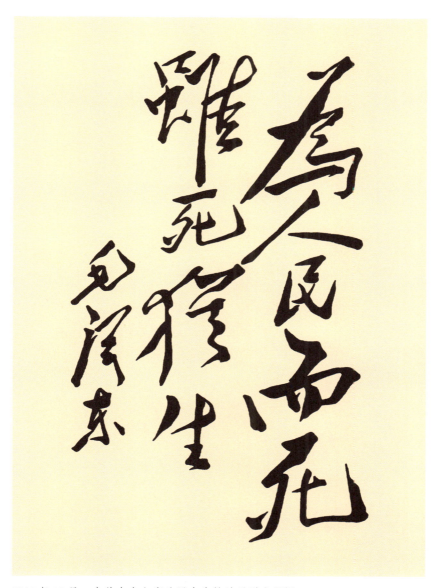

1948 年 10 月，中共中央主席毛泽东为杜斌丞烈士题词

杜斌丞先生遗照

杜斌丞夫人朱佩英（中）、长子鸿范（右二）、次子鸿模（右一）、长女瑞兰（左二）、次女鸿鹄（左一）的合影

1930年冬，杜斌丞（右）与堂弟杜理丞（左）在西安合影

20世纪30年代，杜斌丞（中）与表弟马师儒（右）、高元白（左）合影

杜斌丞曾就读的北京高等师范学校旧址

杜斌丞（中）与崔焕九

（左）、高志清（右）合影

1929年，杜斌丞等陕西旅平同乡，在北平中山公园来今雨轩与来平参加恭谒中山灵柩的杨虎城等合影。杜斌丞（三排右一）、寇遐（三排右五）、张凤翙（二排右四）、杨虎城（前排右六）

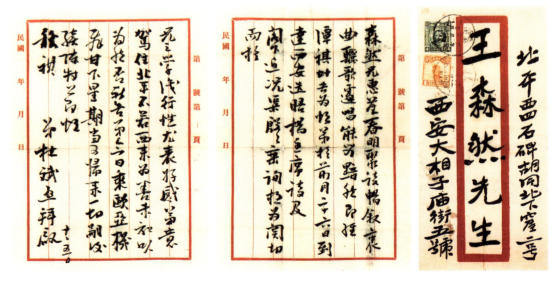

1930年10月，杨虎城入关主陕，杜斌丞任十七路军、潼关行营高级参议，应杨嘱托，写信给北平的王森然，邀其来陕从政书信原件

1932年春，杜斌丞（右一）、邓宝珊（左一）、孙蔚如（左二）、韩威西（右二）在兰州五泉山合影

1932年初冬，杜斌丞（右二）与常黎夫（左二）、崔焕九（左三）、马豫章（右一）等在兰州五泉山合影

　　1933 年 12 月，正在汉中的杜斌丞（前排右三）陪同前来视察陕南防务的杨虎城（右四），以及孙蔚如（右五）、王宗山（右六）、赵寿山（右七）等合影

　　1937 年 5 月 27 日，杨虎城（中）被迫离陕飞沪出国"考察"，十万军民到机场欢送。杜斌丞（右三）、邓宝珊（右二）在西安西关机场陪同杨虎城步入欢送人群

1938年，杜斌丞（右二）与朱庆澜（左二）、李公朴（右一）、孙蔚如（左一）在西安合影

1943年冬，杜斌丞（右二）前往重庆、桂林、昆明、成都等地进行民主活动。图为在重庆期间，与孙蔚如（右一）、杨令德（左二）、邓宝珊（左一）在一起

1948 年 5 月 4 日，陕甘宁边区政府主席林伯渠亲笔题写的"斌丞图书馆"匾额

1985 年 9 月 4 日，重建斌丞图书馆暨杜斌丞纪念室开放仪式在米脂县举行

1952年12月，孙蔚如（左一）、赵寿山（左二）、南汉宸（左三）、韩望尘（右二）、窦荫三（右一）在杜斌丞烈士墓前

1982年10月7日，中国民主同盟中央委员会在全国政协礼堂举行大会，纪念杜斌丞同志牺牲35周年、杨明轩同志逝世15周年

1988 年 5 月 10 日，习仲勋（左二）、楚图南（左一）、刘澜涛（右二）、吕正操（右一）出席纪念杜斌丞诞辰 100 周年大会

1995 年 4 月，杜斌丞扶助优秀贫困学生基金会管理委员会成立

1996年，西安市人民政府重新修葺的　　竖立在杜斌丞纪念馆前的杜斌丞烈士铜像
杜斌丞烈士墓地和碑亭

2018年9月，纪念杜斌丞诞辰130周年暨斌丞图书馆建馆70周年大会在米脂县举行

中国共产党的忠实朋友（代序）

马文瑞　刘澜波　王炳南　孔从洲　常黎夫

1947年10月7日，中国杰出的民主革命活动家杜斌丞先生，在蒋胡匪帮的屠刀之下壮烈牺牲了。

在为实现中国民主革命长期共同的斗争中，杜斌丞先生与我党结下了深厚的友谊，他那秋水般纯净的革命品德和松柏般不屈的献身精神，时时引起我们的深切怀念。

"革命的教育家"

杜斌丞，陕西省米脂县人，生于1888年。1917年毕业于北京高等师范学校史地部。在京学习时期，他痛感北洋政府腐败无能，怀着爱国主义的热忱，对孙中山先生的革命活动和主张深表赞同。

1917年秋，杜斌丞回到文化落后、风气闭塞的陕北家乡，任榆林中学教务主任兼史地教员，次年担任校长。榆林中学是当时陕北23县仅有的一所中等学校，由于创建伊始，沿袭旧制，读经尊孔，死气沉沉。杜斌丞苦心擘画，锐意革新，联系各方，筹措经费，扩建校舍，购置图书仪器。为了开创新的学风，提高教学质量，他从北京聘请学识渊博、思想进步的人士魏野畴、李子洲（魏和李是陕西我党组织创建人）、呼延震东、王森然、朱横秋等来校执教，讲授和传播新文化运动、中国革命和马列主义思想等。为了撙节学校开支，他自俸俭薄，每月只拿50元薪金；而聘请教师，有的月薪高达130元。由于学校倡导学生自由思想、自由辩论，学术组织相继成立，学术空气日益活跃，全校生气勃勃，面目一新，成为陕北最早推行进步的文化教育和传播革命思想的学府。杜斌丞积极提倡并大力资助学生外出深造，投身革命。刘志丹、谢子长、霍世杰等一大批人都是从榆中肄业或毕业，出外投考军事政治学校的。他先后赞助筹办了绥德、延安、米脂等地的师范学校、中等学校和榆林职业学校，推荐了很多榆中学生分赴陕北各县，促进男、女完小的创建和地方教育的发展。

十年树人，成绩斐然。周恩来同志说杜斌丞是"革命的教育家"，这是恰如其分的评价。

"站在长线上"——走共产党的道路

在大革命的影响下，杜斌丞越来越不满军阀统治，几次出外考察。1927年2月，他作为陕北各界人士的代表前往西安，参加西安解围庆祝活动。在那里，他参加了西安各界追悼李大钊大会，出席了冯玉祥的军事扩大会议，积极支持冯玉祥出兵潼关，会师郑州，策应北伐。他经常和中共陕甘区委负责人魏野畴、李子洲，以及共产党员黄平万、杨明轩、刘志丹、史可轩、刘含初等在一起晤谈；还多次会见冯玉祥部总政治部主任、共产党员刘伯坚和冯玉祥的苏联军事顾问乌斯曼诺夫、赛福林等人。这使他眼界大为开阔，政治思想起了深刻变化。他对学生和青年意味深长地说："你们要站在长线上（共产党），不要站在短线上（国民党）；要站在前线上，不要站在后线上。"他自己首先"站在长线上"，而且坚持不懈，至死不渝。

这年，杜斌丞还到武汉、南京、上海等地考察。他看到了工农运动的蓬勃兴起，也目睹了蒋介石"四一二"背叛革命，对共产党人、革命工农的血腥镇压，更促进了他的革命思想的发展。在上海，他曾想经海参崴去苏联，由于蒋介石"清党"，受阻未成。后来的两三年间，他寓居北平，除协助勘查陕西水利事业，赈济陕北灾民等活动外，精心读书，研究国是。他曾对友人说："中国没有因为民国而进步，国民却因民国而遭难。"又说："中国革命的前途取决于人民大众的崛起，而人民大众的崛起，完全依赖于中国共产党的组织和领导。"这期间，军阀混战，兵连祸结，政治愈加黑暗，人民陷入更深的苦难。1929年，河北省主席徐永昌曾邀杜斌丞出任职务，他对友人说："道不同，不相为谋。"婉词谢绝。

倡议"西北大同盟"

1930年秋，杨虎城率部入关主陕，电邀杜斌丞由北平返陕，从此杜成为杨的重要决策人物之一。

杜、杨早年结识，并有深交。1922年陕西靖国军失败，杨虎城部退到榆林，因慕名拜访了杜斌丞。后由杜介绍杨与魏野畴相识。魏对杜、杨产生了很大影响，也为魏、杨之间和杜、杨之间后来的合作共事奠定了基础。

杜斌丞初到陕西，对杨虎城部入关后一些官员酒食征逐、安逸享乐的倾向大为不满。本想离去，经李寿亭挽留，终于向杨虎城推心置腹地说明，这次回陕，"要治陕，不是为了做官"的宗旨，从而言归于好，协力共事。杜斌丞在公开讲话中常以"得民心者昌，失民心者亡"的古训为戒，历述辛亥革命以来陈树藩、刘镇华、宋哲元等军阀的恶行，希望十七路军一定要励精图治，在陕西有所作为；并且提出首先要抵御蒋介石瓦解吞并异己的独裁统治。他说："一个杨虎城，一支十七路军，斗不过蒋介石，迟早要被吃掉；只有西北大联合，进而促进南北大联合，才能对付蒋介石。"由此产生了杜斌丞、杨虎城和邓宝珊三人谋取甘肃、宁夏、新疆，联络青海的意图，即后来广为流传的所谓"大西北主义"。杜斌丞当时的主张，用他自己的话说是"回汉一家，陕甘一体，打通新疆，联合苏联，南北团结，反蒋救国"24个字。他还形象地说这是"打开后门"（联合苏联）和"关住前门"（拒蒋介石于潼关之外）。

为此，1931年7月，杜斌丞以潼关行营高级参议身份，赴甘肃各地考察。联络和争取甘肃地方各股武装力量，同杨虎城建立了关系。同年11月，吴佩孚由四川窜入兰州，甘肃保安司令雷中田发出拥吴出山，主持大计的通电。蒋介石为形势所迫，不得不借杨虎城部入甘平乱。杨乘机派所部十七师师长孙蔚如以潼关行营参谋长名义进军甘肃，杜斌丞以高级参议身份随军入甘。由于地方武装势力的响应和配合，不一月而攻克兰州，赶走吴、雷。孙蔚如出任甘肃宣慰使，杜任秘书长，襄理省政。

1932年4月，蒋介石任命邵力子为甘肃省主席，9月，收买了驻天水的杨部警备师师长马青苑反杨，迫使孙蔚如部撤出兰州，移驻天水。蒋得手甘肃之后，对杜斌丞许愿封官，尽力拉拢，杜斌丞不为所动，辞职而去。

联共反蒋抗日

1933年，蒋介石控制甘肃后，以追击红军为名，命令在甘肃天水的孙蔚如部和陕南蒋的嫡系胡宗南部互换防地，把杨虎城在甘肃的军队全部赶到"剿共"前线。这时，杜斌丞明确提出联共反蒋抗日的主张，博得杨虎城、孙蔚如的赞同。

1933年春，杜斌丞推荐孙蔚如部参谋武志平代表杨虎城部，与在川陕边区的红四方面军领导人在通江地区会晤，取得联系，订立协议。同年10月，杜斌丞又亲赴汉中，在中共陕南特委的协助下，与红四方面军继续保持联系。因而，从1933年至1934年之间，双方没有发生军事冲突，从而使红四方面军得以集中兵力对付四川之敌，并由陕南得到一些急需物资和药品的补充。从而粉碎了蒋介石妄图使十七路军与红军互相拼杀、两败俱伤的阴谋。

1935 年 10 月，党中央长征到达陕北。12 月初，为了争取东北军、西北军共同抗日，毛泽东同志派汪锋同志为代表，持他分别写给杨虎城、杜斌丞、邓宝珊三人的亲笔信到西安。行前，周恩来同志嘱咐汪锋到西安先找杜斌丞先生。汪到西安后曾多次同杜会晤、恳谈，杜对党的信任和主张深表感动和赞助。党在西安成立秘密的"中共西北特别支部"，领导开展西北群众救亡运动。杨虎城委托杜斌丞负责和特别支部的徐彬如、谢华等同志联系。杜积极掩护和支持他们的活动，杜还介绍了许多进步人士和青年学生参加我地下党领导的"西北各界救国联合会"。杜斌丞和东北的革命人士、东北军的爱国将领，也建立了友好关系。他认为东北军与西北军"联合则生，分裂则亡"。他注意随时揭穿蒋介石挑拨和制造东北军与西北军之间闹摩擦的阴谋事件，他坚决主张"西北人民要支持东北军打回老家去！"对张、杨之间和东北军与西北军之间团结互助的关系起了很大的促进作用。

西安事变第二天，杜斌丞就接任了改组后的陕西省政府秘书长，承担着繁重的政务，联系各方人士，积极推行张、杨提出的八项主张，促使全省政令统一，秩序井然。他是"政治设计委员会"的委员，他还代表杨虎城参加了周恩来同志领导的由红军、东北军和西北军三方面组成的"联合办公厅"的工作。他多次与周恩来同志单独晤谈，交换意见，聆听指示。他很快接受了党的和平解决西安事变的主张，认定"共产党站得高，看得远"，喊出了"跟着共产党走"的响亮口号；在许多地方人士中起了积极作用。正如南汉宸同志所讲的，在党外人士中"首先接受党的主张的总是斌丞！"彭德怀同志也说："有识之士，就是那个杜胡子（斌丞）！"

西安事变后，尤其在杨虎城被迫出国后，杜斌丞对十七路军的团结和前途至为关怀。他常亲自和孙蔚如、赵寿山、李兴中、孔从洲等人共商部队的抗日和教育问题，他要求部队一定要和八路军加强团结，坚持抗战。抗战胜利后，他多次对孔从洲语重心长地说：蒋介石打内战，绝不能参加，万不得已时，要当机立断。为这支部队以后起义走上革命道路指明了方向。

衷心拥护新民主主义

1937 年至 1938 年，孙蔚如任陕西省主席，杜斌丞任省政府秘书长。他和当时我党代表林伯渠同志建立了良师益友般的深厚情谊，并和八路军驻西安办事处历任负责人以及中共陕西省委，一直保持密切联系，在国共两党商谈陕甘宁边区划界和八路军在陕北驻防地区时，他从中做了对党有利的工作，他积极争取陕北内战第一线上的国民党军高桂滋、高双成部。

他对许多地下工作同志如张苏、徐彬如、谢华等，在工作上、生活上尽力给予支持帮助。他从危难中解救侯外庐等同志，使之免遭国民党特务的毒手。在这之前，他曾对被敌人逮捕的刘志丹、刘澜涛、张德生等同志和处于困境的谢子长、马文瑞等同志给以积极的营救、掩护和资助。他对平津失守后流亡来陕的大批学生和知识界知名人士十分关切，用省政府名义收容接待，给予充足路费，分别送他们回家或去延安，或赴敌后。

杜斌丞在省政府举办的战时行政人员训练班的一次讲话中，响亮地喊出：抗战到底，一定胜利。他针对国民党说："党派（指国共两党）已经形成了坚强的抗战阵营，作出了持久抗战的战略决策。这个阵营、这个战略是不允许破坏的，也是任何人破坏不了的。"他还引用宋之亡，亡于奸臣弄权；明之亡，亡于吴三桂引清兵入关的历史教训，要大家警惕汉奸卖国贼误国。杜斌丞的讲话振奋了人心，打击了投降分子的阴谋活动。

1938 年 4 月，杜斌丞卸陕西省政府秘书长职，虚应省政府委员名义。蒋介石对他极力拉拢，要胡宗南登门拜访，表示殷勤，许以军事委员会参议之职，按时酬赠高薪，遭到断然拒绝。省党部两次送上国民党员入党登记表，被他两次撕毁。我党同志曾经问他为什么这样做，他回答说："共产党员，组织决定加入国民党，可以是假的；如果我加入了，假的也被他们利用为真的了。"

杜斌丞勤于学习，善于独立思考，常常能提出自己的见解。1938年中文版的《联共（布）党史简明教程》刚出版，林老就亲自送他一本，两次约谈心得体会。1940年，张文彬同志由延安赴南方，路经西安，特意送他一份还是党内文件的《新民主主义论》讲话稿。他闭门谢客，精心细读，异常兴奋，到处宣讲："中国的革命从此有了明确的道路和方针。这就是毛先生指出的新民主主义。除此别无道路。"

为抗日民主运动坚贞奋斗

1940年7月16日深夜，国民党特务闯入杜斌丞家中，以搜捕共产党为名，抓走家里的用人和客人，他愤而宣布与国民党政府断绝关系：不上衙门，不做国民党反动政府的官。从此以后，他专心致志于抗日民主运动，南北奔走，为促进西北与西南民主运动的结合，发展大后方的民主事业，作出了宝贵贡献。

1941年，他先到桂林，与李济深、朱蕴山、李任仁等人商议南北团结，坚持抗战，推动民主运动的方案；后到重庆，加入了当时秘密的"中国民主革命同盟"和"民主政团同盟"。1943年，他由重庆到昆明，当时民盟组织在昆明已经公开。他与华岗、周新民同志密切联系，与张奚若深交，并参加了当地的民主活动，广泛接触西南联大、云南大学的一些著名人士，结识了李公朴、闻一多、吴晗、曾昭抡、楚图南、罗隆基、潘光旦、潘大逵、冯素陶、杨春洲、张天放等人士。他把党中央和毛主席的正确领导，抗日根据地军民的艰苦奋斗精神和八路军的英勇抗战事迹翔实地告诉大家；同时愤慨地揭露蒋介石、胡宗南在西北的黑暗统治，闻之者耳目为之一新，无不感奋。他在昆明期间的活动卓有成效。这年冬天，他到成都与民盟主席张澜会晤，针对民盟内部成分复杂、思想混乱的状况，向张澜明确地表示：青年党不是民主党派中的一支力量，它们靠不住，对它们不可信任；要很好地团结沈钧儒和他领导的救国会，推动民盟向正确的方面走。

1944 年 10 月，杜斌丞、杨明轩、王菊人、郭则沉等人成立民盟西北总支部筹备委员会，提出亲苏、友共，努力实现新民主主义的政治纲领。1945 年 2 月，正式成立了民盟西北总支部，提出不反苏、不反共、不反人民，愿为新民主主义革命而奋斗的吸收盟员标准，拒绝托派分子和其他政治面貌不清者入盟。到 1945 年底，西北民盟已经有了很大发展，在陕西 20 多个县、市和甘肃、宁夏等地建立了组织。根据周恩来同志建议，杜斌丞、杨明轩促使《秦风日报》和《工商日报》出联合版，使两报联合版成为很有影响的西北民盟机关报。在这一切活动中，他十分注意依靠共产党的领导。他在民盟内部讲："西北民盟唯一有利的条件是与中共中央所在地的延安接近，可以得到友党有力的协助；我们必须坚决地依靠中共，并在工作上与其保持密切的联系，才能取得斗争的胜利。"

1945 年，蒋介石采取"调虎离山"的阴谋手段，妄图把杜斌丞调到重庆羁縻起来，委以军事委员会参议，卑躬伪善，一再接见。杜斌丞刚正不阿，仗义执言。他痛斥时弊，畅谈民主为人心所向，国命所系，不容抗拒。这就是董老词中说的"共推国士谋能断，屡作罪言安复危"。

1945 年 10 月，民盟召开临时全国代表大会，杜斌丞被增选为民盟中央委员，并被推选为中央常委兼西北总支部主任委员。次年 1 月，旧政协在重庆开幕，杜以民盟代表团政治顾问的身份参加。他对蒋介石不抱任何幻想，竭诚拥护中共主张。许多进步人士称赞他是真左派，真正的民主主义者。许多人希望他留下来，共同从事民主运动，也担心他回西北会出危险。但杜斌丞表示他是西北人，离开西北对革命的作用就小；西北需要人，再危险也要回去。他还特别向我中共领导同志表示："国家到这个关头，我怎么能坐到后方不动？西安是延安的大门，我不去进行抵抗，就太便宜了敌人。我想了很久，我熟悉那里，我应该回去！"

坚持斗争终以身殉

1946年2月间，杜斌丞从西南回陕，立即在《秦风日报工商日报联合版》发表公开谈话，宣布他决心为中国早日实现民主政治斗争到底，揭露国民党当局对结束一党专政，实施民主宪政是不甘心的；指出今日世界和中国，民主潮流澎湃汹涌，沛然莫之能御；只要大家一致促进民主宪政之实现，谁也阻止不住。

杜斌丞的公开谈话在各阶层人士中引起强烈反响，也戳痛了蒋、胡匪帮反革命的心窝。他的寓所周围布满了特务，跟踪、盯梢，寸步不放。我党领导和许多朋友要他去陕北或赴香港；民盟总部也电邀他到南京去。但他认定他的去留应取决于工作。他说："蒋介石在关中屯集重兵，关中人民所受扰害达于极点。为了个人安全把已进行的解放工作半途而废，对不起关中父老，也对不起共患难的同志。"他镇定地对亲友说："革命不能让恐怖吓倒，斗争就难免有牺牲！"

1946年7月，李公朴、闻一多在昆明先后遇害，杜斌丞岿然不动，怒斥敌人："李公朴、闻一多代表的是真理，强权决不能毁灭真理，我们只怕没有人来发扬真理，并不怕蒋介石毁灭真理。"

1947年3月20日，胡宗南侵占延安的第二天，就采取极其卑鄙的栽赃诬陷手段，逮捕了杜斌丞。在敌人牢狱中和法庭上，他坚贞不屈，大义凛然，痛斥特务的鬼蜮伎俩，指斥内战之爆发，应由国民党反动派完全负责。

杜斌丞十分关怀同时被捕的难友。通过看守监牢的士兵，转递了他写的《牢中慰问同难王菊人同志》五律一首：

国家正多难，南冠到此城。

望门思张俭，慷慨感侯生。

我志非石转，君心比月明。

衷怀诚悃悃，自足慰吾情。

杜斌丞身陷囹圄，不忘革命。通过被他感化过来的看守人员，与民盟组织取得联系，继续指导民盟工作。他写信鼓励革命的同志，不要被敌人的反动气焰吓倒，要坚持斗争直到胜利。当他得知解放军威逼潼关的消息后，喜赋诗词，可惜保留很少，残缺不全。其中一首七绝仅存的后三句是："汉家旌旗满潼关。为问元戎今何在，不扫楼兰誓不还。"一首五律今存的后四句是："人恨秦暴虐，群望汉旌旗。我有擎天手，与子以为期。"

1947年秋，解放战争进入大反攻阶段。蒋介石图穷匕见，10月7日，杜斌丞先生在西安的玉祥门外慷慨就义，终年60岁。噩耗传出，在全国广大进步人士中激起很大悲愤。中共发言人严正揭露了蒋介石匪帮的反动屠杀政策。民盟主席张澜发表谈话，向国民党政府提出严正抗议，并将案情诉诸全国和全世界。毛泽东同志亲笔写下"为人民而死，虽死犹生"的挽词，董必武、彭德怀、贺龙、吴玉章、谢觉哉、习仲勋、沈钧儒、柳亚子、高崇民等许多党内外领导同志和著名人士写了诔诗、悼词、挽联等悼念文字，赞扬他力争民主的丰功伟绩和献身革命的大无畏精神。远在香港的柳亚子先生也写悼诗，倾诉了人民的愤懑："桃李春风愿未违，赤心报国几艰危。临安三字沉冤狱，构桧无端杀岳飞。"诗人同时预告了历史的宣判："一炬咸阳期不远，尽歼丑虏报仇来。"

在就义前两天，杜斌丞在寄出的狱中书中写道："自思30年来，无日不为民主而奋斗，反动诬陷，早在意中；个人死生，已置度外。彼独裁暴力，虽能夺我革命者之生命，绝不能阻挠人类历史之奔向光明，终必为民主潮流所消灭也。惟望人民共起自救，早获解放自由，则死可瞑目矣。请转告诸生至友，共同努力，以期实现合理平等之社会国家，则公理正义，自可伸张于天地之间。"

1948年10月7日，陕甘宁边区各界在延安举行了隆重追悼杜斌丞先生殉难一周年大会，当时正在指挥向蒋胡匪帮胜利进军的西北野战军司令员彭德怀同志写的挽词是：

秦岭巍峨，悼先烈舍身成仁，光耀西北，永垂不朽；
黄河怒吼，看三军气冲云霄，直捣长安，胡贼难逃！

1949年5月20日，西安解放。1952年12月21日，杜斌丞遗体安葬在西安南郊烈士陵园（现为西安南郊陵园）。

杜斌丞先生的一生，是同情革命、支持革命、参加革命到献身革命的一生，是为新民主主义革命英勇奋斗的一生。早在1937年，毛泽东同志就称赞他是"中国共产党的忠实朋友"。周恩来同志也评价他是"鲁迅式的共产党员"。一些老同志则颂扬他是"非党的布尔什维克"。杜斌丞先生的确当之无愧。

（选自1980年10月8日《人民日报》，文字略有删节修改）

前　言

　　时光无限远，生命有始终。1888 年，著名爱国民主人士、教育家、革命家、社会活动家杜斌丞先生出生于陕北黄土高原榆林米脂县县城。殉难于 1947 年 10 月 7 日。

　　人生到处知何似？应似飞鸿踏雪泥。人生一世一辉煌，德品伟业同耀日。杜先生出生于清廷风雨飘摇，长于乱世忧患，砥砺于军阀混战，搏击于全面抗战，献身于反独裁、争民主、反内战的腥风血雨。他的信仰与追求，他的情操与境界，他的意志与精神，他的胸怀与视野，他的业绩与成就皆为楷模，堪称师表。毛泽东赞誉他是"西北领袖人物""彻底的民主主义者""中国共产党的忠实朋友""为人民而死，虽死犹生"。周恩来赞誉他是"革命的教育家""坚贞的革命战士""鲁迅式的共产党员""生的伟大，死的伟大，正气磅礴，足可千秋"。彭德怀赞誉他是"难得的有识之士"。董必武赞誉他是"生性抗直的贤能国士"。

　　在杜斌丞先生的一生中，其中作为杨虎城将军的"高参""智囊"和"幕僚"，所表现出来的高瞻远瞩、能谋善断、雄图大略之气更为人们津津乐道，誉载遐迩，为亲者快，为仇者畏。

当年国共两党有关人士，尽管各自的阶级立场、政治见解不同，但有一种说词却是异乎寻常的相似：杜斌丞对于杨虎城，犹如姜子牙与周武王，管仲与齐桓公，萧何与刘邦，诸葛亮与刘备，吴用与宋江……杜先生乃杨将军之"灵魂"也。杨虎城曾说："真正知我者斌丞先生，真正助我者斌丞先生。"杨的机要秘书米暂沉则称誉杜先生是唯一对杨能"据理力争"的诤友和畏友。杨将军长子杨拯民则说：杜斌丞先生是我父亲的"政治幕僚长"，在重大问题上"非杜言不决"，他们始终是好朋友、好伙伴、好战友。杨与杜的关系，以及杜在杨心目中、事业中的地位和作用由此可见一斑。

"秋风惨澹长安市，万户伤心泪暗垂。"1947 年 10 月 7 日黎明，天色昏昏，秋雨潇潇，杜斌丞先生气宇轩昂，横眉对敌，秋水襟怀松柏坚，凛然赴义，气塞苍溟，丹心光照史册。同时殉难的还有 11 位革命者，烈士的鲜血染红了护城河畔。

此次集体屠杀案，是继昆明李公朴、闻一多血案，西安王任血案，咸阳古原李敷仁血案之后，又一桩震惊西北和全国的针对著名爱国民主人士的政治谋杀案。

这桩谋杀案，罪魁祸首是蒋介石，刽子手则是"西北王"胡宗南和"全陕戒严"总司令祝绍周。

杜斌丞殉难之后，除正在转战陕北的中共中央毛泽东、周恩来、彭德怀之外，董必武、习仲勋、林伯渠、谢觉哉等老一辈无产阶级革命家发来唁电，高度评价杜先生一生伟绩。民盟主要负责人张澜、沈钧儒、杨明轩、高崇民、章伯钧、史良、周新民以及其他民主人士王昆仑、许德珩、柳亚子等，也都以谈话、祭文、诗词等不同形式，高度赞誉杜斌丞先生的品德、业绩和革命精神。

英雄长眠天地间，丰碑耸立千秋鉴。在纪念杜斌丞先生诞辰 130 周年、殉难 70 周年之际，我们动笔撰写了《民盟西北领袖杜斌丞》书稿，并在欢庆中华人民共和国成立 70 周年前夕正式出版，旨在纪念和缅怀这位著名爱国民主人士为了培养救国英才，为了中国人民的独立解放事业所作出的不朽业绩，学习和继承他气贯长虹、视死如归、一腔热血培民主、一颗丹心"走共产党的道路"的崇高信仰和革命献身精神。

本书在撰写过程中，引用了多篇当年当事人、亲历者、知情人原始回忆谈话记录或文字著述；采访了他们的诸多后人、亲属的所见所闻，采纳了他们后人、亲属提供的大量珍贵史料；吸收了一些专家、学者的研究成果，力求史料翔实，情节生动。

本书由许发宏同志执笔主撰，山石、杜芳滨同志负责联系、协调有关采访对象，收集整理，订正史料，校对书稿。因年代已久，史料收集有限，时间仓促，差错在所难免，恳请广大读者谅解，不吝赐教。

作　者
2019 年 7 月

|目　录|

第一章
为中华之崛起而读书

翻开近现代中华民族的革命史、奋斗史、发展史，便不难发现，所有革命家、改革家、一切爱国志士仁人，都经历了一段或终生为中华民族之崛起而发愤读书，寻求救国救民真理的艰难曲折历程。他们废寝忘食，殚精竭虑，在探索，在钻研，在扬弃，孜孜不倦，永不停歇。杜斌丞也和那些革命领袖、先贤哲人一样，自幼年起，就立志于为中华之崛起，为改变陕北家乡、改变中国落后面貌而读书。

菁菁学子　笃学敏思

杜斌丞，1888 年 5 月 10 日（清光绪十四年三月二十五日）出生于陕西省米脂县县城城隍庙湾，乳名绍儿，兄弟四人，排行为三。

米脂县，位于陕西无定河中游，古属上郡，今为榆林市所辖。北承榆林，南接绥德，西邻横山、子洲，东靠佳县，与山西临县、石楼隔黄河相望。县境有米脂水，沃壤宜粟，米汁淅之如脂而得其名。米脂虽地处毛乌素沙漠南缘，黄土高原腹部，自古以来却是沙漠边缘的绿洲，高原文化的沃土。历史文化底蕴深厚，人杰地灵，名人辈出：有明末农民起义领袖李自成，有西夏太祖李继迁、太宗李德明、景宗李元昊等12位皇帝及其先祖、多位皇后和皇室外戚，有陕甘宁边区政府副主席李鼎铭、抗日名将杜聿明，还有许多颇具影响的文化教育界的先贤精英。以传说中的中国四大美女之一貂蝉为代表，米脂盛出美女，一曲"米脂婆姨绥德汉"的信天游早已唱响中华大地。近年来，米脂已荣获中国"文化之乡""剪纸之乡""秧歌之乡""民歌之乡""石雕之乡"的美誉，境内文物古迹甚多，陕北的旅游胜地，2014年获得由联合国地名专家组中国分部颁发的中国文化遗产保护工程"千年古县"殊荣，古城老街被文化部、国家文物局授予"中国历史文化名街"，这是陕西省目前唯一获此"国字号"殊荣的老街。

深厚的历史文化积淀，米脂以及相邻的榆林、绥德三县，历来是陕北23县相对重视文化教育的县份。私塾启蒙教育也相对发达，一些较为富裕人家的子弟走出黄土高坡去西安、三原、太原、北京等地求学者更是屡见不鲜，以此作为开阔眼界，闯荡世界，摆脱贫困，出人头地的"上天梯"，打开致富之门的"金钥匙"。

杜斌丞之父杜自敏，虽读书好学，但不善八股时文，屡试科场而不得志，便转过头来严格督责几个儿子好好读书。母亲马氏，出生在米脂杨家沟一户较为富足的人家，从小也接受过私塾教育，虽文化程度不高，但明事理，识大体，教子有方，望子成龙心切，1895年便送7岁的绍儿入县城私塾就读，接受孔孟之道的儒家启蒙教育，起学名丕功，字斌丞，有时也以谐音写作"秉诚"。私塾期间，母亲对小绍儿言道："我受尽艰辛，只盼你们兄弟都能读书成器，做个有志气的人，有学问的人，在社会上有作为的人。娘对你们希望很大，要学你五姨父小时读书的刻苦自励精神。"

母亲殷切期望杜斌丞好好读书，杜斌丞也遵从母命，决心立志读书，继续就学，将来做个有作为、有出息的顶天立地的男子汉，不负母亲的殷切企盼。

正在读小学的杜斌丞，犹如刚刚出土的禾苗，遇到一场及时雨。五姨父高祖宪从外地回乡，创办了一所绥德中学堂，渴求知识雨露阳光，立志拼搏书海汪洋的杜斌丞，喜从天降。1906 年，进入五姨父创办的绥德中学堂求学。

关于五姨父高祖宪的经历和创办绥德中学堂的往事，他的外孙女杜如樟这样回忆说："我的外祖父高祖宪，字幼尼，有时也写作'又尼'，这是外曾祖父希望他成为又一个孔仲尼，即小孔子。外祖父生长在清末一个知识分子家庭，我的外曾祖父叫高树荣，字桂生，也是陕西著名教育家。外曾祖父曾中过解元，不知是清政府还是地方当局给米脂高家门前竖了个旗杆，旗杆上有一面旗帜，所以米脂人称高家院为旗杆院。外曾祖父虽中了解元，但是他拒绝做官，政府几次给他官职都被他谢绝了，可是当地遭灾的时候他就积极出面赈灾。外曾祖父除专心读中国的经书之外，还读了许多西方新的自然科学书籍，对医学、天文、历法、数理、机械论著都有研究。为了研究，他还学外语，他的英语是自学的，平时自学有困难，便主动找了个英国传教士，交上朋友。这个传教士是一位学者，名叫李提摩太，李提摩太对外曾祖父英语水平的提高有很大帮助。外曾祖父在家办有家学，所以外祖父就和他的那些侄子们、兄弟们一起在家里读书学习，受外曾祖父的思想影响较大。外祖父晚年时曾经写文章说：'吾青年时之成长，世界观之形成，受两位大师之影响耳。一位乃桂生先生；一位乃古愚先生。桂生先生者，乃吾之先父高树荣先生也。古愚先生者，乃吾之恩师刘古愚先生也。两位宗师之思想、学识、启迪传授吾辈，两位宗师之人品、道德耳濡目染吾辈。吾之诸多主张与实践与二位一脉相承，且有所发展也。吾不止主张变革，且主张革命。吾参加同盟会，与同志共谋辛亥起义。'这就是说外祖父思想成长受这两位老师影响最大。刘古愚是陕西咸阳人，也是著名儒学大家，时有'南康北刘'之称誉，即南方有康有为，北方有刘古愚。而且他在教育思想上有很多东西是很先进的。外祖父就读泾阳味经书院时，刘古愚对他是很看重的。外祖父经常到古愚先生的书屋去讨教，两人交谈甚欢，有时竟然忘记了吃饭。刘古愚对外祖父的评价也很高。1892 年外祖父高祖宪参加乡试，应试文章痛言国是，谓甲午中日之战，中国败北是官场腐败、国贫民弱所致，应遵自强不息之古训，取法西洋，励精图治，富国强兵以雪国耻。文章词严义正，洋洋洒洒，深得房考杨宜瀚的赏识，而主考徐坤担心此文触怒朝廷，未敢录取。堂荐时争论激烈，外祖父由此而有盛名。1902年他再次参加乡试，考中举人，遂任三原宏道高等学堂史地教习。成为陕北人士任教于宏道高等学堂第一人。宏道高等学堂是我国教育史上一颗璀璨明珠，影响遐迩，所以陕北人认为高祖宪能在宏道高等学堂任教，比他大哥高祖培在北京当京官还要荣耀。1905年外祖父高祖宪在陕北创办了绥德中学堂，任监督（校长）。绥德中学堂，是外祖父本着教育救国的思想去做一种尝试。因为在清朝末年，对青少年的教育都是读四书五经、诸子百家这些东西，学生、青少年都是一心想着去参加科举，将来出人头地，能够光宗耀祖。外祖父办这个绥德中学堂最大的特点就是以'勤学爱国'四个字作为办学的宗旨，宣传读书是为了将来拯救国家。他发表了一篇'开学勖词'，也就是现在校长在开学典礼上的致辞。具体文字是这样表述的：'鸦片之役，列强知我积弱可欺，鲸吞蚕食，瓜分豆剖。大好河山，沦为异族，神明华胄，降为奴班。祸莫惨于亡国，哀莫大于心死。凡我黄帝子孙，必须勤学进取，崇文崇礼，尚实尚武，树立完全之人格，为爱国之志士，任救国之先驱，使我五千年之文明古国，一洗东亚病夫之羞，崛起于东方，屹立于世界强国之林。'"

"这个'开学勖词'，激励了全学堂师生为救国救民而读书的自觉意识和刻苦精神。不过外祖父这时期传授的读书救国，还是在宏道书院接受的康有为、梁启超、刘古愚维新改良思想。当时在这个学堂里读书的第一批学生里面有我们所熟悉的，后来做了西北大学校长的马师儒、民主斗士杜斌丞。马师儒称外祖父为姑父，杜斌丞是外祖父的外甥。外祖父的儿子，也就是我的舅舅高建白年纪小一点，他是预备生。他们在一起读书，有一个共同的感受就是，进了这个学堂和私塾不一样：一个是知道了自己今后的责任，读书是为了救国，为了富国强兵，再不是为了自己金榜题名；再一个就是感到老师非常亲切，不再是私塾老师打板子，整天叫死记硬背。外祖父提出要让学生'乐而学之'，不要'畏而学之'。这个中学堂除了读经书之外，还学一些自然科学知识，而且也很重视身体的锻炼。外祖父当时提出要崇文、崇礼、尚实、尚武，就是要使学生全面发展。所以，这个新型的学堂对于当时生活在陕北比较封闭条件下的青少年来说，好像一下子眼界开了，思想境界一下子放得很远了。杜斌丞和马师儒后来曾回忆说，他们自从进了绥德中学堂，接受了爱国、科学、民主的启蒙教育，就走上民主救国的道路。这就成为他们成长道路上的一个起跳板，或者说是起步点。"

杜如樟还回忆说："杜斌丞的母亲和我的外祖母是亲姐妹，她俩接触很多。杜斌丞进入绥德中学堂后，外祖父十分看重他笃志好学，常以爱国报国思想启发引导他，刻苦读书学习，长大后承担救国责任。有一天，杜斌丞的母亲到外祖父家里就说：'绍儿最近有很大变化，知道为啥读书了，再不叫老师教训，挨老师手板子了。'我的外祖父就告诉她说：绍儿这娃看起来不像有些孩子那么聪明伶俐，可是他善思、善读，喜欢打破砂锅璺（问）到底，这很好。他现在看起来是一个'牛皮灯笼'，将来说不定就是一个'玻璃灯笼'，有些人小时候好像聪明伶俐，但不一定将来成才。教育子弟，要使娃娃们乐而学之，不能使他们畏而学之。要培养娃娃们有壮志，德才兼备，体魄雄健。不但要有知识，还要学会运用知识。有些学生博闻强识，但不善思明辨，则小时候书念得好，也未必然。绍儿笃志好学，敏于思辨，任侠好义，将来说不定很有出息。杜斌丞母亲听了这些话，回家都给绍儿讲了。杜斌丞听了很高兴，大受鼓舞，立志苦学，将来救国。"

民主革命思想的熏陶

1907 年，19 岁的杜斌丞背着书箱，远走千里，南下关中，考入三原宏道高等学堂。三原，位于陕西关中平原中部，渭河以北，为省会西安的北大门，距西安仅仅 36 公里，向来交通四通八达，农业经济繁荣，渭北平原商业集散地，和泾阳、高陵并称为"关中白菜心"。便利的交通运输条件，优越的农业、手工业和商业经济环境，"白菜心"地区教育、科技、文化先进，名列全省前茅。特别是清末以来，新学逐渐兴起，兴办新式学堂，西安创办关中书院，三原设立宏道、味经、崇实、正谊四所致学严谨、享誉西北的著名书院，以及基督教会举办的崇真书院和美丽书院。宏道书院是陕西的书院旗帜，其历史最早可追溯到明弘治七年（1494）。这年，三原籍明廷兵部尚书王恕、进士王承裕父子关学翘楚，协力将县城僧舍改建为宏道书屋，次年改建为书院。光绪二十六年（1900），宏道书院与味经、崇实书院合并，更名为三原宏道高等学堂，倡导新学，注重经世致用，造就了于右任、李仪祉、吴宓、张奚若、范紫东、张季鸾等一批海内外知名的民主革命先驱及专家学者。

杜斌丞入三原宏道高等学堂前两年，孙中山资产阶级民主革命思想已在陕西知识分子中传播开来，在他入绥德中学堂的1906年这年春天，同盟会陕西第一批会员井勿幕在三原主持召开了同盟会陕西支部第一次全体会员大会，正式成立了同盟会陕西支部，给陕西民主革命带来了新起色。这年秋，井勿幕又在日本组织成立了同盟会陕西分会，促进陕西人民的反清斗争。发行刊物，宣传民主革命思想，成为留日学生革命活动的重要内容，《秦陇》《关陇》《夏声》刊物应运而生，秘密寄回陕西，传至国内，大量铅字代印。一时间陕西高等学堂、师范学堂、宏道学堂进步师生私下看到后广为传播，阅读者甚多，和革命党人一起，共同推动全省的资产阶级民主革命活动。

1908年10月，发生了震惊陕西的蒲城县知县李体仁镇压学生革命民主宣传活动的"蒲案"，打死学生原斯健，打伤数人，激起陕西乃至全国各界强烈反应。三原宏道学堂首先罢课，声援蒲城革命师生，点燃了反抗的烈火。接着全省各地知识分子纷纷抨击地方当局镇压学生运动的反动行径。省城的师范学堂、高等学堂、陆军学堂等校师生代表，集聚省教育总会集会抗议。陕西在京的一些开明官员，由原宏道书院毕业的京官进士晏安澜领衔，联名上奏参劾李体仁，在陕西各界和北京、上海等地进步师生及民众声援反抗压力下，清政府不得不将李体仁革职，历时 5 个多月的蒲城学潮取得胜利，极大地激发了陕西民主革命热情和斗争勇气，有力地促进了陕西资产阶级民主革命运动的蓬勃发展。

生性侠义的杜斌丞，一进入宏道学堂，正赶上刚刚掀起的这股民主革命浪潮，非能无动于衷，同宏道学堂的一些革命师生接受孙中山的民主革命思想，声援"蒲案"师生。

高祖宪创办绥德中学堂半年后带着马师表等 11 名学生，前往日本考察，其间他加入同盟会。"蒲案"后他从日本考察回国，带去的学生中有留日本就学的；也有回国参加民主革命的。考察回国的高祖宪，任教于三原宏道学堂，并开始策动民主革命活动。杜斌丞向五姨父问教于留日学生的政治思想动向。五姨父高兴地说："我也想知道你们这些年轻人的政治思想状况。"杜斌丞毫不犹豫地回答五姨父："同学们的政治思想不一致，有些同学认为维新派的君主立宪之说意在保皇，并非真正爱国。清朝统治中国 260 多年，现在欺骗人民，妄图苟延残喘，那是办不到的。同学们认为真正的救国之道只有革命一途，必须驱除鞑虏，恢复中华，建立民主共和国。秋瑾、邹容为爱国革命而牺牲，鼓舞了全国人民，特别是青年学生，我认为秋瑾、邹容是伟大的爱国英雄，凡我中华儿女都应当向他们学习。"五姨父听了，甚为高兴，对杜斌丞讲："倡维新之说者，有出于保皇的，也有出于爱国的。前者终将被人民所唾弃，后者终必走上革命的道路。章太炎先生给我们作了很好的提示与指导。据我所知，豫、晋、秦、陇的留日学生纷纷参加孙中山创办的中国同盟会，足见革命潮流奔腾之势。因为孙中山先生揭橥的民族、民权、民生主义为救亡建国的唯一典则，真理所在，万众归趋。但有隐忧者二：一曰部分同志对孙先生联络反清帮会的政策不愿执行；二曰会内文人相轻，不能团结合作。"五姨父还将孙中山在东京《民报》创刊周年纪念会上的演说节抄本交给杜斌丞阅读，并将节抄本一段话用红笔点出："今日中国，正是万国虎视眈眈的时候，如果革命家自己相争，四分五裂，岂不是自亡其国？近来志士都怕外人瓜分中国，兄弟的见解却是两样，外人断不能瓜分中国，只怕中国人自己瓜分起来，就是不可救了。"杜斌丞说过："五姨父的这段话，对自己影响很深，数年后尚能背诵。"

五姨父和杜斌丞的一席对话，真实体现了二人思想境界的升华。而这种升华过程和环境却有所不同，杜斌丞是在国内，五姨父是在日本。

关于高祖宪的思想转变，杜如樟也作了较为符合客观实际的叙说："没有中举，外祖父就开始不大相信维新改良主义学说了。绥德中学堂创办起来之后，1907年，他带了11位学生，我知道的一位是马师表，也叫马正庵，一起去日本考察。当时我们中国人看到小小的邻居日本，怎么一个明治维新就一下子强盛了起来，我们这个泱泱大国怎么还受人欺负，所以他们都要亲自去日本看看。1905年后，我们中国大批有识之士聚集在那里，有孙中山、黄兴，也有陕西井勿幕等。外祖父和考察的一批人员结识了同盟会许多人士，按照同盟会誓词进行了宣誓，加入了同盟会。他们就和同盟会的会员们一起到农田、农家去考察，到工厂去考察，还到学校去考察。考察以后他们就觉得，我们一定要走一条民主革命的道路，要团结一切反清的团体一起组织成同盟会，想办法搞民主革命。外祖父创刊《秦陇报》，自撰发刊词。他和在日本的陕西籍同盟会会员募集了好多钱，买了日本的纺织机器，打算回国后办实业，办纺织厂。但是回国后始终没有办起来，因为当时考虑不周，陕北闭塞，又不产棉花，离产棉区的关中路途遥远。庆幸的是另外一件事办起来了，那就是牧场。牧场办在同官（今铜川）、耀县、延安、米脂等县，建成陕西第一批牧场。第一批牧场办起来以后，我的外祖父任厂长，经理是同盟会的一位会员，也是一位著名民主革命人士，他名邹炎，字子良。外祖父还派杜斌丞、马师表去代办业务，接受民主革命思想启蒙和办实业实践砥砺。牧场办起来后，牧养了很多新品种羊群，牧场后来就成为陕西辛亥革命的基地了。"

杜如樟还说："高祖宪对宏道学堂是很有感情的，宏道学堂在我们中国教育史上也是很有影响的一个学堂，像刘古愚这样的大儒，还有其他的一些先贤也在这里任教授课。这个学堂培养了很多在中国民主革命历史上的著名人物，于右任、朱佛光、茹卓亭、王授金、李仪祉、张季鸾、杨曦堂、张奚若等等。高祖宪在日本考察一年多，加入同盟会，创办《秦陇报》，回到陕西，一边接受同盟会的任务，搞革命活动；一边在宏道学堂任教。据杜斌丞后来给其表弟讲：'我和五姨父常在一起交流，显然和在绥德中学堂的话题有所不同，我们都成了孙中山民主革命思想的忠实信徒了。'"

为陕西光复呼号

1908 年，伴随着春暖花开、新年伊始的脚步，被孙中山誉为"西北革命巨柱"的井勿幕再次从日本回到陕西。他为了有效地团结革命力量，聚集革命党人，联络会党首领，创办牧场，开矿冶铁，建立秘密革命据点。这年重阳节期间，井勿幕等 20 余名革命党人、会党首领，分头秘密前往黄陵恭祭轩辕黄帝，以表爱国之决心，宣读祭文，表明"驱除鞑虏，光复故物，扫除专制，建立共和国体"的政治主张，誓言"共赴国难，艰苦不辞"，表明陕西革命党人思想和行动趋向一致。鉴于"蒲案"而引起的陕西人民群众反清活动如暗流涌动，省内同盟会员日益剧增。这年冬，在井勿幕的积极活动下，遍及关中各县的同盟会员 20 余人，在西安市钟楼附近的开元寺举行秘密会议，正式成立中国同盟会陕西分会（亦称陕西同盟会），选举李仲特（蒲城人）为会长，焦子静主管盟会内务，井勿幕负责与外省联络。会议正式决定联络会党、新军和刀客等力量，推动陕西革命，与全国形势相配合，遥相呼应，陕西民主革命运动进入了新的发展时期。而三原、泾阳、高陵、蒲城、富平等县更成为革命运动的重点地区。"春江水暖鸭先知"，知识分子、在校师生更是成为这一运动的宣传者、鼓动者、助燃剂。

正在宏道学堂就读的杜斌丞，耳濡目染，他好像已经觉察到陕西民主革命的浪潮即将水花四溅，汹涌奔泻；也好像觉察到陕西革命犹如沉睡已久的火山，即将喷浆四溢，烈焰万丈。他除了和师生们一起声援"蒲案"受害学生之外，冷静沉思陕西乃至中国政局之现状，自费订阅了在日本东京出版的中国同盟会机关报《民报》，以及陕西留日学生在东京创办的《夏声》杂志等进步刊物，关心时政，寻求富民强国之道。

1909 年是陕西新军对抗清军崭露头角的一年，在陕西同盟会组织联络协调下，各路会党、新军、哥老会共同联手开展反清斗争，其成员具有强烈的反清思想，严密的组织纪律，很强的战斗力。所有新军整编成为混成协（旅），营连下级军官和士兵中哥老会成员几乎占了半数以上。陕西同盟会决定以哥老会首领张云山（凤岗）开的"通统山"为基础，与哥老会共组"同盟堂"，商定以"通统山，同盟堂，梁山水，桃园香"四句做联络隐语。1910 年 7 月 9 日，陕西同盟会、哥老会和军学各界代表有井勿幕、钱鼎（定三）、胡景翼（笠僧）、李仲三、张云山、万炳南等 30 余人，号称"三十六兄弟"，在西安大雁塔秘密聚会，歃血为盟，共图大举，并成立了反清统一组织"三合会"，并宣誓：同心同德，绝不三心二意，如有违背，神灵鉴察。同盟会、哥老会、新军三方面力量的紧密联合，成为第二年辛亥革命在陕西迅速发动并取得胜利的组织基础。

在陕西反清运动"山雨欲来风满楼"的形势下，以三原宏道学堂在校师生为代表的陕西知识分子中，也有不少同盟会员，并建有革命团体。陕西同盟会发起了一次次宣传舆论活动，投身到宣传洪流中的杜斌丞，1909 年家遭不幸，结发妻子常氏病殁，暑期他回米脂省亲，适逢二哥杜守功经商失败，富豪逼债，难为得母亲终日以泪洗面。他安慰二哥又安慰母亲说："妈，不要伤心难过，我们会想办法。为富不仁的财主压迫劳苦者，天下到处皆然，受害的不止我们一家，只有把中国的社会根本改造过来，劳苦者才有翻身出头的日子。"母亲明事理，识大体，反过来又安慰儿子，鼓励儿子"好好读书，不忘救国大事"。省亲回校的杜斌丞，直到陕西辛亥光复之前，他边读书，边参加新思想的宣传活动，关注着陕西革命的风向。他多次给家乡青年学生、乡党写信致书，介绍外边的新事物、新思想、新形势，鼓励他们放开眼界，高瞻远瞩，走出沟壑梁峁封闭的陕北世界，出外求学进取。

辛亥革命前夕，陕西革命党人联络刀客方面取得成效，全省同盟会员发展到近千人，并在思想上、组织上做好了发动起义、光复陕西的准备。全国革命高潮的到来，特别是四川人民的保路运动，更是影响到陕西，加速了陕西革命的爆发。当时西安城流行着"不用掐，不用算，宣统不过两年半""黄河泛、汉江泛，淹了清水（指清政权）不见面"等唱衰清朝统治的民谣，甚至还有"八月十五杀鞑子"的传说复燃城乡。清廷陕西地方官一时惊恐万状，不得不一面对外封锁消息，一面加紧西安"满城"的防备。调运新式枪炮，增强八旗兵勇，整修城墙，将部分新军调往外县，以分散新军力量。又调驻外县巡防队进驻西安，以保省城。派出密探暗中侦察监视新军动向，逮捕新军中的革命党人。战火未开，革命与反革命的较量已达白热化程度，反清起义箭在弦上，一触即发。

1911 年 10 月 10 日，武昌城头打响辛亥革命第一枪。消息传来，三秦大地异常振奋，陕西当局惊恐万状，唯恐生变，企图把新军全部限期、分批调出西安。革命党人立即决定，抢在新军调离前的 10 月 22 日举事。这天是个星期天，一大早，钱鼎、张钫（伯英）、张凤翙、张云山、万炳南等陕西革命骨干 30 余人聚集西安西郊人迹罕至的林家坟召开紧急会议，共商起义事项，会议推举张凤翙为起义总指挥，钱鼎为副总指挥，即日发动起义，响应武昌义举，会议决定兵分三路攻入城内。

会议刚一结束，10 时左右，西安辛亥起义已爆发，革命军进攻锐不可当，清旗兵应对不暇，措手不及，很快退至满城。革命军几乎没有遇到什么顽强抵抗，很快占领除满城以外的西安城。当晚，革命军定名为"秦陇复汉军"，张凤翙为大统领。第二天，大统领张凤翙下令秦陇复汉军围攻满城，守城五千清旗兵负隅顽抗，经一天激战，满城洞开，西安全城光复。大统领张凤翙光复当天发布光复文告，宣布清王朝 260 多年在陕统治结束，并历数罪状。号召各州、县响应革命，派遣省城革命师生到各地宣传革命，组织民团，光复地方。西安光复的枪声，向世人宣告了陕西是全国响应武昌起义的最早两个省份（陕西、湖南）之一。西安光复的消息传到渭北，三原城内爆竹声声，杜斌丞和宏道学堂师生更是情不自禁，热泪盈眶，奔走呼号，欢呼胜利。

辛亥革命第二年，成立中华民国，孙中山就任临时大总统，很快，又辞去临时大总统职务，袁世凯窃取了辛亥革命胜利果实，新生的资产阶级民主政权被扼杀于摇篮之中，代之以北洋军阀统治，张凤翙也当上了陕西都督。

高祖宪嫡孙高振儒采访中讲道："陕西光复后，我的祖父任都督府秘书长、关中道观察使、关中道尹等职，道台府就在现在西安市的东木头市。20世纪50年代的时候，曾是陕西省民盟办公地点。1912年，全国形势也稍安定了，我祖父把家眷从米脂县老家接到西安，住在东木头市的道台府。局势稳定了以后，中华民国政府表彰辛亥革命以来有贡献的人士。我祖父高祖宪就获得了两枚嘉禾勋章。"

高祖宪嫡孙高振祥在采访中也讲道："父亲高元白是杜斌丞的表弟。他缅怀杜斌丞时说：杜斌丞在三原宏道学堂求学五年时间，经历了由维新改良到资产阶级民主革命思想的转换，经历了辛亥革命的伟大历史转折，经历了陕西光复的革命洗礼，也看到了社会各界人民群众要求和向往历史变革的迫切愿望，他将孙中山倡导的民族、民权、民生旧三民主义民主革命纲领视为拯救中国的根本之道，奉若真理，成为孙中山先生的忠实崇拜者、追随者。"

1912年，杜斌丞毕业于三原宏道高等学堂前夕，原先打算趁着革命胜利大好时光，去北京继续求学，但因其兄生意破败给家庭造成的困难窘境，便打消了继续求学的念头。毕业后，回到陕北，在绥德中学堂任教一年。

求学北京高师

1912年9月，国立北京高等师范学校（简称北京高师）开始分设预科、本科和研究科。预科学期为一年，本科为三年。本科设国文部、英语部、历史地理部、数学物理部（简称数理部）、物理化学部（简称理化部）、博物部。1913年7月，杜斌丞以任教一年的微薄积蓄，考入北京高等师范学校历史地理部。入学后被推举为校友会杂务股、卫生股干事，服务于学校公益事宜。

杜斌丞北京求学的第二年，1914 年 8 月，第一次世界大战爆发，日本乘欧洲主要帝国主义国家无暇东顾之机，以对德宣战为借口，出兵占领德国在山东的地盘，取代德国在山东的侵略地位。然而，袁世凯政府竟然宣布"局外中立"，并划出战区，供日军作战，听任其武装占领青岛及胶济铁路全线。杜斌丞和全国民众一样，深感忧虑，愤愤地说："以世界之大，竟毫无公理所存，民贫被富欺，国弱难外交，只能任人欺凌宰割。"气愤之余，以爱国之情，救国之志，如饥似渴地阅读古今中外历史书刊，探求救国救民之道。

1915 年 1 月 18 日，日本帝国主义向袁世凯提出旨在灭亡中国的《二十一条草案》内容一时透露出来，激起全国人民的愤怒与声讨。杜斌丞忧心忡忡，如石压心，愤愤不平。这时，辞卸关中道尹的高祖宪携眷移居北京，杜斌丞时常前去五姨父高祖宪家倾诉爱国衷肠，五姨父何尝不是同样的心情。

高振儒在采访中这样讲道："1914 年 6 月，袁世凯免去张凤翙陕西都督一职，调他去北京任闲职，又派陆建章窃取陕西政权。爷爷高祖宪不满陕西某些人物多方取悦袁世凯，就愤然辞去关中道尹等职。1915 年 2 月上旬，高祖宪携家眷离开西安，2 月 13 日（农历除夕）到达北京。那时交通不便，路途艰苦。一家五口（我的爷爷、奶奶，以及他们的三个子女：高建白、高佩兰、高元白）在旅途经历了好多天，最后乘一段火车，才到达北京。在火车站迎接的有高祖宪的大哥高祖培、弟弟高祖光，还有杜斌丞和马师儒（字雅堂）。第一个上车迎接的是杜斌丞，见我奶奶叫了声五姨，我奶奶给高建白、高佩兰、高元白介绍说，这是你们的斌丞表兄。又上来一个年轻人叫我奶奶五姑。奶奶介绍说，这就是你们雅堂表兄，雅堂就是马师儒。下车后我爷爷和他的大哥、弟弟见面后，全家五口人坐上洋车到租好的房子，房子就在北京的棉花二条，是个四合院。到了新居，杜斌丞、马师儒就迫不及待地问我爷爷西安局势怎么样？爷爷说，袁世凯窃国，司马昭之心，路人皆知。爱国者反对他，求官者逢迎他。陕西省和其他省大致都是这种状况。"

1915 年 12 月，袁世凯悍然复辟帝制，自称"中华帝国皇帝"，黄袍加身，登上了梦寐以求的皇位，全国人民愤怒声讨。陕西革命党人为响应云南发动的"护国运动"，掀起"反袁逐陆"斗争。他们秘密集会，商讨决定组织讨袁义勇军，推举康毅如为临时总司令，李养初、吴希真、李秋轩分任东、西、南路军总司令，曹世英、高峻为北路军总司令。在长安、蓝田、乾县、华阴、华县、白水设立据点，联络党人，积聚人马、枪支，待机大举发动。不幸事泄，王绍文等 18 人于 1916 年 3 月 18 日被陕西当局陆建章杀害于西安，世称西安"十八烈士"，其他各地革命党人也相继遭到疯狂逮捕和屠杀，康毅如等人被迫离陕，东、西、南三路举义失败，唯独北路的反袁逐陆斗争不断高涨。十八烈士遇害六天后，3 月 24 日，郭坚、耿直、曹世英、高峻等在山西反袁总司令李岐山策应下，在渭北白水县竖起"西北护国军"旗帜，以"维持共和，再造神州"为号召，通电讨袁逐陆，队伍很快壮大到数千人，由韩城、合阳进入陕北，计划东渡黄河，联合山西反袁军直捣北京，推翻袁世凯统治，但因晋军阻拦未能成行。郭坚等又率军南下，返抵富平美原镇，讨伐陆建章。渭北各地党人纷纷响应，陕西反袁斗争进一步扩大。渭北的三原、泾阳、蒲城、富平等数县向来为关中政治、经济中心地带，也是民党活动中心区域，陆建章分派重兵驻守各县，并任命陈树藩为陕北镇守使兼渭北"剿匪"总司令，由同州（今大荔）移防蒲城，伺机进攻郭坚等部，同时派其子陕西第一旅旅长陆承武率精兵号称"中坚团" 3000 余人，配备炮、骑、机枪开赴渭北一带巡防，大有荡平渭北，一举消灭郭坚等部之势。不料，陈树藩驻富平游击营长胡景翼联合刘守中、张义安、邓宝珊等革命党人，反戈一击，于 5 月 7 日夜间发动兵变，树旗反陆，经一夜激战，消灭"中坚团"，活捉陆承武，起义军推举胡景翼为陕西护国军总司令。胡以"有旅长（陈树藩）在"而不受，将陆承武交给陈树藩，胡景翼这一高招争取了陈树藩。第三天，陈树藩移兵三原，通电就任陕西护国军总司令，宣布陕西独立，并以其子陆承武之生命安全为条件，迫使陆建章离陕。陆建章看到全国反袁斗争日益高涨，自己在陕难以立足，遂与陈树藩达成"献城赎子"协议，5 月 26 日离陕，结束了他在陕"陆屠夫"恶名的罪恶统治。

高祖宪移住北京安顿下来，时刻关心着全国及陕西政局的发展，他经常邀请陕西、山西、北京等地一些反袁人士来到延安会馆"闲聊"议事。陕西护国反袁逐陆自然成为平日的主要话题。杜斌丞和两位表弟也就成为会馆的"常客"，是参与"闲聊"的年轻人。其间，一位名叫惠友光的重要人士从日本回国，出入高祖宪的住处和延安会馆。在采访中，陕西省政协原秘书长惠世武讲道："惠友光也是陕西民主革命的先辈，陕西省清涧县人，和我是同村、同姓和同宗。他的原名叫师温，字友光，有时也称又光。"惠世武还讲道："辛亥革命胜利后，袁世凯窃取了革命胜利成果，孙中山辞去临时大总统一职，南京临时政府和参议院也迁往北京，新生的资产阶级民主政权被扼杀于摇篮之中，而代之以北洋军阀的黑暗统治。随着革命形势的急转直下，同盟会内部也发生了严重分化。孙中山主张'社会革命''实业救国'，黄兴则产生了'功成身退'的意向，同样提出要'奋发经营实业'，宋教仁则醉心于'议会斗争'，于 1912 年 8 月组建国民党。其他一些同盟会元老也各怀心意，打起小算盘。袁世凯这位前清'皇臣'，对民主革命的破坏以及对同盟会的分裂以至瘫痪更是变本加厉。这一切，对陕西的革命力量的团结，政治形势的发展也必然产生消极影响。当时陕西同盟会一部分革命党人就认为，'推翻政府，所志已遂''兵革可不复用，从此雍容樽俎，百度维新'，也像黄兴一样抱着'功成身退'的想法。这样一来，有出国留学的，有归隐田亩的，有投身教育的，像李仲特、孙仁玉共同创办了驰名的秦腔剧团'易俗社'。还有以张凤翙为代表的另一部分革命党人则经不起袁世凯的威胁利诱，很快背叛革命宗旨，投靠袁世凯，唯袁是从。辛亥革命后政治军事形势突然逆转，孙中山率革命党人揭起反袁旗帜，发动'二次革命'，进行'护国'运动，但失败了。孙中山不得不于 1914 年再次东渡日本，在东京组建中华革命党。"惠世武又讲道：

"也就是在这个时候，正在日本早稻田大学攻读政治和社会学的我的同宗先贤惠友光，在东京结识了孙中山。惠友光聪明、好学，知识渊博，一接触，孙中山便非常喜欢他。1915 年 12 月，袁世凯宣布实行帝制，1916 年为'中华帝国元年'。孙中山反对复辟帝制。受孙中山委托，惠友光回国组织反对袁世凯活动。他一回到北京，住在杜斌丞五姨父高祖宪家里。惠友光回来时，还带来了于右任、宋伯鲁给高祖宪的对联各一副。于右任的对联是："救国尊今圣，读书为庶民。""今圣"，当然是指孙中山先生。宋伯鲁的对联是："气平得事久，心旷得春多。"其实就是赞颂高祖宪为国为民与劝解安慰高宪祖不必为陕西之事过于心烦。宋伯鲁是陕西咸阳人，康梁维新运动中的重要人物。这样，杜斌丞和惠友光就由相识、相知到相诚、相信。杜斌丞经常向惠友光请教一些关于当时中国社会政治方面的问题，惠友光给他作详细解释，惠友光也多次详细地给杜斌丞介绍孙中山的三民主义民主革命思想。惠友光比杜斌丞长四岁，再加上惠友光有革命的经历，又漂洋过海归来，知多见广，杜斌丞非常尊重惠友光。对孙中山的革命主张和惠友光联络各方，以武力反对袁世凯军阀统治活动深表敬佩和赞誉。惠友光讲解三民主义民主革命思想，对杜斌丞后来的世界观的形成，对他追求民主，重视教育都产生了很大的影响。杜斌丞思想又得到了升华。"

1916 年 6 月 6 日，复辟当了 83 天短命"皇帝"的袁世凯，在全国人民的唾骂声中一命呜呼。另一个北洋军阀头子段祺瑞执掌北京政府实权，任内阁总理。这时，惯于投机钻营的陕西护国军总司令陈树藩原形毕露，出于个人野心，迫不及待地于 6 月 7 日撤下不到一个月的护国旗帜，首先向全国通电宣布取消陕西独立，效忠北洋政府，公然称颂袁世凯为"中华共戴之尊""民国不祧之祖"。他提出对袁的葬礼要"格外从丰"，对其遗属"从厚优待"。陈树藩的无耻行径令陕西和全国人民鄙夷齿冷，但段祺瑞却对这个趋炎附势的小军阀格外赏识。6 月 10 日，段祺瑞北洋政府任命陈树藩为汉武将军，督理陕西军务。从此，原属革命党人，在辛亥革命中做出过一些成绩的陈树藩，成了北洋皖系军阀的忠实爪牙，成了段祺瑞所控制的"督军团"的中坚分子。从1916年6月到1921年7月，陈树藩在陕西统治了五年时间，施行了极其残暴的手段，致使陕西政治、经济、文化等各个方面受到极大摧残，广大人民群众生活在水深火热之中。

杜斌丞和两个表弟马师儒、高建白，面对袁世凯死后的中国和陕西黑暗局势，十分惋惜辛亥革命胜利成果付之东流。他们对一些革命党人投机钻营的行为十分痛恨，但对孙中山选择的民主革命道路仍然坚信不疑。

杜如樟在采访中评价说："杜斌丞在北京高等师范学校读书期间，正是辛亥革命后新文化运动开始，在他五姨父和惠友光的指点帮助下，他在这里阅读新文化运动领军人物的一些书籍、杂志，这些对他的思想形成可以说起到了决定性的影响作用。像李大钊、陈独秀、鲁迅、胡适这四大领军人物的书籍、文章他几乎都读了，接受了很多新东西。他结交了很多朋友，和他一起读书的同学中，很多人都越来越倾向于民主思想，这一时期也是杜斌丞家国情怀教育救国思想确立阶段。"但是，杜斌丞即将面临毕业，走出校门，哪儿才是自己应该去的方向，他一直在思考着，他和表弟一起也征求五姨父的意见，甚至一起坐下来，正儿八经地商量，选择过多种方案，如从政、从医、从教、从军、出国留学等等。五姨父认为，其他去向都可以考虑，唯有从政一项他断然否定。他说："中国目前政坛如此黑暗邪恶，军人当政，内腐外辱，你有再大的拳脚也无法施展，与其做个仰人鼻息的跟屁虫，不如回家种几窝洋芋蛋蛋，现在的中国真正需要的是人才。这些人才首先是要有人智，是要有头脑、有智慧、有抱负，干些扎扎实实，救民于水火的事情。人才从哪里来？靠那些军阀、政客、地痞是不行的，就是要靠像你们这些从高等学堂毕业出来的人才去办教育，办各种专业技术教育，当然，有条件的也可以留洋深造，向外国学习，但留学那总是少数人才能有机会，不能解决中国的人才教育培养问题。"

杜斌丞很好地理解了五姨父的一席忠言相告。正如他回答五姨父时所说："启发民智，乃救国之首途。"他是这样说的，也是亲自践行的，他最终选择了走"教育救国"之路。

第二章

革命教育家

开一代办学新风

　　杜斌丞毕业前夕，1917 年 4 月 28 日，国立北京高等师范学校布告了参加本年 6 月毕业考试的学生名单。计本科英语部 25 人、历史地理部 25 人、理化部 30 人、博物馆部 18 人、国文专修科 35 人。杜斌丞名列历史地理部 25 人之中。考试合格，准予毕业。他谢绝诸友的挽留，放弃北京、天津择业机会，决心走"教育救国""开启民智"之路，毅然回到陕北家乡，就教于榆林中学。

　　追溯榆林中学的历史，也相当悠久，早在 1495 年（明弘治八年）这里创有榆阳书院。1903 年（清光绪二十九年），又在原址上办有榆阳中学堂。1905 年（清光绪三十一年），榆阳中学堂改名五县中学堂，其办学经费由榆林、神木、府谷、怀远（今横山）、葭州（今佳县）五县分摊。1913 年（民国二年），五县中学堂改名为陕北殖边学校。1914 年（民国三年），又改名为榆林殖边学校。1915 年（民国四年），改名陕北 23 县联合县立榆林中学校，其经费由 23 县分担，简称榆林中学，或

"榆中"，亦称榆阳中学，实行秋季招生制。

改名当年的 7 月，榆林中学第一次正式招生，其招新生 83 名，以"天干"甲、乙、丙、丁、戊、己、庚、辛、壬、癸为序，先分编为甲、乙两个班。大革命时期的中共榆林地方执行委员会（简称榆林地委）书记马云程及一些后来出了名的人物曹又参、叶瑞禾、常文炳，就是本期经考试录取的学生。

1917 年 8 月，杜斌丞受聘榆林中学教务主任，兼授他所学专业历史地理课。当年就读榆林中学学生姬伯勋、张光远、叶瑞禾 1982 年在《缅怀杜斌丞烈士在教育事业上的光辉业绩》一文中写道："杜斌丞师是研究历史、教授历史的，他十分重视学生掌握历史知识，认为懂得历史可以知既往而开未来。虽然杜斌丞那时还没有形成马克思主义唯物史观，但他讲授历史课时，注意分析历史演变过程的前因后果，揭露封建帝王的荒淫暴虐罪恶，赞扬骨鲠忠臣和民族英雄的凛然气节，肯定农民起义的意义和作用，以此启发学生的民主革命思想，激发学生守正不阿的品德。他曾分析过奴隶社会桀纣的暴行所引起的汤武革命的历史必然性；分析过秦末陈胜、吴广揭竿而起终于导致秦王朝覆灭的历史意义和农民起义的重大作用；他还分析过历代王朝，包括汉代的'文景之治'和唐代的'贞观之治'之所以不能持久，从根本上说，是因为他们的一切措施，都是为了维护专制制度和封建统治者利益，与人民的利益是不相容的，因而引起人民的反抗。他反对儒家的'三纲五常'，反对封建宗法思想，指出这种思想束缚了人民几千年，严重地阻碍了中国文化、科学和经济的发展与进步。他在讲授世界史时，高度评价欧洲文艺复兴运动，以及对欧洲资产阶级民主革命所起的进步作用。他称赞法国大革命消灭了封建制度，给农民分了土地，是一次彻底的资产阶级革命，在世界产生了重大的影响。他的这些观点在今天看来当然不新鲜，有的还有缺点，但是在 60 多年以前有这样见解的人并不多。他当时确实对青年学生的民主革命思想起到了积极的启蒙教育作用。"

半年之后的 1918 年春，杜斌丞接任榆林中学校长一职。一上任，他便提出了自己的办学主张和办学理念，开一代办学新风。他以南宋文学家、史学家、爱国大诗人陆游"人才泯灭方堪虑，士气峥嵘未可非"著名诗句昭告全校师生："要改造社会，救国救民，就必须从兴办新的教育，培养英才做起。"这个办学主张和理念，实际上就是杜校长的办学方针。正如姬、张、禾在"缅怀"一文所写："1918年春，斌丞师任榆中校长。他说，办好一所学校，必须要有正确的办学方向。当时我国正处在外受列强侵略，内受军阀蹂躏民不聊生的境地。针对这种现状，杜校长在开学大会上明确宣布，榆中要以德、智、体三育并重为办学方针。他特别强调要以救国救民为'德'的主要标准。他要师生牢记'国家兴亡，匹夫有责'的名言，确立'振兴中华，舍我其谁'的志向，学习范仲淹做秀才时即以天下为己任的抱负，努力学习，奋发图强。他提出'博学、审问、慎思、明辨、笃行'的校训，要求学生严谨治学，一丝不苟。他还指出，科学是不断进步、不断发展的，人的思想也要不断进步、不断发展，绝不可因循守缺。他要求教师注意培养学生好学、活泼、勇敢、坚韧、进取的性格，勉励师生要做一个士气峥嵘的人。他的这些教育思想、教育主张对我们鼓舞很大，使我们深思，猛醒，刻苦学习，奋发向上。他的这些见解和主张，即使在今天，也还是有所裨益的。"

杜斌丞办学身体力行，改变办学条件，尽量让更多的学生进校读书。当年一位叫艾子高的学生，1980年8月曾回忆说："榆中原是将一座大的古庙作为校舍办起来的，杜先生来校后，随着师生的不断增多，校舍不够用了，为使扩建校舍经费节约下来，用到诸如购置图书和教学仪器等方面，杜先生实行勤俭办学校，亲自带领全校师生员工，利用每天下午课外活动时间，进行义务劳动。榆中平展展的大操场，就是杜先生率领大家填平了瓦窑沟之后修补起来的。在建校劳动过程中，杜先生针对旧教育毒害下学生鄙视体力劳动的现象，向师生们进行热爱劳动的思想教育。他曾多次严肃地对同学们讲：'如果我们的老祖宗没有这种本事，哪有后来人类的文明和社会的进步呢？'杜先生的一席话，使我们受到了极其深刻的教育，至今不忘。"

杜斌丞十分重视学生体育锻炼，增强体质。他对师生们讲道："个人身体羸弱不堪，成了陈独秀先生所说的'蒲柳之姿'，即使学习再好，又能对祖国有何贡献呢?"《榆林中学校史稿》记载："1919 年，榆林中学组织首届体育代表队，参加陕北第一届运动会，成绩突出。"姬、张、禾在那篇"缅怀"文章中说："斌丞师对学生的身体锻炼也很重视，常和学生一起上操、打球，还组织教师和学生比赛。'"

杜斌丞办学和旧的办学方式不同，他十分讨厌和摒弃"两耳不闻窗外事，一心只读圣贤书"的旧习气、旧观念。他十分注重教育、引导和组织师生"张开两耳、睁大双眼"，关注社会新变化、新思维、新思想、新知识，尽量参加一些进步的、向上的社会公益活动。杜斌丞任教榆林中学的当年，也就是 1917 年 12 月，陕西发生了几起重大政治事件，先是陕西省督军陈树藩部骑兵团团长高峻受孙中山之命，以"西北护法军总司令"名义，在白水县城宣布独立，发布檄文，与陈树藩分庭抗礼，历数陈之罪状。接着陈部陕西警备军统领耿直率部在西安起义。不日，陈部郭坚在凤翔起义，率部增援从西安退出的耿部，开往盩厔（今周至），耿、郭宣布成立陕西靖国军。一个月后，陈部胡景翼团营长张义安在三原起义，胡景翼、曹世英从富平、耀县驰至三原，议举陕西靖国军旗帜，共同发布讨陈檄文。像这些影响陕西政局的轩然大波，以往一时很难传到千里之外的陕北榆林。即使一些人听到了，也不敢贸然"失言"传播出去。杜斌丞上任后，却把这些事件当作胜利的新闻消息，讲给全体师生，师生们才知道孙中山先生又发起了"护法"运动。1918 年到 1922 年，是陕西护法靖国军兴盛的时期，靖国军的头面人物于右任、井勿幕所率靖国军各路将领进行的重要战斗，靖国军的内部争斗，井勿幕被害，靖国军失败，接受改编等重大事件，杜斌丞校长都能及时地一一告诉全校师生。1919 年，北京爆发五四运动，国立北京大学等 13 所大专院校 3000 余名学生走出校门，示威游行，反对北洋军阀控制的北京政府丧权卖国行径。消息传到偏僻封闭的榆林，杜斌丞对北京学生掀起的这场爱国运动满怀支持热情。姬、张、叶在那篇"缅怀"文章中作了如下回忆:"五四运动爆发对杜斌丞的思想更促进一步,他以更坚定的立场和鲜明的态度向学生做五四运动内容、性质和意义的报告,让学生组织讲演团分组到各街头讲演宣传,到商店检查日货,对群众进行爱国主义教育,这是榆林中学学生第一次大规模走向社会,参加政治斗争。斌丞师还在校作了新文化教育的专题报告,提倡民主,反对专制;提倡科学,反对迷信;提倡平民文学,反对封建文学和封建思想。在他的倡导和支持下,学生组成了自治会,成立了文学研究会、时事讲演会、读书会等等,学校课程中增加了新文化内容和白话文。"

艾子高也回忆说:"五四运动时,杜斌丞先生带领榆林中学学生,走上街头,发表演说,号召人们反对帝国主义和封建主义,争取科学与民主,挽救民族危亡。同学们都感到自从五四运动以后,杜先生的政治热情更高了,革命的意识更鲜明了。"

从1920年初开始,以魏野畴为主的旅京陕西学生联合会创办了一份进步月刊,名为《秦钟》,其办刊宗旨为唤起人们的民族自尊心,介绍新知识于陕西,向外界宣布陕西的社会状况。发行人为绥德籍北大学生李子洲,编辑为陈顾远,月月按时出版,在陕西关中的西安、三原、蒲城、临潼、华县、富平和陕北的绥德、榆林,陕南的汉阴,湖北的武汉,浙江的嘉兴,江苏的南通,福建的漳州,四川的成都都设有代售处。《秦钟》月刊第四期就刊登有《本月刊京外各代售处》名单载,"榆林中学校长杜斌丞君"为其代售处。8月,陕西教育界发生省立西安女子师范学校教务主任王授金反对省教育厅厅长郭希仁尊孔而被免职的事件,李子洲、刘天章、杨钟键等旅京陕籍学生,联合在北京《晨报》上发表文章,义正词严地驳斥郭希仁免职王授金的命令,旅京陕西学生联合会也公开发出对郭希仁的警告书。此事影响很大,波及全省教育界。杜斌丞也在榆林发表支持旅京学生的谈话,谴责郭希仁及陕西教育当局。

姬、张、叶在他们的"缅怀"文章中还提到:"1921年7月,我们第一届甲、乙两个班学生毕业，斌丞师参加了我们的会餐，即席发表了充满革命热情的讲话。他在谈论国内外形势时说：'俄国革命的胜利，开创了人类历史的新纪元，民主革命的潮流已经席卷全球，中国的民主革命也有了希望，反动军阀统治的日子不会很长了。'他希望同学们'多关心政治，努力进步，做一个于国于民有益的人。'我们这一届毕业的52人中，18人升入大专学校，7人进入军事学校，未升学的也都从事文化教育工作，前后参加中国共产党的有10人，至解放战争时，参加革命工作的尚有20多人。"

1922年，杜斌丞组织陕北教育界人士参观团去北京、天津参观中、小学教育，学习先进教育经验和学校管理体制，推动陕北旅京、旅津学生组织起陕北教育促进会，出版了《促进》刊物，配合《共进》杂志宣传新思想。

古人说过："学贵得师""经师易求，人师难得""一人善射，百夫决拾""凡学之道，严师为难"。作为一校之长，杜斌丞深知，师资力量的政治道德修养、专业知识的高低、业务能力的强弱，是关乎学校教学质量、办学方向的关键。为此，杜校长坚持不拘一格选择聘用一些优秀教员来榆中任教。张光远1980年3月10日回忆说："我于榆林中学甲班毕业后，1922年秋到北京，考入高等师范学校。赴京时，榆中校长杜斌丞让我在北京为母校代请教师，其中提到聘请魏野畴来榆中任教。魏当时在北京高等师范学校史地系研究部深造，也算是和杜校长同专业不同年级的学友。1923年春，魏野畴应聘来榆中任教。"一位叫李波涛的当年榆中学生回忆说："魏野畴来榆中后担任国文教师，我是榆中的丁级学生，魏老师给我们讲李大钊的《今》和古代著名文学作品《孔雀东南飞》，以及鲁迅、蔡元培、郭沫若等人的进步作品。魏老师传播马克思主义非常热情，讲述马克思《资本论》中的商品二重性，引起我们很大兴趣。他叫同学们自学《共产党宣言》，阅读《向导》《新青年》《共进》等进步书刊文章，教我们必须跟上时代潮流，坚决反帝反封建。"

1923年冬，杜斌丞又亲自出马，披风冒雪，千里迢迢前往北京、天津进行参观、考察、访问，聘请进步教师来榆中任教，其中通过李大钊推荐了参加过五四运动的王森然。王森然 1982 年 5 月说："杜斌丞为提倡新文化，开创新学风，四处奔走，聘请思想进步、学识渊博的学者去陕北。他听到我因宣传民主、科学等新文化而被曹锟通缉，在北京找到我，说：'陕北就缺你这样的教师呢，你能到我们那里去吗？我约好了李子洲，你和他一起去开荒吧，你应该趁此机会去西北开拓新文化的处女地！'我接受了他的聘约。1924 年 2 月 14 日，我携带了简单的行装和列宁的《国家与革命》《革命与考茨基》《两个策略》《俄国革命史》《向导》《新青年》等书刊，从北京出发，经过 15 天的时间，到达了西北高原的古雍州地面。当时正放寒假，学生们都回家了，听说北京来了新老师，很多学生赶回学校，参加欢迎会。杜斌丞把我介绍给同学们，又讲了话，学生会主席刘景桂（志丹）在欢迎词中，高声朗读了我的一首诗《杀！杀！杀！》，全场情绪激奋，我不禁流下热泪。"

王森然还说："1923 年，杜斌丞聘请了北京高等师范毕业的魏野畴任国文教员。魏野畴的到来，使学校产生了新的变化，活跃了青年的思想，活跃了学术空气，学生在他的指导下，成立了学生会、读书会、剧社；他带来了《向导》《共进》等刊物，让学生们走出学校，但引起榆林军阀井岳秀的不满和忌恨，也遭到地方上封建遗老遗少的敌视、排挤和迫害。杜斌丞 1924 年春惋惜地对我说：'我十分为难，去年我找到你的时候，魏野畴刚离开榆林中学不久。'杜斌丞希望春风能够吹遍黄土高原，希望能够唤醒沉睡的人们，希望榆林中学能够为民培养出人才。"

杜如樟对杜斌丞办学方法和特点作了这样一个比较客观、全面的评述。她说："我觉得他有几大特点：第一，他有明确的办学宗旨。就是坚持爱国、科学与民主，这个教育思想直至现在我们还需要为它奋斗。他这个教育思想的形成经历了绥德中学堂和少年时代的启蒙阶段，三原宏道高等学堂的升华阶段，北京高等师范的确立阶段，榆林中学的践行四个阶段。十年校长任期可以说是他的惨淡经营阶段。第二，他确立了明确的教育方针、教育目标。他的教育目标就是让学生德智体全面发展，因为在 20 世纪初叶，旧的教育只读四书五经，只注考据、读经、背诗，不重视学习自然科学，更不重视青少年的身体锻炼，这是一个普遍的现象。但是他提出了德智体全面的发展，所以榆林中学课程文科、理科、体育课都开，操场也修得很大，他自己还亲自带体育课，这是受他五姨父的影响。因为在绥德中学堂的时候就提出了先进的办学宗旨：崇文、崇礼、尚实、尚武，树立完全人格，为爱国人士，任救国之先驱。这也就是全面发展的教育思想，这是和刘古愚教育思想一脉相承的。他办学第一要有硬件，硬件里，一个是图书，一个是实验仪器，他认为这犹如车之两轮，鸟之两翼。没有这两样，绝对是开展不好教学的，所以他很重视这一点。他给学生订的图书、杂志包括了各个方面的，特别是一些宣传新文化运动的书籍和思想的一些杂志和书籍。他在北京高等师范读的那些新文化运动的杂志他都订上了。第三，是他兼容并蓄。他把各方面各种思想学派的书都购买或订阅了，让学生们去学习鉴别。第四，他重视教学仪器实验。我们过去的科举是不学自然科学的，更谈不上做实验。他很重视这一点，曾托高建白在北京想办法购买仪器。购买时，高建白不知购买些什么仪器，就找到北京高等师范教务主任王仲超老师，王老师不辞辛劳开了一个清单，生物的、化学的、物理的仪器都给他开了个单子。按照这个清单一调查，有的相当的贵，在陕北办学能买得起吗？他就写信问杜斌丞。杜斌丞回信说，你尽量买，我想办法筹钱。所以榆林中学的图书仪器在他任校长的这个阶段起点是很高的，实验仪器配得是很齐全的。第五，重视选聘教员。图书和仪器的'硬件'解决了，还要解决'软件'，'软件'就是要组建教师队伍。教学车之两轮、鸟之两翼是图书和实验仪器，鸟的躯干就是老师。一定要请好的老师，才能使鸟儿腾飞起来、翱翔起来。他请的老师各方面的都有，老师的思想状况也是有差别的，既包括信仰马克思主义的，也有信仰儒家、道家和旧的朴素民主思想的。他很支持一些信仰马克思主义的老师，后来我听说他支持把榆林中学的共青团组织、共产党组织也建立起来了，这是很了不起的。民主办学，广开言路，是对教师和学生的最大尊重。杜先生给教师非常宽松的环境，让他们充分地进行自由的学术交流。尽管他对学生管理十分严格，但是他反复给老师和管理人员交代，一定要尊重学生的人格，不准随意或者变相体罚学生。1923年，在榆中建立了陕北第一个学生自治组织学生会，由刘志丹出任第一届主席。杜斌丞先生可称得上是真正的无产阶级革命教育家。"

依托镇守使署

在中国，历来办学都是以官办为主，那些私塾、义学、家学只是个辅助或补充。学龄儿童私塾之后升入小学堂以至中学堂、高等学堂，绝大多数都进入国立学校就学。榆林中学是陕北23县分摊出资的联合中学，当时的榆林镇守使署对榆中的支持力度大小，决定着这个中学的兴衰命运。作为榆林中学校长的杜斌丞深谙其道，他想办法依托榆林镇守使署办学是天经地义的，也是成功的，特别是争取镇守使井岳秀的支持更是办学之关键。

多年来，每提榆林中学校长杜斌丞，却几乎只字不提当年榆林镇守使井岳秀，也不提及杜斌丞与井岳秀一起合力办学的点点滴滴，要提便是井岳秀消极面的东西，这既不公平，也不符合历史事实，假若杜斌丞校长能活到今天，恐怕也不会允许这种罔顾事实的现象出现。

井岳秀是在杜斌丞返回陕北的前一年率部进驻榆林的，后任榆林镇守使。当时的中国政局，一个中学校长，不经过当地最高军政长官的同意是绝对不可能出任的。实际上，杜斌丞榆林中学校长一职，正是井岳秀主动起用的。真乃是文武相彰，亦步亦趋。

多年来，关于井岳秀起用杜斌丞校长之职，史志上也少有记载，以至被人忘记。其原因既与井岳秀本人的历史有关，也与一些人持有偏见，不能实事求是地对待历史有关。井岳秀到底是怎样一个人物，我们不妨多费一点笔墨简单追寻他走过的历史脚步和与榆林的渊源。

井岳秀，字崧生，陕西蒲城县人，家住县城内大什字巷，清末庠生，辛亥革命志士，陕西民主革命先驱井勿幕的胞兄。兄弟俩在宗族中排行十和十一，人称井岳秀为"井十"。他幼时喜好练拳使棒，一身武艺，毕业于陕西武备学堂，为武秀才，井勿幕为文秀才，兄弟俩常在一起针砭时弊。其家境比较充裕，父亲去世后，家道中落，1902年分家后，井勿幕因债务无法应付，井岳秀帮其弟离陕赴渝，投靠父亲朋友，在渝读书，次年勿幕同吴玉章同行赴日，结识孙中山，参加同盟会。

1906年，井勿幕受孙中山指派由日本回国，发展监员，井岳秀等人是井勿幕发展的陕西第一批同盟会员，曾任蒲城县教育分会评议员，进行革命宣传，保管文件，投入民主革命。1908年"蒲案"发生，清政府蒲城当局大肆搜捕革命党人，搜至井家，其妻赵雁云临危将同盟会文件封入罐中，埋入院内菊花丛中，他回后尽焚文件和名册，保护了革命党人安全。1909年陕西成立咨议局，井岳秀任常驻议员，斥议陕西当局腐败，并为革命筹措经费。1911年10月，陕西响应武昌起义，光复西安，他冲锋陷阵，夺旗斩将，屡建战功。西安光复不久，山西民军告急求援，同弟井勿幕统领东渡黄河解山西之危。民国元年（1912）2月，犯陕甘军从平凉东进长武、永寿、乾县一带，西路告急，他从山西挥师西征，与甘军激战西府岐山张午原，解咸阳之危。

1913年，井岳秀奉命赴榆林处理秦麻涧神团教案及"烟案"，适逢外蒙古在俄沙皇蛊惑策动下独立，并暗中鼓动内蒙古六盟脱离中国，河套伊盟七旗同时受到影响，北京军政府和陕西当局派井岳秀带兵进驻榆林，以应付沙俄、外蒙古进一步肢解分裂图谋。乌审旗大喇嘛札木萨闻知井部到达榆林，便请井会商大计。井岳秀带数骑前往，通过交友、赛马、拜把子，与蒙古族首领建立信赖关系，凭借超强的武艺、骑术及流利口才和坦诚态度，力据"七不可"陈述，终于说服并劝阻王公内附，使沙俄与外蒙古阴谋未能得逞。他的真挚态度，感动王公贵族，随发出檄文和宣言，从此，伊盟七旗王公们与他建立起深厚感情，互不干扰，和睦相处，蒙汉往来交易更为活跃，维护了民族团结和边疆安全。

1916年8月，陕北患匪遭扰，陕蒙边界新生异动，陕西督军陈树藩命陕西陆军第二混成旅旅长兼陕北镇守使党仲昭率部北上，陈对井家兄弟二人留在关中也不大放心，以井岳秀前赴榆林处事有方为借口，派井作先锋复赴榆林。党仲昭率后续行至肤施（今延安）部属内讧，党一气之下，辞职返回西安，只有井先锋营于10月间到达榆林。1917年2月，井部改编为陕西陆军第二混成团，井任团长，北洋军政府总统黎元洪任命井岳秀为陕北镇守使。1924年，孙中山任命井岳秀为中央直辖陕西讨贼军临时总指挥。到1936年，井岳秀在镇守使任上，先后任北洋直系军政府西北联军总司令、冯玉祥陕北国民军总司令，国民党新编第四师、第八十六师师长，经营陕北长达23年。有功有过，功过分明，应实事求是区别看待。

镇守陕北的井岳秀，一方面防止沙俄、外蒙古再次图谋不轨势力，更重要的是开发建设榆林。井岳秀23年间在榆林办工厂，引进机器、技术，引进火力发电，创建榆林现代工业，兴修水利，改造沙漠，支持创办《上郡日报》，繁荣商业和当地民间文化体育事业取得可喜的成就，有目共睹。特别是倡兴教育，兴办师范、职校，扩展榆林中学，捐资助学，功在一方，至今被榆林人民传为佳话。在这里，我们不妨罗列几件事例和一些数据吧。

井岳秀起用杜斌丞任榆林中学校长之后，连年招生，学生越来越多，校舍、教具不够，各种开支俱增，经费拮据。杜斌丞商请井岳秀帮忙，井慨然应允，即以军费先行借资。榆中教学质量高，考入京、津、沪、汉等地高校求学的优秀贫寒学生连年增多，一些学生因交不起学费而难以入校就读，杜斌丞报知井岳秀，井便给以助学金资助，每人每年给银币50—100元不等，最高达300元。据《榆林中学校史稿》统计："仅榆林中学就有高宗山、王汉屏、艾锦江等30余学生得到过最高资助。特别是对出国留学的陕北籍学生，每年也都给汇款资助。受井岳秀资助的陕北优秀贫寒学生多年来累计达300多人。"《二十二军史略》对井岳秀在陕北发展地方教育作了简要总结："陕北僻处边微，风气晚开，井公以教育为立国根基，筹款兴学，引为己任，榆中之开展，榆师、榆职之创设，井公均尽最大努力。更对贫寒生出外升学者，一律予以资助，十年之中人才蔚起。"

1919 年（民国八年），在井岳秀的资助下，经与杜斌丞、郭维藩协商，由郭出面，创办陕北佳县乌龙镇高级小学。1925 年给该小学修建西洋式纯石结构大门一座。校门高 8 米、宽 5 米，其形势之巍峨，石工之精微，冠绝陕北。在乌龙小学创修校门门首的匾额和两侧石柱上，题刻了井岳秀题写的校名和门联。门联为："乌延乃南路屏藩振作国民惟教育；龙城本北门锁钥保持边境赖英才。"所题门联构思巧妙，不仅藏头地名"乌龙"二字，还以"南路屏藩""北门锁钥"点出了陕北的战略地位，更以"振作国民惟教育""保持边境赖英才"道出了井岳秀兴办陕北教育的目的和心声。"文化大革命"期间，时任校长特意将该门联用水泥覆盖，使其免遭破坏，"文革"之后得以复原。该校门建成迄今已近百年，保存完好，这便是井岳秀重视教育的见证。

在井岳秀和杜斌丞的倡议支持下，陕北各县的教育事业几年间有了较大发展。国民政府教育部于民国十年（1921）八月给井岳秀赠以由大总统黎元洪题署的"敬教劝学"匾额，嘉奖鼓励。

陕北地方教育要发展，但师资力量向来不足。1925 年，井岳秀与榆林道尹景岩征（志傅）、杜斌丞商定，成立了榆林道立单级师范学校，招考陕北各县具有中等文化水平的学生，学制两年。师范学校先利用高等小学东院一排房子暂做教室和宿舍，第二年移至东山香云寺内，聘请郭茂林任校长，经费由烟亩附加教育款筹足。这一年，在绥德、洛川等地也办有单级师范学校。

1926 年春，经井岳秀和景岩征、杜斌丞一同筹划，在榆林县立模范女子国民小学内创办榆林道立女子师范学校（简称榆林女师）。井岳秀经与杜斌丞商定，派李楷（正斋）出任校长。为筹措女师办学经费，井岳秀除在厘金税项下划拨一部分外，又从自己的镇守使署军费中划拨部分，其余则商酌景岩征从榆林道尹公署予以解决。榆林女师主要招收陕北各县女生，为陕北女子上学开了先河。这年 5 月，井岳秀和景岩征、杜斌丞商定，由榆林道尹署拨银币 5500 元，修建女师大门、教室、礼堂等。10 月，女师首期招生 10 余人，第二年招收一班计 36 人，学制三年。1928 年 5 月，榆林道立女师改归省立，易名为陕西省立第三女子师范学校，拨银币 7300 元，扩建校舍、教室，学制改为四年，学科未变。后又在该校附设省立女师附小。1936 年，榆林女师庆祝建校 10 周年时，陕西省政府主席邵力子、西安绥靖公署主任杨虎城分别为《女师毕业纪念专刊》题词为"温故而知新，可以为师矣""女师始基"。

1928 年，杜斌丞和榆林地方绅士鉴于陕北有丰富的皮毛资源，倡议创办职业学校，得到井岳秀的大力支持。井岳秀遂即与各县协商，在榆林中学原来附设的毛纺和制革两个职业班的基础上，改建为陕北职业学校。经井岳秀报请陕西省政府批准，以烟亩附加税作为办学经费，利用榆林城内龙王庙和寿宁寺（今梅花楼）创办起陕北公立职业学校（简称榆林职中）。职业学校设纺织、制革两个专业。到 1932 年，陕北公立职业学校已达 5 个教学班、176 名学生、34 名教职人员，后又增设了高级班。为扩大职业教育，在职中的基础上，又开办了榆林县立职业补习学校，实行半工半读。

1932 年 11 月 19 日，杨虎城为陕北公立职业学校题词为：

> 巍巍上郡，雄峙朔方。桑麻渠溉，谷地牛羊。
> 古风绵邈，末俗堕颓。起衰救敝，急起直追。
> 猗欤贵校，济济群英。技术研讨，利用厚生。
> 振兴国产，力挽利权。利国富民，重任承肩。
> 智用则巧，业贵日新。发扬广大，益利精勤。
> 缅为令范，独树先声。载笔庆祝，利被无穷。

职业学校的兴办，实习工厂开始使用机器生产毛线、毛毯及皮革制品，皮革鞣带工艺由传统鞣革制改用矿物、植物及混合方法制革。三年间，井岳秀、杨虎城先后拨烟亩附加税款 3 万银币，供榆林职中实习工厂购买添制英国产 20 马力锅炉蒸汽机、发电机、立式制毯机各一台，德国产轻便梳毛机一台，纺毛机二台（20 锭／台）及转鼓、榄槽、打光、压底机等制革机器。从天津先后聘请来纺织技师、机械技师、制革技师、皮件技师等，为贫寒农家子弟学徒传播技艺。从此，榆林毛毯走出陕北，享誉陕西内外。井岳秀、杜斌丞兴办陕北职业教育，独树先声。

井岳秀镇守陕北，既较好地维护了陕蒙关系，也为阻止内蒙古分离势力和日伪染指内蒙古作出了贡献。

1924 年 11 月 26 日，蒙古人民共和国成立，宣布脱离中国独立。当时北洋政府不予承认，陕蒙边界一度紧张，1926 年河南镇嵩军刘镇华西安围城祸陕，内蒙古一些王公贵族蠢蠢欲动。井岳秀本打算率军南下增援反围城斗争，为制止内蒙古独立，维护汉蒙团结，捍卫边疆统一，他不得不留在榆林，震慑分裂独立势力。

九一八事变后，伪满洲国成立，为防止伪满势力染指成吉思汗陵墓，挑动内蒙古独立，井岳秀派重兵守护"成陵"，意将"成陵"从鄂尔多斯草原迁往榆林加以保护，制定了迁陵计划。1936 年 2 月 1 日（正月初八），井岳秀手枪无意落地走火致重伤而亡。1939 年春，日本侵略者勾结蒙古、内蒙古民族败类，打起成吉思汗陵的主意，6 月 10 日，邓宝珊将军主持成陵西迁，由伊盟经榆林、延安、西安，迁往甘肃榆中县兴隆山安陵保护。

井岳秀 1933 年就提出誓死抗日要求，1935 年冬，张学良、杨虎城飞抵榆林，密谈实现西北大联合，停止内战，联合抗日，得到井岳秀的响应。达成一致意见，因其逝世未能亲历西安事变等重大斗争，但在维护民族团结和捍卫国家统一，抵抗外敌入侵等大是大非问题上，井岳秀头脑还是清楚的。1934 年和 1935 年，曾两次拒绝参加蒋介石的"剿共"会议。蒋数电催促，他无动于衷。

诚然，井岳秀在镇守陕北期间，一度奉命执行蒋介石"剿共"反动国策，加之党内的一些极"左"做法，井岳秀从保境安民角度出发捕杀共产党人、红军和游击队员，"围剿"陕北革命根据地。同时，苛捐杂税沉重，加重了陕北人民负担，军民关系一度紧张，人民反抗情绪激昂，连杜斌丞也看不下去，曾一度提出"倒井"。但就井岳秀的一生和在陕北镇守使任上，客观地讲，政绩还是显著的，我们不能求全责备，更不应该一笔抹杀他对陕北教育事业的作为和贡献。杜斌丞作为一个革命教育家，也与井岳秀的支持不无关系。井岳秀镇守陕北，没有在榆林置田、置房。直到井岳秀去世后，杜斌丞前来西安，一度也住在井岳秀留在西安湘子庙街上的住所内。特别是井岳秀为杨虎城十七路军的东山再起，立下了汗马功劳。

结识杨虎城

1922年，响应孙中山"护法"运动的陕西靖国军终归失败，接受直奉军阀改编，唯有靖国军第三路第一支队司令杨虎城等少数靖国军将领始终反对改编，坚持竖起靖国军旗帜，在敌军大举进攻面前，率部英勇战斗，敌强己弱，顽强抵抗，移兵于西府凤翔，一面派人护送于右任总司令南下四川，绕道前往广州请示报告孙中山，一面重整军内。为了保留西北辛亥革命和靖国军革命种子，以利于继续奋斗，于这年5月底，率部千余人马，绕道辗转，长驱2000公里，北上"沙陀国"，即陕北榆林地区，进入井岳秀防地，落脚定边、安边、靖边一带。

井岳秀深知杨虎城骁勇善战，也处理过1914年杨虎城击杀蒲城孙镇恶绅李桢一事，为杨辩护说情，才使李桢的靠山郭坚息事宁人，不了了之。况且自己的胞弟井勿幕向来受杨崇拜，是杨的革命引路人。井勿幕任陕西靖国军总指挥时与杨过从甚密，井勿幕遇害后，靖国军中唯有杨虎城在军中设置灵堂，全军戴孝祭奠。更重要的是在万般劫难之中，杨虎城依然忠于孙中山民主革命思想，旗帜不倒，井岳秀实实佩服杨的革命意志坚韧与挺拔，于公于私，不能不伸出援救之手，拉杨一把，渡过难关。

这年9月2日,《新秦日报》报道:"已到陕北的杨虎城部尚有众十余营(实为三个营),以有枪支者为断,大约在一团以上(实三分之二)。杨情愿投诚(实为暂栖或寄居)受编酝酿已久,经井崧生(岳秀)镇守使往返电商,保定曹仲珊(曹锟)允准,收容该部,嘱令选择精锐,编制成军,延、鄜三边有杨部溃众分踞。"

杨虎城部将,十七路军老人手、国民党第六战区司令长官孙蔚如1962年说:"杨虎城打消攻取洛川的计划后,经安塞到达三边(即定边、靖边、安边)从事休整。为避敌人重视,部队编为井岳秀的地方部队陕北步兵团,由李子高带领,我同杨虎城先生住榆林,结识杜斌丞先生,过从甚密。斌丞慷爽有大志,关心人民事业,目睹当时社会腐朽落后情况,辄起不平之鸣。"

杨虎城原秘书米暂沉1978年和1991年先后由陕百人民出版社和香港文化出版社出版的《杨虎城传》中写道:"杨率部到延安后,就派蒙发源(浚生,参谋长,井岳秀老朋友)去榆林见井岳秀联系,商议的结果是:一、杨本人目标过大,使井不便对外,宜暂时脱离部队,住在榆林;二、部队改编为陕北镇守使署暂编步兵团,以李德升(子高)为团长,孙蔚如为团附,下编三个营;三、部队分驻定边、靖边、安边等地。""杨到榆林不久,就染上了伤寒,健康受到严重损害,经过很长一段时间的恢复,才日渐好转。这时,他的身心状况都处于低潮。由于他的部队驻在外县,因此,除了应酬井岳秀的场面外,他很少出门一步,只是和他的夫人罗培兰谈谈家常而已,有时望见挂在客厅中的旧日靖国军的军旗,便有无限感慨涌上心头。在榆林居住的时间长了,杨虎城逐渐结识了这里的社会名流,其中给他印象最深的一个人就是杜斌丞。""杨虎城在榆林养病时,杜斌丞任榆林中学校长。榆林是陕北的文化中心,榆林中学更集中了一批进步的知识分子,他们深受五四运动的影响,崇尚民主,憧憬革命,杜斌丞就是他们的代表。杨虎城与他结识后,两人一见如故。杜斌丞十分钦佩杨虎城拥护孙中山、坚持民主革命的彻底精神。杨虎城十分敬重杜斌丞的才学人品,特别是对于杜斌丞的进步思想，更有一新耳目之感。因此，两人常在一起谈论思想，品评国事，这对于杨早期接受进步思想有很大影响。"

据说，当时有一种传说：杨虎城住久了，井岳秀可能会有疑虑，怕影响他的统治。杜斌丞听到这种挑拨言论，怕引起杨、井二人之间的猜疑，进而影响关系，他就亲自去见井岳秀。告诉井："杨虎城胸有大志，非池中物，陕北绝不是他的久留之地。"杨虎城后来也说："斌丞先生虽是陕北米脂人，但结识以来深感他是陕北的人杰之一，是有进步革命思想，有政治见解，并能团结人的英雄人物。"

周梵伯是杨虎城主陕初期的秘书，蒲城县人。他回忆了杨将军对他讲与杜斌丞的结识经过："1922年，杨将军到榆林后，慕名拜访榆林中学校长杜斌丞，并通过杜结识了魏野畴，三人志趣相投，结为挚友。杨对中国革命的前途和中国共产党的主张有了初步认识。杨按照杜、魏二人的建议，大量招收青年学生入伍，不断提高部队文化素质，并且聘请赵寿山、段象武、刘光甫等军事专家（来自保定军官学校）开办安边教导队。所有这些，引起了井岳秀对杨的猜疑。杜斌丞得知后，劝杨以养病为名，暂弃兵权；同时由他向井说项，以释其疑。杜反复陈述：虎城有虎志，非池中物，待时机有变，即可南下，另作他图。井见杜态度诚恳，又看到杨已离开部队，常住榆林，遂解除疑虑。"

在榆林，杜斌丞向杨虎城介绍了一位对杨后来思想起过重要影响作用的人，那就是陕西早期马克思主义的传播者、中共陕西组织创建者之一——魏野畴。

魏是陕西省兴平县人，北京高等师范毕业，参加过五四运动，由李大钊介绍入党，时由杜斌丞聘请任教于榆林中学。通过杜斌丞的介绍，杨虎城认识了这位知识渊博，戴一副高度近视眼镜的"魏先生"，这也是杨虎城接触的第一位共产党人。两人认识之后，交往甚密，在多次的深谈中，魏野畴详细地讲解了什么是马克思主义，以及这一革命学说的基本内容；介绍了中国共产党的主张和奋斗目标，分析了当时中国社会的基本矛盾和政治形势，并诚恳地指出杨遭到失败的症结所在。

在魏野畴的眼里，杨虎城是一位有作为的人，出身虽苦，却富有革命热情，是对北洋军阀斗争很英勇也很坚决的革命军人，在地方上是亲近民众，有较高威信的革命将领。搞国民革命，是共产党人可以与其长期合作共事的不可多得的人物。历史已经证明，魏野畴的这一认识和判断是十分正确的，有远见的。

这个时期，中国时局正处于军阀割据，直系军阀曹锟、吴佩孚依靠英、美势力，经过第一次直奉战争，控制了中央政权，加紧推行武力统一全国的计划，再次挑起了军阀混战。京汉铁路工人大罢工遭到吴佩孚残酷镇压，中国共产党人总结经验教训，认识到推翻帝国主义、封建主义和北洋军阀统治，必须联合孙中山领导的国民党，建立工人阶级和民主力量的联合阵线。也正是在这个时候，中国共产党于 1923 年 6 月中旬，在广州召开了全国第三次全国代表大会。通过了《决议案》和《宣言》，中心问题是提出了中国共产党在现阶段"应该以国民革命运动为中心工作"，采取党内合作的形式同国民党建立联合阵线，进入国民革命，"共产党员应加入国民党"。努力扩大国民党的组织于全中国，使中国革命集中于国民党。这既有利于国民党的改造，使国民党获得新生，又有利于共产党人走上更广阔的政治舞台，得到锻炼和发展，这便是"三大"的重大历史贡献。当魏野畴向杨虎城讲解了中国共产党的宗旨、纲领和"三大"确立的路线和方针后，杨虎城较为系统地了解了前所未闻的革命理论，第一次听到了中国共产党的奋斗目标和现阶段革命任务，逐渐解开了思想谜团。此时，他虽然身处逆境，蛰居塞上，寄人篱下，又是大病初愈，却对中国革命前途增强了信心。魏野畴精辟的政治见解，对局势入情入理的分析，渊博的知识，深深赢得了杨虎城的敬重。可以说，在杨虎城的一生中，魏野畴给他留下了难以磨灭的印象。第一次了解了中国共产党是怎样一个政党。为他此后长期与共产党保持良好关系奠定了基础。也是从这时开始，杨、魏二人结下了不解之缘，成为革命路上的朋友和知己。他俩合作共事的佳话，成为陕西革命斗争历史上的一个红色亮点，一桩美谈，经久不息。同时，我们也不可忘记杜斌丞先生架起杨、魏二人友谊之桥的历史作用。

1923年底，魏野畴离开榆林中学。第二年初，杜斌丞邀请北京的王森然来榆中执教。3月，杜斌丞便引荐王森然结识了杨虎城。1982年5月，王森然回忆这段经历时这样讲道："1922年，杨虎城率靖国军与直军作战失利，拒绝北洋军阀收编，暂避陕北井岳秀处，部队改编为陕北镇守使署暂编步兵团，任命了新团长，杨虎城本人脱离部队，在榆林城内闲居休养，和杜斌丞搞得很熟。他结识我后，一见如故。我曾用很长时间给他讲完了一整部《水浒》，也讲《三国演义》。他对当时革命形势，对中国革命的概况方针了解不够，通过与杜斌丞、魏野畴等人的频繁接触，才逐渐对中国的前途有了认识。这段时期，对杨虎城以后的思想倾向起了很大的促进作用。杨对我谈论井岳秀时说：'我们是同乡，表面上他对我当然不慢待，事实上他看不起我。'他说，平时除找杜斌丞和我，很少出门。自觉寄人篱下，精神抑郁，心中不快。"

杨协和杨瀚，是杨虎城的两个嫡孙。在采访中他们补充讲述了爷爷在榆林结识杜斌丞先生一事。杨协说："1922年，陕西靖国军失败，爷爷带部队北撤榆林，投奔井岳秀，这个时候认识了杜斌丞，杜斌丞当时是榆林中学校长。我爷爷也比较'时髦'，喜欢接受一些新的东西，喜欢和知识分子交往，当时他养病的时候就经常去榆林中学，杜斌丞向爷爷介绍认识了共产党员魏野畴，接受共产党一些先进的思想。听说当时井岳秀对我爷爷有些猜疑，井周围的人就说：小心杨虎城将来把你的地盘给夺了。这时候杜斌丞就出面给井岳秀讲，杨虎城非池中之物，他看不上你陕北这块地方，迟早要南下的，井岳秀才对我爷爷放心了。而且井岳秀很关心爷爷的健康，给爷爷请来当地名医治病，从定边盐税中划出一定比例解决部队给养困难。"

杨瀚也说："爷爷到榆林后，经常向杜斌丞先生请教一些问题，因为杜是榆林中学校长、高等知识分子。那时候一般没文化的人对知识分子很崇拜，对教书的先生也很崇敬。爷爷向来喜欢和有识之士交往，渴望学习文化，羡慕读书人，请杜先生给他介绍一些知识分子，有识之士。榆中是陕北 23 县最高学府，杜先生是校长，当然很忙，不可能成天跟爷爷去相处交谈。所以，杜先生给爷爷先后介绍了两个很重要的人物。一个叫魏野畴，在榆中任教，也是陕西共产党的奠基人之一。魏野畴向爷爷系统介绍了共产主义的思想，使爷爷对共产党和共产主义有所了解。对爷爷后来走上长期和共产党合作道路起了非常重要的作用，魏野畴后来直接参加爷爷的部队，当教官，当政治处长，参加北伐等。还有一个人叫王森然，后来成为中国美术教育家。王森然给爷爷详细地讲解了《三国演义》《水浒传》等中国古典文学名著。爷爷通过文学名著，对中国古代社会政治和军事才有所了解。爷爷没有受过系统的军事教育，但是他后来在战争中可以说是常胜将军。其他一些方面，和爷爷在这里受到的一些启蒙教育也是分不开的。也可以说，杜先生在爷爷和井岳秀关系的弥补、融合方面做了很多工作。因为爷爷带部队到陕北，开始井岳秀还是有戒心的，当时井提出的条件就是把部队全部分散，一个团分三个驻地，不让爷爷直接和部队发生关系，部队里没有爷爷任何职务。爷爷以休息养病和学习为主，同时就是积极和孙中山进行联系，积蓄力量，再一次参加'护法'战争。在如何处理与井岳秀的关系上，杜先生发挥了不可替代的作用，因为他和井岳秀的关系非常好，井岳秀对他也比较信任，他经常向井岳秀介绍爷爷的情况。反过来井岳秀也通过杜先生了解爷爷的思想情况。在这个过程中，杜先生首先从内心对爷爷是支持的，因为在爷爷身上体现了当时很多先进的东西。要求反帝反封建，要求社会变革，要求平民社会的思想，与井岳秀一些封建的、独裁的、保守的东西又是不相同的，井岳秀有一些猜疑、戒心也是正常的，可以理解的。经过杜斌丞从中说项协调，爷爷后来提出在三边成立教导队，培养军官的，井岳秀就答应了。首都革命后，起兵打北洋军阀，井岳秀配合了，而且派出了部队，这里面应该说杜先生发挥了很大的作用。井岳秀对十七路军后来发展壮大也是有功劳的，爷爷很感激他。"

1924 年 10 月 24 日，冯玉祥、胡景翼、孙岳发动驱逐曹锟、吴佩孚的"首都革命"，驱逐溥仪出宫，成立国民军，邀孙中山北上共商国是，全国尤其是北方革命形势发生新的变化。为响应"首都革命"，陕西也面临驱逐督军兼省长的刘镇华出陕的斗争。11月初，杜斌丞与李子洲、王森然商议促使杨虎城从榆林南下关中，参加驱刘斗争。经过两年多养精蓄锐的杨虎城及其部队，元气大复，决心率部南下，和井岳秀一起改编为国民军。杨虎城出师南下时，井岳秀在城外设酒饯行，杜斌丞、王森然都参加饯行仪式。此时狂风大作，黄沙漫天，杨虎城端起酒碗，大笑而言："云从龙，风从虎，诸位等着吧，我杨虎城南下定能取胜。"言罢，杨虎城在锣鼓喧天、彩旗招展的欢乐气氛中，以"陕西国民军前敌总指挥"名义，率自己原部和井岳秀一部南下驱刘，结束了他两年多的蛰居生活，投入新的革命高潮。

客观地讲，杨虎城蛰居榆林，是他人生和军旅生涯极其重要的两年，他既感谢杜斌丞，也感谢井岳秀，这种感谢是发自内心的，感恩戴德的，他后来重用杜斌丞当了自己的"高参"。而对于井岳秀的感激，可以从井1933年6月上旬来西安时，杨虎城举行6000人欢迎大会的致辞中得到答案："井师长见识高超。关于这一点，十七路武装同志要注意，因为十七路过去在靖国军时代，武功之役后，关中区无立足之地，革命势力几近磨灭，乃开往陕北渐图休养，斯时井师长不顾一切，认定十七路是忠实的革命团体，遂竭力供给。厥后，国民一、二、三军失败，十七路军成功坚守西安，推源求始，皆井先生所赐。以后十七路出关，参加北伐和历次战役，形式上虽与井先生分离，但精神上之结合实始终如一。十九年（1930）十七路入陕，虎城因井先生历年均有教诲，欲往榆林一叙契阔，后因交通不便未能成行，今天井先生来省，实是我们接受教益的好机会，大家切勿错过。"

心力交瘁为学子

送走杨虎城，几年办学的劳累使杜斌丞心力交瘁。一条硬汉子不得不暂时离校，回米脂县城家中休息疗养一段时间。为了榆中，为了贫寒的子弟，为了改变陕北文化落后的面貌，培养人才，杜斌丞先生确确实实做到了鞠躬尽瘁、精疲力竭的程度。榆中虽然是陕北 23 县联合中学，教育经费由各县分摊，但各县经济状况差异很大，即使经济条件较好的县份，比起关中来差距还是蛮大的，且不用说更为贫困的县份了。陕北教育一直比较落后的根本原因还是由于经济落后的制约。陕北沟壑纵横，瘠土少雨，广种薄收，度日糊口艰难，常以"走西口"为避荒求生之出路，办学、读书成为一种奢望。即使有一些县乡开办小学堂，学生也很少，教师质量差，也没有多大气候。榆林中学开办很早，也因经费不足，几度改名。杜斌丞接任榆中校长之后，从想方设法筹集办学经费开始，东求西凑，南讨北借，聚沙成丘，维持榆中正常运转。其间，他曾跟镇守使井岳秀多方联系，从军费中前后要来 21000 元银圆，又从省政府争取到 20000 元银圆，经省政府同意，将 23 县皮毛卷拿来作价换得一些经费，缓解了榆中几年办学经费。要提高教学质量，教师质量则是关键，高质量的教师，又得付给较多的报酬。无奈他凭借自己的威望和一颗诚恳的心，利用在北京的老关系，高质低酬聘来魏野畴、王森然、李子洲、呼延震东等才华横溢的名牌大学毕业生任教。学生增多，扩展校舍，他亲力亲为，自己动手设计，监督施工，省工省费。他节衣缩食，低资取薪，从北京请来的教员，一般月薪为 130 元大洋，而自己仅为 50 元大洋。王子宜是榆中毕业生，后来和刘志丹一起创建陕甘边苏区，新中国成立后曾任民政部副部长。他回忆说："1924 年，我们丁班的毕业生有 23 名去北京参加高考，其中 20 名分别考上了北京大学、北京师范学校等八大名校。自己虽未能参加高考，但是回到保安（今志丹）家乡，县长给自己每月 200 元大洋薪水，请自己在县高小任教。那时，老百姓就觉得只要在榆林中学念过书，就好像清朝中举一样的看重，200 元薪水也不为高。比起杜斌丞校长和北京来的几位名老师，那可是高薪水了。"

正因为办学经费困难，杜斌丞除了聘请外地一些高质量教师外，不得不沿用榆中原来一些老教员。这些老教员，一般老观念、老习气，迂腐顽昧,不大受学生欢迎,但也是没办法的办法。有时师生关系紧张,严重对立,影响教学。还有一些学生因地域观念而常闹对立。杜校长成天花在这些老教师身上的"开化"工作、化解学生之间矛盾工作,也是费心不少,耗费大量精力,以致造成身心疲惫,几次病倒,不得不暂时请假离校调养。正是在他因病离校期间,曾发生过三次大的学潮。

第一次大学潮发生在 1924 年 12 月底。杜斌丞送走南下的杨虎城之后,回到家中养病,校务交由教务主任高宪斌、训育主任呼延震东两人负责。不料学生因洗澡排队形成两派对立打斗局面。杜校长不得不拖着病体返回学校处理。他回到学校,做了一番调查后,把全体教员学生召集到学校礼堂,严肃地说:"我走了不久,你们便把学校搞得乌烟瘴气,这是谁的过错?我有责任,你们也难辞其咎。我知道这次风潮中的几个主要闹事的同学,本应按校规处理,可是我不愿采取这种方法,而且这些同学是本校的精华,是有出息的,有培养前途的。"话说至此,礼堂气氛骤变,扫去师生心中的不安。最后,杜校长大声宣布:"至于杜自生同学,今天就叫他离校。"杜校长训话前后不到几分钟,轩然大波就此全告平息。杜自生,以后叫杜润滋,他是杜斌丞的族叔,是此次风潮的引发者。次年,杜自生考入北京大学,后加入共产党,成为中共陕西省委军委书记,1933 年 4 月牺牲于陕南马儿岩事变,成为著名革命烈士。

第二次学潮发生在 1925 年 12 月,这时杜斌丞正在米脂家中养病。榆林中学因校方拒绝学生代表参加校务会议而引起风波,代理校长高崇(高宗山)即叫来榆林军政当局武装打压学潮,10 多名学生被士兵押解逐出学校,三四十名学生被迫停课离校回家。当时的共青团绥德地委书记马瑞昌曾向团中央报告过榆林中学第二次风潮的情况:"向来榆中学生会由同志(共青团员)主持,虽多有暗潮,尚不易闹起,近因该校校长杜斌丞离校,职员都是愚而好诈之辈,教员也是懒得上课之流。所以,因此次学生要求参加校务会议,而职员辞职,教员罢课。""停课之后,便有镇、道两署的强硬之调和,始而令学生当时取消主张,继而实行武力压迫，令学生向教员道歉，终于学生之大部分屈服了。然道歉挽留的结果无效，学生内部由愤而怕分了两派，互相排斥，几乎动武，我同意和一部分努力分子因武力之故，离校南下，现在一部分在绥德。地委自接到他们的消息之后，亟去信指导他们，一方面令他们向教员说明事与教员无涉，请他们立即上课，一方面对学校表示（校务会议）终非不参加不可。但风潮经过极快，我们的信不曾到他们便已经下来了。现在出校者，都是最好的学生。最近消息，教职员回校，牌示开除学生四五十人，我们同志大部分在内。"

从共青团绥德地委这份报告看来，学生要求参加校务会议，是杜斌丞校长几年来进行教学革新的一部分，让学生参与教学和校务管理是他办学的新尝试。比如王森然老师倡导办平民学校，杜斌丞采纳王森然的意见，让王老师作指导，由榆中学生会、青年文学研究会、教育促进会，组织学生编写教材，教师由榆中学生担任。不料他的这些新举措却遭到学校旧的保守势力的反对和抵制，加之一些学习好、思想活跃、敢于向旧势力宣战的共青团员和知识分子带头，便引起了这次学潮。

这次学潮过后，杜斌丞病休结束回到学校，一方面批评了教务会，让离校的学生返回学校；另一方面选派一些离校学生中的优秀分子如刘志丹等南下，考入黄埔军校。

第三次学潮发生在1926年7月，也是在杜斌丞离校病休期间。现在，一些史书是这样叙述的：这次学潮的起因是在7月8日（农历五月廿九日），榆林城内民众搭台唱大戏，戏场人头攒动，摩肩接踵，拥挤不堪。榆中学生苗从权无意间身体可能碰撞了一个小伙子。小伙不是别人，正是榆林镇守使井岳秀的儿子井龙文。井挟父之势，不依不饶，随同看戏的井岳秀马弁仗势欺人，便毒打了学生苗从权，以至重伤。事发后，榆中学生武开章等赶紧返回学校，强烈要求校方立即找井理论，严肃处理打人事件。中共榆中支部暗中支持鼓动，以校学生会名义召集全校学生开会，要求校方开除井龙文的学籍，军政当局严惩凶手，向被打学生赔礼道歉并医治，保证学生的人身安全和言论、集会、结社等自由。并将会议通过的《告同学书》印发陕北各县，制造舆论，争取更大支持。对于这次打人事件，镇守使井岳秀派榆林县县长王卓如和学生谈判。无果，学生即搬出学校，借居民宅，以示抗议。为平息事态，陕北道尹景岩征出面，曾恳求在米脂养病的杜斌丞校长回校平息学潮，杜校长不得不拖着病身返回学校。

当年榆中学生张光远后来回忆道："杜回榆林，在学生大会上讲：'井龙文带马弁打了你们，你们受不了，我是理解的。事情总是要解决的，不解决不行，僵持下去有什么好处，说出你们的要求吧，能办到的，我一定去办。'学生当时除提出《告同学书》上几个条件外，又加了一条'保证不开除这次为首的同学。'杜先生笑了笑说：'开除井龙文，我一定办到；保证士兵不打人，我同意你们的意见，请老井（岳秀）加强士兵纪律教育好不好？对同学，我保证一个也不开除；至于叫老井亲自来道歉，你们想一想能办到不？这一条我知道办不到吧！你们不记得去年的事（指武装打压）吗？取了这一条吧。'学生们听了杜校长几句回答，默不作声。杜先生又问：'你们还有什么意见？'学生们低声说：'没有了。'杜先生就授意未搬出学校的少数同学和职员组织欢迎会，欢迎搬出学校外住的同学回到学校，第二天全校复课了。"

但是，以上叙述多为以讹传讹。井岳秀儿子井龙文当时并非因别人打他，而是自己癫痫病犯了，僵硬倒地，口吐白沫，马弁一时仓促，误认为学生打了井龙文，而引起事端。井龙文并未挟父之势，应该说是一场误会。

榆林中学敢于向守旧保守势力宣战，向恶势力挑战，除了当时陕北地区共产党、共青团组织不断发展壮大，学生中有不少参加了共产党和共青团组织，这些受到新思想、新思维影响的青年学生不满社会现状，要求变革，要求进步，敢于冲破守旧教育牢笼的羁绊之外，也与杜斌丞先生办学顺应了历史潮流，紧跟时代的步伐，把"读书救国"的空洞口号，变成与实实在在的社会实践相结合的新式教育之风是分不开的。他让学生接受新的革命学说，向无数革命先辈学习，胸怀改变世界、改变旧中国现实的远大理想。王森然老师回忆说："丁班学生毕业，杜斌丞校长组织榆林中学学生在城北红石峡举行了全校师生的欢送仪式。在红石峡崖壁上雕刻的'大漠金汤'四个大字下方，又镌刻了'力挽狂澜'四个大字，由榆中教务主任崔焕九书写。杜斌丞在讲话中鼓励全体同学树雄心，立壮志，继前人革命未竟之业；破黑暗，求光明，使我国成为独立、富强、繁荣、进步的堂堂大国。"

王森然还回忆说："冯玉祥发动首都革命，整个革命形势出现了新的变化，在陕西也面临一场驱逐刘镇华的斗争。李子洲（共产党员）从绥德专程到榆林，找我和杜斌丞谈了配合全国革命形势，驱刘出陕的意义。李子洲说：'分析陕西各部武装，都不可能驱刘，唯有暂住榆林的杨虎城部是可以利用的，但此事很复杂曲折，要做最大的努力。'我们决定做井岳秀和杨虎城的工作，分别与杨虎城谈了南下的意义，杨虎城以'陕北国民军前敌总指挥'名义南下驱刘。可贵的是，杜斌丞不但说服了杨虎城和井岳秀，还在榆中师生面前进行国民革命意义的教育，全校师生大张旗鼓地参加欢送仪式，让师生们耳濡目染南下官兵驱刘队伍的壮观场面。"

杜斌丞担任榆林中学校长整整十年时间里，他呕心沥血，殚精竭虑，锐意革新，独开新风，为榆中的办学方向辟出一个新模式、新路子，教学质量和培养人才双丰收，不愧为一位值得尊敬和纪念的革命教育家。当时的官方和社会都给予了极高的评价和赞誉。1924 年的《新秦日报》曾经报道陕西省督学韩兆鹗呈称："榆林各县联立中学开办有年，成绩卓著，一切设备编制均能遵章，教授管理无不合法，学生程度颇有可观。陕北人民比年以来大有进步者，该校之力也，以故各界人士口碑载道。而该校管教各员尤复经营不遗余力，唯是款项拮据，不免影响前途，如理化仪器之不足，博物标本之无多，欲将就而心不忍，欲购量而款无着，常自引为深恨。请给该校购置书籍仪器一次拨助费洋1000 元。闻省长已批准，由省财政厅照付。"

1926 年 3 月 8 日，《民生日报》刊登的陕北联合县立榆林中学报告称："本校自杜校长接办以来，建筑校舍，购置教品，引聘各省积学之士专任教员，形式精神日臻完善，为养成学生自治能力、法制精神起见，提倡学生自治，使以共同之精神服从公共之意见，而为公共服务。期满毕业成绩优秀之学生，且为商请官厅资助升学，蔚为深造之才，此事实所在无能掩饰。本学期开学以来，杜校长因校务烦剧，精神不健，复组织各种会议，校务会议、教务会议、训育会议等，凡校中重要事项悉决诸校务会议，借收集思广益之效，而为刷新校务之谋，学生方面如有建议陈请事项，又为专条规定，明白宣布。"

总之，杜斌丞是榆林中学上百年建校史上一颗璀璨的明星。十年办学，十年树人，成绩斐然，硕果累累，桃李天下，为国家培养出一大批人才、精英：有西北革命根据地和红军创建人刘志丹、谢子长、高岗，有追随刘、谢的无产阶级革命家王子宜、曹力如、阎揆要、张秀山、郭洪涛、王兆湘、张德生、刘澜涛以及杜润滋、张光远、叶瑞禾、李力果、武开章、史唯然，"农民运动大王"霍世杰，抗日名将杜聿明等。"革命的教育家"殊荣，杜斌丞当之无愧。

第三章
瞩目国民革命

庆祝反"围城"胜利

杜斌丞怀着"读书救国""教育救国"的良好愿望和一颗火热的心，回到陕北办教育。尽管对办学的宗旨、方针、软硬件设施以及师资力量等煞费苦心，竭尽全力，但是几年来，他总觉得不尽其能，夙愿未偿。残酷的现实使他认识到，在军阀统治、外夷入侵的中国一味地靠教育传播知识，远水解不了近渴，仅有一个榆林中学是救不了中国的，必须使全国所有学子瞩目社会，了解社会，参与社会变革的伟大实践，才能实现改变中国现状的远大抱负。他曾经讲："我们现在的教育，还要依靠军阀，一个军阀变坏了，学校就办不下去了。而每一个军阀，身后都有一个或几个帝国主义做靠山，不打倒帝国主义和军阀，救中国就是一句空话。学生不能关起门来只读书，即使少数学校一时改变办学之风也是收效甚微的。必须让学生参与社会政治活动，寻找挽救中国的正确革命理论。"正是基于这种体会和认识，杜斌丞在榆中校长任上的中后期，十分重视引导学生瞩目社会，考察了解社会，尽可能地参与一些政治活动。随着中国共产党的成立，国共两党第一次实现合作。孙中山实行"联俄、联共、扶助农工"三大政策，国民革命运动的骤然兴起，五卅运动的爆发，"打倒列强，打倒军阀"的北伐战争的胜利进军，杜斌丞已经切身感受到火热的社会变革风暴已经波及中国社会的各个角落。即使地处偏僻的陕北黄土高原，也不可能置身事外。此时，陕西中共党团组织也雨后春笋般地先后建立起来，以共产党人为主的国民党地方党部也应运而生。特别以李子洲、王懋廷为首的播火者，受李大钊派遣，在榆林绥德师范学校先后建立了陕北党团组织和国民会议促成会。陕北的国民革命和党、团组织活动深入到偏僻闭塞的农村和学校，开展各种宣传活动唤醒农民和学生，以党、团员为骨干的学生会，也采取各种方式向校内守旧保守势力发起了攻势。杜斌丞校长不但默认了党团组织在校内的发展，也巧妙地掩护、配合了党团组织在校内的活动。

1926 年 11 月 27 日，杨虎城、李虎臣、卫定一等坚守八个月之久的西安"反围城"斗争取得胜利，这是陕西国共合作进行国民革命斗争取得的第一个重大胜利。喜讯传来，他兴奋至极。12 月 22 日，国民军联军驻陕总司令部正式成立，它既是国民军联军驻陕各部的总司令部，又是陕西的省政府，其领导形式为联席会议。联席会议由驻陕总司令于右任、副总司令邓宝珊，驻陕总部国民党特别党部代表李兴中、史可轩（共产党员），国民党陕西省党部代表赵葆华、刘含初、杨明轩（三人均为共产党员）等 7 人组成。杨明轩和史可轩分别担任驻陕总部的教育厅长和政治保卫部部长，共产党员魏野畴任政治部副部长。1927 年 3 月 6 日，杜斌丞率领榆林中学毕业生和进步青年 78 人，应邀前往西安参加反围城胜利庆祝活动，进行广泛的社会考察。当年受李大钊委派担任于右任俄文翻译、前往苏联敦请冯玉祥回国的马文彦，于 1982 年 5 月回忆说："1927 年春，杜斌丞先生代表陕北各界人士应邀到西安参加庆祝'西安解围'活动。当时我在苏联顾问团当俄文翻译秘书，国民军联军总司令冯玉祥和国民军联军驻陕总司令于右任派惠又光、韩望尘和我负责接待工作。经过一段时间相处，我发现杜先生有许多独特的长处。

他端重严肃，谈吐豪爽；他知识渊博，娴熟史乘，对国内外发生的重大事件都有独特的见解；他憎恨误国害民之辈和钻营取巧之徒；他生活简朴，言不及私，诚恳待人，刚直不阿。我们彼此推诚相见，无话不谈，对时局看法一致，相处不久就成为挚友。他在西安停留期间，分别拜会了冯玉祥、于右任、杨虎城、邓宝珊等人。他非常赞成冯将军'五原誓师'，进军西北，解围西安，出兵潼关，策应北伐的军事部署。他对杨虎城将军率众备历艰危，坚守西安八个月的革命行动表示慰问和钦佩。他还参加了烈士陵园（后改为革命公园）的负土筑坟工程，以表示对死难的官兵和百姓的哀悼。国民军联军东出潼关前，他应邀以陕北各界人士代表的名义参加了军事扩大会议和军事检阅大会。他与著名共产党人黄平万、魏野畴、李子洲、杨明轩、刘含初、史可轩等经常接触，畅叙对全国形势的看法。他还专程访问了苏联顾问团，会见了乌斯曼诺夫、赛福林等十多位顾问，认真了解俄国十月革命的情况和列宁、斯大林有关革命思想。我清楚地记得，当我初次陪同杜先生去拜访苏联顾问时，他们一见杜先生，非常惊奇，有的向杜先生敬礼，有的同杜先生握手，嘴里不住地用俄语叫喊：'布琼尼！布琼尼！'场面十分动人。他们对我说，杜先生的体型、相貌和苏联布琼尼（元帅）很相似。"

在西安期间，杜斌丞还应国民军联军驻陕总部主办的西安中山军事学校邀请前去讲话，输送了一大批陕北青年进入该校训练深造。当年和杜斌丞一起赴西安的进步青年艾林亭 1980 年回忆说："杜斌丞先生到西安后，将带来的 78 名陕北青年，介绍 62 人进了中山军事学校，16 人进了中山学院。这两所学校虽然是由国民军联军驻陕司令部所办，而实际负责的则多为共产党员。中山军事学校校长史可轩，政治部主任邓小平，教务主任李林，总队长许权中。学员编为三个大队，我们从榆林来的人大都编在第一大队，3 月 31 日（农历二月二十八日），中山军事学校举行开学典礼，参加大会的有冯玉祥部队官佐，国民军联军驻陕总部司令于右任和副总司令邓宝珊。杜先生也应邀出席，并讲了话，其大意是，鼓励青年们在伟大的革命高潮中，积极努力，奋勇前进。并号召以往革命的和未革命的人，都参加到这一革命运动的行列中。"

4月13日，国民军联军驻陕总司令部建设厅长李仪祉请辞照准，遗缺以严庄继任。当时的《陕西国民日报》还进行了报道。杜斌丞遂即拜访李仪祉，恳请李仪祉去陕北考察水利。据1993年出版的《米脂县志》记载："1927年，杜斌丞邀本省水利专家李仪祉等来米脂，对无定河进行勘测，制定修渠方案。"

胡步川在1948年撰写的《李仪祉年谱》中，对此也有所记述："1927年局未定，引泾工程不能进行，先生欲只身东去，然对引泾计划书图颇恋恋，其心至苦，即赴陕北调查无定河水利，著有《呈请辞退陕西建设厅长专办水利事宜》《兴修陕北水利初步计划》《无定河织女泉水渠说略》。"

拜访李仪祉后第三天，杜斌丞又应邀出席在莲花池举行的"西安民众拥护国民军肃清后方会师中原大会"。会后，已编为国民军联军第十路军总司令的杨虎城邀请杜斌丞赴三原小住（杨家住此），与杨一起畅叙旧谊，畅谈当前革命形势，对杨在西安反围城战斗中的中流砥柱作用大为赞赏，对杨的革命思想甚为赞同。这次小住，也为他俩后来的合作共事奠定了基础。

从三原返回西安，杜斌丞又在韩望尘公馆接见了前来为他送行的进步青年。艾林亭1980年回忆说："听说杜先生将要离开西安，东行考察、学习，农历三月二十七日（4月28日），我和艾甫善、常绍先、刘石僧、郑屏侯、冯会义、高德礼、常克恭等同往椰子市街韩望尘公馆（杜暂住地）送别，杜先生谈了很多勉励我们的话。能够记忆起来的有如下一些片段：'最近，我应杨虎城将军的邀请，去三原住了几天。现在约好两位朋友，不久要离开西安，拟先去武汉，再转宁沪，然后到北京、天津一带看看。我混迹榆林这一小天地里十余年，不了解国内外形势的发展变化情况，很愿借此机会出外观察学习。你们和我一样，都已离开故乡，今后要把眼光放远大些，将来你们要担当各种事业，头脑要开阔敏锐，凡事要多思考、多分析，不要故步自封。你们在西安受训学习，感觉如何？艰苦吗？应当如此。青春不在，趁此良机，在目前伟大的革命洪流中努力锻炼自己。无论在怎样的艰难困苦中，怎样激烈的斗争环境中，都应该与之相适应。这对于你们将来的光明前途大有好处，这样也能为国为民多贡献力量。我总认为，道路是人走出来的，只要积极努力，经过艰苦卓绝的奋斗，我想美好的将来，是不难身临其境的。我在榆中时就常说，凡是只图个人安逸，在学校不刻苦钻研学习，走入社会也不愿投身于革命斗争的烈火中去，书生气不改，软弱无能，没有一点魄力的人，其结果势必一事无成.'杜先生侃侃而谈，言简意深，至为感人。总其要旨，在鼓励青年树立远大理想，追求进步，投身革命，为国为民贡献力量。当时大家精神振奋，与杜先生依依难舍而别。"另一位进步青年马济川，1948 年 10 月在延安《解放日报》发表文章说："当民国十六年（1927），大革命时，陕西国民党顽固派（右派）和共产党皆以国民党员面目出现，有些混淆不清，杜斌丞先生就向一般青年意味深长地说：'你们要站在长线上（共产党），不要站在短线上（国民党右派）；要站在前线上，不要站在后线上。'以此来提醒大家。"

这年 4 月 6 日，国民政府军事委员会发布电令，冯玉祥国民军联军改称为国民革命军第二集团军。随之，国民军联军驻陕总司令部也改称为国民革命军第二集团军驻陕总司令部。5 月 1 日，冯玉祥在西安宣誓就任国民革命军第二集团军总司令职，即将兵出潼关，策应北伐，计划与北伐的蒋介石国民革命军第一集团军会师郑州。

大军即将兵出潼关，策应北伐，陕西国民革命进入高潮，西安城内像过节一样热火朝天。五月红，红五月，一洗八个月围城凄苦与惨景带来的压抑与肃哀，街头巷尾一群群青年男女容光焕发，踊跃报名参军，大街上随时都可以看到身着灰色军装，戴着大檐帽，腰束武装带，肩扛长枪，迈着矫健步伐的官兵们列队行进操练。街头不时出现昔日不曾见到的大个高鼻深眼的苏联顾问，引起市民学生一阵阵围观。还有一摊接一摊三五成群的在校师生手持传单，举着旗子，慷慨激昂地滔滔演讲。西安街头不时聚集着众多市民、学生，敲锣打鼓，呼口号，高唱国际歌，向列宁、孙中山遗像鞠躬致礼。明代秦王府（皇城）南门两边的墙壁全部粉刷成一崭红色，昔日的皇城也称"红城"了。冯玉祥、于右任在红城前广场召开有数万军民参加的北伐誓师大会。大会后，以冯玉祥为总司令的国民革命军第二集团军各军先后由西安、渭北、渭华、商洛等地开拔，东出潼关，南下武关，浩浩荡荡，向河南挥师挺进。杜斌丞目睹了国共合作时期的国民革命这一盛况和壮举，欣喜万分，情不自禁。兴奋之余，他分别向由共产党人帮助国民党建立起来的肤施、富平党部和西安各界慰劳国民革命军第二集团军宣传团捐资相助。

革命的道路，从来都不平坦，曲曲折折，坎坎坷坷。它像大海的潮水有起有落；犹如天气的变化时晴时阴。冯玉祥率部东进，与南方的北伐军"会师中原"，国民革命大大地向前发展了一步。可是，正在全国人民欢欣鼓舞的时刻，风云突变，一场浇灭胜利之火的阴云密雨骤然而降，北伐胜利进军的步伐突然停止。原本握有重兵的冯玉祥，在付以数百人伤亡的极小代价，轻取中原大城市郑州前后，又收编了驻河南大量地方武装，可谓兵强马壮。在蒋介石背叛革命，进行四一二大屠杀形成的宁汉对立局面下，冯玉祥具有举足轻重的地位，宁汉双方都在争取冯为己方的势力。走在十字路口的冯玉祥，政治态度发生了根本性的变化。6月10日，在和武汉政府汪精卫举行的"郑州会议"上，冯、汪各取所需，进行了肮脏的政治交易，达成"默契"，武汉政府北伐军撤回武汉，河南和西北军政大权交由冯玉祥之手。不到10天，6月20日至21日，冯玉祥与蒋介石在徐州举行秘密"清党反共"会议，双方达成了反共、反苏、宁汉合作等反动决议，冯一再表示唯蒋"马首是瞻"。一方面致电武汉政府汪精卫联合反共，背叛革命；另一方面将其军内共产党员和政治工作人员解职，遣送出军，刘伯坚、宣侠父、刘志丹等一大批共产党人离开第二集团军总部和各部队，国民革命的胜利之花被摧残践踏，大好革命形势急转直下，陷入低潮。

社 会 考 察

面对突如其来的形势骤变，见多识广、胸怀大略的杜斌丞并没有沮丧、彷徨和怨天尤人，也没有灰心、退却和一蹶不振。基于他多年的读史观世，今古鉴望，始终坚信一点，历史不过就是一个优胜弱汰、大浪淘沙的过程，真正的英雄永远属于那些能够顺应历史潮流的人们；逆历史潮流而动的投机分子，不过是昙花一现的匆匆过客、过眼云烟。

杜斌丞面对眼前的中国时局，总觉得多年忙于读书办学，还是缺乏对于中国现实国情的客观、全面了解，他毅然辞去榆林中学校长一职，投身到社会革命的洪流中去击流搏浪，救国救民。他决定首先去武汉进行社会考察。考察之前，杜斌丞已经离开榆中三个多月了，出发前夕，他向榆林中学推荐了新任校长人选马师儒。

马师儒为杜斌丞的表弟，字雅堂，和杜斌丞同为米脂县人，同读绥德中学堂。杜斌丞后来入三原宏道高等学堂、北京高等师范学校就读后，马师儒先后入陕西省高等学堂、上海同济医工学校工科，1919 年毕业于北京高等师范学校教育科，二人为同校不同期的校友。马师儒曾任教北高师母校附属中学两年，1921 年 3 月入德国柏林大学教育专科，学习教育和心理学。1924 年获教育学博士学位，同年转入瑞士苏黎世大学，获哲学博士学位后回国，和杜斌丞一样受五姑父高祖宪教导甚多，同怀教育救国理想。

摆脱榆中教学事务的杜斌丞，这年 6 月底前后，向东考察途经山西，在曲沃重逢于右任的俄文翻译马文彦。马文彦曾回忆说："1927 年 6 月，冯玉祥与蒋介石在徐州会面以后，指示石敬亭在陕西'清党'反共，杜斌丞先生取道山西到外地考察。那时我已奉驻陕总部派遣去山西平遥县敦促刘允中先生回陕，返陕途中，在曲沃县汽车站与杜先生相遇。我问他今后的打算，他说：'北方局势更显复杂，短期内难以预料，我先外出考察考察再说。'当我送他上车，望着他那高大的身影，不禁感慨万分，良久不能自已。"

乘车离开曲沃，杜斌丞来到河南洛阳，在这里，他接见了陕北一些革命青年。马云泽后来说："1927年夏，白色恐怖笼罩着洛阳。那时我在国民革命军第二集团军前敌政治工作团工作，蒋、冯徐州会议后，冯玉祥派鹿钟麟来郑州'清党'，党组织派人秘密通知我不要暴露身份，仍留下秘密工作。我和张慕时、崔仲英几个陕北同志商量，要求到榆林国民革命军第二集团军第九路军（九军）工作。不久，我们四人被委任为第九路军政治处政治员。就在准备动身时，杜斌丞校长来到洛阳，住在洛阳西车站旅店。虽然我们都不是榆林中学的学生，但杜校长关心爱护青年的事迹早有所闻，更重要的是我们想聆听他对时局的看法。我们就身穿军装，去西车站旅店他的房间。他一人在屋，身穿灰色长衫，体形魁梧。我们尊敬地说：'杜校长，我们四个陕北青年来看望您。'他听到家乡人话音，连忙让我们坐下。我们说：'我们打算回陕北，去井岳秀的第九路军工作。'杜校长沉默一会儿问：'你们为什么要离开冯玉祥的总部？'我们说：'我们已看清了军阀的真面目，不愿待在这里工作。'我们当时还没有表露出自己的政治身份和今后打算。杜校长语重心长地说：'我同意你们的看法，军阀就是军阀，挂羊头卖狗肉，这就是军阀的真面目，现在假面具也不戴了。你们回陕北后要小心，井岳秀也是军阀。'杜校长言简意赅的几句话，引起我们深思，暗示我们回陕北后首先要注意的问题。当我们要告别时，杜校长握着我们的手，一再叮咛，今后工作要小心谨慎，他对我们青年人寄托着希望。"

7月初，天气已经很热了，时令快到小暑节气，秋庄稼包谷快一人高了。炎炎暑夏，行人汗流浃背，偶尔掠过一丝轻风，给人们带来些许凉意。杜斌丞从洛阳乘陇海线火车赶到郑州，再转京汉线到达武汉。武汉三镇，中国的火炉城市，比洛阳更是潮湿炎热，简直是酷暑一般。这时武汉政治气候还处在"宁汉合流"的前夕，但是，山雨欲来风满楼，伴随着腥风血雨。自汪精卫、冯玉祥郑州会议前后，武汉形势急剧恶化，接连发生了几起反革命事件。受蒋介石策动的武汉政府反动军官国民革命军三十五军军长何键，在汉口召集反动军官密商反共"清党"计划；驻四川东部的国民革命军第二十军军长兼川鄂边防司令杨森率部占领宜昌，强令解散宜昌总工会、农民协会，发出反共讨伐武汉通电；驻宜昌的国民革命军第十四独立师师长夏斗寅与杨森紧密配合通电联蒋反共，发动叛乱，四五千工农群众死难；国民革命军第三十五军第三十四团团长许克祥5月21日在长沙发动叛乱，向湖南省党部，总工会农民协会发起进攻，大批共产党员、工农群众被杀，酿成"马日事变"。杜先生表弟高健白1951年回忆说："1927年春，宁汉分裂，高桂滋派我为第八师代表驻在武汉，与国民政府联系。杜斌丞同志来武汉后，我们朝夕相谈，又访问了各方面的朋友，斌丞同志了解到国民党反动集团和帝国主义勾结的罪行，了解到蒋介石四一二背叛革命，屠杀共产党人和革命人士的罪行，了解到两湖农工运动蓬勃发展的情况，了解到陈独秀右倾机会主义路线造成的恶果。这些血的教育使斌丞同志深深感受到，革命不但要有革命的积极性，还要有正确的理论指导。因此，他在武汉逗留了一段时间后，即北上去了北平，又先后考察了天津、南京、上海等地，便静下心来，潜心读书，研究马列主义著作，分析观察国内外形势。"

杜斌丞离开武汉北上前夕，宁汉合流。7月15日，汪精卫正式宣布与共产党决裂，反共气焰甚嚣尘上，政治乌云翻云覆雨，共产党人和革命群众遭到逮捕和屠杀，由国共两党合作发动的轰轰烈烈的大革命宣告失败。

蒋介石四一二大屠杀，背叛了革命，陕西地区归属武汉国民政府领导，保持了三个月的革命高潮，自汪精卫叛变革命后，陕西革命形势急转直下，寒流滚滚，雪压霜欺。汪精卫控制的武汉国民党中央召开"分共"会议的当天，西安警备司令部张贴布告，"严禁共产党活动"。第二天，冯玉祥部石敬亭电告各县火速清党反共，向共产党人和革命群众举起屠刀。7月18日，已经背叛国民革命的武汉国民党中央执行部批准陕西省政府成立，反共的石敬亭任主席，邓宝珊、杨明轩、惠又光、王授金等"省府委员"逃亡，国民革命军第二集团军驻陕总司令部于前一天结束。8月3日，由冯玉祥指定的李兴中等九人在报刊上发表公函，宣布解散革命的国民党陕西省党部，筹备反共的国民党陕西省党部。

与此相反的是7月初，中共陕西省委在西安秘密成立，耿炳光任书记，李子洲、崔孟博任常委，亢维恪、蒲克敏、张秉仁、李子健任委员。随之，共青团陕西省委也相继成立。8月1日爆发南昌起义，8月7日，中共八七会议召开。转入地下的陕西共产党组织于9月26日在城中桃胡巷秘密召开省委第一次扩大会议，会议遵照中共八七会议精神，着重讨论了大革命失败后的陕西政治、军事形势，以及党在新的形势下开展政治、军事、经济、群众斗争的策略和工作方法，李子洲在会上传达八七会议精神及中央对陕西工作的指示，并代表省委作了关于党务工作的报告，这次会议史称"九二六"会议。

"野火烧不尽，春风吹又生。"中国的革命，进入了土地革命战争年代，手无寸铁的中国共产党人和革命群众，在八七会议精神指引下，拿起武器，武装起来，以革命的两手反对反革命的两手。南昌起义、秋收起义、广州起义，如熊熊烈火在中国的南方一次次点燃起来。武装起来的工农游击队、赤卫队举起刀枪、长矛、红缨枪，向反革命势力投去一把把匕首和炮弹，上山越岭跨河，打土豪、分田地，"遍地黄花分外香"。

在陕北，10月12日，在中共陕西省委领导下，共产党员唐澍、李象九、谢子长、阎揆要等，在清涧县率领井岳秀的石谦旅李象九营举行起义，打响了西北乃至整个北方地区工农群众武装反抗国民党反动派的第一枪。中共陕西省委10月13日给中共中央的报告中这样写道："陕西井部石旅之一营又两连五百余人，枪支足数，同志约四五十人，营连长全为同志。派唐澍同志（黄埔学生，党的观念好）在那里做指导工作。最近石旅长（石谦）被暗杀，井对我们那几部分久已处心积虑首谋解决，现在我们也给以积极的策略，使之抗井，先由陕北清涧退至宜川，再不得已即退至关中道之合阳等地投降高凤五（高与营长同志李象九及石旅长有同乡关系），再谋与许权中同志会合。"

曹又参 1952 年在他的《自传》中说："由于有杜斌丞先生的领导，'倒井'运动发展很快，范围异常扩大。到 1927 年秋，已有许多中小学教员和进步青年参加了这个运动，联络到的武装总计有近三十个连，井岳秀察知了我们的一部分情况，于中秋节将石谦暗杀于榆林（另一说井并未杀石），我得此讯后，是夜到横山县城和几个同志决定，农历九月十五日前后一齐暴动'倒井'。我去神木通知高志清，高借口杜斌丞先生不在而不动。最后，李象九、谢子长、阎揆要等在清涧孤军失败了。"

11 月 14 日，中共陕西省委报告中央："在最近陕北之'倒井'运动还可以进行，必要时我们决定在陕北组织革命委员会，运用更积极的政策规定，若能打倒大地主，铲除豪绅，深入民众，虽失败也不要紧。"

上面提到的清涧起义武装为何打算再谋与关中的许权中同志会合，其中的缘由是，许权中为 1925 年由李大钊介绍入党的共产党员，陕西临潼县交口镇人，1893 年生，辛亥革命时投笔从戎，西安光复时他参加"敢死队"，光复临潼。1918 年参加陕西靖国军，第二年入云南韶关讲武堂。1924 年 10 月随胡景翼参加过"首都革命"、胡憨之役、五原誓师和解西安之围。汪精卫"分共"前夕，冯玉祥下令在西安的原国民军联军驻陕总司令部政治保卫队和中山军事学校合编，离开西安，东出潼关，开赴河南前线。这时，在中山军事学校任职的一批共产党员，包括副校长李林、政治部主任邓希贤（小平），还有乌斯曼诺夫、赛福林等五位苏联顾问和教官被迫离开军校。

为了保留这支革命武装不受损失，刚成立不久的中共陕西省委接到政治保卫队队长、军校校长史可轩报告，决定拒绝执行冯玉祥命令，不出潼关，走北山独立发展武装。按照省委指示，史可轩和军校总队长许权中决定宣布军校停办，将军校学员和政治保卫队合编为四个营，成为独立武装部队，配发了武器，名称仍称政治保卫队，总队长许权中任总指挥，撤离西安，向北开拔。为隐蔽行动意图，7 月 16 日上午，部队从城北草滩渭河渡口乘船东渡，三天后从临潼交口上岸，驻交口一带，这是许权中的家乡。在这里，省委决定史、许率部北上黄龙山区，向陕北宜川、清涧一带发展，与井岳秀部石谦旅靠近，以图更大行动。从交口镇出发行至一天，便到富平康桥镇宿营，再向前行，便是原国民二军田生春（诨名田葫芦）部驻地美原镇。为使田生春给予通行之便，政治保卫队队长史可轩过分相信和依赖与田生春的旧交私谊，决定带少数随从前去面见田生春。不料，这个恶名在外，已经投入反共逆流的田生春，不念友情私谊，不记救命之恩，为新主邀功，反目为仇，杀害史可轩，还企图收拾政治保卫队。

噩耗传来，全军震惊，为史校长报仇的呼声充满营地。为保存这支革命力量，省委和许权中权衡再三，只得暂时"找主求生"，既使部队合法化，又不被附近的地方实力派轻易吃掉。经过一番讨价还价，政治保卫队暂时栖身于原国民二军冯子明部下，改编为冯部独立第三旅，许权中任旅长，驻防渭河北岸的临潼关山镇，这就是后称之为"许旅"的由来。

改编为许旅之后，旅内成立了中共秘密组织，那时叫"军支"，亦称"第一军支"，高文敏（高克林）任军支书记。高原为中山军事学校政治部组织科长，军校中共总支书记。此时，因石敬亭搞白色恐怖而离开西安，藏匿在渭北一带的一批批共产党员、共青团员纷纷参加了许旅，旅内人员增多，中共组织力量增强，指战员政治素质大为提高。心怀鬼胎的冯子明打算伺机吃掉许旅的阴谋一步步暴露，引起许权中和旅党委高度警惕。为防不测，又得到省委指示，10月下旬，许旅迅速向西转移，经高陵南渡渭河，移防至蓝田县玉山镇一带，摆脱冯子明控制，成为真正的独立武装。经一段休整训练和清理内部不纯分子，又得到蓝田地下党帮助，补充大量兵员，然后入秦岭，到达洛南县三要司镇驻防，养精蓄锐。很快，全旅增至2000余官兵。省委派来了刘志丹、谢子长、唐澍、廉益民等重要共产党人，充实了许旅的军政领导力量。许旅成为中共中央和中共陕西省委领导的一支革命武装。就全国而言，能在白色恐怖地区存在和保留这样一支军政素质较高的革命武装力量是屈指可数、十分罕见的。这支武装此后便成为北方最大的武装起义——渭华起义的主要力量，许权中功不可没。虽然陕北的清涧起义失败了，没能与许权中旅最后会合，但是，清涧起义的历史意义仍然是重大的、不朽的，永远记录在光荣的革命史册上。

杜斌丞寓居北京将近一年，阅读了大量马克思主义的经典著作。可以说，杜斌丞对马克思列宁主义的崇拜和信仰，其基础主要是这一年来的苦读钻研所奠定。他到母校北京高等师范学校、北大图书馆查阅了相当多的史料，拜访了多位校友、老师。在北京、天津进行社会调查，在五姨父家里、延安会馆，与五姨父、陕西旅居北京的在校学生经常交谈，他时刻观察分析着全国政治、军事、经济的变化状况。

那时，宁汉合流，蒋、汪国民政府和军事力量主要在南方，但是北京仍然是中国和世界新闻的汇流之地，各种信息像开了闸似的涌向这昔日的皇家圣地，夹杂着一些小道消息，以讹传讹，成了人们饭后茶余、街头巷尾的谈资和话题。杜斌丞也眼观六路，关注着国内国外时局风云，他特别关注的是国民党和共产党两大政党应对时局的政策和走向，也关注着各地大小军阀瞬息万变的背向与态度。千聚万汇的新闻信息中，他听到陕北清涧起义的枪声已起，"倒井"暗流涌动。1928年春，陕西咸阳、旬邑、淳化、三原十多万农民起来暴动，周至、户县、渭华地区农民斗争也是风起云涌，杜斌丞在他恬静的寓居生活中，只觉得陕西的形势像火山群一样开始喷发燃烧。他坐不住了，要回陕西，要回陕北，要沐浴和洗礼在家乡的革命的潮流之中。

"倒井"和救灾

1928年三四月间，杜斌丞结束了考察、读书生活，和曹又参同行，离京返陕，首站落脚神木县，谋划"倒井"运动。

杜斌丞和井岳秀关系本来还算不错。最初，井曾起用杜出任榆林中学校长，支持陕北的教育事业。但繁重的苛捐杂税，滥用权力，下层官兵作威作福，引起陕北人民群众的极大反感。还有镇压清涧起义，传说诱杀共产党员石谦旅长，都使杜斌丞十分不满。毕竟杜和井在政治取向上不是同路人，他和陕北人民群众站在一起。早在1926年初，他就曾支持曹又参等人秘密开展"倒井"活动，并应允做"倒井"运动领导人。

曹又参是陕北横山县人，早年在北京读书期间，结识了陕北早期共产党员李子洲，并受其影响。1925年应杜斌丞之聘回榆林中学担任一段时间教员、训育主任。关于"倒井"，曹又参在1948年4月撰写的《自传》中讲："1926年春，我通过社会关系，有目的地活动到一个靖边县分县长（宁条梁县佐）的职位，因为那时候三边军队多是陕北籍的地方武装，有几个小军官和我熟识，因此我选择三边进行'倒井'运动。5月间，我在县佐公署同阎揆要、石子俊、王子元、杨觉天、杨志显、张润民开了一次'倒井'的秘密会议，并宣了誓，决定主要联络陕北籍的地方军队（因为这些部队多与井岳秀蒲城系部队不和），待有了相应数量，时机成熟时举行兵暴。秋，活动的成绩很好，唯被井岳秀有所察觉，密令其三边军事头子任和亭团长密查。为了挽救这个危机，我到榆林找杜斌丞先生，把我们的计划与活动情况全盘告诉了他，要求他掩护我们，并请他做这个活动的领导人。杜斌丞慨然应允，并给以鼓励和指示。当时根据杜先生的意见，决定倒井拥高（志清）的方针。以后，杜先生成为'倒井'运动的领导人。杜斌丞和井岳秀驻神木骑兵师师长高志清较好，高也是陕北人，部下人马众多，井岳秀也对高志清有所忌惮。杜斌丞却给高志清推荐人才，特别是井岳秀不要的人才。高志清几次有暗中推翻井岳秀的计划，井岳秀部下认为杜斌丞参与其中，准备暗害他。有次杜斌丞听说外边有传言，井岳秀要对他下手，杜斌丞洗罢脸，就匆匆赶往井岳秀住处，当面对井讲：'外人传说，你要收拾我了，但我想你我弟兄不会有这事吧！'井岳秀大笑道：'不要听别人乱说，哪会有这事，难道我请你当校长是为为难你不成。'井岳秀这么一说，二人气氛随即缓和，但思想上的裂隙并未弥合。杜斌丞觉得在陕北施展拳脚的用武之地越来越不容易，这也是他打算离开榆林，去外边转转的原因所在。"

杜斌丞这次返回陕北，发现高志清态度有变。据曹又参在他 1952 年写的《自传》中讲："1928 年春，北方已在打张作霖，火车不通，我和杜斌丞先生从北京出发，由水道经沪、宁、汉转由山西回到陕北神木，时已初夏。住了两个多月，发现我们拟拥'高'代'井'的高志清，其军阀习气更甚于井岳秀；我们所联络的连长们，可能在井倒之后变成更坏的军阀。所以，我俩的情绪有些低落，再没有发动积极的军事行动；同时感到另一种威胁，可能有人会把我俩当作升官发财的礼物送给井岳秀。"

杜斌丞和曹又参既考虑到可能随时成为送井"礼物"威胁存在，又考虑到他们返回陕北后，时不时传来渭北咸阳几个县农民暴动遭到陕西当局的打压，中共地下陕西省委机关人员方鉴昭等 9 人被陕西省政府主席宋哲元集体杀害，恐怖日甚一日。特别是渭华起义失败后，宋哲元当局在起义中心区域内实行白色恐怖，层层设立"还乡团""铲共团"，到处捕杀共产党员和革命群众，破坏中共组织，进行阶级报复，株连无辜，以十倍的疯狂，百倍的残忍枪杀、刀砍、矛戳、刀铡、屠户屠族，血染村寨，尸骨裸外，著名的陕西省农民协会主席、刘古愚女婿王授金也被捉拿杀害，许多共产党员和革命群众外逃陕北、山西躲避藏匿。

听到这些噩耗，杜斌丞不得不另作打算，便以为陕北办赈济救灾为名，同曹又参从神木再度返赴北平、天津，过起了"流亡"生活。临行前，他将高硕卿（高岗）、谷玉山等安插到高志清部，以待来日。

"流亡"半年有余，1929 年春，杜斌丞从北平返回陕北，进行革命宣传鼓动和救灾工作。据张秀山讲："这次返回榆林，他不住在井岳秀的公馆里，而住在榆林中学事务处办公室的小炕上。事务处办公的人在房子里办公，他也不厌烦。他在榆中的演讲，对我们这些要求革命的青年很有影响，至今记忆犹新。那天，在榆中大礼堂开会，全校师生欢迎老校长返校看望大家。会场气氛很热烈，杜先生临场作了热情的讲演。

在讲国内形势的时候，他批评国民党宣传'党外无党，党内无派'是荒谬的。他说：'国民党说党内无派'，实际上党内有派，而且派系很多，如冯派、阎派、李宗仁派，还有政学系、改组派等。蒋介石1927年四一二政变之后，人们都喊拥护左派，打倒右派。右派是蒋介石集团，左派是国共合作的武汉国民政府，以及革命的军队和群众，七一五汪精卫叛变，蒋汪合流了，国民党右派大肆宣传国民党无左派右派，后来又编造出'党外无党，党内无派'的鬼话，这是想消灭共产党和其他革命党派。杜先生的讲话，揭穿了国民党的欺骗宣传，对当时形势分析和看法是正确的。他的论述对教育青年认清国民党反动派叛变革命、镇压和屠杀革命人民的罪恶行径起了一定的作用，对我们这些学生的思想启发很大。"

从民国十七年（1928）起，中国北方大范围的旱象开始露头，陕西、甘肃、山西、绥远、河南、山东、察哈尔、河北8省535县夏秋庄稼薄收，灾民骤增3000余万。到民国十八年（1929），陕西旱象不仅不止，反而更加严重，百年不遇，造成"十八年大年馑"，这是陕西历史上出现的奇荒大灾之年，干旱一直延续到民国二十一年（1932），5年时间。数年大旱，又带来了虫、风、霜、雹、疫诸灾，加之连年战乱，罕见的天灾人祸，致使陕西多地饿殍遍道，尸骨露野。狗食尸、人食人屡见不鲜。一些地方树叶、树皮、草根吃光了，只好食观音土。灾年田园荒芜，路断人稀，商业凋敝，机关停歇，素称广袤富饶的八百里关中平原，满目凄凉，几乎找不到绿色。据民国十八年（1929）十一月统计，陕西因灾荒死亡人口达250余万，逃亡外省者40余万，全省人口从940余万锐减至650万。民国十九年（1930）十二月，国民党元老于右任回陕视察灾情，估为"三百年来所仅有"。面对家乡的凄惨景象，于右任泣不成声。回到故里三原扫墓时，写下了这样的诗句："发家原情亦可怜，报恩无计慰黄泉。关中赤地人相食，白首孤儿哭墓年。"就在于右任回陕视察的同时，《陕灾周报》载文："凡是来陕办赈济的慈善家，没有一个不说灾区周围的色气，觉得纯是死的。不仅色是死的，声是死的，天是死的，地是死的，举凡大自然界现象，一切统统地成了死的。"

杜斌丞下榻在榆林中学，对陕北灾情进行了一段时间的实地调查又返回北平，主持陕北灾民救济工作，为陕北赈灾争取配额多方呼请。《新秦日报》当年5月7日报道："陕西省赈务会16日致电旅平陕灾救济会转陕北灾民救济会鉴：'顷接来电请以购粮近五千袋，照宋主席（哲元）文电办理等因。文电系就路委员卅电，东北粮运回小米1000袋，红粮3994袋，一批而言，非每次购粮俱拨陕北十分之二，所请之处碍难照准。'"

从电文来看，杜斌丞在北平为陕北救灾虽筹集部分粮食，但仍十分有限，困难重重。北平求赈，杯水车薪，他便把曹又参派到绥远求赈。

1929年6月中旬，蒋介石来到北平，准备对冯玉祥的西北军下手"开刀"进行军事部署。这时，杨虎城已"离冯附蒋"。23日，杨虎城来北平面谒蒋介石，请示本部开往石家庄一事。杜斌丞和张凤翙、寇遐等旅平陕西同乡，借机在中山公园欢迎杨虎城来平，一起合影。其间谈及陕西灾情和赈灾，杨对杜在北平主持陕北赈灾救济工作给予肯定。

这年7月，中共陕北特委派杜嗣尧、霍世杰前去北平求赈。杜斌丞协助杜、霍二人从华洋义赈会领到部分赈粮赈款（主要是粮食），从北平陆路运回陕北，为府谷、神木、佳县、吴堡、绥德、清涧等县饥民度灾雪中送炭，补救了燃眉之急。

杜斌丞在北平一边主持陕北赈灾救济会工作，一边观察着全国政局和各大军阀派系的动向。

他根据杨虎城在平期间所谈的蒋冯矛盾已到不可调和，暗中较劲的程度。他写信给绥远求赈的曹又参，要曹赶赴北平。此时，曹正在绥远向陕北转运赈济粮食。接信后，曹办完转运事宜，来到北平。曹又参在他的《自传》中写道："1929年春，我到了绥远，任务是向陕北转运赈粮。是年暑夏，杜先生函召我回到北平，对我说：'我们数年来的倒井工作，所联络的还是那些为升官发财无革命性的旧军人，即使倒井成功，仍是以暴易暴，我们谁有办法统治他们？徒使人民遭战乱之苦，所以我们主张倒井活动可以暂时停止。现在中国的问题，是南北两大军阀蒋、冯如此地反革命，如此地残杀青年的问题。现在我和杨虎城、方振武、徐永昌、刘允丞等拟作一个全国杂牌军的大联合行动，以对付南北两大军阀。你可火速回到西北去，联合西北的小杂牌军去，最主要的是传达给为倒井运动羁留陕北的好青年们，再不要耽误光阴了，可到处活动去，或组织自己的队伍，或参加好的部队，以便养成将来的革命力量。'我根据他的指示，秋末又回到了陕北。回陕北后，苏雨生部正在陕（西）宁（夏）边境盐池、平罗一带扩军，我们倒井的一批志士们就在苏雨生处活动。谢子长、刘志丹、高岗、张秀山等一大批共产党员，也到苏部做兵运工作，以后他们拉出一部分队伍，扩建成了红军游击队。"

曹又参提到的苏雨生并不是个一般的地方小军阀，可以说，是冯玉祥的嫡系，时任冯部驻宁夏骑兵第四师师长，以控制冯的西北后方。1929 年夏初，杜斌丞还在榆林的时候，中共陕北特委在榆林红石峡举行第二次扩大会议，会议提出了以白色的（白军工作）、灰色的（土匪工作）、红色的（公开组织革命军队）三种形式，进行革命武装斗争，并以搞白色工作为主。会议选举刘志丹为中共陕北特委军事委员会书记，简称军委书记，并主持特委的工作，重点是领导开展陕北的军事斗争。

杜斌丞决定停止倒井活动，把主要精力和斗争矛头对准蒋、冯大军阀集团，无疑是从大局着眼，审时度势的战略眼光。这年 9 月上旬，阎锡山部属徐永昌就任河北省政府主席，邀杜斌丞出任职务，杜没有受邀，许多人不理解，杜曾对友人讲："道不同，不相为谋。"

1930 年，参加中原大战的冯、阎系反蒋的高桂滋部旅长高建白，苦守山东诸城八个月。9 月下旬突围出来，只身逃往北平，向杜斌丞讨教。高建白于 1951 年回忆说："1930 年，蒋介石以五个师的兵力围困山东莒县、诸城两个县城，要消灭高桂滋部队，我任高桂滋旅长，在诸城困守八个月。突围时始知冯、阎反蒋的战争已告失败，只身到了北平，斌丞同志正在北平，我和他详谈了此次战役的情况。他说：'……但从政治上说，阎、冯与蒋介石的战争是国民党内部的权力斗争，是军阀的混战，培五（高桂滋字）站在阎、冯一边，还不能说参加革命战争，不过打蒋介石总是好的，客观上对南方的革命根据地有利。'他的这段话我记得很清楚，那时我们相信汪精卫的吹嘘，说扩大会议派是如何忠于孙中山遗教，如何革命，实则两派争权，结果蒋介石打垮了阎、冯。杜斌丞同志说：'你们这次想把蒋介石打倒，没有打倒，反而失败了，不要灰心，如果将来站在人民一边，为人民而反蒋，那就不会孤立，就可以胜利。不断会有人打倒蒋介石，越来越多的人打蒋介石，人人打，时时打，蒋介石总是要被打倒的。辛亥革命后有袁世凯的卖国称帝，现在又有蒋介石勾结帝国主义，背叛革命，反共反人民。这就是帝国主义与封建军阀狼狈为奸，与人民为敌。但历史证明，与人民为敌者，终必为人民所消灭。今后你们应当注意，与一切反蒋的部队取得联系，共同反蒋闹革命。'他这段话，对我是如何语重心长啊！"

杜斌丞经过三年的社会考察、读书、研究，从他和高建白的一席谈话中，我们可以看出：他的孙中山新三民主义革命思想又得到新的升华：要想救中国，再也不能依靠反动军阀把持的国民党反动政府进行所谓的民主革命去完成，只能由无产阶级革命政党——中国共产党去领导，团结中国工农大众进行新民主主义革命去实现。以蒋介石为首的国民党反动派，只能是革命的绊脚石，被打倒的对象。

杜斌丞正在筹划的全国杂牌军大联合行动，以对付南北军大军阀无疑是中国共产党反蒋联合阵线的一部分。在中国政治风云变幻、军阀混战的年月，杜斌丞能够保持如此的清醒政治头脑和战略眼光，富有这样的高明见解，实在是难能可贵，实不多见。

第四章
倡导"大西北主义"

出 使 兰 州

1930 年 10 月底，离开家乡三年有余，东出潼关策应北伐的杨虎城，率领他的十七路军又东进潼关，打回老家，接管冯玉祥陕西政权，就任陕西省政府主席，主持陕政，继而兼任潼关行营、西安绥靖公署主任。此时的杨虎城已是今非昔比，到西安事变，达到鼎盛时期，统率 6 万人马，执掌陕西乃至西北军政大权，走上了他人生的巅峰。

回到家乡的杨虎城，踌躇满志，信心百倍，很想有一番作为，要为家乡父老竭心尽力，谋造福祉。可是乍一上任，他却遇到各种难题：连年战乱蹂躏，大灾肃杀，陕西已是满目疮痍，万户萧条，人口锐减，人才严重匮乏。治理陕西，恢复经济，整编军队，肃靖治安，都需要人才，且成为当务之急。他上任之初，自己兼职过多，应付不暇，稍作安顿，他首先邀请全国著名的水利专家李仪祉回陕，任建设厅长，筹划水利工程。李当时任导黄委员兼工务处处长，浙江省建设厅顾问，负责设计杭州湾海塘工程。派秘书米暂沉兼任民政厅秘书主任，分担自己兼任的民政厅长诸多事务。派陈子坚任长安县长（西安未设市）兼十七路军宣传处处长。派蒋听松和宋绮云分别担任《西安日报》社长和总编辑，《西安日报》为陕西省政府机关报。调张默夫、刘亚民、郭慕平分别担任印刷局局长、宣传处科长、长安县公安局局长。以上任职人员，除米暂沉外，均为外省籍人员，政治身份为共产党员或共青团员（有的暂时失掉关系）。杨虎城在他的省政府委员组成人员中也有不少外省籍人员，或延留原冯系省政府一些已脱离冯系的军政要员。杨虎城让省府秘书长南汉宸组建新政府构成人员时，于1930年11月15日就发表了《告各界政见书》，以延揽人才："祈四方贤豪明达，不吝赐教，群策群力，以救西北民众于万劫之余。"第二天，杨虎城发表了延揽专门人才之布告："凡属专门以上学校毕业人员，自本月16日起，务于每日上午9时至下午1时，携带证书，来本政府收发处报名，以备察验而资延揽。"11月19日，杨虎城又分电致陕西在外各知名人士，诚邀"回陕襄理庶政"。

当时，杜斌丞就是从北平应杨虎城电邀回陕的在外知名人士之一。杜斌丞回陕不久，就向杨虎城进谏实行"大西北主义"计划，屏绝外力影响，不参加内战，锐意整顿西北，俟时机成熟，再团结国内进步力量，扫除反动势力，完成国内和平统一。马文瑞、刘澜波、王炳南、孔从洲、常黎夫5人联名在1980年10月8日《人民日报》的署名文章言称："1930年秋，杨虎城率部入关主陕，电邀杜斌丞由北平返陕。杜斌丞初到陕西，对杨部入关后的一些官员酒食征逐、安逸享乐的倾向大为不满。本想离去，经李寿亭（百龄，后任教育厅长）挽留，终于向杨推心置腹地说明，这次回陕，'要治陕，不是为了做官'的宗旨，从而言归于好，协力共事。杜斌丞在公开场合讲话中常以'得民心者昌，失民心者亡'的古训为戒，历述辛亥革命以来的陈树藩、刘镇华、宋哲元等军阀的恶行，希望十七路军一定要爱民如身，励精图治，在陕有所作为；并且提出首先要抵御蒋介石瓦解吞并异己的独裁统治。他说：'一个杨虎城，一支十七路军，斗不过蒋介石，迟早要被吃掉；只有西北大联合，进而促进南北大联合，才能对付蒋介石。'由此产生了杜斌丞、杨虎城、邓宝珊三人谋取甘肃、宁夏、新疆，联络青海的意图，即后来广为流传的所谓'大西北主义'。杜斌丞的这个主张，用他的话说，就是'回汉一家，陕甘一体，打通新疆，联合苏联，南北团结，反蒋救国'24个字。他还形象地比喻为这是'打开后门'（联合苏联）和'关住前门'（拒蒋介石于潼关之外）。"可见"大西北主义"的核心是"大联合"问题。

杨虎城还请杜斌丞邀王森然来陕，打算给以教育厅长一职，因王森然有其他重要之事，未能来陕。

杨虎城一入陕，蒋介石就开始了对杨虎城的控制，即派嫡系顾祝同设国民政府陆海空军司令部洛阳行营，顾为主任。负责西北军事，率黄杰的第二师和陈诚的第三师进驻潼关、华阴、华县一带，扼住了陕西东出之咽喉，控制与反控制也就开始了。

对于杜斌丞这一高瞻远瞩的战略布局设想，杨虎城是心领神会，正中下怀，对杜斌丞帮助自己治军理政寄予厚望。早在1927年冬，杨驻军皖北太和休整时，就托请从皖北阜阳路过太和回陕北的杜理丞传话，邀请杜斌丞赴皖造访军次。1978年7月5日，杜理丞回忆道："第二集团军第十军军长杨虎城将军对我说，斌丞兄为什么不给我来信？你对他说，我请他来这里住几天。我见到堂兄后转告了杨将军的托请之意，堂兄说：'我不懂军事，等虎城兄有用我的时候，我就去了。'"

杜斌丞回陕不久，1931年1月27日，陕西省政府委任杜斌丞出任清乡局副局长。按国民政府体制，局长一职由省政府主席兼任。

这年夏，石友三在河北举兵北进，通电反对张学良，其势甚盛，蒋介石不得不调第二、三两师离陕应付石友三，由杨虎城代理洛阳行营主任。不日，洛阳行营改为潼关行营。7月6日，杨虎城宣誓就任潼关行营主任一职，并通电全国。委十七路军十七师师长孙蔚如为潼关行营参谋长，陈志坚为行营办公厅主任，杜斌丞兼行营高级参议，蒋听松、郭文萱为行营参议，靖任秋为办公厅中校参谋，武志平为少校参谋，蒋、郭、靖三人均为共产党员。陈冠三为少将参议。陈子坚1982年8月31

日回忆说:"当时我任行营办公厅主任,杨对我说:'斌丞是我在榆林认识的老朋友,魏野畴也是他介绍认识的。他不是共产党员,但他思想一向是进步的,我很敬佩他,今后我们计划西北的事可多与他谈谈。'我从此认识了杜斌丞,在有关西北的大问题上常同他谈。他的主张,综合回忆如下:(一)要利用杨兼任行营主任这个职权的好机会不失时机地向甘、青、宁、新各省由近及远地发展;(二)赶快收编各省的杂牌队伍,以树立我们在西北的力量和声势;(三)寻找机会派兵入甘并统一省政;(四)汉回并重;(五)目的取得新疆,与苏联直接联系。他的这些主张也得到南汉宸、邓宝珊、续范亭等人的修正,最后得到杨将军的同意。当时外间风传杨虎城的'大西北主义'盖亦指此。不过弄不清内容罢了。"

米暂沉 1980 年 9 月说:"1930 年杨虎城率师兼任陕、甘两省军政长官之后,杜斌丞先后担任了陕、甘两省重要职务,在杨和蒋介石对西北地区的控制与反控制斗争中,他以政治家的恢宏气魄,卓越的斗争艺术,发挥了重要的作用。他对朋友和同志耿直、坦率、热情、严肃,对杨的政治措施乃至生活作风,常常毫无顾虑地提出批评、建议,有时讲话的语气、表情也超乎一般朋友关系。我曾屈指计算,在杨的朋友和同事中,他是唯一对杨能据理力争的诤友,或者叫作畏友。难能可贵之处,是杨对他的进言批评,都能处之泰然,从无反感。有一次,他们在处理甘肃问题上,争得面红耳赤,最后还是杨听了杜的意见。"

说干就干,"大西北主义"计划付诸实施。

1931 年 5 月 18 日,杨虎城以第十七路军总指挥部名义,特派慰劳专员杜斌丞参议、检阅委员呼延立人参谋处长等 20 多人,前往彬县检阅新收编的警备骑兵旅苏雨生部。5 月 21 日,杜、呼二人观看苏部野外演习,并致训词。《西安日报》于 5 月 29 日、30 日连续刊载了杜斌丞在苏部的训词全文:"十七路与骑兵旅,可分为三个时期。第一是主义结合的时期。在陕西靖国军时代,他们两个军头虽不一,但因主义相同,曾结在一条战线上,作了很不短时间的一致奋斗,所以这是主义结合的时期，也可以说是第一次最初发生关系的时期。第二是感情结合的时期。是由去冬至本年 2 月，其时贵部尚未受杨主席的编制，可以说还不是他的部属。杨主席对于贵部总是一视同仁，竭力补充，设法接济，这只可以说纯系杨主席与苏旅长个人方面感情上的作用，因为感情很好，才能如此。所以说这几个月功夫，只能算是感情结合时期，即第二次继续发生关系的时期。第三是事实结合的时期，由本年 2 月至现在。因为从本年 2 月间才将贵部正式编为陕西警备骑兵旅，在事实上才有了不可分离的情势，所以这是事实结合的时期，即第三次最后的切实结合时期。杨主席是三民主义的信徒，是西北革命的领袖，他历来奋斗的目标，完全站在民众的立场上。苏旅长是刚直义气、肝胆照人的人，试看你们没饭吃、没衣穿的时候，始终能团结一致，上下一心，和致力于保境安民的一切情形，就可以知道他的为人。所以他才能和主席日见亲密，得主席的信任。当时财政异常困苦的时候，主席先改编你们的部队，并郑重地派来校阅委员，视察你们的切实状况，是要把你们骑兵旅的军纪、风纪及学科、术科等，整个地来整顿一下，成为陕西最精壮、最完善的部队，将来为党国效劳，为革命服务，其用意至深且远，希望你们于此校阅之后，更须加紧训练，保持住你们人强马壮、勇敢善战的原有特点，飞奔似的向前力进，把军队整个地练成'纪律化''主义化''民众化'适合时代的队伍，为陕西军界上开一新纪元，才是杨主席改编你们的意思，也不枉兄弟此次代表杨主席慰问你们的一番意义，希望大家今后格外努力。大家将来果不负所期，杨主席一定还要亲自来再慰劳你们。至于你们近来的困苦情形，到省后一定要据实呈明主席，尽先设法，尽量接济你们，你们尽管放心，依照旧日步骤去切实训练。没饭吃、没衣穿的话头，总要叫你们在最短的时间内想谈也是谈不到的。完结。"

杨虎城派员慰劳校阅和杜斌丞这段训词一连两日刊发报端，公之于众，制造舆论，其实都是在巩固部队内部，以图有所作为。

7 月中旬，杜斌丞又奉杨虎城之命，以陆海空军总司令潼关行营高级参议身份代表杨入甘，与各地方实力派进行联络。武志平1984年6月12日说："1931年夏初，杨虎城将军以潼关行营主任职权，派遣几组代表团分赴西北各地，与地方势力联络感情，调查各部势力内幕和政治动向。我随原西北旧军人、行营少将参议陈冠三到平凉陈珪璋部进行联络。杜斌丞一行数日后亦到平凉。杜到之日，陈珪璋及其部属，在东门外停候二三小时欢迎，可见其尊荣之隆。杜入甘之初，除在平凉与陈珪璋，在静宁与石英秀等晤谈外，在兰州还会见了驻固原之李贵清、驻靖远之王子元、驻岷县之鲁大昌、驻西宁之马步芳等部派来的代表，申明各民族团结，安定西北之大义，提出'回汉一家，陕甘一体'的纲领性口号；指明过去野心家挑拨离间回汉民族关系，兵连祸结，造成人民流离失所，死亡枕藉的惨痛历史应该结束；提出开发西北、恢复生产的远景理想，各方均表示服从行营指挥。杜对驻在酒泉之马仲英部特为注意，认为是实现西北大团结，打开新疆局面极有希望的一支力量，对该部有关情况搜集不遗余力。"

时任十七路军第三游击支队司令的王子义1966年5月31日在《十七师的入甘和离甘》一文中说："杨虎城在兼任潼关行营主任后，即派赵晚江以行营主任代表名义入甘与各方联系。不意赵到兰后与原冯玉祥部属雷中田相勾结，另有图谋。杨复派杜斌丞先生入甘。杜到甘不久，陈珪璋、鲁大昌、马廷贤等纷纷派代表来西安向杨输诚，请求改编，杨又派陈冠三分赴各部联系。经过数次信使往还，初步掌握了各部的实况。"

曾任甘肃通志局分纂的王海帆在《辛壬兰山见闻录》中说："赵晚江者，皖人也。初经杨虎城派之来兰，乃至，见各方之情形复杂，有可操纵也，乃劝雷自力。雷引赵入幕客，与李克明、邹光鲁、祁荫甲有'四大夫'之号。杨虎城悉其情，乃密电马鸿宾，略谓：'赵有招摇情事，请即驱逐出境，免生后患；否则，予以严厉处置。'马置未理。乃后始语人，颇悔不决之早也。"

陈子坚1982年8月31日说："杨虎城将军为实现他与杜斌丞等人

商议的'大西北主义'计划，派杜斌丞赴甘肃、青海视察联系各杂牌部队，目的为侦察各杂牌部队对行营主任是服从还是反对。因为任务重要，杨批给杜一万元交际费。杜不畏艰险劳累，完成了这个任务，对陈珪璋、鲁大昌、石英秀、李贵清、马步芳、马仲英、马廷贤等甘、青汉回杂牌部队都作了完满的联系（以后分别收编给以名义），也确实侦知兰州的雷中田、马文车对杨持反对不服从的态度。"

杨渠统在《杨虎城派陕军入甘亲历记》一文中说："杨虎城对西北各省是有扩张雄心的。1931 年 7 月，他派杜斌丞到平凉、兰州、陇西等地，与陈珪璋、鲁大昌等取得了联系，掌握了甘肃各方面的实际情况，所以在接到蒋介石命令后，即积极行动，派部队入甘。"

调解"雷马事变"

杨虎城主陕后，蒋介石并不放心，除任命顾祝同为洛阳行营（又称西北行营）主任，节制西北军政外，还打算派顾祝同或蒋鼎文率军入甘，但又恐不易退出，后又派蒋鼎文的军需处长马文车为首的甘肃视察团前往探察情况。1931 年 8 月上旬，国民政府任命马鸿宾为甘肃省政府委员兼主席，马文车、谭克敏等多人为甘肃省政府委员，同为视察团成员的谭克敏以政府委员兼民政厅厅长。马文车对仅得到一个光杆委员实不满足，醋意大发，便利用新编第八师师长雷中田（原冯玉祥部）与马鸿宾之间的矛盾，和雷中田勾结起来"倒马"，再加上甘肃政客李克明（武山人）、祁荫甲（陇西人）等煽风点火，从中挑拨，使雷与马鸿宾关系更为恶化，终于演变到势不两立的地步。8 月 25 日，雷中田和马文车勾结一起，发动政变，扣留马鸿宾，史称"雷马政变"或"雷马事变"。雷中田便公开布告马鸿宾罪状，马文车以国民党甘肃党部整理委员名义主持甘肃省党政军学农各界代表联席会议，操纵民意，赵晚江以潼关行营主任代表身份出席。通过决议：支持雷中田为甘肃省保安总司令，组织临时甘肃省政府，拥马文车为临时甘肃省政府主席，取马鸿宾而代之。通电任命陈珪璋、鲁大昌、王家曾、高振邦分任甘肃陆军暂编一、二、三、四师师长，李子英为代理临时省政府秘书长，发布《告民众书》。

"雷马事变"发生后，8月28日，杨虎城向蒋介石电报事变情况。同一天，马文车向甘肃省内文武各界、各县政府、省立各学校发出"就职通令"，严令遵行临时省政府的一切，企图造成既成事实。

获杨虎城电告，蒋介石8月30日电令马文车："密闻马（鸿宾）主席被禁闭，究竟如何？兹特派兄负责处理。如有意见，准予呈报，希即复电。"蒋介石明知却在试探马文车。

9月2日，蒋介石致电杨虎城："甘事请兄负责处理，俾维中央威信。"取得蒋介石处理"雷马事变"权力，杨虎城便一步步实施。一面于9月3日致电马文车："迅速恢复马鸿宾自由。"一面派杜斌丞、蒋听松赶赴兰州。

9月5日，不畏险恶，深入虎穴的杜斌丞到达兰州，代表杨虎城规劝雷中田等和平解决"甘变"，接受潼关行营指挥。有关杜斌丞出使甘肃，处理"甘变"一事到达兰州的具体时间，王海帆在他的《辛壬兰山见闻录》中是这样记载的："9月5日（旧历七月二十三日），杨虎城代表杜斌丞、蒋听松进省。"

武志平说："面对骤变的兰州形势，杜斌丞先生乘吴佩孚尚未到达兰州之际，毅然去兰州寻求消弭祸乱之策。杜恳切向雷中田剖析形势，晓以利害，劝其让出兰州，由潼关行营派军队接防。但雷仗倚有潘振云、高振邦等原冯玉祥旧部数千人（一说有3万人），以及存储的一批枪械弹药，不听劝诫，表示将据守兰州。"

张慎微回忆说："赵晚江原是以潼关行营主任杨虎城代表的身份来甘肃活动的，赵到兰州后，适逢'雷马事变'机会，便与马文车等勾结起来，当上了临时甘肃省政府委员，并兼任省印税局局长，在省务会议上表现特别突出。杨虎城因他参加事变，曾电令撤差，但赵的活动始终没有停止。杨虎城继派的两个代表杜斌丞、蒋听松到兰州后仍和赵住在一起进行活动。"

蔡呈祥回忆说:"正当雷中田主张杀马鸿宾,高振邦主张放马鸿宾,两人矛盾尖锐化的时候,杨虎城又派杜斌丞代表到兰州,给高振邦许以新编第八师师长职,雷虽不了解具体情况,但对高的猜疑更加深了。"

9月6日,杨虎城致电雷中田、马文车:"迅速恢复马主席鸿宾自由,俾得行使职权,以维护中央威信。并制止对陇南马廷襄部用兵,俾维和平,而固边防。"

马文车获阅杨电,复电杨道:"已经商同雷师长,将马主席送回私寓,恢复自由。至行使职权一层,恐难折服甘民。"看来,马文车不愿轻易放弃已到手的权力。

9月7日,蒋介石再致电杨虎城:"甘省政变,经查明全系视察员马文车擅作威作福构成,将省主席马鸿宾私行扣留,已严令立将马主席恢复职权。复未遵令处理。""除电令雷师长中田、高公安局长振邦,及陈、鲁两警备司令,将马文车立予拿解来京究办,其余协从概免深究。并转知马主席即日召集各委员行使职权外,仰即协助办理,以维地方而肃法纪为要。"

中原大战失败后的冯玉祥,并不安分,也来插上一杠子。"雷马事变"前夕,他就派人去兰州联络他的旧部。事变后,他又以搅局者的身份掺和了进来。派到兰州的李世军在《冯玉祥与雷马事变》一文中说:"我于9月5日到兰州与雷中田见面。我来兰州之前,冯玉祥在晋南绛县和我多次谈话。他对我的指示,归纳起来是:(一)干掉马鸿宾。(二)通电宣布马鸿宾纵匪殃民的祸甘罪状。(三)拿到政权后,如果蒋介石默认既成事实,我们就更有机会进一步加强自己的力量,以甘肃为西北反蒋根据地,然后与国内党内反蒋力量交换意见。(四)估计蒋介石正在焦头烂额的时候(指反共军事失败),一时抽调不出军队打我们。汉中的王志远、邠州(今彬县)的苏雨生牵制杨虎城,他不敢打我们,如果他来,我们可以狠狠地揍他回去。(五)除马鸿宾外,其他的汉回军队,派人切实联络合作,给以'甘肃军政委员会委员'名义,以委员会名义分别发表军师长职务。马福祥父子想吞占西北，甘肃回汉军队，陕西杨虎城都不答应，干掉马鸿宾，别人不会反对我们。（六）利用一切力量，积极扩充队伍，训练队伍。（七）与苏雨生、王志远约定同时行动。要苏雨生进兵宁夏，解决马鸿宾残部而占领之，要王志远向天水推进，解决马廷贤土匪后占领之。我路过邠州时，将冯玉祥给苏雨生的亲笔信交给苏。我还没到兰州，'雷马事变'就发生了。事变发生后，甘肃内部的反映，汉人势力派表面上支持倒马，骨子里反对雷中田；回族将领马麟表示中立，愿作调解，希望释放马鸿宾，马福祥、马鸿逵主张和平解决。杨虎城代表杜斌丞到兰活动，积极拉高振邦倒雷中田。"

冯玉祥的从中掺和，给解决处理"雷马事变"带来了变数。

9月20日左右，根据杨虎城请委，蒋介石准陈珪璋为新编第十三师师长，鲁大昌为新编第十四师师长，李贵清为新编第十旅旅长，石英秀为新编第十一旅旅长，并均归潼关行营主任杨虎城指挥。

甘肃政局一时乌烟瘴气，一团乱麻，一堆鬼火。不幸的是，乱中更有乱局手，火中更有人取栗。早已被北伐军打翻在地、蛰居川北多时的北洋直系军阀头子吴佩孚，自称"兴国军总司令"，带着家眷、卫队等一干数百人马，离川北灌县，取道汶川、松潘出黄胜关入甘南，结束了他四五年的流亡生活，企图取得散落在甘、宁、青、新四省旧部拥戴，东山再起，卷土重来，于9月24日到达天水，受到驻军马廷贤欢迎。

9月28日，出使兰州的杜斌丞返回西安。武志平说："杜斌丞先生在兰州见和平解决'雷马事变'无望，又知吴佩孚即将到来，断定甘局终必武力解决，于是克服重重险阻，离兰返陕，回到西安与杨虎城主任密议收拾西北局势的计划，并商再派员赴兰的情事。"

正如武志平所说，杜斌丞见和平解决"雷马事变"无望，断定甘局"终必以武力解决"。杜斌丞复命后，杨虎城和他的将领们不得不尽快筹划武力解决之策。

10月30日，回西安一个月之后的杜斌丞，于10月28日受杨虎城指派再次赴甘，为新编第十三师师长陈珪璋、新编第十四师师长鲁大昌送委状及关防，当天到达平凉。

11月7日，吴佩孚到了兰州，雷中田、马文车率同官绅亲往迎接，并拨专款3万元，专设"孚威上将军行辕"。雷、马二人像找到了靠山和救命稻草一样，对这位势去心不死、已进历史垃圾堆的老朽尽是婢膝奴颜之丑态。

11月10日，驻平凉的新编第十三师师长陈珪璋派师参议秦峻峰由平凉来西安，晋谒杨虎城，静候杨主任指教与命令。未住几日，第三天便返回平凉。秦峻峰来西安，显然是与"终必以武力解决"一事有关。秦峻峰到达西安的第二天，潼关行营参谋长、陆军第十七师师长孙蔚如就即将奉命率部入甘靖乱，向新闻记者发表谈话。

正在平凉的杜斌丞，在孙蔚如向新闻记者谈话的次日，便发动平凉各界以"陇东军政农工商学各界"的名义，致电孙蔚如，欢迎孙率部入甘靖乱。

接着，杨虎城致电在兰州的吴佩孚："外交紧急，国事日非，迭奉中央电令，请速驾入京，共筹国是。特派邢参议肇棠赴兰欢迎，请早日命驾为盼。"武志平1984年6月13日说："杜斌丞从兰州回到西安后，与杨主任密议收拾西北局势的计划。因吴佩孚已到兰州，杨又派邢肇棠参议为代表，赴兰见吴痛陈利害，使之知难隐退，当时甘肃地方人物通电拥吴，甘肃局势更加混乱。"

入 甘 靖 乱

甘肃的政局越来越复杂，握有蒋介石"负责处理"甘事权力尚方宝剑的杨虎城，11月14日发表《告甘肃民众书》，历数甘政当前乱因之后，向甘同胞郑重声明："本军奉中央命令，出师西来，系为促进甘肃和平统一，解除甘肃同胞痛苦，一切措施，均以民众利益为依归，故师旅所至，秋毫无犯，不拉一夫，不索一饷，事实俱在，我甘肃同胞共鉴之。"

兰州方面得悉杨虎城派兵入甘，马文车便于11月15日在兰州与川、甘、青、宁、新五省将领马麟、金树仁、马鸿宾、刘存厚、邓锡侯、田颂尧、杨森、黄隐、雷中田、潘振云、马步芳、陈珪璋、鲁大昌、马廷贤、王家曾、高振邦、李贵清等17人联衔的名义发出通电，拥护吴佩孚出山，主持对日军事大计。果不其然，野心勃勃的吴佩孚自称"国民总司令"，号召四方，以祈拥戴。

孙蔚如发兵之前，派潼关行营司令部作战科长田志挺、参谋靖任秋、武镜寰由西安出发，直赴平凉，与陈珪璋新编第十三师计议一切，做好进军甘肃途中设营准备工作。

11月20日，入冬半月，寒潮来袭，冷风飕飕，吹落了枯叶，吹黄了青草，吹得尘土飞扬，弥漫了古城。孙蔚如从西安首途率十七师入甘靖乱。寒风中，潼关行营主任杨虎城夫妇及各界要人列队在西关外热烈欢送，当晚抵达彬县。22日抵达平凉，杜斌丞等在此迎候。24日，平凉数万人举行军民联欢大会，欢迎孙部入甘靖乱。新编十三师师长陈珪璋主持会议，并致欢迎词，孙蔚如、杜斌丞等讲话。

就在当天，搅局甘政的吴佩孚分别致电杨虎城和孙蔚如，谓："邢参议肇棠抵兰面谈""甘省内部，早经和解，似无用兵必要""勿轻启兵戎"，企图阻挠孙蔚如率部入甘。吴佩孚心藏祸机，却又胆怯心虚。孙蔚如负命在身，军令已出，排除干扰，依然率军西进，杜斌丞随军襄助戎机，陈珪璋率一部助阵。28日抵达固原，29日抵达静宁县城。第二天上午，孙蔚如偕杜斌丞、陈珪璋出席当地驻军十一旅旅长石子俊主持的欢迎大会并致辞，孙师长致答谢词后，杜斌丞发表讲话，《西北文化日报》12月1日报道，杜的讲话大意为："十七师入甘任务，说明雷中田必败之由，希望各武装同志站在民众立场上，勿蹈过去军阀空喊口号故辙，希望各界同胞对不法官兵据实报告，勿像在前军阀时代畏不敢言。"

12月3日，《西安日报》报道蒋介石致电杨虎城："查潼关行营前因总部结束，曾令撤销在案。兹以西北三省关系重要，不可无统御机关就近请示整理；着将该行营仍不撤销，所有一切机宜，自总部结束后，即经向国府主席请示办理可也。除咨请备案并分行外，特电知照。"很显然，蒋介石早有提防杨虎城坐大西北之心。但因平定甘乱，潼关行营撤销延后。

12月6日，孙蔚如、杜斌丞抵达会宁，和陈珪璋新编十三师一部合力攻克会宁县城。然后向定西进军，经一场激战，排除阻力，先头部队尽快进抵兰州皋兰山下。12月10日，孙蔚如在定西电报杨虎城："第四十九旅今日上午8时完全占领皋兰，秩序井然；弟为维持治安责任起见，由行营委杨子恒（渠统）为皋兰警备司令；雷中田南窜，高振邦部保吴佩孚、马文车等北渡黄河。弟明日进皋兰，处理一切。"

12月11日，孙蔚如、杜斌丞、陈珪璋进入兰州。经潼关行营批准，甘肃省政府临时维持委员会（简称临维会）成立，举行第一次会议，孙蔚如在会上宣布："现全省一切事务，在中央未正式派员接办以前，特组织一甘肃省政府临时维持会进行一切事务，业经公推陈珪璋、杨思、喇世俊、裴建准、张维、杜斌丞、王登云为委员，孙蔚如为委员长。"会议决议，由杜斌丞、杨思拟定《甘肃省政府临时维持委员会组织大纲》。孙蔚如以潼关行营之名义，明令委任十七师四十九旅旅长杨渠统为兰州警备司令，委徐梦周为皋兰县县长（兰州行政官员，徐为秘密共产党员）。

与此同时，孙蔚如发表《告甘肃民众书》，大意为："陕军入甘的目的是为了'维护中央威信，整饬纲纪'；'宣达中央德意，解除甘民痛苦'；'融洽回汉感情，加强民族团结'；'消除驻甘各将士间过去之隔阂，充实西北国防'。"

杨虎城于12月12日和14日，两次致电国民政府，转呈甘肃省临洮、隆德两县党务整理委员会两电。两电称："吴佩孚此次由川来甘，到处煽惑，独树旗帜，若不设法积极制止，则为害党国，岂堪设想，三陇民众亦必致陷于万劫不复之境，电恳速设法制止或促吴出境，以遏乱萌而安大局。""吴逆佩孚乘国难方殷，借口游历，阴图反动，率附逆鼠辈二百余人窜至甘肃，重倡武力统一，妄图死灰复燃，破坏西北政局，而甘肃一般之封建余孽亦奔波赞助，狼狈为奸……"

12月13日，甘肃省政府临时维持委员会发布第一号通令，宣布：在省政府未成立以前，临时维持委员会"暂时代行省政，俟新政府成立即行取消。"同时发布由杜斌丞、杨思草拟的《甘肃省政府临时维持委员会组织大纲》。大纲共有8条，其内容主要强调甘肃省政府临时维持委员会是奉中央命令组成，代行省政府职权，会议由孙蔚如委员长主持，省政府一切应办日行事件由委员长处理，待省政府正式成立，临时维持会即行取消等。第二天，孙蔚如委员长手谕杜斌丞：委董建宇、邬逸民为省府临时维持委员会秘书。邬为共产党员。

12月15日，国民政府特派贺耀组为甘宁青宣慰使；任命孙蔚如兼甘肃宣慰使；甘肃省政府委员兼主席马鸿宾请辞照准，省政府委员马文车免职查办；任命邵力子为甘肃省政府委员兼主席（当时未到任），贺耀组为政府委员。当日，杜斌丞出席孙蔚如委员长主持的甘肃省政府临时维持委员会第二次会议。会议补行通过杜斌丞、杨思拟定的《甘肃省政府临时委员会组织大纲》，增补鲁大昌为临时维持委员会委员。

12月17日，杜斌丞核签孙蔚如委员长委任白诚斋为《西北新闻日报》社长委任状。该报原名为《新陇日报》。白诚斋为秘密共产党员，谢子长入党介绍人。

12月20日，孙蔚如委员长手谕：派杜委员斌丞兼本府秘书处秘书长事宜。21日，甘肃省政府临时维持委员会派临维会委员杜斌丞兼任临维会秘书处秘书长，第二天颁发了正式委任状。23日，甘肃省政府临时维持委员会公布由杜斌丞主持拟定的《修正甘肃省政府秘书处组织条例》，一共7条。12月26日，《西北文化报》报道："孙蔚如于21日在兰州宣誓就任甘肃宣慰使职。孙就任后，即委任甘肃省政府临时维持委员会秘书处秘书长杜斌丞兼任宣慰使署秘书长。"这样，杜斌丞成为甘肃军、政两署的文官长。

1932年1月2日，国民政府任命杨虎城为西安绥靖公署主任。这天，杜斌丞出席甘肃省临时维持委员会第六次会议。会议由委员长孙蔚如主持，会议通过了杜斌丞、张维拟定的《甘肃省政治人员考察所简章》，聘任杜斌丞、王登云、杨思、喇世俊、仲兴哉、水梓、冯致祥、张维为考察所委员；通过杜斌丞关于全省清乡事务应本地方现在情形分期举行的提议，并决定由省清乡局副局长邢肇棠和杜斌丞、张维委员会拟《甘肃省清乡总局组织规程》。当日，甘肃省政府临时维持委员会公布了杜斌丞和张维拟定的《甘肃省政治人员考察所简章》。

自1931年12月10日孙蔚如率部进入兰州，到1932年1月5日，在短短的二十五六天内，甘肃靖乱初战告捷，省政开始走上正轨。孙蔚如向杨虎城电告了甘省现时之政治工作简况。此电为杜斌丞拟稿。电文言简意赅，全面周到详细，一目了然。全文如下：

潼关行营主任杨钧鉴：甘省政治紊乱已久，弟抵兰后，权衡轻重，酌量缓急，重新整理，逐渐就绪，谨将自上月蒸日（10日）起至现在止所有政治工作举其荦荦大者分别报告左右：

（一）豁免苛税。此次削平甘乱，原为解民痛苦，所有雷马时代一切苛税及征兵等费，首先明令豁免，其有收到未解之款，一律令县发还。

（二）严格用人。甘肃政治，暮气太深。用人之道，更无标准。虽有考试，等于虚设。欲求政治改良，必须慎重人选。提前设立政治人员考察所，注重青年人才。现入者已达百余人之多，定期试验，冀得真才。

（三）规定文官俸给。甘省政费，向按维持费支给，自委任至简任无过百元者，此系国民军苛政，全国多未经见。现拟根据中央规定编制预算，一面酌量本省财力，减成核发。

（四）清理财政。年来政权分裂，各县财政强半由驻军把持，不归省府监督支配，现拟实行清理。一面令县据实核报，一面派员清查。

（五）考察政治。政治混乱已久，省府与各县发生隔膜，所有各县政治状况没有明察一切。兹拟派政治视察人员分赴各县，实际考察，以为将来设施之标准，一面令县办理旬报，以作参考。

（六）实行清乡。甘乱甫定，游勇遍地，盗匪潜伏，急应分别剿抚。当依照部章设立清乡总局，侧重编练民团，肃清盗匪，收抚游勇。并由弟兼任局长，邢肇棠任副局长。正在积极筹办中。

（七）遴委县长。县长为亲民之官。甘乱初定，各县人民望治心切，因将距省较近及甘、凉属十余县提前委任，勒限赴任。

（八）取消闲散机关。甘省向有骈枝机关，大半因人而设，事实上无足重轻。兹为节约经费计，将省防司令部即行取消，省防事宜，由省城警备司令部办理。可取消市政筹备处，事归建厅及公安局分办之。

（九）改组省政。前省府组织极其扩大，冗员太多。按诸部章，殊有未合。因拟自元月1日起，改组省府，缩小范围，将原有军事、副官两处取消，改设军事科隶秘书处。

（十）筹办营业税。甘省营业税法尚未实行。废厘后暂行一种临时补助费。兹已设立营业税筹备处积极筹办，俟该税法实行后，即将补助费名目取消。

以上十项，均将先后实行在案。除将续办各事临时报告外，谨电详陈，伏乞重鉴。

杜斌丞襄佐杨虎城、孙蔚如平甘理政，立章建规，卓有成效。自离开兰州，他亲力亲为起草制定的规章、制度、条例不下十几种，涉及政府施政、财务、税收、公安、司法、军队、教育等部门和领域，是一位不可多得的人才。更值得一提的是，1932年1月，他主持起草甘肃省政府临时维持委员会委员长孙蔚如颁布的《县长遵守办法数条》，更是贴近民意，深得民心，其历史作用和现实镜鉴都不可低估。文字虽长，仍愿引录共勉。其文如下：

　　为令遵事。照得县长本亲民之吏。从政以察吏为先。甘肃迩年以来，纪纲解纽，政系糅杂，局成割据，姻私冒专诚之选，政出阀阅。武弁寄百里之责，驯至土豪劣绅供其把持，黠鼠雄虎凭为城社，横征暴敛罔恤民情，吏治之坏于斯为极。推厥症结，固由政治之失轨。欲图补救，端在亲民之得人。本委员长来自田间，深识利弊。此次奉命靖乱，入境之初首询民情。疮痍满目，处处闻石壕之吏。流离载道，在在见监门之图。抚兹孑遗，蘁然心恻。因念丧乱之余，养民为要。整饬之道，察吏尤先。各县县长，责重亲民。一切政令，由此设施。要在本平民政治之精神，实行平民政治之标准。兹拟定办法数条，期共勉之。

　　（一）勤求民隐。县长为亲民之官，应从"亲民"二字做起，革除从前一切恶习，以实现公仆之精神，减从轻出，时时与人民谈话，勤问疾苦。有害于民者，当思以去之，惟恐此时无害而将来有害，更惟恐一害未去而一害又生。有利于民者，当思以兴之，惟恐利民不久，更惟恐利少而害多，必能办一点。有不容己于斯民之心，乃能随时随事随地体察，为地方谋幸福。古云："如保赤子，心诚求之。"今日正宜体此以行。县长能耐一分之劳，四境即受无穷之赐。久之，则事兴心习，理得心安，将有不烦而得不劳而理之效。倘或阳奉而阴违，或始勤而终怠，如日行案件亦潦草塞责，得过且过。甚或上司公文并未全看，一遇叩询茫然失措，民间一纸之呈诉，至有守候周旬、满月而不得其批示。病国误民，莫此为甚。故今日吏治第一在痛除暮气官气，实现朝气民气。

　　（二）力持操守。年来人人有做官之欲望，皆视官场如市场。较量县缺之肥瘠，询问赚钱之多寡，公然见之于稠人广众而毫不知讳。风气至此，言之痛心。一行作吏，惟利是视。或借端巧取，以为有说之辞。或踪迹诡秘，而冀人不之觉。或征粮私加盈余，或收粮掯勒尖收，买谷则短价浮量，借谷则平出尖入，斛低斛面唱言应得，收发账房朋比分肥，以及日用柴炭短发价值，喜庆令节暗收贿遗。近来勒借富户，派累甲民。公家派一斗，则官加三斗。官派一钱，则吏役收三钱。常俸之外，全恃浮收。每有一事，辄思染指。县长如此，则家人之招摇，衿棍之挟持，皆随之而至。故今日县长之通患，在无操守。无操守，则寡廉鲜耻之事皆由此而生，社会岌岌不可终日，职此故也。熊勉庵云："贪官污吏侵渔百姓，甚于盗贼。"夫官而至于以盗贼相拟，稍知自爱宜雪此耻。

（三）严束员役。身任地方，而有意于扰害人民不爱名誉，苟非丧心病狂当不至此。查甘省吏役多未裁革，一切公事委之此辈，有关人民，便借以为索钱之计，倘不力求振作严加训练，则误国病民何堪设想。应当以身作则，黎明即起，耐劳耐苦，事必躬亲。更要于无事中寻出有事，有事者化为无事。官勤则吏不敢偷，官廉则吏不敢贪，此必然之势也。更要勤加训练，俾其洗心革面，涤除旧染。一面严定赏罚，随时考察。一票之出入，必规定时间。一事之差遣，有一定需费。人民之生命系此，县长之名誉亦系于此。当思我辈今日为官，他日仍是为民。人己一样，我与我之父母兄弟妻子不愿受地方员役之磕索扰害，即可推知为我所辖之人民亦不愿受此员役之磕索扰害，推己及人，想到一分作一分，救得一人算一人，要在为县长之精神能贯注耳。

（四）加强抚恤。甘省自经丧乱，人民如裸尪之夫，加以重病，休养生息犹虑弗遑，如再剥削民何以堪。试思此一粥、一饭、一丝、一缕，以及仰视俯蓄之资，从何处得来？非人民与之而谁与之！具有天良，如何爱护。然以今日现状言之，在公人员不威吓人民者几人，不打骂人民者几人，不拖累勒索人民者又几人？应各激发天良，加意抚恤。处处为民力民财着想，息息与民痛痒相关。孰为弊去其太甚，孰为患消于未然。如何扶携以招徕，如何抚循而安插。除恶正所以安良，不必徒尚姑息。任事即所以省事，最忌习于便安。天下最利之事，无过于为大多数人谋利益。造福，造孽，争此一念。如或只知利己不知爱民，方思借官以肥家，甚且剥民以奉己，人民何赖有此官，党国何必设此官，以重累此一方之民也。

以上数端，略举其要，其他条分目举另有规定。事在人为，政贵力行。为此，谆谆告诫，合行令仰各该县长遵照分别认真实施，勿得因循干咎，并将遵办情形随时按照旬报规定呈复核夺。本委员长将以奉行之从违为考绩之殿，最勿视作一场话说也。切切此令。

"失此一着　全盘皆输"

杜斌丞自赴甘联络、调解雷马事变和靖乱理政，前后长达五个月时间，可以说，他完全摸清了甘肃军、政、民等省情实况，对实现他倡导的"大西北主义"计划更加心中有数。1932年2月1日，西安绥靖公署主任杨虎城聘请其为西安"绥署"高级参议。11日，他便书面孙蔚如委员长："因公赴西安，秘书长职务由秘书崔焕九代理。"当天，临时维持委员会发布训令："查本府秘书处杜斌丞秘书长因公赴陕，所有秘书长职务，暂由秘书崔焕九代理。"

关于杜斌丞这次"因公赴陕"的原因，孙蔚如1961年11月作了这样一番解释："1932年春之国内形势，蒋介石新近战胜冯玉祥、阎锡山，且据有中央政府名号，本可有为。但只悉力内争，置国家民权于不顾，放弃东北未发一枪，其媚日卖国之行为，已昭然在人耳目。而西北一片干净土，帝国主义犹未染指。若据有西北，西连苏联，东向中原，则于革命前途，至为有利。因之斌丞商定一个方案：暂让出陕西于蒋，以安其西顾之心。十七路军指挥部移驻兰州，由孙蔚如率十七师走新疆。并分兵宁（夏）、青（海），既跨有四省，整理训练，可为他日革命根据地。当时形势，这个计划是可以达成的，即由斌丞携此方案回陕，建议虎城先生，时以他故未能决行。迨后胡宗南入陕转甘，马鸿逵返宁，这个计划就成了过去。事虽未毕，斌丞之宏图远略于斯可见。"

确实如此，杜斌丞倡导的"大西北主义"计划，比他一年多前的设想更大胆了，这是他在甘肃平乱理政期间的深思熟虑。

　　事情往往是计划赶不上变化，再好的计划也可能出岔。杜斌丞回陕期间，兰州发生了一个重大的意外事件，这个事件导致他的"大西北主义"计划功亏一篑，实属遗憾。这个大事件，就是新编十三师师长陈珪璋之死。杜斌丞回西安还不到 10 天，2 月 20 日（一说 19 日）这天，甘肃省政府临时维持委员会委员、新编十三师师长陈珪璋因"异动"被秘密处决。在 2 月 23 日甘肃省政府临时维持委员会第 17 次会议上，委员长孙蔚如向会议提议："陈珪璋因该部叛变，业已潜逃，拟将该委员名义取消，请公决。"会议公决通过。

　　24 日，孙蔚如即电报西安绥靖公署主任杨虎城："第 17 次省务会议提议，陈委员珪璋因该部叛变业已潜逃，拟将委员名义取消一案，当经决议通过。公推财政厅接收委员仲兴哉及教育厅接收委员水梓为省府维持委员会委员。谨此电达。"当时的《西北文化日报》对此也作了报道，大意称甘省陈珪璋突于 2 月 19 日（20 日）晚在兰垣哗变，闻该匪部已完全解决。

　　关于陈珪璋"异动"和被秘密处决一事，事件的当事人孙蔚如十七师四十九旅旅长杨渠统（子恒），在他的《杨虎城派陕军入甘亲历记》一文中是这样讲的："孙蔚如就职后，一面维持省政，积极整顿财政，一面着手调整整顿甘肃军队，以便为杨虎城的西北扩张计划打基础。当时的主要困难是：大军云集，粮饷无着；陈珪璋部仍踞陇东重镇平凉地区，障碍着陕甘咽喉。陈珪璋本人随军到兰后，居功骄傲，尾大不掉。同时，国民党 CC 分子田昆山等又从中活动，挑拨陈珪璋脱离陕军孙蔚如的指挥。适于此时，兰州城内突然传出'甘人治甘，驱逐陕军出境'的风声。因此孙陈矛盾加深，孙对陈百般猜疑，时刻提防。为了先发制人，孙乃决定解决陈部，遂于 1932 年农历正月十五日（2 月 20 日）夜间在兰州发动事变。孙一方面派队包围解决了驻在拱星墩营房的陈部孙志远旅和骑兵团，一面令我派特务营营长杜耀宗率兵数十人借抓逃兵为名将陈珪璋从佛照楼旅馆捕去，当夜处死，孙蔚如又派我率部星夜赶赴平凉，解决驻在平凉的陈珪璋部。"

　　王子义在《十七师的入甘和离甘》一文中说："孙蔚如在甘肃的措施，最使甘人失望且为举世所指责的首为杀害陈珪璋一事。在孙蔚如方面，总认为若无陈珪璋军允于假道，以及协同作战所造成之声势和对甘肃人的影响，十七师的顺利入甘是不能想象的，而况定西之役由于陈之骑兵包抄敌后，才得以迅奏肤功，因而什么事都可以迁就忍耐，乃陈却恃功骄傲引起孙的不满。杨虎城在西安与陈珪璋会晤时，曾面许进入兰州后立即派兵攻打宁夏，成功后即保荐陈为宁夏主席。但此时孙急于巩固政权一时无暇顾及，陈则认为孙背约食言，不免口出怨言。加以陈之左右拨弄是非，陈竟积极联络当地士绅，阴谋策动'甘人治甘，陕军回陕'运动。并把这种口号贴在省政府大门口，尤使孙怒不可遏。陈原来带兵一营驻在城内，事变前数日未报宣慰使署调步兵一团入驻城内，遂使谣诼繁兴。到旧历元宵节薄暮，杨渠统、王宗山先后向孙报告，建议先下手为强，免为人所暗算。在积怨已深，谣言蜂起的情况下，孙犹持慎重态度，下令先做警戒部署，陈部若无异动，不许衅自我开，只做警戒以防万一即可。不料杨渠统则借此首先发难，初则报告说陈已失踪，继又报告说受伤后当场毙命，其实杨于当晚将陈杀害，秘密掩埋。陈珪璋死后，消息传到西安，杜斌丞正在西安谒杨虎城面陈要公，知陈已死，殊为惊异，即询杨这是什么人的主意，杨当时应在自己身上。杜认为，'失此一着，全盘皆输'，颇为不怿。稍缓杨为之解释说：'蔚如来电，只简单说了两句，好像陈珪璋没有多大罪过，蔚如向我引咎，我平日约束部下不严，也只能自责。'"

　　无疑，这次突发事件，对杜斌丞心理挫伤极大。"失此一着，全盘皆输"的一声叹息，则是他无可奈何和最大失望与绝望。"小不忍则乱大谋"是胸怀大略之人最忌惮、最不能冒犯的。

　　杜斌丞急返兰州，协助孙蔚如善后杨渠统杀害陈珪璋后出现的复杂局面，途中遇一小惊。陪同杜斌丞赴兰的武志平1984年6月12日说："1932年初，陈珪璋被杨渠统杀害后，地方不靖，杜斌丞先生与我自西安赴兰州，中途汽车发生故障，昏夜始抵清江驿，地方团队持枪举火，厉声呼喝，其势汹汹。我急持枪踏下汽车与之搭话。杜从容镇静，示我以缓和态度向之说明来历，对方终于了解，为我们安排食宿。同车数人咸服杜公文人而有此胆略，深表钦佩，汽车司机也为之赞誉不置。"

杜斌丞到达兰州，协助孙蔚如处理了陈珪璋被杀善后事宜。3月12日，孙蔚如以甘肃宣慰使名义，发表了《为处置新编第十三师叛变告陇东十三县民众书》。时任甘肃省政府临时维持委员会委员的裴建准和韩定山、张慎微在《吴佩孚之来去与陕军入甘》一文中这样写道："孙蔚如在《告陇东十三县民众书》中宣布的陈珪璋七大罪状，要点是：（一）趁火打劫，广收匪徒，扩充势力；（二）横征暴敛，不顾民命；（三）违抗命令，拒绝讨逆部队（指陕军）入平凉城；（四）沿途作战不遵指挥，贻误戎机；（五）把持陇东政权，割据自雄；（六）收买十七师官兵枪弹，充实势力；（七）杀戮中央大员，藐视中央命令。对事件发生的原因和经过，孙在《告民众书》中说：'陈珪璋收买少数无聊政客，秘密组织什么倒孙团，废历上元节日，有该部勤务兵忽对邮局人说你们这几天少出去，我们要和十七师开火等语。时即有人报告。本宣慰使还以为该勤务员无知，随口乱说，语原无稽，并未在意。却不料在当日晚上，该部竟于士女杂沓、万民庆乐之际，轰然一声，发难为变。好处是兰州警备司令部一闻有惊，立派队防备，于最少时间，将该谋变部队缴械了解（结），隔日平凉变部也被本部驻平黄团将其解除武装。'但据当时在兰州所听到的事变情况，却不是这样。陈珪璋由于与孙蔚如并肩前进作战，到兰后居功骄傲，对孙不大服从，确是事实。这次事变，实际上是由孙发动的。当元宵节前夕，陈珪璋曾到大绅杨思家中拜访闲谈，杨因听到孙对陈有准备下手的风声，准备告陈，但座上有客，便未言，曾暗示让陈早日离开兰州。陈似有所悟，但没重视。第二日，就是元宵节，陈当晚在街道玩灯之后，回到佛照楼旅社正和友人打牌为戏时，突然孙蔚如派兵包围，捕去杀死。陈的谋士秦峻峰也同时被害，置尸安定门外，由其友人司瑞如等备棺掩埋。事件发生后，各方舆论大哗，一致对陈惋惜，对孙指责。"

关于陈珪璋之死，以上几个人的回忆，大体情节基本一致，但关键节点和细节并不完全吻合。孙蔚如入甘靖乱理政是很成功，也是深受甘人欢迎的，这一点是有历史事实根据的；至于传言的"甘人治甘，陕军回陕"也只是少数受到打击的反动军人和士绅挑拨离间；孙、陈后来虽有矛盾也不可能完全是导致陈死的直接原因；孙的《告陇东十三县民众书》虽有掩盖事实、夸大陈恶迹的一面，但人已死，只能这样给民众一个交代；导致陈死的最直接责任人应该是杨渠统，孙并未给杨下达杀死陈的命令，只做警戒而已。但杨渠统在回忆中并未说清自己当时的动机。杨渠统和陈珪璋都是陇东人，杨籍平凉，陈籍庆阳。杨后来又被蒋介石挖走，离开了杨虎城。很难弄清杨渠统与陈珪璋之间的历史瓜葛与隔阂。

以上这些谁是谁非都不重要，重要的是这一事件导致了杜斌丞筹划多时的"让出陕西，十七路军指挥部移驻兰州"之"大西北主义"计划的几乎流产，给西北地区政局带来的不利影响。

陈珪璋事件平息之后的 4 月 25 日，杨虎城陪同甘肃省政府主席邵力子、西安绥靖公署驻甘行署主任邓宝珊从西安出发，赴兰州就职。孙蔚如任甘肃省政府委员，杜斌丞任省政府秘书长。

"大西北主义"计划虽然受挫，但仍有希望所在。因为陈珪璋事件后，杨虎城的势力仍然控制着甘肃军政，邓宝珊的赴任，孙蔚如率十七师师部和杨渠统旅驻守平凉。孙后升任三十八军军长，杨渠统兼任陇东警备司令，孙蔚如段象武旅还驻守兰州城垣，段旅长兼任兰州警备司令；杨的马青苑警备师驻守陇南，还有收编的苏雨生、王子元等部也驻守甘肃靖远、陇东地区；杜斌丞任甘肃省政府秘书长，手下一批得力助手也任职于省府各个部门；杨虎城还派人去驻酒泉的马仲英部进行联络。马仲英是马步芳的堂弟，与马步芳素有不和，结怨太深。打开酒泉门户，西进新疆就可以顺水行舟。杜斌丞辅佐孙蔚如入甘靖乱时，就派人去酒泉与马仲英说项。武志平 1984 年 6 月 12 日说："杜斌丞先生提出了'回汉一家，陕甘一体，打通新疆，联合苏联，南北团结，反蒋救国'主张，为支持马仲英部进军新疆，杜斌丞于 1931 年进入兰州后，即派杜立亭为酒泉行政专员兼与马部联络的代表，杜立亭带一批进步青年最先到达河西，马即委任杜立亭为他的参议。"

陈珪璋事件后，杨虎城 5 月间又派上校参谋杨波清等前去酒泉马仲英三十六师公干。武志平又说："杨虎城、杜斌丞先后派遣刘佛吾、杨波清、蔡雪村、李罕言、苏醒民（苏士杰）等去马部工作，并允届时给以物资上的帮助。以上数人是为了军事取得进展之后，便于和苏联打通关系而派的。1932 年夏，我受孙蔚如之命，赴酒泉与马仲英部联络，行前向杜斌丞请示。杜谈到经营西北之远景，嘱我观察马部入新疆之准备工作，了解马左右决策人物所起的作用。了解装备与粮秣及长途行军之各项准备。并要我与杨波清等取得联系。杜介绍邬逸民（邬先任杜的秘书，后参加靖远兵暴）和我同行，又为我签发护照。我在酒泉住了数月，冬季才回到平凉三十八军军部驻地。离开酒泉时，马仲英要我向杜斌丞问候，并赠给杜一匹骏马。我返回后向杜斌丞报告了去酒泉的经过。"

杜斌丞在邵力子主政的甘肃省政府秘书长任上两个多月，到了 7 月中旬，杜因腿疾不支，前去北平医疾两个多月，返回兰州。11 月中旬便致书邵力子主席请辞甘肃省政府秘书长一职。他说："本年 5 月，主席莅甘完成正式省政府，自持疏庸决拟即时引退，用避贤路，乃蒙主座不弃葑菲，电呈国府正式加委，奉命之下惶悚无似，思维至在不得不勉竭驽钝借报知遇于万一。讵任事未久，忽于 6 月底感受风湿，发为腿疾，虽经请假医治未见效果。无已于 7 月中旬去平诊治。一面具呈辞职，仅蒙给假就医。抵平后即赴各医院认真治疗，而各医院均称此疾非长期诊治不易见痊。因思所任秘书长一职关系綦重，未便久事虚悬，故经两次电辞迄未奉复，爰于 10 月 5 日力疾返兰，面申前请，无如每次晋谒，慰勉有加，更替无息。伏思斌丞主教十载，心力交瘁。频年漫游大江南北国内各埠，考中外之情势，查社会之现状。深知欲固国本，莫先于经营西北。欲救颠危，莫要于开发甘新。用是不避寒暑，奔驰于秦陇道上，瞬经年余，何幸军事甫定。主座莅甘，建设心切，延揽情殷，庸劣如职，蒙宠植之逾恒，更推心以置腹。稍具血忱，自当感激图报，期偿夙愿。惟是伟大之事业，出于健全之体格。斌丞腿疾未愈，步履维艰。精神既感痛苦，工作何能努力。再四思维，与其窃负虚名自误以误公，不若暂卸仔肩图报于将来。斌丞赋性戆拙，绝无丝毫矫饰。主座知职至深，伏乞俯如所请，俾得继续就医。一俟病愈之日，定当追随左右，借供驱策，所有恳请辞去秘书长职务各缘由理合具文，呈请钧座鉴核。准予转呈国府另简贤员早日接替，实为公德两便。"

邵力子接到杜斌丞辞呈，一再挽留，于 11 月 25 日在杜斌丞的请辞书上只批签一个字："存"。

12 月下旬，三十八军军长兼十七师师长孙蔚如，奉命率军部及驻平凉各部 3000 官兵移驻天水，以堵截入陕的红四方面军。此前，已提交辞呈的杜斌丞来到西安，他奉杨虎城之命，从西安赶往天水，劝慰孙蔚如。之所以叫劝慰，其中的原因是，这年 9 月中旬，发生了杨虎城驻陇南的警备师师长马青苑在蒋介石经邵力子许愿拉拢下，不顾大义，逞其私利，率兵暴乱，叛杨投蒋。经杨派兵围剿，只身逃脱，自投绝路。而孙蔚如刚移驻天水，发生了让杨虎城不大放心的事。王子义 1966 年 5 月 31 日回忆说："孙蔚如率部从兰州驻平凉、天水后，对甘肃政权被夺心有不甘，又以邵力子对三十八军不仅不予协助反多留难指责，特别是策动马青苑叛变居心叵测；认为这都是蒋介石过河拆桥，排除异己，再不能容忍下去。他一怒之下，电蒋介石大发牢骚，并估计国民党的中央军触角尚未伸入西北，红军又出现在川北建立苏维埃政权，蒋只能对他让步，不会采取强硬态度。但这个电报，中途被十七路军总指挥部交通处处长李百朋转交给杨虎城扣发。十七路军总部通讯有个规定：总部有两个长途电台，一个叫行营电台，专担任第十七路军内部通讯。另一个叫固定电台，专担任总部和外地通讯。所以孙发给蒋的电报，必须先经过西安固定电台，然后才能转发南京。固定电台收到孙蔚如给蒋的电报，认为关系重大，转交杨虎城请示，杨认为时机尚未成熟，不可轻举妄动，遂令扣发。并派杜斌丞赴天水劝慰孙蔚如。孙后来见李百朋说："你们统治得太严了，一个军长连个电报都发不出去。'"

很显然，杨虎城的考虑和处理都是十分慎重得当的。意识到这是关系到十七路军"大西北主义"的全局性问题，蒋介石拉走马青苑之后，正在注视着杨虎城的反应和举动，稍有不慎，蒋只会给十七路军设置障碍，限制发展。杨虎城选派杜斌丞前去天水安慰孙蔚如也是最适当的人选，尽管杜斌丞腿疾未愈，还是奉命前行。

1933 年 1 月 27 日，甘肃省政府邵力子发出手谕："秘书长杜斌丞辞职未准尚待核办，其职务概由董健宇代行。"董为甘肃省政府秘书处秘书主任。从此，杜斌丞结束了他的甘肃任上，常住西安。

靖远起义两襟怀

杜斌丞倡导的"大西北主义"计划，不仅包括以十七路军为主的西北地区各个势力派的大联合，也包括共产党及其领导下的红军和红军游击队的大联合。他一直看好西北地区共产党组织和游击队力量的发展和壮大，看好西北地区革命形势的蓬勃发展。他和他在榆林中学培养出来的以刘志丹、谢子长为代表的革命人才一直保持着密切的关系，即使有些学生后来投入蒋介石营垒，他也与之保持着某种联系和往来；那些蒋介石瞧不起的"杂牌军"却与共产党有着暧昧关系的首领，他也是以朋友相待，想办法把他们拉到共产党统一战线的旗帜下。

在兰州期间，杜斌丞的秘书邬逸民、儿子杜鸿范就是共产党员，还有随十七师入甘靖乱的张东皎、李罕言，派去酒泉的几个人和他在甘肃省政府临时维持委员会工作的常黎夫、马豫章、周益三，以及派往皋兰县任县长的徐梦周，陪同他出使兰州的蒋听松、靖任秋都是共产党员。有的一度失掉组织关系，但仍然保留一颗共产党的心，随时寻找组织恢复关系。

杜斌丞与共产党人的接触和联系，早在榆林中学时就知道魏野畴、李子洲、王懋廷、杨明轩等人的共产党员身份，那时正处于国共合作的大革命时期。刘志丹、谢子长、高岗、马明方、霍世杰、王子宜、杜润滋等这些从榆林中学出去的学生后来加入共产党参加革命，他也是心知肚明，由衷的高兴。

陕北的一些老共产党人，对杜斌丞曾经支持、资助、保护、掩护他们闹革命的举动常怀感恩之心。刘澜涛曾担任中共陕北特委秘书长，张德生曾担任陕北特委府谷县委组织部长。1930年10月，两人出席在绥德县合龙镇召开的特委扩大会议时被捕。时隔不久，杨虎城入关主政陕西，原由冯玉祥系宋哲元控制的陕西省军政组织垮台，陕北特委便利用陕西政权更替的有利形势，发表"快邮代电"，抨击前政府的恶行，呼吁陕西新政府平冤狱，救百姓，释放刘澜涛、张德生等无辜。张德生1956年7月20日在他的《自传》中写道："1930年，我和刘澜涛同志被捕关押在绥德县看守所，不久杨虎城进关主陕，南汉宸、杜斌丞等均在杨部工作，各地的县长多为杨虎城改换。在此环境下，经马济川、常黎夫、杜斌丞、曹亚华等营救，新任绥德县长又代表我们拟了一个'具结'，始于腊月三十日宣布无罪释放。"

当时主持营救工作的中共陕北行动委员会青年委员常黎夫1995年3月说："在杜斌丞的关照下，陕西省教育厅委派横山县教育局长曹亚华（地下共产党员）到绥德县考察刘澜涛、张德生同志的案情。同时，杜斌丞嘱咐赶往绥德接任县长的高望之，要高设法把他的两个学生（刘、张）释放了。曹、高到绥德后，马济川（绥德师范学校校长）等即以学校名义为刘辩护申诉，在这一年的除夕，德生、澜涛被无罪释放了。"

常黎夫还说："1932年春，我到兰州在杜斌丞身边工作，高望之、贺连城和我都住在杜的寓所甘肃宣慰使署招待所。高望之曾向我夸功，讲了释张、刘二人的具体情节过程。高说：'杜先生叫我放人，岂能不听；但放人得有个手续，档案里要有所交代，我就为他俩代拟了因受人诬陷，致入囹圄，出狱后不做越轨的行动的具结文书，由他两人签字就算了。'"

北伐时到洛阳车站旅店看望杜斌丞的革命青年马云泽后来回忆说："1931年正月，谢子长同志派我到西安，会见杜斌丞和呼延立人，打算通过他们的关系，向杨虎城要一个合法的军队番号，以便开展兵运工作。杜斌丞是谢子长的老师，在杨虎城部任高级参议，呼延立人是谢子长的同学，在杨虎城部任参谋处长。谢子长让安定（今子长）县委以他的名义写了两封介绍信。我化装成卖药的商人，在老乡掩护下来到西安。先找到呼延立人，他接待很热情，但当讲到我们的要求时推托事情难办。后来我到杜参议的家，递上谢子长的介绍信，讲述我们的要求，他沉思一会儿说：'你们的工作情况我清楚，你们的打算很好。要个番号也可以勉强办到，不过你们以后要另打旗帜，我和杨虎城是朋友关系，那时就不好说了。还是你们自己动手干起来再说吧！'我离开杜参议家时，他叮咛我谨慎，并要我代为问候谢子长。我因路费困难，暂时没有离开西安。一天晚上，我和艾德生、杜理丞（斌丞堂弟）正在青年会谈天，突然军法处的便衣闯进要抓艾德生，我们两人也被押到军法处。军法官听说我们是杜参议的堂弟和乡亲，晚上11点钟派人送我们到杜家。杜理丞走进杜参议的卧室，杜参议写了证明信，信的大意是：马云泽是我的乡亲，到西安找工作的，我可以证明他是个好人。军法处的拿着证明信走了，当晚我就住在杜家的东厢房。第二天清晨，杜参议亲自给了我10块钱，并叮咛说：'你不要待在西安了，快回陕北！'我回到陕北向组织汇报后，同志们都称赞杜参议关心革命、营救同志的高尚行为。"

杨虎城主陕伊始，陕西省政府委任杜斌丞为省清乡总局副局长，安排掩护共产党员在清乡局工作。白超然1979年11月回忆说："杜斌丞应杨虎城之邀出任陕西省清乡总局副局长后，接受中共陕西地下省委推荐，让共产党员霍世杰任省清乡总局的专员，霍则往来于陕南陕北，并绕道甘肃、山西做党的工作，也为杨虎城做了不少联络工作。"

米暂沉1980年9月说："我是1927年追随杨虎城东出潼关的。1930年回陕西后认识了杜斌丞先生。由于他的历史地位和年龄关系，我一直对他很尊重，情同师友。我和他在职务上从无关系，但他对我常常严厉责备，谆谆教导，使我在对人处事上获得不少教益。杨虎城任陕西省政府主席后，按照当时国民党政府的体制，每一个省必须设置一个清乡总局，由省政府主席兼任局长，杜斌丞先一度曾任该局副局长。他把霍世杰等共产党的负责干部和一些进步分子安排在该局工作，还把著名的共产党人刘志丹营救出狱，并设法从杨虎城手里为谢子长索取过枪支。"

1931 年夏，中共陕西省委军委组织部长王均治来杜斌丞家中看望杜的长子杜鸿范，杜斌丞第一次见到后来化名为汪锋的王均治，从此，他和汪锋结下了不解之缘。

5 月下旬，杜斌丞以慰劳专员身份，代表杨虎城慰劳检阅警备骑兵旅苏雨生部时，因尚负视察西路各县清乡工作之任务，故道经沿途各县稍事逗留。杜斌丞此行，促使苏雨生释放了刘志丹。杜理丞 1982 年 5 月说："1931 年，刘志丹任杨虎城苏雨生旅团长，驻旬邑县职田镇，集结失散的革命同志，打击豪绅地主，反动派借机煽动苏雨生，说刘志丹是共产党，要夺苏的摊子，怂恿苏雨生将刘志丹逮捕起来。先兄在西安得到消息，就叫苏旅驻西安办事处处长谷莲芳去彬县对苏雨生说：'刘志丹是我的学生，你们能合作就合作，不能合作就各走各的路，扣押他干什么？'谷还未回，先兄因事路经彬县（去甘肃进行联络），叫苏雨生把刘志丹释放了。"

1932 年 2 月 12 日，西北反帝同盟军在甘肃正宁县三嘉原改编为中国工农红军陕甘游击队，刘志丹到西安向中共陕西省委汇报，适逢杜斌丞从兰州返陕向杨虎城报告甘肃要务，他会见了刘志丹，张秀山后来说："杜斌丞给了刘志丹 300 元钱，叫刘拿这钱买些药品。志丹买了好多药品设法带回陕甘游击队。这是杜先生对红军的支持。"

因发生陈珪璋被杀事件，3 月上旬，杜斌丞返甘，张秀山带着汪锋向他传达的陕西省委、省军委指示，搭乘杜斌丞乘坐的汽车前去甘肃靖远，打入当地驻军王子元部，准备发动该部兵变，后称靖远起义。

　　杜斌丞返回兰州，协助孙蔚如处理陈珪璋被杀善后，张德生从宁夏来到兰州，杜斌丞会见了张德生。张德生在他的《自传》中说："经杜斌丞、南汉宸、马济川等人的营救，我于1931年春节前从绥德出狱回到榆林，但在家乡不能站足，又逃到宁夏找杜润滋同志，杜又入狱，我探监时，他派我带他的信去兰州与杜斌丞取得联系。是年冬，我到兰州见到了杜斌丞，又与张东皎、李罕言、邬逸民等同志在兰州召开了党的会议。会议决定派我再回宁夏、三边一带活动。张、李、邬都是随杜师入甘靖乱在杜斌丞身边工作的军政公务人员。"

　　在甘肃政府临时维持委员会工作的常黎夫、马豫章、周益三一边协助杜斌丞工作，一边进行党组织活动，建立了中共兰州特别支部，常任书记。特支的主要任务是在兰州附近的国民党部队中组织起义（兵变、兵暴），发展党的武装力量，杜斌丞给予掩护。

　　这年4月上旬，中共陕西省委、省军委选派刘林圃组织发动陇南两当起义失败，又准备发动靖远起义。除派张秀山提前出发到靖远，4月中旬，谢子长从陕甘边来到西安，汪锋代表省委、省军委选派谢子长和焦维炽前去靖远，向张东皎、张秀山等同志传达立即举行起义的指示，同时任命焦维炽为省委特派员。4月下旬，汪锋安排谢子长、焦维炽安全离开西安，前往靖远，路过兰州。杜斌丞秘密会晤了谢子长、焦维炽和杜润滋，默许长子杜鸿范参加靖远起义。常黎夫1987年7月说："1932年2月（应为3月，农历二月），我在平凉与杜斌丞相会，随车到兰州，开始在他身边工作。4月底到5月初，谢子长、杜润滋、焦维炽、张东皎等相继到兰州。焦维炽是中共陕西省委派出巡视工作的，谢子长、杜润滋、张东皎主要组织靖远兵暴。杜鸿范（杜斌丞长子，黄埔四期学员）来兰州是向邓宝珊行署领枪的，当时杜鸿范为营长，邓宝珊批给王子元旅步枪200支，子弹若干，王子元派杜鸿范领取，谢子长、杜润滋鼓动杜鸿范将领到的枪支弹药用皮筏由黄河运抵水泉一带上岸，与张东皎会合，举行兵暴。我当时是中共兰州特支书记，谢子长单独住东关西街一家客栈里，几天之内他和杜斌丞有三次会面。第一次会面是一个晚上，由我领着谢子长到杜的寓所，他们二人去会面，我没有参加。第二次会面是预先约好在另一个晚上，谢子长、杜润滋和杜斌丞一起会谈，我也在座，所以对谈话的主要内容记得比较清楚。谢子长、杜润滋向杜斌丞提出的主要问题是，劝说他出任新编师师长。当时甘肃石英秀、王子元、李贵清三个旅长极力拥护杜斌丞统率他们；孙蔚如急于进兵新疆，顺应军心，也有新编一个师由杜把这些地方武力统率起来的意思。我们极力想劝说杜斌丞出来掌握这支武力，所以谢子长、杜润滋向杜斌丞提出建议，杜润滋讲得很激动，争得面红耳赤（他是杜斌丞的堂叔、学生，说话很随便），但杜斌丞坚决不答应。他说：'甘肃地方武力，只能归邓宝珊管，任何人不宜插手，这是有关西北大联合的大局问题。再说我当师长一无干部，二无经费，旧军队怎能变成新军呢？其结果势必加重老百姓负担。我的主张是大家都起来干，你们出了名的共产党员（指刘志丹、谢子长等），再不要搞接受旧军队的编制和名义那一套做法了，要照南方的（指中央苏区的红军）样子自己干。'他说，没有把握急于在旧军队中搞兵变的做法也是不合算的。他举例说神木兵变搞垮了高志清的手枪连，等于帮了井岳秀的忙，高志清被迫出走。兵变拉出去的好枪好马被三边张家父子（张宏儒、张廷芝）发了洋财，张家不久前还派人来要我收编他们，这些恶霸地头蛇，反复无常，决不能用。杜斌丞谈到自己的问题时：我不过是新疆路上栽柳人而已，有一天到了新疆，就出国去考察了。如何联系苏联的事，就要靠你们（指共产党）去做。谢子长与杜斌丞第三次会晤，是杜斌丞约会邓宝珊和谢子长一起见面。一天上午，谢、杜和我乘杜的马车驰赴南郊五泉山，邓宝珊已在大雄宝殿前四大金刚庙外的花墙上坐着等候，他们就坐在花墙上谈话一小时左右，我也坐在一边。谢、邓交谈有关抗日和对蒋介石'攘外必先安内'政策的看法，都很简短。杜斌丞谈得较多，主要讲西北大联合，大家一起进取新疆联合苏联的共同目标。他说这样做，叫"殊途同归"。谈话后，邓宝珊送给谢子长手枪两支，子弹百发，由我接受带回。杜斌丞不赞成我们轻率地搞兵变，但他对杜鸿范参加这次靖远兵暴是完全默许的。杜鸿范带走了杜斌丞身边最好的手枪三支（20响）和仅有的花筒手提机枪三挺，连四个副官身上带的手枪子弹也被带走大部。水泉战斗后，兰州谣传杜鸿范阵亡的消息，我们听了心情沉重，并为杜老的健康担心，他闻之态度自若地问我：'鸿范被打死了？'我说没有的事。几天后，证实阵亡的是杜聿厚，鸿范手部轻伤已去西安。"

5月下旬，以谢子长任总指挥的中国工农红军游击队在靖远县水泉堡成立。起义搞了两次，杜鸿范任起义第一支队司令，战斗中负伤，起义失败，遭国民党通缉。杜斌丞秘书邬逸民也参加了起义，后被杜斌丞派往酒泉马仲英部搞联络。

7月中旬，谢子长回西安向中共陕西省委汇报，借居杜斌丞公馆以求安全无虞。一起参加靖远起义的张秀山后来说："我在西安去看杜鸿范，他在第二次靖远兵起义水泉战斗中受了伤。鸿范说老谢也回来了，他领我去看了谢子长同志。子长在西安大湘子庙街杜斌丞公馆的楼上（井岳秀私宅）。这里成了同志们避难的临时去处。整个楼上就一大间，没有隔断，空空荡荡的。老谢睡在楼板上，几件简单的被褥，还是杜鸿范的，杜老先生住在楼下。没有我党同志引路，谁也不许上楼。子长同志8月间又回到陕甘游击队任总指挥。"

靖远起义和两当起义等无数起义一样，是中国共产党人在土地革命战争初期或中前期，通过白色的（白军工作）兵运工作建立革命武装的斗争方式，其成功并不能对杜斌丞的"大西北主义"计划起多大帮助作用，甚至有消极作用。作为一种建立革命武装的尝试，尽管杜斌丞不十分赞成从旧军队中拉出人马建立自己武装的做法，但他还是起了掩护作用，支持了共产党，和共产党人的心是息息相通的。

第五章
谋略巴山南北

杨虎城亲书武志平

因陈珪璋被杀，孙蔚如退出甘肃，邵力子主甘，马青苑投蒋等不测事件，致使杜斌丞"回汉一家，陕甘一体"的战略暂时受阻。但是，他仍然胸怀大局，善于捕捉战机，剑走偏锋。

1932 年 11 月初，从鄂豫皖根据地西撤的红四方面军 2 万余人实行战略转移，下旬进入陕境，途经商洛，北越秦岭，到达蓝田、长安、户县、周至一带，稍事辗转，然后又南翻秦岭经汉中城固、西乡，于 12 月 9 日从镇巴县核桃村入川，创建川陕革命根据地。为对付红四方面军，蒋介石下令杨虎城调驻平凉三十八军孙蔚如部进驻天水，后又进驻汉中。同时，杨虎城也将自己的张汉民警卫团派驻汉中勉县一带驻防。为了孙蔚如军长给蒋介石的那份电报，杨虎城派杜斌丞去天水劝慰孙蔚如莫要轻举妄动。

"知（智）者善谋，不如当时""道之贵者时，其行势也"，经略大事，在于审时度势。到了天水，杜斌丞一面劝慰孙蔚如，一面与孙谋划另一着大棋。根据本书作者许发宏同志 1983 年 5 月和 1985 年 6 月对武志平的两次采访记录和武志平 1987 年 3 月撰写的回忆文章综合整理，可以看到，杜斌丞当时针对红四方面军入川之后国内形势谋划的应对措施相当高明。武志平说："红四方面军从鄂豫皖根据地转移到川陕边的大巴山区，刚刚着手创建川北通江、南江、巴中和陕南几县的川陕革命根据地，蒋介石命令四川的刘湘、田颂尧等部和杨虎城的十七路军联合进攻川陕苏区，并以胡宗南部监视川陕杂牌军，对红四方面进行合围。1932 年 9 月，我奉命去酒泉与马仲英部联络，嗣得悉红四方面军抵达陕境时，即返回平凉三十八军孙蔚如军部，不久三十八军移驻天水。1933 年 2 月 6 日，杨虎城电令十七路军所有在陕南部队归孙蔚如军长统一指挥。2 月下旬，杨命高级参议杜斌丞先生从西安来天水，向孙蔚如传达机密，其中最主要的便是对进到川陕边的红军和进至陕甘的蒋介石的嫡系胡宗南部应采取什么态度，以及与胡宗南部的换防问题（驻汉中的胡部调天水，驻天水的孙部调汉中）。21 日，我去马跑泉迎接杜斌丞。并将马仲英前赠杜先生的骏马交他换骑。途中谈到红四方面军进驻川陕边后的西北形势时，杜提出了几个问题与我交换意见。对当时西北局势我们的看法是一致的：第一，蒋介石与各派系之间的矛盾更加尖锐化，因为两广势力反蒋，才从西北抽走顾祝同嫡系部队，以西北军事委之杨虎城将军。杨欲乘此机会在西北建立一个坚强势力，但蒋介石决不允许杨这样做，所以先以邵力子为甘肃主席，并诱惑杨部马青苑叛变。蒋介石又借口'追剿'红军，将嫡系胡宗南从汉中派驻甘肃天水，利用饥民扩充军队，这对杨是一个很大的打击和威胁。第二，胡部避开川陕红军，远驻甘肃，以杨部担任主攻任务，蒋介石又电催川陕军合围川陕红军，他的企图显然是利用杂牌部队打头阵，与红军相对攻杀，以达到两败俱伤，消灭异己的目的。这个阴谋是很毒辣的。第三，十七路军如果要摆脱蒋介石的阴谋圈套，必须避免与红军作战。为进一步使红军了解我们的意图，这就需要同红军打通关系，取得联络。杜说他的看法是：'如果红军西进，我们应当有意识地放过去；如果红军需要在川陕边停留下来，我们不打，要同红军打通关系。杜还说兹事体大，必须深思熟虑，以策万全，但大方向已定，具体如何做，由谁去做，都要预做准备。'杜说话虽不无含蓄，但在我头脑中已初步有了底。杜斌丞在天水留住几天之内，我们又密谈了几次，有一次徐梦周同志也参加研究了具体做法。我和杜商谈，由他建议杨虎城就停战议和问题与红军谈判。杜还是认为兹事体大，必须容杨多方考虑。即使杨一时下不了决心，还要争取好的结果，问题是要以杨本身的利害关系提出，这就需要有较成熟的时机和条件。1933 年 2 月 24 日，孙蔚如和杜斌丞等率领卫队一营自天水赴西安，我奉命随同前往。出发前一日，孙军长令我准备随行，车行至陇县换乘汽车到达西安。"

到达西安的武志平先见到老朋友宋绮云，宋介绍武志平与中共上海中央局军委王佑民（又右民）相识。经一起相谈，王佑民向武志平转达党的指示。武志平说这些指示是："一、利用我在十七路军的公开职务（少校参谋）和社会关系，为党搜集情报，如作战计划、各种信号、口令、电报密码、军用地图、敌军的兵种、兵力、指挥官的姓名、简历、信仰、嗜好、政治态度以及与蒋介石和友邻部队之间的关系。二、利用十七路军部队在陕南与红四方面军形成直接敌对的形势，通过可靠的关系，建议杨不要和红军正面冲突去为蒋介石打天下，并设法制造机会秘密建立川陕苏区对外交通线，及时将军事情报直接送红四方面军总指挥部，并将红军所急需的物资送到川陕苏区，以解决红军缺乏物资的困难。再则掩护根据地的工作人员。三、利用白军内部的各种矛盾，争取杂牌部队守中立或对红军作战时采取消极态度，并利用各种关系，采取各种方式抓好兵运工作，鼓动白军暴动、哗变、携带武器向红军投诚。"

王佑民、宋绮云还指出，红四方面军到达川陕苏区还不久，在敌人的特务组织还没有在苏区周围形成有组织的包围之前，以武志平在杨虎城部队的公开职务进行这些工作，主要是前两项，条件是极为有利的。武志平也讲道："王佑民还对我说，工作任务艰苦重大，必须主动、灵活、积极，并谓我由他单线领导，约定了接头暗号和秘密联系的方法等。"

3 月 22 日，王佑民介绍武志平入党。

武志平还说："在王佑民领导帮助下，我草拟了一个进行工作的简要计划，立即得到组织批准。杨虎城与红军建立互不侵犯的关系或达成共同抗日议定可能性是很大的，我也考虑到杨虎城以往只是和共产党员个人接触，对个别党员的活动采取放任态度，但对共产党的组织和工农红军还没有建立联系，问题是要有适当的人去向杨说。于是我决定通过杜斌丞先生来进行这项工作。因为杜在陕西知识分子中有群众基础，和杨友谊较深，杨对杜待如上宾，他们谈话很少顾忌。同时我对杜的思想已经有了底，和我的关系也相当密切，谈问题比较方便。"

3 月 31 日，杜斌丞与武志平晤谈。二人一起密谈了向杨虎城将军建议与红四方面军合作一事。武志平在他的《秦蜀日记》中有这样一段记载："杜先生谓，杨虎城与蒋介石有深刻矛盾是不讳言的。我则说，杨对蒋实衔恨入骨，蒋责杨以'剿共'之任，是企图两败俱伤，杨何尝不明白这一阴谋。杨欲图保存实力，只有向红军打通关系。如果杨能下此决心，我愿意负责到红四方面军总部表达杨的意见，但请提到我去川北事宜时注意措辞的艺术性。杜说：'以我和虎城之关系，无论谈什么都不会有任何危险性，但你不能出面去谈，即对孙蔚如亦不能谈。如杨决心那么做，孙也只有听命。此事关系重大，不能等闲视之，千万小心。你可先随孙蔚如出发去汉中，此间全交给我负责，一有好消息，即当秘密函告。'别时复再三叮咛，并互道珍重。"

4 月 1 日，中共陕南特委和中国工农红军第二十九军在汉中西乡县马儿岩举行干部会议，突遭内部叛变的张正万神团包围。军长陈浅伦、政委李艮、军事指挥部负责人孟芳洲、政治部主任程德章以及前往陕南加强领导工作的省委军委书记杜润滋被杀害，红二十九军遭到"灭顶之灾"。

4 月 2 日，武志平随孙蔚如军长由西安出发赴汉中，与部队会合。武志平说："5 月上旬，我接到杜斌丞先生一封密信，暗示说，杨已确定和红军进行友好联络，并拟由我进行这项工作，妥办玉成。与此同时，在孙左右协助工作的参议王宗山从西安来到汉中，带来杨虎城给我的一封信。"这封信的原文是："志平参谋弟，别来日久，殊甚驰念。余上月25日平安抵省，祈勿念。值兹日寇凭陵，国势阽危，凡我同志务须深自警惕，力图奋发。吾弟才华卓著，尚喜佐理孙军长努力工作，是为至要。此询，近佳。杨虎城手启，五·四。"

武志平说："信中喜我佐理孙军长努力工作，这就说明了对红军联络事已委孙军长命令我去做。我对信中'佐理'二字几经揣摩，领会杨之意图，这完全符合党对我的指示和要求。在这之前，我利用某些进步关系，做了一些配合工作，在孙军长左右也进行了一系列活动，创造了一些条件。我认为争取早日实现进入川陕苏区的计划时机到来了。"

杨虎城信中所提到的"25日平安抵省"，指的是他4月3日赴南昌参加七省治安会议和前去武汉等地历时23天。杨虎城能给一个少校参谋如此重大机密任务，当然是杜斌丞努力的结果。同时，刚刚回陕的杨虎城和杜斌丞等商议，提出了"屏绝内战，统一意志，欲图救亡"的口号。武志平也成为这个口号的践行者之一。

5月11日，孙蔚如在驻汉中的三十八军司令部和武志平进行了一次比较长时间的谈话。武志平回忆说："我故作什么情况都不了解的样子。我们先谈到十七路军正面临着与红四方面军正面接触的形势，如果正式打起来会得到什么样的后果；如果不愿打，又计将安出。我和孙的谈话是遵照党的指示进行的，但在表面上须以维护杨、孙的利害关系来谈。孙对我所提出的问题很感兴趣。我们从军事、政治形势上作了分析。结论是：除了和红军采取友好的关系，避免正面冲突，以保存实力之外，再也找不出什么好的办法。其实孙已得到杨的密示，因而就使我和他谈话易于接近。第二天，又经过两度谈话之后，就确定由我到川北红四方面军总指挥部进行联络，当即找来王宗山，共同商议给红军写信措辞问题。我表面上是代表杨虎城、孙蔚如和红军谈判不侵犯的问题，实质上是遵照党的决定做党的工作。在杨、孙方面看来，这是一个危险的行动，所以孙说：'老弟，这件事关系重大，它关系到十七路军的命运，工作中可能会遇到很多困难，必须绝对严守秘密。你的任务是很艰巨的，如果在路上不能通过，也不要勉强，就依然折回来，千万别使你冒险。'我观察孙的内心是急切地想把这个关系打通，对我的关切语，也是他平素对属下的一贯作风。我表示执行长官的命令，虽赴汤蹈火，在所不辞。当下决心之事不宜迟，翌日便绝早启程，孙蔚如把亲笔写在绫子上的信交给了我。"

孙蔚如军长致书红四方面军总指挥徐向前、总政委陈昌浩的绫书内容是："徐向前总指挥、陈昌浩政委：当前日寇凭陵，国势阽危，凡有血气者，莫不痛心疾首。而蒋介石却侈谈'攘外必先安内'，妄图以武力消除异己。长此以往，国将不国，我中华民族将陷于万劫不复之地。言念及此，实切隐忧。蔚如与虎城窃谓：各党派对政治见解有所不同，尽可开诚商议，岂容兵戎相见，兄弟阋墙，而置外患于不顾！特不揣冒昧，派我部参谋武志平晋谒虎帐，陈述我方对于时局的意见。深愿停战议和，共同反蒋抗日，以纾国难。贵军如表同意，请迅即派员前来，共商大计。迫切陈词，无任翘盼之至。敬祝胜利。孙蔚如谨启，民国二十二年五月十二日。"

杨虎城为何要接受杜斌丞建议，与红四方面军联系；孙蔚如此次为何坚决执行杨虎城的决定，其中还有另一层原因。据武志平讲："孙蔚如军长对蒋曾有幻想，企图通过关系谋得甘肃省主席，做员封疆大吏，所以他知道杨对红军打算进行联系，愿暗守中立后，他自己还是迟疑不决。但当王宗山到南京去为孙活动当甘肃省主席遭到蒋的拒绝之后，对蒋的幻想破灭了。"武志平还说："杨虎城保荐孙蔚如任甘肃省主席，是杨'西北大联合'计划之一。杨向蒋提出将十七路军全部移防甘肃，将陕西军政大权让出，自己辞去西安绥靖公署主任和陕西省政府主席，让邵力子调任陕西省主席，使孙蔚如接替甘肃省主席。如蒋不同意上述计划，则于十七路军在汉中部队与红四方面军直接接触时，即派军使去川陕苏区和红军协商互不侵犯、共同反蒋的问题。"

这年5月，国民政府调任邵力子任陕西省政府主席，朱绍良任甘肃省政府主席，杨虎城失去陕西省政府主席一职，军事力量退出甘肃，形势所迫，采纳杜斌丞建议，与川陕红四方面军联系，避免双方正面接触，从战略层面讲，也不失为一着妙棋。

杜斌丞向杨虎城举荐的武志平是位胆大、心细且富有头脑的参谋人员。对于出使红四方面军做好了充分准备。自杜斌丞和他在天水路途谈话后，就自认为此项任务非他莫属。一个多月来，他都在盘算着如何去穿越风景如画，却充满荆棘的巴山险境，完成使命。他接到孙蔚如的绫书，更是激动、自信和迫不及待。武志平说："我化装成红十字会的人员，绫书缝在衣服里面，1933年5月13日从南郑（即今汉中市）起身。我途经川陕地区原来游击区西河口时，看到胡宗南部已将全街烧毁，一片荒凉。红军已收紧阵地，大部集中在通江东北部老林区空山坝地带，这里又为反动武装团匪占据。在西河口，我想起杜斌丞来信嘱我设法打听不久前进入苏区的张含辉的下落。对此，当时估计有两个可能。一是据说张国焘对外边去的地下共产党员，尤其是知识分子出身的均抱排斥态度，有杀掉或拘禁的可能；另一可能是在路上通过匪区时被土匪劫杀。通过一些关系调查结果，张含辉完成入城任务以后，欲通过匪区丁家桥、磨盘寨去上元观张汉民团，被徐耀明团匪小队长李华元所劫，惨杀于西河口与广家店之间南叉河以东吴家坡树林内。"

武志平提到的这个张含辉，是大革命时期的共产党人，陕西兴平人。1927年张汉民任杨虎城炮兵营副营长时，和张含辉等一起在三原县组建了炮兵营中共军队支部，简称军支。张含辉后来曾担任过山东临时省委书记和省委书记，山东省委破坏后回陕西从事兵运工作，张汉民警卫团1932年底调防汉中，中共陕西省委通过杜斌丞，请调防时的张汉民途经周至县，把张含辉从周至监狱（有的说是从家中）救出。张汉民救出张含辉，一起来到汉中，由警卫团派遣去红四方面军联络。张含辉化装成商人，带着十几副挑担，两次前往川北红四方面军，既送去军用地图、情报、电讯器材、医药、棉花和日用品，又为建立巴山地下交通线勘察路线，为张汉民警卫团日后打出红旗，率部参加红四方面军铺平了道路，不幸的是，张含辉第二次从川北返回途中遭土匪劫杀。

武志平说："这一情况也给我以警惕。我穿过巴山绵亘的森林，中途被川陕交界匪头袁刚手下劫掳到黑风洞匪巢里，几遭杀害。幸我持有红十字会的证件和红十字徽章，又懂一些'红帮'暗语和仪注。我双手被反剪着，弓着左腿，向袁刚行了个江湖上的礼节，说出红门中的四梁（山、堂、香、水）、四柱（恩、承、抱、引）和几句江湖术语，如：'燕山愚子过川来，久闻此地忠贤才。礼貌荒疏休见怪，我于拜兄送宝来。'我信口胡诌，居然生效。袁匪乃为我亲自松绑，喝令喽啰们将我携带的包袱行李（主要是用油纸包固的地图等物）收拢起来归还给我，并杀鸡煮腊肉做了一桌丰盛的饭菜，还有苞谷酒相款待。袁刚用尖刀切下雄鸡头挑着送到我的嘴边，我即坦然张口承接下来。土匪毕竟是土匪，对我携带的军用地图，几组作战联络信号、口令、密电码等并未追问，强留我住了两夜，才让我离开。我虽心急如焚，但也乘机了解到川陕交界山林里土匪民团的情况。在我被劫掳的第一天，行至八海坪地方，昏夜迷了路，就在一株树上过夜。经过一些艰苦曲折，终于5月21日到达了川北两河口，见到红四方面军总政治部副主任傅钟，当即将携带的十万分之一军用地图和其他秘密情报交付给政治部。两天以后，在长坪见到总政治部副主任张琴秋（这年夏任总政治部主任），在苦草坝见到西北军事委员会参谋长曾中生，财经委员会负责人郑义斋，总后方医院院长苏井观等同志。那时西北革命委员会主席是张国焘，我和张共谈了三次。我对张说，我看到了中华苏维埃临时中央政府和工农红军革命军事委员会共同发布的'一月宣言'，在白区影响很大，杨虎城与蒋介石是政治性矛盾，对红军修好是出于诚意，特委托孙蔚如就近谈判，这样可以便于保密。我个人是拥护中共和红军的，甘愿尽一切可能对革命作出贡献。张表示接受杨、孙联合反蒋的意见，并对我特备一桌酒菜表示欢迎。在红四方面军总部，我和曾中生、郑义斋接触次数最多。在总部停留了几天，曾中生和我及参谋陈明义住在一间屋里，在和他们交谈中使我受到从未有过的教育和启发。我当时的工作情况是复杂的，我到川陕苏区去并没有组织介绍信和其他证明。虽然王佑民曾告诉我，说我的工作属中央政治保卫局领导，但仅凭那样说是难以取信的。在这种情况下，只有用工作实践证明自己是一个共产党员、革命战士。这就需要积极、主动，在任何困难复杂的情况下，也肯于牺牲个人一切来完成党交给的任务。尽管困难重重，我当时还是向红四方面军总部做出保证，将及时地从陕西方面向红军提供各方面可靠的军事情报，并建议在川陕苏区北线接近陕南的地区，只配备少量部队就可以保证安全，尽量将主力部队集中使用于粉碎主要敌人方面去。总部还提出需要无线电器材、医药医疗器械，以及其他的供给问题，我都向他们保证一定完成任务。"

巴 山 协 议

风光旖旎的大巴山，隔断了川陕两省，但隔不断两地人员祖祖辈辈的来来往往、出出进进。经武志平长途联络，红四方面军对杨虎城、孙蔚如提出的两军停战联合反蒋抗日意愿做出了积极的回应，决定派代表出使汉中商谈。武志平说："红四方面军总部极为重视对十七路军的联络工作，决定派军委参谋主任徐以新到汉中和孙蔚如军长商谈停战议和、共同抗日的问题。在行前，我和有关同志对十七路军的一般情况作了分析和研究。十七路军有很浓厚的地方色彩，绝大部分为西北人，比较高级的军官，大部在家乡有土地，在城市有房产，有的开商店，既是资本家，又是地主，和土豪劣绅有着千丝万缕的联系。士兵大部分为破产农民和部分流氓无产者，部队纪律参差不齐。杨虎城总指挥本人出身穷苦，有民族观念，有爱国思想，有创新精神，对进步事物颇为敏感，但部下跟不上他思想的占多数。蒋介石特务分子渗透到他的军队内部，时时在挖他的墙脚，这种情况以邵力子当了甘肃省主席，胡宗南进占陇南而加剧了。在当前形势下，不能期望杨有更鲜明的表示，否则就会脱离实际。如果杨公开反对蒋介石，他的一些部下就会公开反对他。所以杨对本身如何图存乃是一件煞费苦心的事，他的决策必须切合他部下官兵的状况。目前杨毅然主动与红军联络，可能是从十七路军本身如何图存方面考虑为多。但事物不断变化，应珍视这个开端。"

红四方面军派往汉中的商谈代表叫徐以新，军委参谋主任。武志平说："我和徐以新于5月27日由苦草坝出发，31日到达汉中。我首先向孙蔚如报告了红四方面军派来代表的情况汇报，并把中华苏维埃临时中央政府、工农红军革命军事委员会1月17日发表的《宣言》送给孙看，孙很高兴，约定6月1日在王宗山住所和徐以新举行会谈。参加会谈的有王宗山和我。会谈的气氛是诚挚的。孙谈：'十七路军是有革命传统的，个人对共产党人是抱友好态度的。'徐谈到红军的三大任务和在国难当头之际对待国民党军队的态度，阐述了中华苏维埃临时中央政府和中国工农红军革命军事委员会1月17日的宣言精神。对双方关系孙提出了五点意见：（一）希望红军不要在陕南、川北地区发展下去，应向甘肃地区发展；（二）如果那样做，十七路军愿给红军在后方作掩护，并接济适量的军械弹药；（三）如果红军仍在川北停留，十七路军决不向红军作真面目的进攻，至于前哨小的冲突应视为正常的情况；（四）以当前的形势所限，只能是秘密往来，建立秘密互不侵犯、共同反蒋的协定；（五）十七路军派武志平和红军保持联系，随时传达双方的意见。徐以新允将上述意见向领导汇报后再作回答。"

徐以新在汉中住了四天，和孙蔚如进行了两轮会谈，和王宗山非正式地谈了三四次。武志平说："王宗山和孙蔚如的意见是一致的。孙蔚如对谈判保持保守态度，王曾任过孙中山（后任蒋介石）的英文秘书，他在孙蔚如那里是相当受信任的。虽然我们争取十七路军靠拢红军，共同抗日，但考虑到上述情况，如果孙蔚如能做到停止进攻红军，也是一个不小的收获了。因为他们暗守中立，就意味着东起镇巴，西至宁强五六百里的战线，可以避免大的战斗，红军就可以集中力量打击最主要的敌人。还可以利用这种关系建立根据地对外的交通线，从而打破蒋介石的军事包围和经济封锁。我去川陕苏区之前，为了表示诚意，孙曾允许给红军一部分陇南军用地图和药物，但到此时，孙却只允许给部分地图和价值1700元的药物，还有无线电机上用的火花塞、活塞圈各两个，并声明只此一回，下不为例，这确实出乎我的意料之外。至于我第一次去川北带去的川、陕、甘全部军用地图以及其他，当然孙是无从知道的。"

为了使徐以新返回红军时尽可能地多带点必需物品，武志平说："6月5日，除了由孙蔚如公开赠送的地图和药品之外，我和徐以新又自行购置了相当数量的西药和其他物资，如擦枪油等等，计20余担，公开地运出了三十八军步哨线进入苏区。我和徐以新在路上边走边总结这次谈判的结果，认为和十七路军建立这样的互不侵犯关系，应尽量严守秘密。杨、孙部队中成分复杂，如泄露出去，蒋介石必然要对杨、孙等人施加压力，或另派嫡系部队到陕南地区，到那时即暗守中立这一点也难以做到了。真正和十七路军建立互不侵犯协定以后，就能使川陕地区的红军处于内线作战的情况下，收到对敌人各个击破的效果，对于巩固、扩大苏区是有利的。决不能因杨、孙存在以上情况而表示冷淡，而应当与之信使往返以示诚意，这样可以从政治上影响他们的内部。徐以新返回总部汇报工作，我则在巴山杨圈关川陕交界碑以南住下，了解当地情况，准备在这里建立联络点，以加强对苏区的联系，并等候徐以新汇报后一同返回汉中。在羊圈关，我将工作情况写信向在西安的王佑民、宋绮云及杜斌丞作了详细汇报。"

徐以新向红军总部汇报后，再去汉中与孙蔚如商谈，在羊圈关与武志平相会同行。武志平说："徐以新再度来汉中，仍在原地址，仍是原来的人，继续与孙蔚如会谈。第二次会谈，双方同意了第一次所谈的几项内容。协议于1933年6月24日圆满达成了。双方对于国内国际形势取得了一致看法。具体商定，只要红军保证不进军陕西，孙保证不打苏区。并提出，如果红军去打胡宗南部，十七路军愿给红四方面军补充一些武器弹药。这一互不侵犯协定对后来两军团结抗日和'西安事变'都起了相当作用。我将这次谈判情况函报在西安的杜斌丞，他复信对我表示慰勉。我还几次去信，请杜来汉中一次，当面畅叙，交换意见。"

　　这个协议的签订，使双方都很满意，并立即得到落实履行。后来人们把这个协议称为"汉中协议""汉中密约"或"巴山协议"等而载入史册。武志平功不可没。武志平说："杨虎城、孙蔚如为了使这项联络工作秘密进行，并交由我个人负责。这为我后来工作提供了较为有利的条件。但我知道，在具体工作中，又必须保持高度警惕，在当时的工作中，也碰到不少问题和困难。我公开的职务是杨、孙的使者，任务是和红军谈判互不侵犯协定的问题。而实际上我又是党的工作者，秘密地为党工作。这样，在工作中就必须去很好地处理各种关系，必须做到随机应变。在白区，职务是公开的，工作是秘密的，如果表面活动超过了白区所许可的程度，便立刻会给工作带来不可估量的损失；在苏区，工作是公开的，行动则是秘密的。我直接发生工作关系的是川陕苏区和红四方面军，而我的党组织关系和联系人则远在西安，并且是单线领导，遇事情请示报告都很困难，往往缓不济急，遇事只能是独立思考，既坚持党的原则，又要灵活机动地面对发生的复杂局面，应对各种意想不到的情况。"

　　7月1日，武志平陪同第二次来汉中的徐以新返回苏区，并携带一批购买和赠送物资。武志平说："这时正是红军刚刚粉碎四川军阀田颂尧部之后，苏区有了很大发展，红四方面军总指挥部移驻通江以北的辛场坝，蒋介石焦急地一次又一次给杨虎城和川军刘湘发电，催促火速合围川陕红军。我向红四方面军总部报告了陕西方面的军事状况。此外，因为那时人们都在盛传红四方面军向西北地区发展，以便打通国际交通路线。我就将西北地区包括青海、宁夏、甘肃河西走廊各个地方实力派头目和他们的武装力量、社会情况、军事地理等等，尽我所知写了一份书面报告，送给红四方面军。"武志平还讲道："为了便于和苏区联系，及时递送情报，输送必要物资，还要保持与汉中接触。我经过反复调查研究，除了从汉中南经牟家坝、青石关、回军坝、大小天池寺、羊圈关、两河口以达碑坝外，另在分水老林地带开辟了一条秘密路线，选定了位于苏区与白区间天池寺以南罄底沟中的凉水井，作为工作据点，并自己动手盖了两间茅屋，有重点地和附近群众建立了较好关系。这里既便于向各方联络，又不易遭受土匪民团的袭击。由于我的双重身份，既不能由红军派武装帮助，也不能依靠白军作掩护，只能依靠群众进行工作，我就在两间茅屋里，经常将情报和物资，以及全国各地的报刊输送到苏区的首脑机关，有时把物资直接送给红四方面军总后勤部负责人郑义斋。我和川陕苏区、红四方面军建立了工作关系以后，得到红军总部领导的鼓励和支持，虽然和西安王佑民的联系断了，我还是为实际工作比较顺利开展而感到无比高兴。这时期，西安的宋绮云满足了我的要求，他把和全国各地交换来的报刊，源源寄到汉中，我再通过交通员送往总部。在汉中我与徐梦周联系很密切，徐还介绍属于十七路军的陕西省政府警卫团团长张汉民（地下党员）和我几次会面。这一时期，我还护送过杜斌丞介绍的地下党员张光远去川陕苏区联系，并接他回来，这一时期驻碑坝的红七十三师政委张广才给了我很大支持。"

关于武志平这一阶段与红四方面军联络和签订"巴山协议"过程，当事人徐以新曾写有回忆文章，从他自己的角度讲述了这次经历。徐以新曾留学苏联，新中国成立后担任中国驻阿尔巴尼亚、巴基斯坦等国大使、外交部副部长。徐以新说："1933 年春，在创建川陕革命根据地过程中，红四方面军曾与杨虎城十七路军达成互不侵犯、共同反蒋的协议。这对于川陕苏区的巩固和发展起了积极的作用，提供了一条与地方实力派建立统一战线的重要经验。我当时任川陕军委参谋主任，受川陕军委与红四方面军总部的委派参加了和十七路军孙蔚如（十七路军三十八军军长）部的谈判工作。"

徐以新又说："我们和杨虎城的部队，过去没有正式打过交道，只是在我们转入川陕的路上，到长安附近的子午镇时遭遇了一下，结果他们吃了亏。我们在川陕立足之后，十七路军沿大巴山脉东起镇巴，西至宁强五六百里的战线上部署兵力，对我军北面一线进行封锁。杨虎城将军虽为地方实力派的代表，但他具有民主主义思想和爱国热忱。就在红四方面军进入川陕地区后，蒋介石一面急令十七路军孙蔚如部在陕南，刘湘、田颂尧等部在四川，形成对红四方面军的包围并进行围攻；一面派其嫡系胡宗南部进驻陇南天水，部署在十七路军之侧背，对陕甘宁杂牌部队进行监视，其用心在于使杨虎城与红军两败俱伤，坐收'渔人之利'。蒋介石的反动政策加剧了他与地方实力派之间的矛盾，当时杨虎城部队中有不少共产党员，工作有相当的基础。武志平同志就是根据党的指示，利用自己的公开身份（三十八军少校参谋），做争取杨虎城与红四方面军建立联系工作的。经过武志平的工作，通过爱国民主人士杜斌丞先生的疏通配合，终于使杨虎城确定了与红四方面军进行友好联络的决心，派出武志平跟我们商谈。大约在 1933 年 5 月中旬，武志平以三十八军高级参谋的身份（他的秘密党员身份一直未公开），从汉中出发，来到当时红四方面军总部在川北的驻地。会见了红四方面军的负责人傅钟、曾中生等，张国焘和武志平谈过几次。红四方面军总部和川陕军委研究，认为既然十七路军主动来和我们建立联系，这不论从战略上还是从整个川陕根据地的发展上考虑，都是有利的，也是一个极好的机会。一方面，在川北根据地的后方，翻过巴山便是汉中，是杨虎城十七路军控制的地区，如果能和他们打通关系，就可解除我们的后顾之忧，集中力量向四川发展。另一方面，敌人对我们封锁得很厉害，我们急需打开通路与外面发生联系。当时临时中央已进入中央革命根据地，我们能与留在上海的机关取得联系，请他们给我们派一些干部，并在工作上给予帮助。同时希望能解决部队物资上的困难，因此军委确定和十七路军建立联系。经向武志平了解，得知上述问题，杨虎城将军基本上可以协助的。武志平来时带了若干军用地图，这在当时是很珍贵的。于是川陕军委与红四方面军总部决定由我作为红四方面军的代表，到汉中与三十八军军长孙蔚如进行谈判，并对谈判方针规定了三点：一、了解对方意图；二、了解十七路军内部的情况；三、尽可能在杨虎城、孙蔚如内部找到可以争取的人。由于徐向前同志在前方指挥战斗，这些主要问题是由张国焘、陈昌浩、曾中生和我几个人在苦草坝的总部商讨决定的。"

徐以新还说："我和武志平启程前，红四方面军在空山坝一举粉碎了田颂尧左路纵队的进攻，全歼敌七个团，击溃六个团，使敌左纵队全线崩溃，敌之中央纵队、右路纵队亦纷纷败退。空山坝大捷，使敌人对川陕苏区的四个多月围攻遭到破产。我们红军进川几个月，而且一路上打了许多恶仗，部队是很疲劳的，结果一下子把四川军阀部队消灭了这么多。这个胜利，把四川、陕西之敌震动了。大约在 5 月底，我和武志平从红四方面军总部苦草坝出发，经新坝到碑坝，也就是靠近巴山南部赤白交界的地方，那里有我们一个师的部队在驻守。我和武志平在碑坝化装成老百姓继续前行，穿过约七八里路程的无人区，进入孙蔚如的防地，然后到达汉中。"

关于双方谈判情况，徐以新这样回忆说："杨虎城授权孙蔚如为谈判的全权代表，孙派自己的秘书（参议）王宗山参加谈判，协助孙蔚如工作，我到汉中的翌日，便与孙进行了第一次接触。孙蔚如摆开很大场面，并向我提出一些问题摸底，一开始便问：'你们红军到四川来干什么？是长驻还是路过？如果长驻是否能站得住？'特别流露出想知道红军对陕西的意图和对十七路军的态度。我回答说，这次你们的代表有许多情况都亲自看见了，红军完全可以在川北站住脚，我们的军队来自人民，为人民谋利益，川北人民是相信我们的，会尽最大力量支持我们，所以我们能克服各种艰难险阻，粉碎敌人的围攻，发展根据地，壮大我们的队伍。这次红军在空山坝的大捷，想你们已经得知，这就是一个很好的证明。敌人围攻我们的兵力，比我们多三四倍，有 30 多个团，结果全部垮了，我们的脚跟就站稳了。我又说，我们中央政府和军委已经发表了'一·一七'宣言，只要你们遵守宣言提出的三项条件，我们愿意与你们保持友好关系。我们可以以巴山为界，你不过来，我们也不过去，互不侵犯。对我上面所讲的话，孙蔚如表示相信和满意。"

随后，孙蔚如向徐以新谈到胡宗南部跟红军到了西北，对陕西地方部队不怀好意，言谈中涉及蒋介石对地方部队的排斥和打压。徐以新意识到孙蔚如是要了解红军对蒋介石、胡宗南的态度，便接过孙蔚如的话题解释道："九一八事变后，蒋介石不顾民族利益，仍然坚持其'剿共'政策，数次对各革命根据地进行疯狂'围剿'，坚持与我们为敌，我们随时准备粉碎其进攻。胡宗南从鄂豫皖一直跟在我们屁股后面，现在他来进攻，我们就坚决打，你们能配合，当然很好，不配合，让路也可以。不配合，不让路，只要不配合胡宗南也可以。孙当时表示希望我们打胡宗南，他们部队可以配合，并提出可以给我们一些帮助。"

徐以新评价说："总的看来，孙蔚如的态度开始还是比较积极的，他主要是希望我们不要向陕西方面发展，同时能把胡宗南赶出西北地区。在这个原则下，他同意双方建立一条可以经常来往的交通线，并愿给我们提供物资。他还将胡宗南部的一些调动情况告诉于我，给了我一部分军用地图。在这之后，我们又正式谈了一次，我向他交代了共产党、红军的政策，以加深彼此之间的了解。他也表示希望尽快和我们把关系确定下来。这样，我第一次出使汉中算是取得了比较满意的结果。我在汉中停留四五天时间，于6月上旬与武志平一同返回苏区，并带了我们购买的20余担物资。武志平留在碑坝，我回总部汇报。这时我们已经彻底粉碎了田颂尧的三路围攻，通、南、巴三个县城都已收复。因此，总部搬到了新场坝。回到总部后，军委立即召开会议，由我将汉中谈判的情况作了详细汇报。军委在分析了有关情况后，认为应该立即把与杨虎城的关系确定下来，订立互不侵犯的停战协定，基本同意他们提出的方案，并决定对他们内部的情况作进一步了解，在汉中建立交通站，立即开辟交通线。军委决定我准备第二次出使汉中。约在6月下旬，我第二次去汉中，在碑坝与武志平会合，武已在这一段时间内初步建成了联络点。我这次去，孙蔚如很高兴，大摆宴席，把他的亲信人找来了，和我见了面。孙对我说：'你们红四方面军能够和我们友好相处，我们陕西今后一个时期大概可以安宁了吧！'我们双方的谈判，一开始就谈到实质性的问题，经商讨确定：第一，双方互不侵犯；第二，配合打胡宗南；第三，双方可以设立交通线，给红军提供一定的物资。另外对联络办法也作了具体规定，由武志平在赤白边界地带设立了一个联络点，并由他在那里全权负责。"

孙蔚如还向徐以新谈了蒋介石在西北一些具体部署和安排。徐以新说："孙流露出希望我们很快把胡宗南搞掉的心情。这种心情我们可以理解，胡宗南在天水有两三万人，杨虎城自然深深感到这是一种祸害，所以他迫不及待地急需和我联合起来，把胡宗南赶走。"

为了更多了解孙蔚如部队的一些情况，徐以新还通过武志平找了一些思想倾向进步的中下级军官交谈。徐以新说："大约十几个人，召开了一个小型座谈会。他们提出了好多问题，如红军的政策及红军内部的有关情况，我都一一做了回答。我第二次在汉中停了七八天，采购了不少物资，装了许多挑子。这批物资是由我们带到武志平在赤白交界处建立的联络交通站，然后我们派部队接收的。从此以后，这条交通线就正式启用了。当时确定我们后勤部门直接与武志平联系，确保这条路线的畅通，这条线就是从西安到汉中，然后进入根据地。潘自力同志就是通过这条线进入根据地的，廖承志同志大概也是从这条线进来的。大批同志进入苏区，带来了党的信息，增加了我们的力量。另外在转送物资、互通情报方面这条交通线也起了重要作用。这就打破了蒋介石企图把我们包围封锁在川北地区，然后加以消灭的妄想，我们找到了一个突破口。从战略意义上讲，由于有了一个互不侵犯协定，使川陕根据地不致腹背同时受敌，我们能够集中力量对付四川军阀围攻。这一点显得更为重要。"

"巴山协议"是十年土地革命战争时期中国共产党和红军与国民党地方实力派之间签订的级别最高，坚持时间最长，作用最大，最为成功的互不侵犯、共同反蒋抗日的协议。杜斌丞谋略高明，武志平功不可没。

中秋汉中行

汉中协议达成三个月左右，这年中秋节快要到了。在这个家家户户团圆节日来到之时，杜斌丞翻越秦岭，前去四五百公里之外的汉中。关于这次中秋汉中行，常黎夫在 1984 年 2 月 15 日是这样回忆的："1933 年 7 月下旬，中共甘宁青特委被破坏，我在敌人军警搜捕之际，乘隙跑出兰州，辗转天水清水县城，经陕西陇县到了凤翔。出乎意料，我同杜斌丞先生在凤翔巧遇了。孙蔚如的参谋长张绍亭特意从汉中去西安迎接杜先生。杜的随员三人，有马豫章、杜理丞、刘作霖。杜先生见我安全回来很高兴，深夜同我谈了对形势的看法和此去汉中的意图。他说民族危急，国事日非。在新的形势下，杨虎城、孙蔚如面临蒋介石步步紧逼，不得不走'联共反蒋抗日'这条路，像王宗山这样的人，也接受了这个主张。此次去汉中主要有两件事：一是杨、孙曾同意先派张含辉去四川联系红四方面军，但一去无有音讯，才派武志平去四川，同红四方面军取得联系。不知蒋介石怎样搞到了这个情报，引起杨虎城对武志平也生疑窦。他这次去汉中要打听张含辉的下落和了解杜润滋牺牲的情况。二是孙蔚如的妻子张玉娥为什么自杀了，孙情绪很不好，想去宽慰他。我便随杜先生一行从凤翔去汉中。大概是旧历八月十五（10 月 4 日）到的凤县，在那里吃的月饼。"

武志平 1984 年 6 月 12 日说："杜斌丞先生于 1933 年 10 月初到汉中，偕行的有常黎夫等同志。杜先生谈到杨虎城将军对于和红四方面军取得联络一事泄露出来疑我有意为之，使杨'逼上梁山'，杨对我表示不满，并说他已向杨作了解释，嘱我以后多加小心。我向他表示，这种怀疑乃属于常识问题，杨将军部队及其左右人员成分复杂，其中有不少亲蒋的人，根本无从保密。另外从西北当前形势，从我党的统一战线政策来讲，要求杨鲜明地举起红旗，乃是不可想象的。我如果那样做，显然是错误的，而且违背了'抗日民族统一战线政策'（当时称双方关系），杜表示谅解。这年11月，常黎夫给我介绍了当时陕南特委的负责人（组织部长）张德生（当时化名张仲房），以后便建立了经常联系，常、张对我的工作均有所支持和指示。我在与张德生取得联系后，可以就近随时得到党的帮助。张住在南城根禹王宫胡同2号，离我住的伞铺街7号不过百十步远，往来很方便。"

说到杜斌丞这次汉中之行对自己工作的指示，武志平讲道："这次谈话，杜先生还表示：（一）帮助杨将军把与红四方面军签订的'互不侵犯，共同反蒋'协定继续巩固下去，不要受蒋的威胁利诱，而改变初衷；（二）对于共产党和十七路军的抗战关系要注意保密，免为敌人抓住把柄，致使双方关系不能维持下去；（三）对红军需要的物资，尽可能地予以帮助；（四）对杨虎城将军的主要将领以及王宗山等人，要做些工作，以免他们从中破坏这一关系。对于孙蔚如军长左右极为明显的坏分子要劝孙清除出去。杜先生所说的这一切，和张德生、常黎夫同志的看法基本是一致的。杜还特别强调：十七路军和红军这一'互不侵犯，共同反蒋'协议之建立，打乱了蒋介石在陕南对红军的军事包围计划，川陕苏区北线沿大巴山东西向五六百里的漫长战线没有战事，红军并可以从这个地区取得某些急需物资和生活用品，也取得对外交通的便利，以利于红军的扩大、巩固、集中优势兵力，对付四川军阀。'"

杜斌丞汉中行，对武志平工作成绩和意义做了如此高的肯定和评价，指明了方向，也是对武志平莫大的鼓励和支持。

杜斌丞此次来汉中，还见到了中共陕南特委负责人汪锋。汪锋是因这年7月底中共陕西省委书记袁岳栋和省委常委红二十六军政委杜衡被捕叛变，陕西党组织遭到严重破坏来汉中的。其身份为省委巡视员，因陕南特委书记杨珊半年前去红四方面军联系一直未归（被张国焘杀害），陕南特委也因马儿岩事变名存实亡。汪锋前来视察，收拾"惨局"，负责陕南特委工作，与上海中央局直接发生关系。张德生因中共甘宁青特委破坏，11月下旬，辗转来到汉中，由汪锋安排，任陕南特委组织部长。

汪锋到汉中时先落脚张汉民警卫团，再找到陕南特委代理书记杨佑章，基本掌握了陕南党组织的基本状况。对于张含辉、杨珊去红四方面军联系下落不明，对杜润滋等马儿岩事变中牺牲等详情都有所了解和掌握。

汪锋曾和张德生一同去见杜斌丞，杜向汪、张二人介绍了执行巴山协定遇到的种种阻力，介绍了武志平当前的困难处境，希望陕南特委给予鼎力相助。汪锋、张德生都一一答应。汪锋还向杜斌丞介绍了他所了解的张含辉、杨珊去红四方面军和杜润滋等红二十九军领导人牺牲的情况。杜斌丞得知陕南特委活动经费困难，便给了汪锋50元钱，以作资助。据汪锋后来讲："杜斌丞这次来汉中，曾受到孙蔚如三十八军军部宋树藩和另一个反动家伙白子明的暗中监视。这两个人是蒋介石、胡宗南的耳目，给孙蔚如出坏点子，破坏陕南游击队。"

武志平工作得到陕南特委汪锋、张德生的帮助和支持，汪锋安排张德生住进城内，便于接近武志平，协助工作。

杜斌丞这次来汉中，长达两个半月。12月20日和乘飞机前来汉中视察的杨虎城同机返回西安。其间，武志平得到杜斌丞鼓励，工作热情不减，排除干扰和阻力，继续大胆工作。随后，他机智沉着，胆大果断地导演了一场"以毒攻毒"的拿手好戏。武志平在他所撰写的回忆录中这样讲道："我所住的凉水井南边羊圈关，是从汉中去川北通江的必经之地，也是比较便捷的一条山间小路；另一条路是经过西乡县的钟家沟、大河坝通往楼坊坪川陕苏区后方的，但比较远。这两条路都不是畅通无阻，徐耀明民团经常骚扰羊圈关、两河口一带，也就是我们认为最便捷的交通线；袁刚部正阻碍着钟家沟、大河坝这条预备的路线。袁刚在名义上是徐耀明民团的第二营营长，但他们是由两股不同派系势力拼凑在一起的，相互间存在着很深的矛盾。徐耀明对我们的危害最大，多次企图劫掠我们输往苏区的物资。我们劝他约束部下，不要阻碍交通时，他佯作不知，仍不时进行骚扰。有一次他的部下李孟春匪部预伏在羊圈关口外树林里，企图抢劫我们的挑担运输物资，被一位靠近我们的农民苟正云发现了，苟冒着生命危险，火速报告给我们。我们的部队才将匪徒驱逐，保证了人和物资安全进入苏区。这次事件以后，我们便下决心消灭徐耀明匪部，期使交通线安全畅通，为巴山山区劳苦大众除害，为张含辉同志报仇。好在我第一次进苏区时，曾被袁刚掳到黑风洞，和袁刚交下了'朋友'，并为他活动当上了西乡县民团团总。我住在凉水井时和袁有过书信来往，从各方面了解到袁、徐之间矛盾裂隙越来越深。袁刚名义上是徐耀明的部下，徐耀明平时心狠手辣，袁刚表面上还得矮他三分。10月13日（农历八月二十四日），是徐耀明的生日，徐事先调袁刚到他的老巢石神坝以东的袁家沟驻扎，名义是检阅袁的部队，实则给他大办生日，显显威风。袁刚派人接我到袁家沟，我只身前往。到了袁处，袁向我表示对徐耀明不满。我乘机让袁剪除徐耀明。我用讲故事的方式给袁讲了一段《水浒》中林冲火并王伦的情节，袁刚心领神会。徐耀明生日这天，袁刚出其不意地杀了徐耀明，还有几个趋炎附势的地主恶霸和帮闲客也同时被杀。袁刚吞并了徐耀明的大部，只有一个叫王杰的排长带着二三十人投奔川军去了。从此以后，这条交通线就畅通无阻了。"

杀了徐耀明，虽然排除了交通线上的一颗钉子，但使武志平始料未及的是也给自己的人身安全埋下了隐患。武志平说："袁刚和他的部下，不经意间透露出我主张杀徐耀明的消息。不久，徐匪残部勾结四川广元川军便衣武装特务到凉水井来狙击我。适巧我工作外出，交通员也不在家，匪徒扑了个空，悻悻而去。事后邻近的张老婆婆告诉我，她看见几个匪徒衣襟底下藏着短枪，假装到她家屋里找火抽烟，探询我到什么地方去了，并在屋前屋后寻找片刻，然后走出羊圈关往西去了。从此以后，我便时常变换居住地方，加强了戒备。袁刚以为杀了徐耀明是对我有功，对我有所需求，我尽可能地不使他失望。"

杜斌丞在汉中期间，叮咛武志平多与交通线沿途群众拉好关系，争取群众的支持和掩护，武志平很好地理解了杜斌丞的指示和叮咛。武志平说："为了运输物资方便，这年10月间，我和麻桑坝、开店营业的肖成善老大娘建立了良好关系。她家距汉中城60里，从汉中运输出物资到这里是第一站，在这里再改装通过老林，秘密过天池寺或通过大、小坝越过分水岭，再由红军便衣武装运进苏区。肖老大娘和我们休戚相关（武志平和其女儿成亲），对我们工作帮助不少。羊圈关、两河口一带不少群众昼夜不停地为我们带路送信，通报匪情。我们虽然也给一些报酬，但同他们所起的作用来比较，报酬是微不足道的。我们从汉中城经过马桑坝、回军坝、羊圈关等地都建立了交通点，秘密往来的工作人员都有食宿之所。这些关系，即在以后黑暗年代里都没有受害，只有一个在两河口的川北流浪汉张正五曾给我们送过信，被坏人因别的事情杀害了。在汉中的部队机关，有几位地下党员徐梦周、崔尽善等，都曾为我搜集情报，但都是心照不宣的工作关系（实为同志）。还有部队和地方人员如袁作波、余晴初等为我们工作被孙蔚如部十七师国民党特别党部逮捕，经我向孙说项，得到保释，先后获得自由，袁作波是保外就医乘机逃走的。"

武志平提到当年参与这项工作的余晴初后来回忆得更加详细，他1983年和1985年两次回忆说："从汉中到川北，沿途先后设立了马桑坝、凉水井、碑坝三个交通站；在桦林坪、南马山、回军坝、马桑坝和汉中城幺二捌、伞铺街设立联络站。同时从分水岭、孤云山、海神湾的深山老林中另开辟了一条线，以绅士陈龙飞家作掩护，畅通无阻地把各种物资转运到碑坝。猎夫方勇，农民苟正云、阎老三和梁秀红（女），红军战士陈文胜、张田等，参与了组织运输物资的工作。从汉中到碑坝，是红色交通线的主线，持续时间长，活动次数多，贡献也最大。与此同时，在中共陕南特委汉中特派员刘明达和张汉民警卫团地下党员雷展如（张汉民警卫团中共军官支部书记）的组织和领导下，在汉中伞铺街禹王宫2号李石英家建立了给红军筹办物资的办事处，这个办事处由陈幼麟（绰号狮子头）及孙蔚如三十八军一〇〇团军医主任赵维岳作交通，我和李紫瑜负责保管，将党的外围组织——红友社、反帝大同盟、左教、学联、抗日会、妇救会及各界给红军募集的各种物资，先集中到办事处来，再运到民主街正宗寺巷国民小学陈幼麟处，转给中共陕南特委军委，然后组织分配。一是在张汉民部队的掩护下，通过黄官、红庙、喜神坝运往苏区；二是通过南郑的牟家坝和城固的天明寺、二里坝，大、小盘坝，以小商贩职业为掩护，通过敌人封锁线运进苏区，送去小商品、小五金、纸张、布匹、衣服等。"

余晴初还回忆说："汉中城内的幺二拐、伞铺街联络站有着特殊作用。伞铺街杂居着小商贩、手工业者、硝坊和粮食集、牲畜集。禹王宫巷2号是一个大院落，住着李世英一家。李是湖南人，在辛亥革命后任过陕西省七八个县的县长等职，于1930年下台。他的女儿李紫瑜，上女师时就参加了党的地下斗争，后来和我结了婚。我作为李家的女婿，来往不易被人怀疑。所以中共陕南特委秘书处和为红军筹办物资的办事处、联络站设在李家。1932年底，红四方面军入川，胡宗南部来到汉中，该部军官中湖南人多，他们纷纷来到李家做客，其中有营、连、排长，也有团长、旅长，常常一起打牌、喝酒、聊天。这时便衣侦探和稽查队到处搜捕地下党员，形势非常紧张，但这里却安然无恙。后来，胡部撤离，特委秘书处、联络站和办事处设在这里，继续活动。从伞铺街7号后院可通向顺城巷，沿巷西去，即可到南门外幺二拐武志平的住处。这里更加隐蔽和重要，是武志平统一指挥红色交通线的枢纽。联络人员都是在浆水面馆或面馆门前以暗号进行联系接触。红四方面军代表徐以新两次来汉中谈判，都曾在此歇脚。1934年冬，上海中央局派赵晋护送潘自力入川，去红四方面军，二人化装成红十字会人员来汉中视察，也在这里住过。伞铺街7号对面的108号内，1933年下半年建立了联络站，在三十八军十七师国民党特别党部工作的袁作波爱人尤映侠住在这里。袁作波、陈锦章、陈幼麟、王玉如、贺锦楼、王华珍，三十八军一〇〇团团附王子勤、通讯员殷维茂和我一度被捕，押在三十八军军法处看守所。看守员郭怀德系兴平县人，李世英曾在兴平县府当过秘书，二人相见结为良好关系，于是我们在看守所内有什么情况，郭怀德就告知尤映侠和李紫瑜。所以，这里就成了看守所内的同志与党组织进行秘密联络的一个点。直到 1934 年 2 月，武志平回到汉中向孙蔚如进行了工作，加之又没有抓到我们任何证据，才让我们以保外候讯和保外就医治病为名陆续出狱。"

1934 年 5 月，杜斌丞和常黎夫商量派他榆林中学学生、共产党员张光远去红四方面军一趟，最好留在那里，搭个桥，保持经常联系。杜给孙蔚如、王宗山写信，介绍张光远到汉中见孙蔚如和王宗山。孙、王让武志平送张去红四方面军。

据张光远后来归来说："我同张国焘见了面，只留两日，亦未深谈，即被送回。"

这是张国焘的"左"倾"关门主义"错误在作怪，去川陕苏区的共产党员基本上不被张所信任，有的杀了，有的严格审查，长期不给工作。

巴山协议挫折与夭折

巴山协议执行以来，成绩很大，巴山南北两军休兵止戈，人民群众免遭生灵涂炭。杜斌丞运筹帷幄，武志平精明能干，起着关键作用。但是，在极其复杂的政治环境下，各种势力较劲汉中，各种心怀鬼胎人物粉墨登场，武志平的行动逐渐被人发现。蒋介石根据各方面的情报分析，已约略知道了杨虎城和红四方面军进行秘密往来，追问杨虎城。杨虎城一面敷衍塞责，一面派杜斌丞赴汉中了解泄密漏洞。向来猜疑甚重的蒋介石，当然不会全听杨虎城的避重就轻，只是还没有抓住真凭实据，不能立即向杨虎城摊牌。于是，便令驻天水的胡宗南派人去汉中暗中侦察。胡宗南派他的亲信特务头子胡抱一住进汉中城，名义上是与孙蔚如联络，增强两军关系，孙蔚如也不好拒绝，表面应付。胡抱一经常出入三十八军军部，好像是孙蔚如的常客座上宾。胡和王宗山等一起狂嫖滥赌，散布流言蜚语，挑拨离间，致使孙部一些原对红军取友好态度或持中立态度的中上层军官受到坏影响。武志平说："孙蔚如是杨虎城的全权代表，也是和徐以新直接谈判定夺的人，我深恐孙突然改变态度。1934年1月我到通江，向红四方面军总部报告了上述情况。总部也担心情况有变，决定派黄超（红三十一军政治部主任）赴汉中见孙。1月14日，黄超到达汉中，和孙谈话两次，基本上达成共识，维护巴山协定。同时，为了使杨虎城了解孙蔚如与红四方面军执行巴山协定的真实情况，我又给杜斌丞写了一封长信，列举了种种事实，指出蒋对杨一贯地要阴谋手段，以及吞噬其他非嫡系部队的情况，请杜向杨建议，在任何情况下都要坚持与红军的友好关系。还说到孙率队入甘靖乱，底定之后仅得一宣慰使的头衔，反而派邵力子去当甘肃省主席，邵又拉马青苑叛杨投蒋；在汉中，胡抱一又拉王志远旅叛孙投胡。这些事实说明，蒋是要排挤或吃掉地方势力的，对此不能不预先防范。"

在黄超与孙蔚如第一次谈话后，武志平陪同黄超返回红四方面军。武志平说："途中，我和黄超商妥，再次接头地点确定在镇巴县城南90华里的渔渡坝。与黄超分手后，我回汉中派人准备了部分物资，于2月1日启程去镇巴。镇巴是三十八军五十一旅防地，旅长兼陕南绥靖司令是赵寿山。我为熟悉情况和找个向导，途经城固时，见到赵寿山，请他派人跟我一同前往，赵派了一位叫高华峰的副官和一个勤务兵陪同我。我们6日到达镇巴县城，7日前行30多华里，到达毛垭塘白军前哨线以南的高脚洞，这儿是深山老林，深山峡谷中有座观音庙，当晚我们就住在庙里。这一带是土匪刘立培、马八元部经常出没的地方，我们只有两支短枪，安全毫无保障，高华峰副官勉强住了一夜，便带着勤务兵回镇巴县城去了，但我们约定了联系地点和大概日期，这样虽有危险却便于我们活动。8日，我写信给滚龙坡红军部队，转送红四方面军总部。同时，我只身前往渔渡坝了解情况。这一天冷场，街上只有三五个人在闲逛，当晚我返回高脚洞。2月13日是农历大年除夕，我和观音庙祝董大师及另外两名闲汉一起度岁。过了几天，直到2月16日才接到总部来信，派一位叫柯大祥的带人到渔渡坝与我接头，我将一捆敌区报刊和部分物资交给他。我和柯大祥认为，渔渡坝距红军驻地滚龙坡太远，安全没有保障，另选力坝南边 15 华里的关门垭为交通站，那儿是红三十四团驻地，交接物资在力坝街上。力坝东边 15 华里是川陕边界要隘降头山，那里是白军驻防的前哨，长岭驻有白军营部。商妥之后，我从高脚洞折回毛垭塘，向西经长岭，到达降头山西南的力坝。在这里，我将一部分物资交给红四方面军总部供给部陈友盛。我在力坝南面关门垭乡苏维埃政府文化委员黎正刚家，介绍陈友盛和五十一旅高华峰副官见面，当面讲明请高副官给红军采购物资。委托黎正刚的妻子王三珍同志担任一些小型的运送任务。我一共去力坝三次，把白区的关系向陈友盛详细介绍之后再没有去过力坝。我为了传递情报和掩护干部往来方便起见，仍然住在羊圈关之凉水井。就在这个期间，孙蔚如不知听信了什么人的挑拨或来自何方的压力，密令驻牟家坝团长黄亚潘派人于途中拦截我所携带的数担物品到他的团部，经详细检查后又放行了。这些物品属油墨纸张之类。还有一次，两河口附近的农民李明孝等 17 人赴牟家坝赶场，被诬指为红军侦探，押往黄团团部，讯问我在两河口的活动情况。经我多方活动，才将这些农民保释出来，我替他们支付了被押期间的伙食费和其他费用。这些预兆，使我产生了诸多隐忧。到了 1934 年夏末，孙蔚如对互不侵犯协定的执行有了倦怠之意，已不敢或不愿意与红四方面军联络了。虽然经过争取、解释，终不能去除他对蒋介石的畏惧心理，使我所执行的任务受到阻碍，但我对工作还没有失掉信心。7月，孙蔚如给我看了一份电报，是蒋介石发给杨虎城又转给孙的。内容大意是：'据密报有伍志平（后又更正为武志平）其人，自称是三十八军参谋，住在两河口天池寺附近，经常给'共匪'输运军火、汽油等物，仰就近查办。'孙说已复电蒋介石说：'该人已离开我部。'我看过之后对孙说，蒋介石公开向我们提出警告，等于说你们的秘密我已知道，现在公开告诉你们，就看你们的态度吧！我向孙建议，依然和红军保持友好关系，在方式上更秘密一些，尽可能使红军不再派人来汉中，我也找一个隐蔽的地方与之保持接触，不在汉中露面。如必欲与红军断绝往来，亦必须通知对方说明自己的苦衷，不得不在表面上冷淡一下，以便留有余地。孙均表示不妥。为避免麻烦，孙坚持要我离开部队，去内地另觅栖身之所。这时，我深深感到单独工作的困难，碰到大的问题多么需要领导。经反复考虑，我决定去西安找宋绮云，通过宋再向上级汇报并请示以后的工作。行前，我将有关情况和自己的打算向红四方面军总部写了书面汇报，将过去的工作和社会关系都作了安排。"

武志平来到西安的时间大约在这年的8月初。武志平说："我来到西安，首先见到宋绮云。他告诉我，王佑民已经离开西安。我向宋绮云汇报了这一年工作情况，他同意我去上海找王佑民。同时，我在西安见到了杜斌丞和常黎夫。杜再次告诉我，杨虎城曾怀疑红军有意地将他和红军的友好关系宣扬出去，逼他'上梁山'。事实正与此相反，孙蔚如的高级幕僚人员中就有特务分子，今后还需要注意防范，免遭他们破坏。我在西安碰见十七路军的熟人，大都知道蒋介石曾经有令查办我，因为十七路军总部曾将蒋介石的电令通令所属部队一体通缉我，这显然是为了辟谣以掩人耳目。但人们却戏称我为'奉旨严拿的要犯'。处此情况之下，大家都同意我离开西安。杜斌丞也说：'通缉确有其事，不过是借以掩人耳目，目前你只好离开西安。'"

"巴山协议"执行受挫，无奈的武志平，离开西安前，从宋绮云那里要到王佑民在上海的地址，东去赴沪。在上海，却没有找到王佑民。武志平说："无奈到北平去找靖任秋。靖虽没有讲过他和上海中央领导机关有直接联系，但我们过去相处一段时间里，我已有所领悟。我向靖任秋说明来意，靖慨然应允同去上海找中央组织。大约是在8月底或9月初，我们到了上海，见到了上海中央局军委领导人之一王世英，这时我才知道王佑民是由王世英领导的。我向他汇报了从1933年3月到1934年7月这一时期的工作情况。靖任秋、刘秉琳两同志在座。王世英对我的工作很重视，并问到一些情况，除了同意我的报告，还诚挚地鼓励我排除困难，继续战斗下去，并给了我工作原则和工作方法等指示，要求我回汉中继续工作。王世英指出，目前和十七路军的联系虽然遭到破坏，但可以利用我和杨虎城、孙蔚如部队内旧有的关系，进行情报和交通工作，因为红四方面军在川陕地区日益壮大。临别时，王世英与我约定了秘密通信方法和地址，刘秉琳给我的通讯地址是宝隆医院。靖任秋告诉我，回到汉中要多和徐梦周联系，他会对我有所帮助。"

回汉中有没有危险，孙蔚如怎么对待武志平，其他反动势力，保守人士以及特务分子会不会盯上他？武志平说："回汉中我已无枝可栖，特务日益猖獗，汉中地方很小，无法隐蔽自己。遂想先见孙蔚如，说明我回来的理由，但毫无把握，也有几分冒险。见到孙，我向孙讲，在内地无法停留下去，我在十七路军的熟人都知道我是蒋介石指名道姓捉拿的'犯人'，万一我落到特务手中，对于杨主任、军长您都是不利的，我只有仍回到汉中防区待下去。我一说，孙蔚如顾虑重重，词色严厉，似也无可奈何，只好允许我在汉中住下来。王宗山则对我约法三章：不能给我以任何职务；不准有任何政治活动；不准和熟人接触，否则不能负责我的安全，生活上自行设法。我表示，这些都不成问题。就这样，我又秘密地恢复了对苏区的交通线，唯不能运输物资。"

就在武志平离开汉中一段时间，孙蔚如三十八军多次对苏区骚扰，并未通知对方，单方面断绝了来往，自食诺言，在镇巴县的力坝地方，纵容地方团队杀害了红军的采购人员陈友盛和一名战士。这个地方原来是允许红军赶场采购物资的。驻镇巴的三十八军十七师张骏京团长是知道这些情况的。

面对如此情况，武志平说："我10月份再次回到汉中，虽然被撤掉了官阶，但改变不了我的思想和初衷，只能使我的工作更加秘密和警惕，我首先和徐梦周等取得联系。起初我的行动虽受到监视，但群众是同情我的。苦恼的是，从上海带回的十多个方、圆电池和几个不小的电台部件无法送到红军总部。这些东西一旦被发现，会招致更大麻烦。到了12月下旬，上海中央局军委派王超北持王世英的介绍信来和我联系，他的公开身份是驻汉中勉县张汉民警卫团的军需主任，实为上海中央局军委陕甘特派员，张汉民也是陕甘特派员。我向王超北汇报了这一时期的工作，他转达了上海中央局军委对我的指示，并介绍曹受祉和我联系，同时给我一项任务，命我迅速将潘自力安全地送到川陕苏区。我留潘自力住在我家，给他准备化装和证件，介绍交通线的情况和途中注意事项，并让他过了1935年元旦。我亲自送了他一程，他按我给他绘制的路线图终于安全到达了苏区。

1935年2月3日，是农历大年除夕，红四方面军发动陕南战役，红十二师之一部一举攻下汉中宁强县城，全歼三十八军杨竹荪团，生俘杨竹荪。可惜的是，中共党员宁强县县长、谢子长入党介绍人白诚斋被当作"反动分子"错杀了。红九军之一部乘胜向汉中进军，在勉县击溃三十八军四十九旅王劲哉，三十八军只得集中在南郑、城固、褒城三个城垣内。杨虎城、孙蔚如向蒋介石连电告急，蒋介石派由十九路军改编的四十九师伍成仁部，六十师陈沛部，六十一师杨步飞部和嫡系王耀武部一个补充旅到达陕南地区，胡宗南之一部到达陕西西南边境地带，近迫宁强。

红军进抵汉中城外，内外交通断绝。武志平说："我因给红军情报送不出去相当焦急。2月17日（正月十四），孙蔚如委托王宗山找到我，让我出城去见红军高级指挥员，说明双方原订有互不侵犯之协议，应避免兵戎相见。我同意冒险出城，王宗山送我一张通行证。我出汉中北门时，虽有通行证哨兵也得检查行李。我正在为难之中，把守城门的排长原在镇巴毛亚塘见过两次，他还认识我，即令士兵放行。我将电池等物全部带出，在汉中城西30里长寨见到红九军政委陈海松，向陈汇报了孙蔚如三十八军情况之后，继续到勉县见到红四方面军副总指挥王树声、政治部主任周纯全，向他们汇报了敌情。他们派一班战士护送我到川北旺苍坝，见到总政委陈昌浩、参谋长李特，我将所了解的情况写成书面报告。在旺苍坝住了20多天，3月29日回汉中，李特和黄超再三对我说，如果能在汉中住下去，可设法与留在巴山老林桃园寺一带的红军游击队领导赵明恩取得联系。我曾派可靠的关系多次去找，一直没有联系上。"

陕南战役时间很短，红军撤离，蒋介石派来的几支部队盘踞汉中，孙蔚如反主为客，也无可奈何。不久，孙之三十八军调离汉中富庶之地，返回关中，驻扎渭河以北三原一带。武志平说："1935年4月，红四方面军渡过嘉陵江西征，原川陕苏区广大劳苦大众陷入痛苦深渊。陕南战役前张德生也去了川陕苏区。我和徐梦周商量，亦忍痛离开了呕心沥血建立起来的交通线，于1935年6月到达西安，和宋绮云商量的结果，认为我在陕西的环境不好，应离开陕西，去新的地方工作。考虑到华北虽已经沦陷，蒋介石的特务组织比较薄弱，去华北比较适宜。在西安见到杜斌丞和常黎夫，我们共同认为，杨虎城将军曾毅然和红四方面军建立联系，虽然由于客观形势所限制，未能高举抗日的鲜明旗帜，但是杨所统率的几万人马，竟然敢向专制独裁的蒋介石发难，在和红四方面军订立互不侵犯协议时，还特为强调共同抗日，可见其识见之宏远。"

巴山协议执行过程中，随着蒋介石的发现施压而受到挫折，又随着红四方面军发动陕南战役而彻底夭折。但是这个协定能够签订和执行，本身就说明了杨虎城、杜斌丞谋略的高明，也证明了武志平对党的忠诚和具有的献身精神。武志平的行动之所以被蒋介石发现，给杨虎城、孙蔚如施加压力，致使执行过程中受到挫折，一方面是由于斗争形势的复杂，而一个直接原因是川陕苏区所办的报刊上，透露了武志平在巴山两边来往活动情况，被特务侦知，报告了蒋介石。红四方面军发动陕南战役，更是出于战略上的需求，调动胡宗南等部东顾，减轻嘉陵江沿线的防守，以利于红四方面军西渡嘉陵江，与中央红军在川西北会师。两年间巴山两边无战事，红四方面军得到空前大发展；同时，也保证了杨虎城十七路军的安全。这一切，无疑是杜斌丞深谋远虑的结果，也是他"大西北主义"计划落实的组成部分。

第六章
打造西北抗战局面

联络地方实力派

杜斌丞倡导的"大西北主义"计划，遭到蒋介石的打压和限制，特别是 1933 年 5 月免去杨虎城的陕西省政府主席一职，11 月又撤销西安绥靖公署驻甘行署，斩断了杨虎城伸向甘肃的触角，杨的权力仅仅限制在陕西境内，也限制在军内，企图将杨困在笼中，放不开拳脚。

抗日心切，想成就一番大事业的杨虎城哪能善罢甘休，束手就擒，做笼中之鸟；杜斌丞也不甘心"大西北主义"计划的航船突然搁浅，沉没海底，变成锈铁朽木。杨、杜二人不负初衷，为凝聚更多抗日力量，打造西北抗战局面的新气氛而运筹帷幄。

杨虎城虽系贫寒出身，粗通文墨，但他一贯追求进步，爱国爱民，具有革命精神和视野。早在 1928 年 11 月东渡日本休养归来，他就以观察日本社会政界，日军训练，联想到甲午战争和在中国东北进行的日俄战争，以及第一次世界大战后日本取代德国攫取山东半岛权益等，得出一个惊人的判断："中日必有一战。"

1930 年 10 月，杨虎城主政陕西伊始，面对民国"十八年大年馑"给陕西造成的"万户萧条鬼唱歌"的惨状，力图恢复陕西经济，救人民于灾难之中，提出了兴修水利、大办实业、兴办教育、改善交通状况等一系列改善人民生活条件的施政举措，并开始施行。可是，为时不久，发生了九一八事变。蒋介石采取不抵抗政策，单纯寄希望于"国联"调解，依靠欧美帝国主义的干涉，却将大军用于"剿共"战场，继而提出"攘外必先安内"反动国策，中华民族危亡日甚一日。杨虎城和杜斌丞等一批有识之士敏锐地觉察到陕西势必成为西北的抗日前线，全国抗日的大后方。陕西乃至整个西北经济的恢复和发展，必然带有抗战的性质，一切工作都必须围绕抗战这个大局去进行。十七路军不再是仅仅以占据地盘，称雄西北为目的，而是要在西北形成抗战的新天地。

在军事上，九一八事变发生后第五天，杨虎城就致电蒋介石和张学良，主张举国上下，一致抗日，共御外侮。此后几年，他多次向十七路军将士和陕西民众以谈话、训词、告官兵书和告民众书等形式发出抗日号召，甚至要求率领十七路军官兵奔赴抗日杀敌疆场，为国拼命，誓言"宁做战死鬼，不做亡国奴"。他这种铿锵有力、胸怀鸿鹄的抗日抱负，却碰到一颗软钉子，遭到蒋介石"现在抗日还轮不到你"不冷不热的回绝。

杜斌丞"让出陕西，进军甘肃"这一"大西北主义"妙棋被蒋介石拒绝之后，杨、杜二人便筹划寻找新出路，除谋略巴山南北，与红四方面军签订巴山协定之外，倾力精心"打造西北抗战局面"，作为实现"大西北主义"计划，反对蒋介石控制的新手段、新策略。如果说，"大西北主义"计划初步设想仅仅是为了摆脱蒋介石控制，为地盘而战，那么，"打造西北抗战局面"，抗战的旗帜更鲜明了。打造西北抗战局面的具体内容和做法是沟通与联络西北地方实力派和全国抗日武装，联合共产党，宣传和支持民众抗日救国运动。随着红二十五军、中央红军长征到达陕北，东北军入陕，杨虎城、杜斌丞极力改善十七路军与红军、东北军和各实力派之间的关系。同时，争取得到全国各地方实力派的支持与响应。

1933 年 11 月 20 日，李济深、陈铭枢、蒋光鼐、蔡廷锴等以十九路军为主力在福建福州发动抗日反蒋事变（或曰事件），成立了中华共和国人民革命政府，发表了《人民权利宣言》。事变虽遭到蒋介石的重兵围攻，终告失败，但它却是中国近代史上一个独具特色的政治事件，是抗日民族统一战线发展史上具有标志性意义和重大影响的历史事件。事件发生时杜斌丞正在汉中，杨虎城派王子安秘密前去福建，与李济深、陈铭枢、徐谦见面，表达了杨虎城、杜斌丞等积极支持福建事变和竭诚协作的意愿。李济深在表示感谢的同时，更希望杨虎城"果敢地行动起来"。王子安返回西安向杨汇报后，杨非常高兴而自信地说："今后真正抗日的力量在西北。"

杨虎城、杜斌丞以福建事变为契机，加快西北抗战局面的打造与实施。首先是与西北各实力派进行沟通与联系。1933 年 12 月至 1934 年初，派几路人马出使甘肃、宁夏和新疆。常黎夫回忆说："1933 年 12 月，我按照中共陕南特委的指示，随杜斌丞回到西安，隐蔽在杜斌丞家中，帮助工作。当我们在汉中的时候，就知道了福建事变，成立了人民政府的消息。也听到了孙殿英部正开往西北，南汉宸作为杨虎城的代表在孙部活动的传闻。杜斌丞回到西安之初，杨虎城和杜斌丞活动频繁，如派李龙门去山西、广西，分别和阎锡山、李宗仁取得联系；派杜立亭、刘天鸣去孙殿英部工作；派崔孟博去南汉宸处当助手。另外，杜斌丞正在汉中，杨虎城就派刘佛吾等赴新疆，与马仲英、盛世才联络。并调解马、盛之间的矛盾。"

刘佛吾 1981 年 3 月 20 日说："我和蔡雪村、赵福成（又名赵寿山，马仲英的来陕代表）等四人坐的飞机，是杨虎城主任出资一万元包的专机。临行之前，杨主任两次找我面谈，交代任务及应注意之点。他说：'福建事件'的爆发绝不是偶然的，我们和蒋介石是势不两立的，为了避免被蒋介石各个击破，必须同外界各方面联系，加强合作抗战，一俟时机成熟，和蒋拼个你死我活。如果失败，新疆就是我们最后的退路，因为那里有很好的国际条件和地理特殊的形势，听说马仲英、盛世才思想进步，对蒋不满。如果能与他们合作抗日，不只是在军事上可以牵制打击亲蒋的马家军，而且在政治上可以壮大西北声誉，严重动摇蒋介石在西北的统治。借赵福成来陕的时机，我想让你以我的代表名义，和盛世才、马仲英谈一谈，听听他们对时局的看法，为将来奠定基础。''要切记保密，到后先从各方面了解情况，掌握准确材料，然后再对盛、马说出你此行之任务。否则，不光对你有危险，同时对于事业是不利的，因为蒋介石对我们极端注视，所以办事必须细心才行。'但是我第二天飞到哈密，发现马仲英已和盛世才打起来了。结果马部退到喀什，马仲英偕蔡雪村出了国，我后来到迪化（乌鲁木齐）见了盛世才，这时福建事件已经解决。"

对于这些实力派人物，杜斌丞不仅看他们的兵力大小，势力强弱，更重要的看他们有无共同抗日的政治基础。孙殿英1933年和冯玉祥、方振武、吉鸿昌等于张家口一带组织察哈尔抗日同盟军，在蒋介石的重兵"围剿"下失败，冯玉祥下野，冯在下野通电中建议孙殿英为青海屯垦督办。蒋介石为了促使杂牌军互相残杀，消灭异己，便发表孙殿英为青海西区屯垦督办，企图利用孙部武力打击宁马和青马，无疑是要夺取马家军盘踞多年的地盘。可是，任何军阀都把地盘看成是命根子，有了地盘可以征兵、收税、派粮、摊款，要夺军阀的地盘，就像要他的命根子一样可怕，岂能轻易丢失？孙殿英西进命令发表后，立即遭到马步芳的反对。马步芳串联马步青和宁夏的马鸿逵、马鸿宾，决心与孙殿英决一死战，这就是当年"四马驱孙"的宁夏战事。

这时的蒋介石以为，孙部即使不能入青消灭青马、宁马，亦可利用青马、宁马等西北地方势力消灭孙殿英，反正两个都是要摘的"瓜"、要炒的"鱼"，以毒攻毒岂不更好，只是谁先被摘被炒的问题而已。孙殿英因东陵盗墓名声很坏，力量较弱，又是客入主地，劳师远征，失败不可避免。蒋介石看准这一点，便令西北的代理人朱绍良与"四马"采取一致态度，一致行动。马步芳更是胜券在握，亲赴宁夏，与孙殿英展开一场血战。1934年2月底，战事结束，孙殿英一败涂地，8万大军很快土崩瓦解。

孙殿英进军宁夏败相初露，还没有彻底失败，杨虎城先后派去协助南汉宸的人员杳无音讯，杨虎城和南汉宸间的联络也中断了。杨唯恐南汉宸在孙部活动的消息泄露出去于己不利，乃与杜斌丞商量决定尽快再派一可靠人去宁夏，务必见到南汉宸恢复联系。

在杨虎城秘书王菊人推荐下，杨虎城同意派常黎夫前往宁夏。王菊人将杨虎城写给南汉宸的信先送到杜斌丞手中，杜将信密写在一块白绫子上，交给夫人朱佩英亲手缝在常黎夫的棉袄里。200元的路费由杜的秘书杜良明从王菊人处取回交给常黎夫。当晚，常黎夫按约去王菊人家中。王对常讲，杨和杜上午见过面了，一切都谈好了，杨主任就不再约见面谈了，争取时间立即启程。1934年农历除夕（2月13日）晚，常黎夫到达北平，然后转去包头、宁夏方向，行至磴口李家岗堡顾问处见到南汉宸。

杜斌丞对于联络孙殿英并不是十分满意，孙殿英虽号称有8万之众，但人不可信，不可交。常黎夫出发前杜斌丞就向他表达了这个意思。常黎夫回忆说："杨向杜提出派我去较为合适，杜不好拒绝，征求我的意见。杜斌丞对我说：'从当前形势看，此去没有实际意义，蒋介石给孙殿英青海西部屯垦督办，别有用心；而孙殿英反复无常，打个人的小算盘，他能否进入西北，能否站得住脚，毫无把握。杨虎城力量单薄，不起主导作用。所谓孙杨联合，没有现实条件和可靠基础。不过你去了能和南汉宸、葛霁云会面结识，以后参加社会活动的路子会宽广一点，同时借此机会和杨建立关系。'"

见到南汉宸、葛霁云之后，南汉宸和常黎夫进行了很好的交谈。常黎夫说："南汉宸对孙殿英部作了全面介绍和分析。对我们之间的关系，他坦诚地说：'我们之间是同志式的关系，是建立在共同理想和政治目标基础上的，不仅仅是杨的代表和联络员的关系，也不仅仅是建立在与十七路军的共事和杨个人友谊方面的单纯关系。至于我们和杜斌丞之间的政治主张则是完全一致的。'孙殿英攻银川城失利，南汉宸认为败局已定，我必须立即赶回西安报信。南汉宸给杨虎城写在白绫上的密信仍然缝在我的棉裤里边，雇了一个熟悉黄河绕过冰桥和沙漠地段道路情况的人，牵着在临河买的小毛驴驮上行李，于二月初一清晨从黄河冰上过了河，在陇东西峰镇乘汽车回到西安。杨虎城看过南汉宸的复信，表示很满意。说南办事老诚练达。"

在西北实力派将领中，还包括八十四师师长高桂滋。杨虎城和杜斌丞在高桂滋身上下了大气力。1934 年 10 月 10 日，杜斌丞陪同表弟高部二五一旅旅长高建白前往杨虎城西安红埠街家中，为杨母祝寿。30 年后高建白回忆说："1934 年，杨虎城将军任西安绥靖公署主任住西安，高桂滋的部队驻洛阳，相距咫尺。杨、高过去是朋友，现在两人交往精神很愉快。但蒋介石对杨的部队也极歧视，对陕西人印象极坏，时时打主意，总想将这些异己部队一齐消灭，在这一点上，杨、高处境是一致的。但杨的部队比较大些，地位高些，高总想双方加强联系，共同应付艰难处境。1934 年双十节前几天，高让我代表八十四师到西安为杨虎城将军的老太太祝寿，借此机会与杨虎城将军商谈双方今后共谋生存问题。到西安，杨虎城将军对我很热情，并约我参加了双十节典礼。会毕，杨将军让我和杜斌丞到他家谈话。我将来西安任务详陈一遍，表示请杨设法将八十四师调到西北归杨指挥，共图生存。杨将军说：'你到这里和各方面接触就会了解到，我们再怎样人家也不会相信，我们只有自己来干。''西北的部队，现在存留的力量没有几部分了，我们如果不自行设法，共图生存，人家就想出各种办法将咱们消灭尽净才甘心。以后我们经常联络，你们借机也来西北，这样双方都有好处。'"

仅隔一天，10 月 12 日，蒋介石抵达西安，部署西北"围剿"红军新计划。这里所提到的红军主要是指陕甘边根据地的红军和川陕的红四方面军。齐天然、苗滋庶在合著的《高桂滋传略》中写道："1934 年 10 月，蒋介石来西安了解和部署西北'剿共'计划，途经洛阳，邀高桂滋一同去西安，杨虎城向蒋介石建议，调高桂滋部开赴陕北，其目的是他和高桂滋是患难朋友，又都是杂牌部队，是蒋介石迟早要消灭的对象，东北军来了还不知怎么样，高的部队调来了，可以相互支持，同谋共事，以求生存。其实蒋介石来西安前，早已决定调高部到陕北'剿共'，他的阴谋是这样，既可以削弱陕甘边区的红军，也可能由红军把高部消灭，杨虎城的建议正中蒋下怀。"

10月下旬，即将开赴陕北"剿共"的高桂滋，出发前心中早已盘算好了，在洛阳对其二五一旅旅长高建白说："陕北有什么共产党，这都是八十六师（井岳秀部）在陕北盘踞多年，剥削压榨，人民负担奇重，官逼民反，因此有了少数共产党员借机煽动，贴贴标语，因愤惩罚了几个老财，宣传的厉害，实力并没有什么。刘志丹、谢子长都是杜斌丞的学生，前年经杜斌丞介绍，我在北平见过他们一次，他们有什么力量？我们到陕北正好保存实力。共产党是图发展，我们是求生存，双方没有什么冲突的地方。我到陕北后，派人与刘志丹联络，对他说，我们都是陕北人，以地方为重，彼此不要冲突。他的环境如果不好时，我们可以为他编一个团。我们的环境不好时，宁将武力交给地方，决不送给老蒋。"高建白说："我们二五一旅于1934年10月28日由豫西陕州出发，11月14日到达陕北清涧县。这时，我特到西安一次，同西安绥署主任杨虎城、省政府主席邵力子以及有关方面接洽。同时特别到大湘子庙街杜斌丞家中去谈。表兄弟谈心，特别愉快。他说：'培五（高桂滋字）这次很高兴地要到陕北去打共产党。在我看来，他会栽跟头的。共产党能打吗？蒋介石不是几次"进剿"吗？结果不是失败了吗？培五如果打，不会得到便宜；不打又怎么向蒋介石交差？他又和井崧公（井岳秀字）有旧仇恨，到了陕北又怎么对待？再说在家乡门前驻防是不容易讨好的。种种问题，没有一个妥善计划，会有不良的后果。'我说：蒋介石日谋夜算想消灭我们，我们到陕北是为了求生存，共产党在陕北闹革命是要求发展。我们知道，如果没有共产党，所有杂牌军队早就不存在了。我们过去对共产党的办法是力求避免冲突，现在应该联系，无论如何双方不要冲突。刘志丹、谢子长都是你的学生，你可派一人，同我北上，与刘、谢联络，定个办法。杜先生说：'我也是这样想的，但一时想不出适当的人，你们先走吧，他们会派人找你们来的。'我说：培五也要来西安一次，到后你和他好好谈一下。你与两方面都有关系，多多主持，不惟地方有利，地方也得到安全。杜先生说：'他如到西安，一定深谈。'次晨我即北去。"

1935 年 7 月下旬，高桂滋来西安，杜斌丞应约会见高桂滋。杜劝高不要为蒋介石卖命："在陕北家乡父老面前'清剿'红军，继续打红军，跟头会栽得更大。要想办法与红军联络，进行谈判，以求双方共存，联合起来反对西北人民最大的敌人蒋介石和日本帝国主义。"

经杜斌丞力劝指路，这年 11 月下旬，高桂滋八十四师与陕北临时省苏维埃政府签订了和平相处、正常往来、相互配合、反蒋抗日协商章约，其中第一条便是"双方自己主要负责人至领导之每个中国同胞，咸认为日本帝国主义以图占领中国领土，灭亡中国民族，称霸东亚为其出路，我中华民族处于不为日本并吞即为列强瓜分之危机地位。凡我华人，皆当同仇敌忾，共救国家民族之难。故由双方代表之接洽，一致承认'日本帝国主义为我全中华同胞之公敌'，誓同反日，谁不反日谁即为日本人走狗，吾人为彻底反日工作，并反对一切不反日或与日妥协之一切汉奸。"

"要善待东北军"

1935 年 9 月，中央红军长征进入陇南，继续向北延进，正在鄂豫皖"剿共"的东北军掉头前往西北与红军作战。此次东北军开往西北的有五十一军、五十七军、六十七军和骑兵军一共四个军，以及直属一一二师、一一五师和独立一〇五师等部，共 13 万余人马，分驻陕西、甘肃两省。

10 月 2 日，国民政府特派蒋介石兼西北"剿匪"总司令，张学良兼副总司令；朱绍良、于学忠、杨虎城分任第一、二、三路司令。11

月 1 日，西北"剿匪"总司令部在西安成立。

进入陕甘之前，在鄂豫皖"剿共"的东北军损失不算太大。这时，根据地主力红四方面军西移川西北，即使"追剿"红二十五军的六十七军三个师也没有经历多大战斗。因而，张学良没有领教过红军作战威力，对红军战略战术还没有清楚认识。到达陕甘之初，东北军还以"胜利之师"的姿态自居，表面上士气相当旺盛。加之人数、装备大大超过杨虎城的十七路军，在东北军眼里，十七路军既弱小又土气，因而盛气凌人，目空一切。而十七路军官兵也不服气，甚至讥讽东北军："人强马壮，武器精良顶个屁用，丢了东北，失了平津，跑到西北有啥耀武扬威的，与红军较量才算你们真有本事。"

东北军一进入陕甘，一系列的问题和困难接踵而来，除了蒋介石和身边的军政大员挑拨离间张、杨关系，中统、军统特务也散发"陕人治陕""驱逐不抵抗的东北军"传单，挑起客主矛盾。同时，大批随军而行的家眷也成了中国军队历史上少有的"风景线"，使人颇不理解。一些高级军官家眷留在了平津，而随军行走的中下级军官，甚至伙夫、马夫只能带着家眷一路奔波。大军所至，眷属成群，大量占用民房，致使关中一带居民一家数口被挤到角落，局促不堪，也常常为借用东西或小孩间吵嘴打架，引起眷属与房东怒目睚眦，争闹不休。一些住在商店、铺号、寺庙、学校和居民家中的家眷，生小孩的事情时有发生，这在当时陕甘封建习俗中，是最为讨人忌讳难堪和不可接受的，引起了军民关系异常紧张。而十七路军多为陕西子弟，家乡所在，多年不离故土，东北军发生的这些事情，也引起十七路军官兵们所不容，排外情绪甚烈，不免发生这样或那样的矛盾和碰撞。

在多数人责备、埋怨、谴责东北军的时候，杜斌丞却是另一番态度，他从大局出发，提出"要善待东北军，友好东北军"。时任杨虎城秘书的周梵伯后来说："1935 年秋，东北军进陕，杨虎城将军认为这是蒋介石对他挟持约束的一个阴谋，表现焦虑，怏怏不乐。开始，东北军常与十七路军为住房、看戏等事发生摩擦，控告东北军的函件不断送来。有一次，我又给杨将军念这类报告，他越听越生气，霍地站起来说：'真是岂有此理！'说话间，杜斌丞先生进来了，他听了事端经过后，规劝杨：'张汉卿豪放直爽，眼下他的处境艰难，一有父亲惨死于日寇之手的家仇，二有替蒋介石背了不抵抗日本黑锅的大冤，国难家仇，集于一身。他在蒋介石逼迫下率部入陕，部队开拔，大都携带家眷，他们国破家亡，背井离乡，与地方官员及军队发生一点摩擦在所难免，我们应当同情东北同胞。蒋介石调东北军入陕，命令你和汉卿"剿共"，意在三方对立，互相残杀。在此情况下，应以国家民族利益为重，团结友军，联合红军，变三方对立为三方联合，变互相残杀为联合抗日，这样既能团结友军，又能结好红军，有利于国家民族，能得到举国上下的称赞，真正实现孙中山的遗愿，使得蒋介石的阴谋成为泡影。'杨将军对杜先生的话深表赞同，一时怨气也消了，遂命令部属体谅东北军的苦衷和困难，尽量给予合作，改善两军关系。"

杜斌丞要杨虎城善待东北军，同情东北同胞。杨虎城后来对东北军入陕和对东北军的难处及两军发生的矛盾和摩擦持宽容态度，以至走上与张学良合作的道路。米暂沉说："一天，西安东关有居民因占用房屋发生争执对立，场面一时火爆，正在此地巡逻的十七路军宪兵营，在调解中与东北军发生冲突，宪兵营长金闽生向杨虎城报告经过，抱怨东北军强占民房，蛮不讲理。杨告诉金闽生：'你们明白吧，这就叫亡国！我们对他们，应有同情心，不能以正常的情况看待这些问题，也不应听一面之词，或站在一面说话，要教育我们的官兵，以后处理这样的问题时要特别注意。'"

于学忠军长率东北军五十一军由西安开往甘肃途中，一千数百里的西（安）兰（州）大道上，无数随军家眷，夹插在部队中行进，其中有老头儿、老太婆，还有一手领着小孩，一手抱着小孩的妇女，成群结队，一拐一跛地行走着，走向他们茫然无知的地方。这种惨状，当时看"热闹"的、讥讽的、嘲笑的比比皆是，以致过后一段时间，人们当作戏谑、取笑的谈资和话题。杨虎城、杜斌丞都说："五十一军的行军，就是一幅活生生的'难民图'。"

东北军进入陕甘，先后于 10 月上、中旬在延安富县、甘泉地区发动"围剿"红十五军团，结果劳山战役六十七军一一〇师几乎被全歼，师参谋长被击毙，师长何立中受重伤不治身亡。榆林桥战役六十七军一〇七师六一九团四个营被全歼，团长高福源被俘。随后于 11 月下旬的直罗镇战役中，五十七军一〇九师两个团和直属部队被中央红军和红十五军团歼灭，师长牛元峰走投无路，令副官开枪把自己打死。不到两个月，东北军损失两个师和大量武器装备，两个师长和一批高级军官不是毙命就是被俘，使张学良真正领教了红军的厉害。

东北军何、牛两师被歼之际，正是张学良、杨虎城在南京参加国民党第五次全国代表大会的时候，张学良闻讯，非常沮丧和伤感，而蒋介石、何应钦对东北军失败无不指斥和奚落。不仅如此，对张学良提出补充和恢复两个师的要求也给予拒绝，乘机取消了两个师番号，停发了军费。张学良要求给何、牛两师长家属各优抚 10 万元，结果也是"碍难照准"。败军之帅，遭人下眼，张学良受到极大打击。张学良气愤地抱怨："我张某人混得不值 10 万块钱了！"蒋介石利用杂牌军"剿共"达到了一箭双雕的目的。在别人奚落的时候，杨虎城却去看望张学良，对张表示了亲切的安慰和同情，劝张"不要过于伤感而影响健康。在此紧要关头要好自排遣，天下事并不是从此不可为了。"张听后十分感动，拉近了两人感情距离。

何、牛两师被歼，引起整个东北军内部震动，而震动最强烈、最痛楚的还要数那些牺牲、被俘官兵带到各县的眷属们。据当时耀县保卫团负责人报告杨虎城说："何、牛两师覆没消息传到后方，半个月期间，我日夜上城查岗，总听见女人的号哭声，简直令人不忍听下去。"

1936 年春，眷属中的孤儿寡母数千人前往西安，在"西北剿总"门前请愿、哭诉，围观市民也为之落泪。

以上这些凄惨恓惶的场面，也震动了当地的人民群众，特别是一些老人、妇女和小孩。由开始惊讶跟着表示同情。米暂沉在他撰写的《杨虎城传》一书中有这样一段文字记述："老婆婆情不自禁地跟着那些眷属们一面哭，一面安慰。照老婆婆想法，女人死了丈夫，也还可以依附娘家，她们以为这是一个比较有效的安慰说法，但往往会使眷属们更伤心，哭得更厉害。眷属们说：'东北被日本侵占了，有娘家也不敢回去。'老婆婆们从这悲惨场面知道了什么叫亡国奴，更增加了她们对眷属的同情。她们自动地拿出吃的，甚至拿出她们自己攒下的鸡蛋，连罐罐一起交给眷属。有些老婆婆万分热情而诚恳地对眷属们说：'你放心，你们就住在我们这里，我们有饭吃，一定也有你们吃的。'劳苦人民的心连在一起。陕西人民受到了一次最深刻具体的爱国教育，东北流亡在陕西的人们也体会到一种阶级和民族的友爱与温暖。这种情绪，很快很自然地影响到东北军和十七路军。"

一次，杜斌丞和东北军六十七军军长王以哲闲谈时，王说到他的部队经费还没有汇到很着急。杜将此事告诉杨虎城，杨便暂停十七路军经费，将这笔经费先拨给王以哲使用，王感激万分。

1935 年 10 月 20 日，共产党员杜重远派爱国民主人士高崇民和共产党员孙达生来到西安，推动张学良、杨虎城两将军联共抗日，同时介绍了杜斌丞先生。适逢杨从南京参加国民党"五全"大会刚回西安，他俩知道杜斌丞提出过西北大联合的"大西北主义"计划，也知道杜在杨虎城跟前说话的分量，高崇民持信先去见杜斌丞。杜重远早在 1934 年来西安时，与杨虎城和杜斌丞就有来往。高在西安见到杜斌丞，便对杜说："目前的形势，要求抗日呼声正在全国形成热潮，但是要抗日就非得反对蒋介石'先安内后攘外'的反动政策不可，打内战，残杀自己的同胞，置国家命运于不顾，这种政策早已遭到人民唾弃。东北军和西北军必须联合起来，结成一个坚强的抗日阵营，反对内战，一致对外，此其时也。"高崇民所言，其实也是杜斌丞早已考虑谋划的，二人都有相见恨晚，彼此相慕相亲之感。

高崇民第一次见到杜斌丞，经一番深谈，高崇民就证实了杜重远向他介绍的杜斌丞是可以依赖的朋友。应高崇民要求，杨虎城回西安后，杜斌丞尽快安排高崇民与杨虎城相见。高崇民向杨虎城坦率直言，只有停止"剿共"内战，一致对外，才能挽救国家危亡。他向杨将军提出："抗日乃是国家当务之急，而抗日就非反蒋不可。"高崇民的这一论断也令杨虎城十分欣赏。与高崇民这次同行的孙达生后来说："在我们离沪之前，高崇民和阎宝航借探狱的机会，与坐牢的杜重远商量了向张学良提出的几条建议，其中一条是：重远与陕西杜斌丞、杨虎城有些交往，建议东北军与杨虎城交朋友，联合十七路军，这样才能以陕甘为后方，安置家属，整训部队，准备抗战。我和崇民第一天到西安，第二天杨虎城就请我们去他办公室叙谈，从此建立起联系。"

米暂沉后来说："杜重远在上海与张学良接触后，特意与高崇民商量，要高去西安，一面帮助张学良在东北军内部进行停止'剿共'的内战工作，一面沟通张、杨之间的关系，促成共同行动，联合抗日。为此，杜重远写信给杜斌丞，介绍高崇民，并通过杜斌丞安排高与杨会面。"

高崇民这次西安之行，对进一步沟通张学良与杨虎城之间的联系与感情起了相当大的作用，他向张学良将军提出了联苏、联共、联刘（湘）、联盛（世才）、联冯（玉祥）、联桂（系）、联杨（虎城）七联主张，以七联反蒋抗日，独立自主地推进抗战运动。高崇民的七联反蒋抗日和杨虎城、杜斌丞的"打造西北抗战局面""西北大联合"异曲同工，不谋而合。东北军工委书记刘澜波后来曾说："杜斌丞是真正主张西北军与东北军团结抗日的。"如果说，杜斌丞劝说杨虎城善待东北军，潜台词是为了使杨虎城由感情上的同情东北军，走上联合东北军。而高崇民也是张学良从感情上接近杨虎城，联合十七路军的关键人物。从此，两个有识之士，在张、杨之间穿针引线，开通秘密通道，堪称张、杨两将军最终成就一番壮举，成为中华民族千古功臣、民族英雄的"高级推手"和"政治智囊"。

经杜斌丞、高崇民的沟通联络，杨虎城、张学良为十七路军和东北军联合抗日，日趋步调一致，协同配合，两军高中级将领和中下级军官，也是冰释前嫌，友好往来，共同参与和支持抗日救亡运动。

1936 年初，张学良为校长的东北大学生赴西安代表团来到西安，宣传北平一二·九运动，杨虎城、杜斌丞热情地接待了代表团成员。时为代表团成员的宋黎 1984 年 10 月回忆说："1935 年 12 月，北平爆发了一二·九爱国学生运动，当时兼任由东北移驻北平的东北大学校长张学良，致电'东大'秘书长王卓然，让派学生代表到西安，东大学生救亡工作委员会一致推举我和韩永赞、马绍周为东大学生代表、北平学联代表，组成代表团，赴西安见张学良将军。1936 年 1 月底，我们到达西安，张学良去南京开会，'西北剿总'秘书长不接待。我们在西安省立第二中学宣传一二·九运动，而主持师生会议的罗端先次日即被教政当局撤职。我们深感不平，求见西安绥靖公署杨虎城将军。杨热情款待我们，并邀请我向十七路军 700 多名尉官以上军官讲了北平爱国学生运动的情况。杨将军在会上慷慨激昂地说：'抗日的学生在华北前线赤手空拳跟日本鬼子作战，具有大无畏的爱国精神，我们这些手握枪杆的，绝不能坐视不动！'并领头振臂高呼：'抗日学生运动万岁！''打倒日本帝国主义！'2 月中旬，张学良回到西安，同我连续进行了五次长谈，向我们表示：'东北沦陷，我有责任，先父的坟还在东北，国难家仇集于一身，抗日救国义不容辞。东北青年、东北军、东北人民应该团结起来准备打回老家去。'为了了解西北的形势，经东北名流车向忱先生介绍，我们又拜访了西北著名教育家、杨虎城将军的挚友杜斌丞先生。杜斌丞先生的家住在大湘子庙街，我们刚进院，杜老迎了出来。他身材高大，魁梧健壮，两撇八字胡子高高地翘起，露出和蔼可亲的笑容。他的一双厚厚的手紧紧握住了我们的手，操着一口浓重的陕北乡音真诚地欢迎我们。杜老知识渊博，思想敏锐，庄重、健谈，又平易近人。他立足现实，展望未来，有条不紊地给我们介绍西北、全国的政治形势，以及杨虎城、张学良将军的思想状况和两军的动态。他用朴实无华的语言，把深思熟虑的政治见解透彻地讲给我们。提起日寇蚕食中国和蒋介石推行'攘外必先安内'的反动政策，他深恶痛绝；谈到东北军亡省失家流亡异地，同情之感溢于言表；他对一二·九学生运动倍加赞赏，对建立广泛的抗日民族统一战线竭诚拥护，极力提倡停止内战，共同抗日。杜老师的爱憎像陕西的泾水和渭水一样分明，我们为在西安又找到一位良师益友而庆幸。我们三人代表团到西安后，了解了张学良校长的意图，因而由原来反对东大迁校西北转为支持东大迁校，东大学生救亡工作委员会对我们 180 度的大转弯很不理解，因此派出学生代表再到西安了解情况。为了做好他们的工作，我们特请杜斌丞先生再助一臂之力。杜先生不愧为教育家，他深谙心理学，所以特别了解、掌握青年学生的心理状态，找出问题的症结，循循善诱地开导，因此收到了良好的效果。东北大学工学院能于 1936 年下半年顺利地迁到西安办学，并在西安事变前后发挥一定的作用，这与杜斌丞先生卓有成效的工作是密不可分的。"

通过杜斌丞、高崇民二人的架桥和沟通，杨虎城对张学良及东北军的同情、善待，关系上升到两军联合反蒋抗日的政治高度，将原先"屏绝内战，统一意志，欲图救亡"口号，改为"屏绝内战，统一意志，共同抗日"，这是打造成西北抗战局面的最坚实的基础和保障。

除了高崇民之外，一批东北籍的共产党人和民主人士在 1935 年 11 月至 1936 年初先后来到东北军，争取东北军走上联共抗日的道路，他们有刘澜波、孙达生、栗又文、苗浡然、宋黎、刘鼎、车向忱、卢广绩等。他们来后，几乎都与杜斌丞会面接触和深谈，也受到张学良、杨虎城的会见和安排工作，在东北军和十七路军内进行公开、半公开的抗日救亡宣传活动，栗又文还担任张学良的秘书。张学良也很信任宋黎，将其化名为宋梦南，并以自己的名义去北平营救一二·九运动中被捕学生。刘澜波等还在东北军中组建起中共东北军工作委员会，帮助东北军进行改造与整顿，张学良成立了东北军学兵队，学兵队驻在东城门楼上，训练抗日骨干，从东北军内部和北平招收数百名进步青年、民先队员和参加过一二·九运动的进步学生，大量的共产党员和共青团员进入学兵队。

与此同时，中共驻共产国际代表团也派王炳南回到杨虎城身边。王炳南与杨虎城有世交关系，并由杨资助赴德留学。王炳南也与东北抗日义勇军将领马占山、李杜、苏炳文相识。1933 年东北军将领马占山、李杜、苏炳文抵达柏林，王炳南以反帝大同盟中国语言组负责人身份，委托英共中国语言组书记、负责反帝大同盟伦敦华侨工作的东北籍共产党人于炳然，做马、李、苏的工作，并通过三人回国后做张学良的工作，"走联苏抗日""联共抗日"的道路。王炳南这次回国，杨虎城把他和德国妻子王安娜接到身边，住在一起，探讨与张学良合作联共反蒋抗日机密。王炳南赞同杨的主张，并详细讲解中共《八一宣言》的内容和意义。杨又把王炳南介绍给张学良，张邀王炳南在自己住处进行长谈。张、王除谈到东北籍共产党员于炳然曾经通过马、李、苏传话一事外，更多地谈到联共抗日问题。

可以说，杜斌丞、高崇民、王炳南三人是较早影响和促成张、杨两将军走联共反蒋抗日之路，打造西北抗战局面的最关键、最直接和最亲近的智囊人物。

牵线搭桥　联共抗日（一）

1935 年和 1936 年，是三秦大地风骤云涌的两年，红白数路大军云集于此，抱着不同的心态和政治诉求，操戈弄戟，兵戎相见。然而，几经信使往来，沟通联络，各个军事集团，犹如卷着砾石泥沙的千百条支流，汇江入海，在反蒋抗日到逼蒋抗日的旗帜下，偃旗息鼓，握手言欢，共同为打造西北抗日局面做出了不懈努力。杜斌丞胸怀大猷，为沟通、联络和协调工作竭尽全力，功不可没。

杜斌丞不仅在沟通和促成张学良、杨虎城两大军事集团相互同情与亲近上劳苦功高，同时，在沟通和促成东北军、十七路军与红军"三位一体"，联合抗日局面形成中，也立下了汗马功劳。

1935 年 10 月 19 日，中共中央和中央红军长征胜利到达陕北，被称为"奠基礼"的直罗镇战役刚一结束，12 月 5 日，毛泽东和彭德怀就从富县东村驻地派汪锋出使西安，给杨虎城、杜斌丞、邓宝珊送去三封亲笔信，商谈红军与十七路军联合抗日大计。

毛泽东、彭德怀致杨虎城亲笔信原文为：

虎臣先生总指挥阁下：从徐向前同志处，知阁下曾与通、南、巴红军有某种联系。系因阁下不顾信义，杀戮徐方代表，是以有汉中之役。徐海东同志亦云，如阁下不派唐嗣桐、张汉民等过为已甚，则消灭唐、张两旅之事亦不至发生。敝军由南而北，志在抗日。张学良卖国性成，于其百零七师、百一十师覆灭之后，复令董英斌六十五师之众侵入苏区。敝军初到陕西，未遑宁处，聊一还击，即得枪四千余支，俘虏五千余人，董英斌星夜逃还合水。鄙人等近日函董，谓此仅对卖国将军略施警告，劝其及早改图，反蒋抗日。警告之不听，则其后患不堪设想。乃闻阁下之孙、冯两师，亦由陕南向陕北开进，诚不识是何居心？如言保境，则敝军并无问鼎长安之谋。如言进攻红军，则不计何立中、刘翰东、牛元峰、沈克等之惨败，宁不计唐嗣桐、张汉民之覆辙？如言陕西，则阁下卧榻之侧，眈眈者究是何人？蒋介石四十余团久已深入陕甘，张学良主力近更陆续入陕。邵力子手无寸铁，阁下已为之惴惴不安，倘易之何柱国或张学良手下任何一人，则阁下之绥靖主任，地方权力，当有存乎？冯钦哉已为蒋介石拉去，孙蔚如能保其不为冯钦哉第二乎？如言国家，则今日者，乃亡国灭种之日也。凡属爱国志士、革命军人，应如何泣血椎心，一致奋起，为抗日讨蒋而战。盖日本帝国主义实我民族国家之世仇，而蒋介石则通国人民之公敌。日本而无蒋介石，则吞并华北灭亡中国之诡计不得售；蒋介石而无日本，则其卖国家、戮民众、祸军队、排异己之奸谋不得逞。是以抗日反蒋，势无偏废。建义旗于国中，申天讨于禹域，驱除强寇，四万万具有同心，诛戮神奸，千百年同兹快举。鄙人等卫国有心，剑履俱奋，行程二万，所为何来？既达三秦，愿求同志。倘得阁下一军，联镳并进，则河山有幸，气势更雄，减少后顾之忧，增加前军之力。鄙人等更愿联合一切反蒋抗日之人，不问其党派及过去之行为如何，只问今日在民族危机关头是否有抗日讨蒋诚意，凡愿加入抗日讨蒋之联合战线者，鄙人等无不乐与提携，共组抗日联军，并设国防政府，主持抗日讨蒋大计。此政府应有适合民心统一意志之十大纲领，具见十二月一日苏维埃中央政府与革命军事委员会所发宣言。如荷同意，即祈派遣代表前来苏区，商洽一切。重关百二，谁云秦塞无人，故国三千，惨矣燕云在望。亡国奴之境遇，人所不甘，阶下囚之前途，避之为上。冰霜匝地，勉致片言，风雨同舟，愿闻明教。专此布臆。顺颂勋祺。毛泽东、彭德怀。一九三五年十二月五号。

汪锋长途跋涉，历经艰险，到达西安，通过杨虎城的军法处长张依中，将三封密信交于杨虎城之手。杨虎城与汪锋第一次单独会谈时，杨便"单刀直入"，话锋犀利，突然向汪锋提出三个十分尖锐的问题：一是十七路军许多人认为红军不讲信用，我部孙蔚如驻防汉中，一度与红四方面军有过往来。但是红四方面军无故地攻击汉中地区，我部许多人至今还有不满情绪。二是我部警备第三旅旅长张汉民是共产党员，中央（国民党）一再指责我，陈立夫也向我谈过。我认为张有魄力、能干，没有理他们的茬。但是红二十五军徐海东部在九间房设伏袭击，并把张汉民杀害了，这是我们很不满的。三是你们红军主力北上抗日，主张联合一切抗日部队，这个主张很好，但是如何帮助十七路军和东北军？

对于杨虎城的开门见山，单刀直入，汪锋虽觉突然，但并不感到意外。因为在出发前，毛泽东、周恩来和他对杨虎城可能提出的问题交换过意见，作过预案，汪锋此时胸有成竹，回答解释得滴水不漏。汪锋说："关于红四方面军进攻汉中，发起陕南战役，尽管有孙蔚如三十八军失约在先，红军并未计较，陕南战役则是红军西渡嘉陵江，调动胡宗南部东顾的战略行动，红军目的达到，并未占领汉中；关于张汉民被杀，完全是共产党内部的一次错杀，我们失去一位同志，是一个沉重的损失。但也使蒋介石怀疑十七路军'窝藏'共产党找不到借口，替杨主任减轻了压力；关于红军如何支持协助东北军和十七路军，毛泽东随信所附苏维埃中央政府大纲领已有明确阐明。"汪锋的回答，杨虎城将军比较满意，前嫌基本消除。杨虎城与汪锋三次会谈，接着杨虎城指定他的秘书王菊人和汪锋谈过几次，基本上达成了愿与红军合作抗战的四点口头意向。

毛泽东之所以致信杜斌丞，是因为汪锋出发前，向毛泽东主席介绍十七路军情况时，讲到杜先生在杨虎城部所处的举足轻重地位，毛泽东便欣然命笔。毛泽东致杜斌丞亲笔信原文为：

斌丞先生参谋官阁下：从汪锋同志知先生不忘情于革命，甚感事也。时至今日，论全国、论西北、论陕西均舍抗日反蒋无第二条出路。……为今之计，诚宜急与敝方取一致行动，组成联合战线，敝方愿在互不攻击的初步条件下，与虎城先生商洽一切救亡图存之根本大计。日本军力现已发动，平津控制之后，转瞬即及山陕，蒋虽让出陕甘地方政权于张学良，但蒋之四十余团兵力仍实际的控制陕甘。张学良主力入陕，一面固为对付红军，然一面实欲对付虎城先生。卧榻之侧，势使然也。如得先生居中策划，以共同作战对付公敌为目标，则敝军甚愿与虎城先生成立谅解，逐渐进到共组抗日联军、国防政府之步骤。先生为西北领袖人物，投袂而起，挺身而干，是在今日。东北军中如沈克等（此次敝军追击董英斌，消灭沈师一个团，非所愿也），均应与之联合。甘肃邓君宝珊，亦非绝无出路之人，敝军亦愿与发生关系，闻先生与之有旧，能为先容，曷胜祷企。敝方十二月一日宣言，附上一份。此是敝党中央确定的政策，祈向各方宣达之。时危祸急，率尔进言，谅真爱国者不以为唐突也。专此布臆。顺候公绥。毛泽东手启，十二月五日。

　　汪锋曾回忆说："一天晚上我去大湘子庙街拜访杜斌丞先生。杜先生出门迎接。我告诉杜先生，毛主席有信给他，都在杨先生那里。不知知道否？他说：'还没有收到。'他听到毛主席给他有亲笔信，非常激动，深感毛主席和我党对他的信任。谈话中，杜首先询问红军长征的情况以及到达陕北后的补给等问题，并详细询问了杨虎城先生接到毛主席信以后的态度和同我谈话的情况。接着，杜谈了自己的看法。他说：'十七路军是杂牌部队，国民党中央军对它极不信任，蒋介石指示他的特务机关经常对十七路军造谣生事。陈立夫、陈果夫攻击杨虎城先生周围有赤色分子包围，指责某人为共产党。部队发展也有困难，装备差，也没有来源，主要靠自己在西安的一个小兵工厂制造一点步机枪。杨先生部队的骨干以及他的幕僚都对蒋介石不抱什么幻想。'谈到杨虎城本人的情况时，杜说：'杨先生不像一般人所说的在政治上没有涵养的人。杨先生在政治上有见解，有爱国思想，敢干刚直，有主见，他自己决定的事情，别人不易改变。杨先生对蒋介石已失去信赖。蒋对杨一开始是拉，希望杨能为他卖命，荡平西北的混乱局面。及至杨统一陕甘以后，蒋介石即对杨施加压力，曾先后派戴传贤（季陶）、朱培德到西安和杨谈共同开发西北问题，实际是要把蒋的势力挤进西北，杨婉言谢绝了。从此杨、蒋间展开了对西北地区的控制与反控制的激烈斗争。蒋首先撤销了孙蔚如甘肃宣慰使职务，以邵力子为甘肃省政府主席。接着勾引杨部警备师师长马青苑天水叛变，十七师四十九旅杨渠统部改编为新编第五师开往河南，脱离十七师建制及红四方面军经陕入川，蒋乘机把胡宗南第一师开到天水，迫使孙蔚如部离开甘肃。在压迫南汉宸离职（陕西省政府秘书长）之后，又撤销了杨的陕西省政府主席职务。凡此种种，都说明蒋介石极力限制、削弱、瓦解杨的势力，使杨忍无可忍，因此杨对蒋也更加戒备。杨、蒋之间的矛盾已达到无法调和的程度。'斌丞先生还谈到十七路军各部队里都有一批进步力量，这是合作的有利条件。关于杨部和东北军的关系问题，杜先生说：'东北军入陕后，十七路军下层有些人对东北军也有不满情绪，对合作有点不利。但杨先生并不担心十七路军会被东北军吃掉，因为东北军和十七路军都是杂牌部队，同受蒋介石的排挤压迫，在大的方面合作，没有什么问题。'杜先生也谈到杨先生对红军也有所怀疑，担心红军只珍惜自己的部队而不壮大十七路军的力量，他希望这次能够真的合作。对于我这次来西安，杜先生说：'你这次来是合时机的。毛先生亲自派你来，人选很恰当。和杨先生谈话要讲实在的，他喜欢直爽，经过认真谈，是可以谈成功的。这里知道你来的人，只有王菊人、张依中等，自然不会有别人从中破坏。现在杨先生还没有给我看你带来的信，也还没有告诉我中共中央有人来，我只能装作不知道。但我可以工作，为沟通情况，为西北大联合做工作。'杜先生还谈到杨先生周围的人，如杨明轩等互相有些联系，但没有什么组织，能有一个无形组织把这些人联系起来，很有必要。除上述谈话外，以后还谈过几次，谈到西安社会情况、西安进步人士情况、西安教育情况等，在谈到西安政权情况时，杜先生说：'杨先生很重视各县县长的人选，我在这方面还能够起些作用，安插一些进步爱国人士，现在已经安插了十多名进步县长和中学校长，都是拥护杨先生的，如常汉三、韩兆鹗、党伯弧、王德安、高协和、刘春园等。'在我和杜斌丞先生的几次接触中，感到他的态度是诚恳的，介绍的情况是真实的，建议是中肯的。他对自己的看法也不隐瞒，后来他的言行也证明了这一点。他不愧为是信赖我党、同我党长期合作的老朋友。我这次到西安住了一个月，临行前到杜先生家里辞别，传达说杜先生去了三原。我回到瓦窑堡，在机关大会上介绍了西安的情况，主要情况是杜先生提供的材料。"

其实，在中共中央率中央红军到达陕北之后，杨虎城便要与刚刚抵达陕北的中央红军建立联系，互不侵犯。杜斌丞便约告陕西临时省委负责人之一的孙作宾，希望能沟通实现杨将军的愿望。时任中共陕西临时省委组织委员的孙作宾后来说："大约在1935年11月初，马豫章找到我说，杜斌丞说杨虎城要亲自见地下党负责人，我当即随马豫章见了杜斌丞先生。杜说：'杨先生要找地下党负责人面谈，衷心希望能给共产党中央毛泽东先生传话，说他的部队愿意同红军互不侵犯。'我向杜表示：待我们商量后再说，随即我与临时省委几个同志研究，大家认为省委连遭破坏，怕再暴露，决定不见。我将这个决定告诉了杜先生，并告诉他，我们将尽快派人去陕北向中央请示。随后，我与崔廷儒商量，让他去苏区中央汇报。崔廷儒前往苏区，在途中碰见了中央南下工作团的贾拓夫、鲁贲、张德生等人，中央南下工作团要求崔廷儒赶快返回西安工作，由他们向中央汇报杨虎城的情况，并由鲁贲给我们写了一封密信。由于密写技术问题，带回西安后一点也看不清。我拿着这封看不清的信和中央已印发的反蒋抗日指示信给杜斌丞看，并说我们把杨先生的态度已报告了中央，希望杜先生能转告杨先生，多做工作。"

孙作宾所回忆的崔廷儒去陕北找党中央，实际上已到了瓦窑堡会议之后的1936年1月，即贾拓夫和鲁贲、张德生陪同刘少奇南下关中，刘少奇然后前去华北传达瓦窑堡会议精神。这时，汪锋与杨虎城已进行过三次会谈，正与杨虎城秘书王菊人会谈一些合作抗日具体事宜。不过，尽管记忆时间有差别，但从中可以看出，杨虎城早有通过杜斌丞来沟通与红军建立联系的设想。

在杜斌丞的劝说下，刚刚进驻陕北的高桂滋和陕北临时苏维埃政府代表签订第一次会议协商章约之后，又于12月24日通过共产党员马志明，派中校秘书马文生到苗家沟与中共代表赵仰普进行和平谈判。毛泽东听取了马志明关于高部赞同中共组织国防政府、抗日联军提议情况通报之后。1936年1月，毛泽东、周恩来、彭德怀便致书高桂滋：

培五师长阁下：马志明同志回，述阁下赞同敝方国防政府、抗日联军之提议，甚感甚感。时至今日，全国即将陷于沦亡惨境，凡属食毛践土之伦，实舍救国无急务，舍抗日无工作。敝军间关南北，克抵三秦，所务者救中国，所求者抗日本。任何个人、团体、党派、军队，凡与此旨合者则联合之，凡与此旨背者则攻击之。其联之者，为民族革命增义旗也。其攻之者，谓其是真正之汉奸卖国贼，为四万万同胞诛妖孽也。阁下率领之数千健儿，与于一九二七年大革命之役，复与于四年前抗日之役，光荣历史，国人同佩。与红军为敌，谅出于卖国贼首蒋介石之驱迫，转旆击贼，则前事消忘。从此抗日讨卖国贼之革命联合战线上，有广大民众，有红军，复有阁下之义师，无疑将更有无数之义师续续涌出于炎黄华胄之域，出中国于危亡，实为此之是赖。为使猜疑去之务尽，诚信孚于金石，就阁下对马同志所示及敝方所见，列为数条，借求明察：（一）两军各守原防，互不侵犯；（二）抗日讨卖国贼大计，从长计议，务出尽善，并使贵军处于安全地位，有任何卖国贼加贵军以危害者，敝愿以实力攻击之；（三）在贵军尚未至能取公开行动之时机，敝方愿将双方关系及一切信使往还保守绝对秘密；（四）贵军未至公开行动之时机，当敝方攻击卖国贼军队（如井岳秀）时，务望采取消极态度，即对敝方之敌不作任何援助举动；（五）清涧贵部粮秣柴火，既属友军，自当尽力接济。但请阁下对敝方所需之物（如西药布匹等）也量为接济；（六）互派代表在共同基础上订立初步的抗日讨卖国贼协定；（七）互相建立最机密之通讯联络（交换密码）；（八）保证双方代表及来往人员之安全。以上各项，不论阁下所能同意者为全部或一部，敝方均愿与阁下开始实际之谈判。当此国亡无日关头，鄙人等决不因小节而忘大难。区区救国之诚，谅蒙贤者深察。抑更有进者，居今日而言，抗日讨卖国贼，非有广大之联合战线不为功，此不但在国内者为然，即在国际者亦然。环西北数省而军者非尽汉奸卖国贼，其中尽多爱国有志之人，告之以亡国灭种之祸，陈之以联合救国之谋，动之以汉奸卖国贼之蠢与危，必有能感发兴起者，阁下曷尽力图之乎？其在国际之联合一切与日本为敌之国家与民族，实为抗日讨卖国贼重要纲领之一，远者姑勿具论，近在西北，则有伟大强立之苏维埃联邦。是国也，有与我共同反侵略目标，有援助中国反帝运动之深长历史，引以为友，实无损而有益，鄙人等当尽力以图之。附上敝党中央之政治决议及文告多种，借供参考。嘤其鸣矣，求其友声，暴虎入门，懦夫奋臂，谁谓秦无人而曰甘受亡国奴之辱乎？寇深情急，竭意进言，惟阁下熟思而审图之。专此，顺颂勋祺。中国抗日红军西北革命军事委员会主席毛泽东，副主席周恩来，彭德怀。"

3月，高桂滋师长前来西安，在中国旅行社西京招待所宴请陕北各县同乡 50 余人，联络感情。宴前宴后都与杜斌丞进行了会面交谈，对于联共抗日颇感欣慰，对杜的帮助深表谢意。

牵线搭桥 联共抗日（二）

1936 年四五月间，在杨虎城十七路军从事地下工作的共产党员谢华、徐彬如、李木庵等人，根据周恩来的指示，在十七路军宪兵营中共支部的基础上，成立了中共西北特别支部（简称西北特支）。谢华任书记，委员徐彬如、李木庵，宋绮云和宪兵营营长金闳生也参与特支工作。西北特支受中共上海中央局（留沪代办处）领导，其任务是不但领导西北军队系统党的秘密工作，也领导西安地区抗日救亡运动，同时还领导山东、苏北地区党的工作。其实，西北特支成员的政治身份杨虎城将军也略知一二，并暗中支持。西北特支所开办的秘密活动据点——莲湖食堂，杨将军给予资助，解决了开办经费。西北特支一直延续到西安事变和平解决和陕西省委正式恢复。西北特支成立虽然较晚，但其成员两年前就在杨虎城部队中秘密活动了，谢华早在 1932 年就在杨的宪兵营中讲"猴子变人"的唯物史观，而且受杨的保护。

对于西北特支的工作，杜斌丞也竭尽所能，给予了诸多支持与掩护。特支成员之一的徐彬如 1981 年 4 月和 1982 年两次回忆说："在西安，我们受到杨虎城将军的支持和保护。杜斌丞先生任杨的高级参议，他虽然不是共产党员，却一贯站在共产党一边，他的思想和主张常常影响杨将军，故有杨虎城的'灵魂'之称。1934 年 1 月，我和王根僧到达西安时，福建事变已失败，杨虎城的'大西北主义'不能实现了。这个变化，使我们遇到了困难。王根僧比较好一些，当过黄埔军校教官，杨虎城尚能接受，我就只好作为杨虎城的宪兵营副营长（后任营长）、中共地下党员金闽生的客人，秘密住在宪兵营里。在那里，我接触的人很少，开始有杨虎城的总参议杜斌丞和机要秘书王菊人，后来连王菊人也见不到了。有一天，杜斌丞先生来看我，他说：'如果闽变成功，大西北计划实现，三分天下可有其二，可惜情况现在变了，王根僧可以留下来当参谋处长，你留这里就不合适了。'他又问我西安有熟人吗？我说绥署办公厅主任陈子坚是我的同乡同学。杜先生一听连说：'那好啊！你去找他，叫他跟杨主任讲讲。'第二天，我便搬出宪兵营，装作刚到西安的样子去找陈子坚。几天后，陈告诉我，杨主任不肯留我，但要他好好招待我，并负责送到安全的地方。不久，陈子坚去南京陆军大学学习，安排我回上海。我们同行至南京分手时，他又给我300元钱，说是杨虎城给我的生活费。"

后来，徐彬如、谢华、李木庵又分别来西安，成立西北特支，又受到杜斌丞的支持和掩护。徐彬如说："这时候，杜先生受杨先生之托，负责和我联系，为我们开展工作提供了方便条件。杜先生在西安很有名望，为了避免特务的注意，他一般不直接出面，让韩卓如（兆鹗）先生帮我们找一些进步教师和学生同我们一道工作。在我们来到西安之前，杜先生和西安教育界进步人士已经用'西北抗日救国会'名义进行秘密活动了。我们到了之后，杜先生把这方面的工作完全交给西北特支来管。我们也就继续沿用这个名义，印发上海的宣传品。'全国各界救国联合会'在上海成立后，西北抗日救国会改称'西北各界救国联合会'（简称'西救'），进行半公开的活动。通过杜先生和杨虎城将军的关系，我们对西安各界知名人士的统战工作卓有成效。当时西安有八家在清朝都有功名的开明绅士，即所谓'八大家'，他们是武念堂、崔叠生、刘文伯、戴铭九、韩望尘、景梅九等。其中尤以武家和崔家影响最大，他们的子女也很进步，有的还是共产党员。1936年10月，'西救'

在南院门民众教育馆召开鲁迅追悼会，国民党省党部和宪兵第六团不让开，我们就把这些老先生请去坐在台上，反动派对之毫无办法，结果，会议开得很成功。"《陕西民盟史》载："1936 年，'西救'成立后，杜斌丞推荐杨明轩以交际部部长的名义，主持'西救'的会务工作，总负其责。"米暂沉 1980 年 9 月说："在杨虎城和中国共产党的合作关系中，杜斌丞先生起了积极促进的作用。"

做过于右任俄文翻译的马文彦 1988 年 2 月回忆说："1936 年清明节后，国民党政府考试院副院长邵元冲被免职，来西安游览，随行人员较多。杨虎城将军和杜斌丞先生把我从三原叫到西安，让我陪同邵元冲去敦煌游览，并嘱咐我观察邵元冲是真抗日还是假抗日。游览归来，大约是 5 月，在李寿亭家里，我将邵的言行汇报给杨将军，杜先生也在座。我说：'邵元冲主张国际联合英美，不联合苏联；国内一党抗日，不联合共产党。'李寿亭插话说：'他是个半抗日！'杜先生说：'不是真抗日，是假抗日。'杨将军问：'谁是真抗日？'杜先生说：'陕北的共产党是真抗日。'"

孙蔚如是杨虎城部三十八军军长，孙作宾是中共陕西临时省委组织部长。两孙是西安灞桥豁口村本家，孙作宾还是孙蔚如的长辈，但年龄小于孙蔚如。1936 年 7 月，杜斌丞出面，沟通了两孙之间的政治联系，支持高克林和孙作宾赴陕北向中共中央汇报工作。孙作宾 1990 年说："1936 年六七月（农历）间，中共陕西临时省委书记高克林和我赴陕北苏区保安向党中央、毛泽东、周恩来、李维汉汇报白区工作情况。我和高克林同志在赴苏区之前，将此行告诉了杜斌丞先生，杜又很快地将此行转告给孙蔚如，并转告孙意说：'孙有事要和你面谈。'不日，杜斌丞谈了孙蔚如要约我面谈的意图。并高兴地说：'杨虎城先生找共产党，孙蔚如也找共产党，他两人都找共产党，这是好事。'所以我就去见孙蔚如。孙对我说：'你去陕北苏区，希望能给共产党中央毛泽东先生捎个话，我们十七路军、三十八军愿同红军互不侵犯，建立联系，相互合作，共同抗日。'我向孙提出：这很好，希望你能给毛泽东写一封亲笔信，不然空口无凭。但孙一再表示不愿意写信，并深有感触地说：'过去我军驻防汉中时，曾给张国焘写过各驻原防，互不侵犯的信，结果被张国焘在小报上透露了出来，蒋介石知道了，把我没整死！你是共产党，你给你们的人汇报他还能不相信？信我是不能写的，还是口头捎话好。'我向孙表示，到苏区后一定把孙所提出的向我党中央汇报。"

孙作宾到达陕北（高克林因故未去），途经安塞县真武洞，见到叶剑英，由叶介绍到保安见到李维汉。李维汉听取了孙作宾关于陕西地下党自 1933 年 7 月底省委书记袁岳栋、红二十六军政委杜衡被捕叛变，省委遭破坏以后，几届临时省委继续坚持斗争的情况汇报，然后由李克农安排，孙作宾向毛泽东和周恩来进行了汇报。8 月下旬的一天，毛泽东在他的窑洞里接见孙作宾，第一句话就说："你们在地下工作辛苦了。"毛泽东的话既是对临时省委工作成绩的肯定、表扬，又是安慰。孙作宾向毛泽东详细汇报了杨虎城、孙蔚如的抗日态度，也汇报了孙蔚如不愿写亲笔信的隐情。毛泽东说："我们共产党人是很守信用的，张国焘那种做法是不正确的。"毛泽东胸怀宽广，对孙蔚如的心情十分理解，并表示一定要给孙蔚如先生写封信，让孙作宾带去。9 月 3 日，毛泽东把写好的信交给孙作宾，面陈孙军长。信中写道：

孙君作宾来，知先生抗日情殷，愿赋同仇，甚感甚佩。敝军去岁入陕，及今之二、四两方面军继续北上，其志悉在抗日。贵我双方虽彼此接壤咫尺，弟亦未尝视贵军为敌。良以同是中国人，何嫌何仇自相煎灼！且先生与虎城先生所处环境，敝方甚为谅解，故十个月来贵方对弟等合作之要求，虽未明确的表示，弟方亦始终未变自己之方针。今则西北大局益急，舍联合抗日无以自救救国。尤以贵部移驻肤、洛，双方益加接近，团结一致，更所必需。孙君转达各节，弟等极表欢迎。自即日起，双方即应取消敌对行为，各守原防，互不侵犯；同时允许经济通商，保证双方来往人员之安全。贵方民团与敝方游击部队，彼此负责约束，不便再生误会。为掩饰外间耳目计，一切可以隐蔽方式出之。至于交换情报，互派常驻代表，互约通讯电本，均属必要，统请裁夺。其余由孙君面达。另附敝方致中国国民党书，并祈省察。匆此顺颂勋祺。虎城先生即此致意。弟毛泽东敬启。九月三日。

毛泽东接见孙作宾的第二天，周恩来也接见孙作宾。周恩来根据孙作宾反映一些人主张在十七路军阎揆要特务二团搞兵变的问题，讲道："在十七路军中是搞兵变，抓几条枪，多几个人好呢？还是按照党的政策搭好桥，团结一切爱国力量，组成广泛的抗日民族统一战线好呢？""这是十七路军，不是红军，绝不能把十七路军当红军搞！要那样搞阎揆要（秘密共产党员）还怎么当团长！""要告诉阎揆要，对杨虎城部队只能搞团结，不能搞分裂，更不能背着杨虎城把他的部队拉出来搞红军。"

9 月中下旬，孙作宾带着毛泽东给孙蔚如的亲笔信和周恩来的指示回到西安。

孙作宾在保安向毛泽东、周恩来汇报以后，党中央很重视孙反映的问题，并采取了相应的确当措施，毛泽东不但给孙蔚如写了信，周恩来和孙作宾谈了话。接着，周恩来又派汪锋代表中央军委去阎揆要团向党组织传达他的指示，而且带去自己给阎揆要的亲笔信。之前的 8 月 13 日，毛泽东还给杨虎城、杜斌丞分别写了亲笔信，派张文彬专程赴西安，代表党中央和红军向杨、杜奉呈拜谒。给杨虎城信的原文是：

虎城先生勋鉴：先生同意联合阵线，盛情可感。九个月来，敝方未曾视先生为敌人。良以先生在理在势在历史均有参加抗日战线之可能，故敝方坚持联合政策，不以先生迟疑态度而稍变自己之方针。然为友为敌，在先生不可无明确之表示。虚与委蛇的办法，当非先生之本意。目前日本进攻绥远，陕甘受其威胁。覆巢之下，将无完卵。蒋氏向西南求出路，欲保其半壁山河，倚靠英国，西北已非其注意之重心。全国各派联合抗日渐次成熟，而先生反持冷静态度——若秘密之联系，暗中之准备，皆所不取，甚非敝方同志所望于先生者也。兹派张文彬同志奉诚拜谒，望确实表示先生之意向，以便敝方作全盘之策划。先生如以诚意参加联合战线，则先生之一切顾虑与困难，敝方均愿代为设计，务使先生及贵军全部立于无损有益之地位。此闻贵部将移防肤洛，双方更必靠近，敝方庆得善邻，同时切望贵部维持对民众之纪律，并确保经济通商。双方关系更臻融洽，非特两军之幸，抑亦救国阵线之福。具体办法及迅速建立通讯联络等事，均嘱张同志趋前商订。专此奉达，不尽欲言。敬颂公祺。毛泽东，八月十三日。

毛泽东致杨虎城的这封信，似有抱怨之气。其实，这时杨虎城和杜斌丞正在观察两广事变的走向，筹谋下一步对策。

毛泽东给杜斌丞信原文为：

斌丞先生左右：仲节君回，盛称德意，并聆抗日救国宏论，无任钦迟。值此国难日亟，国贼猖狂，大好河山，危险万状。伪蒙军向绥远进攻，冀察政委会质量之改组，凡此种种，愈见日寇之变本加厉。弟等一再呼吁，要求全国不分党派，一致团结御侮。一年来成效渐著。虎臣先生同意联合战线，但望百尺竿头，更进一步。时机已熟，正抗日救国切实负责之时，先生一言兴邦，甚望加速推动之力，西北各部亦望大力斡旋。救西北救华北救中国之伟大事业，愿与先生勉之。特派张同志专谒崇阶，敬祈指示一切。云山在望，延企为劳，诸惟心照，不尽。即颂日绥。毛泽东手启。八月十三日。

张文彬到达西安后，于9月1日电报毛泽东、周恩来：

我于26日到，30日晚见王菊人，与正式谈话一次。杨定明晚见面。杜（斌丞）等其他方面人物，尚须稍等时日（不过一两天）才能活动，因恐其发觉我关系多故。

9月8日，张文彬再电毛泽东，详呈与杨虎城密谈达成的抗日合作口头协定的具体决定：（一）互不侵犯：双方各驻防地在实际行动上取消敌对行动；杨负责抑制民团活动。不在原苏维埃区或原有革命组织的地方组织保甲，不摧残革命组织，改善军队纪律。（二）取消经济封锁：设专门贸易站，在十七路军掩护下保障苏方国家贸易的流通；不禁止群众的自由通商；苏方不禁止群众供给十七路驻军的食料等必需品的购买，密切与群众的关系。（三）建立军事联络。双方军事行动事先通报，杨方除将本部属行动通报外，并供给南京等各方情报；有关双方纠纷问题，均经双方磋商解决。除以上三点，还与杨谈了民团、电台设立等其他问题。

张文彬电报还详呈了与杨虎城的秘书王菊人以及崔孟博密谈的具体情况汇报。及杨、王在两次密谈中提出的其他问题。如杨虎城表示：由于自己部队基础的关系，不能立即与红军走一条路，愿走"人"字路，将来再会合；希望红军有一定的根据地，根据地最好在甘、宁、陕。参加此次秘密会谈的王菊人后来说："自汪锋、王世英相继到西安后，前线已无形停战。接着红军派了张文彬为代表常驻西安。张文彬被委任为十七路军总指挥部政治处主任秘书。当时因电台未建立，关于蒋介石重要的军事部署，便口头告诉中共代表。为保持双方来往，杨虎城密令设立了交通站。在西安的有三处：西安城内甜水井，以特务第二团（阎揆要团）留守处名义，派副官原润泉负责，专为一般往来的或自红区出去的共产党人设置的。宋文梅的特务营营部和特务营营副谢晋生的家，是专为重要共产党人设置的秘密住所，张文彬即住在谢家。在前线也有三处交通：一为驻淳化之阎揆要，由阎负责；一为驻洛川、延安间的第四十九旅和程鹏九团，由旅长王劲哉、团长程鹏九负责；一为驻宜川的第四十二师武士敏旅，由武负责。关于电信器材、电台地址，杨派特务营营长宋文梅负责，地址预定在新城西北角特务营营部内。由于种种原因，此项工作迄未进行。"

张文彬9月8日给毛泽东电报与杨虎城密谈达成口头协议的同时，同时电报与杜斌丞会面情况，张文彬电称："我已与杜（斌丞）见过一面，他表现很好，除愿向杨方推动外，并可向孙等尽力推动。杜云，他有一个学生，是回民，现住西安，可以使他到马鸿宾、马鸿逵处活动。如认为可以，望将马部一般应提意见告我，以便经过杜的关系去做初步的侦察和开路的工作。杜与王英（绥远）及其父有旧交，据杜云，王英不过因利势关系而受日指使，到某种形势下是可以争取他反日或采取消极态度的。他已派有人去打听王的意见。你们如认（为）有需要与可能地方，望给我以初步的指示，或写个一般的信件（给王英的），以便经杜的关系送去。据杜谈，张汉明（民）原是十七路军内最"左"倾的分子，终为红军所杀。又曾一次，渠又派一学生到汉中与张（国焘）、徐（向前）交涉，亦被杀等事，在十七路军有很不好印象，杨（虎城）、孙（蔚如）等现在犹恐我方不能遵守信义，深望我方注意，我观察他同我的态度均很诚恳。"

杜斌丞不愧为一位目光远大、视野宽广的谋大事人物。他倡导的"大西北主义"、谋略的巴山南北签订巴山协议、打造西北抗战局面的宏图大略，与中国共产党提出的红军、东北军、十七路军共同建立西北国防政府，抗日联合阵线，三位一体战略不谋而合，共同推动了西安事变的爆发，从而扭转了历史进程。

第七章

兵谏履新省府秘书长

拨 乱 理 政

1936 年 10 月，金秋时节，西北黄土高原奏响了三支主力红军长征胜利会师的凯歌，响彻云霄，震撼神州大地。21 日，中共中央、中华苏维埃共和国中央政府、中央军事委员会发出通电，宣告即将进入创立国防政府，抗日联军与民主共和国的抗日民族革命战争新阶段。

这个新阶段的开始，标志着红军与东北军、十七路军"三位一体"局面的形成，也标志着杜斌丞梦寐以求和竭力推动的"大西北主义""西北大联合"和"打造西北抗战局面"设想真正实现。

这一设想的实现，归功于中国共产党抗日民族统一战线政策的无比感召力，离不开张学良、杨虎城两将军爱国民族大义的积极响应。对于西北抗日力量联合阵线的实现，西北抗日局面的形成，蒋介石坐不住了。平息了"两广事变"之后，他腾出手来，集结几十万大军，压向西北。10 月 22 日，蒋介石飞抵西安，向张学良宣布"进剿"计划，张当即反对，义正辞谏，遭蒋介石训斥。12 月 4 日，蒋介石又带卫队和军政大员抵达西安，设行营于临潼华清池，坐镇"督剿"，胁迫张学良、杨虎城把刚刚会师陕北的红军一举歼灭。

12月7日到10日，张学良、杨虎城一再苦口婆心地诤谏、哭谏，蒋介石好像中了魔似的，逼张、杨毕其功于一役，"进剿"红军，没有任何回旋的余地。政治歧见上的冲突无法化解，把张、杨推到了悬崖边上，是火是井都得跳。在西安爱国青年学生如火如荼的纪念一二·九游行请愿热潮的助推下。张、杨两将军毅然决定，发动兵谏，扣留蒋介石，促其反省，逼蒋抗日。于是，震惊全中国、全世界的一声惊雷划破寒冷的凌晨夜空，突然响起，西安事变爆发了。

兵谏之后，撤销"西北剿总"司令部，成立抗日联军临时西北军事委员会，张学良、杨虎城分任正、副主任。在军事委员会下设设计委员会，负责政治；设立了参谋团，负责军事。杜斌丞、高崇民、卢广绩、申伯纯、应德田、王炳南、李维城、王菊人等为设计委员会委员，高崇民为召集人。设计委员会很快拟就了兵谏主张。这就是张学良、杨虎城等18位国民党高级将领署名的《对时局通电》，提出了著名的"八项爱国主张"。通电全国，强调：

> 东北沦亡，时逾五载，国权凌夷，疆土日蹙，淞沪协定屈辱于前，塘沽、何梅协定继之于后，凡属国人，无不痛心。近来国际形势豹变，相互勾结，以我国家民族为牺牲。绥东战起，群情鼎沸，士气激昂。于此时机，我中枢领袖应如何激励军民，发动全国之整个抗战！乃前方之守土将士浴血杀敌，后方之外交当局仍力谋妥协。自上海爱国冤狱爆发，世界震惊，举国痛心，爱国获罪，令人发指。蒋委员长介公受群小包围，弃绝民众，误国咎深。学良等涕泣进谏，屡遭重斥，日昨西安学生举行救国运动，竟嗾警察枪杀爱国幼童，稍具人心，孰忍出此！学良等多年袍泽，不忍坐视，因对介公为最后之诤谏，保其安全，促其反省。西北军民一致主张如下：
>
> （一）改组南京政府，容纳各党各派共同负责救国。

（二）停止一切内战。

（三）立即释放上海被捕之爱国领袖。

（四）释放全国一切之政治犯。

（五）开放民众爱国运动。

（六）保障人民群众集会结社一切政治自由。

（七）确实遵行总理遗嘱。

（八）立即召开救国会议。

以上八项为我等及西北军民一致之救国主张，望诸公俯顺舆情，开诚采纳，为国家开将来一线之生机，涤已往误国之愆尤。大义当前，不容反顾，只求于救亡主张贯彻，有济于国家，为功为罪，一听国人之处置。临电不胜迫切待命之至！

兵谏当天，张学良、杨虎城决定改组陕西省政府，任命杜斌丞为陕西省政府秘书长。任命当天，杜斌丞便上任履新。同日，张学良命令接管《西京日报》，改版为《解放日报》。

12月13日，《解放日报》创刊，正式公布张学良、杨虎城等对时局的通电和八项救国主张。同时报道了杜斌丞任省政府秘书长职："自委任杜斌丞接任后，杜氏已于12日到署视事。当对署内各种情形略予视察，并望各员急速整理内部什物、文卷，以便即日正式开始办公。"报纸并有语如下："杜为陕西米脂人，昔办教育，功绩卓著，后任十七路军参议，民国二十年杨主任入甘时，独为前驱，力化甘地各杂军，后任甘省府秘书长等要职。为人勇于公事，遇人谦和，起居业俭。"

曹志麟数十年后撰文回忆说："1936年12月13日上午八九点钟，杜老坐汽车到我家莲寿坊找我。他一进门就说：'走！'我问：'什么事？'他说：'到汽车上再说。'上车后，杜老对我说：'张学良、杨虎城将军任命我做陕西省政府秘书长，我找你，想让你陪我一道去接管省政府。'整个省政府办公室空荡无人，可以说一切无从着手。怎么办？后来，我从屋内端出一把藤椅，放在院子有阳光的地方，让杜老坐下。然后我转到第三科公报股时，忽然发现床底下有一个工友在那里蹲着，我高兴地把他引出去见杜老。杜老让他把各科的科长、秘书和其他工作人员都找来。那个工友到门口却被卫兵挡回来了，杜老让我写个字条，盖了他的私章，那个工友才出了省政府的大门。约两小时左右，陆续来了几位科长、秘书等工作人员。杜老很客气地对他们说：'你们不要害怕，这次为了团结抗日，张学良、杨虎城两将军实行兵谏，大家各自应该坚守岗位，照常工作。现在需要把办公室很快加以整理，恢复工作。'这时，邵力子夫人的女友陆望芝来找杜老。她当时仍很惊惶，披头散发，不顾修饰，对杜老说：'邵夫人让我来取点东西。'经杜老同意后，她到邵的卧室打开小皮箱取了些什物、钥匙就走了。几天后，又把邵力子随从人员的几支手枪也发还了。邵的副官、秘书等人员回南京时，杜老给他们每人发了一二百元的路费，有的数目更多些，这些人都非常高兴，一再称赞杜秘书长对他们的好处。西安事变之后，杜老名义上是陕西省政府秘书长，但因为代主席王一山实际上没有管事，工作全都落在他的肩上。白天他签署文件，处理政务，接待络绎不绝的来访者，迅速恢复了秩序，晚上又要参加各种会议，日夜忙碌，辛苦万分。在这段时间，我也尽力协助杜老办理一些零星事务。过了几天，常黎夫同志来到西安，他在一些重要问题上帮助杜老做了不少工作。"

14日上午9时，杜斌丞秘书长召集到省政府全体职员讲话，首先说明此次西安事变及张、杨八项救国主张的意义，又勉励全体职员努力工作。晚上，又陪同杨虎城赴李寿亭寓所，邀派马文彦急赴大荔，规劝第七军军长兼四十二师师长冯钦哉支持西安事变。马文彦1978年8月10日回忆说："1936年12月13日，杨虎城将军把我从三原叫到西安，住在省教育厅厅长李寿亭家里。14日晚12时，杨将军与杜斌丞先生来到李家对我说：'现在有一件紧急任务要你去办一下，到大荔去一趟，说服冯钦哉。'原来事变发生后冯拒绝执行杨将军让他占领潼关的命令。杨将军认为我是西安解围人之一，帮助过冯钦哉，冯对我一向有好感，我答应立即去大荔，便乘早已准备好的一辆大卡车向大荔进发。到大荔我向冯钦哉说明来意后，冯态度生硬地说：'扣蒋介石这么大的事，杨主任为什么事前不通知我，杨主任不相信我冯钦哉。'我向他解释，这件事是在突然情况下决定的，所以来不及通知，就连在西安的孙蔚如，也是事后才知道的。不管我怎样说，冯的思想始终未通。"

杜斌丞夜以继日，办事效率极高。16日，《解放日报》报道："省府自杜秘书长任事后，除将府内迅速整理就绪外，对于各机关亦甚关怀，特于昨日（15日）午派该府视察员韩志一等六人，前往本市各机关，切实视察内部一切是否有无损失与紊乱情事，以便明了而资整理云。"时任陕西警备第二旅旅长的孔从周（即从洲）后来说："西安事变时，警备二旅解决了省政府宪兵后，有位团长乘机将省政府主席邵力子的汽车拉去了。有天杜斌丞秘书长向我问及这事，很生气地说：'西安事变是革命行动，怎能趁火打劫呢？你回去查一下把车交出来。'这事处理完后，杜又严肃地对我说：'今后治军要严，真正做到秋毫无犯。'"

同一天，《西北文化日报》也有报道："陕西省政府以此次双十二事变全省各县丞应明了，特于昨日通令各县长，说明双十二事变之经过及八大救国主张，全出于爱国之热诚，绝非私人感情或权利之冲突，望各县长向民众剀切晓谕，广为宣传，以资唤醒，而变救亡。新任陕西省政府秘书长杜斌丞氏，业于前日就职视事，开始办公，内部职员概未更动，一切工作照旧进行。杜氏特将就职日期呈报张委员长及杨副委员长鉴核，并通函各机关查照。并闻，杜氏除于前晨召集省府全体职员训话有所勖勉外，顷又以府令饬全省各区行政专员及各县县长等，评述张、杨诸公此次兵谏之经过及八大救国主张之意义，仰各该员均安心服务，照常工作，当此非常时期，更应加倍努力，尽忠职责，安定人心，尤须铲除贪污、晓谕民众此次事变之经过及意义，对于地方各项政务，亦应照旧积极进行，并令饬属一体遵照。自杜秘书长就职视事，府内一切业经整理就绪，各项政务照常进行，至省府各厅、处、局等，现亦一律开始办公，杜秘书长昨并派省府秘书、视察员等数人，前往各机关视察。杜秘书长于14日召集各科员属训话后，凡各属员均已齐到省府各进行所负责任。15 日开始料理出纳、公文。惟因经过混乱以后，文件零落，颇费整理，然亦大部，觅有头绪。昨已训令财厅，着将省府 12 月份经临各费两万余元迅即拨付，以利公务进行。"

捉蒋后，应张学良、杨虎城之邀，17 日，以周恩来为首的中共代表由陕北来到西安，协助处理西安事变。红军南下肤施、庆阳一线接防，红军加入由东北军、第十七路军成立的抗日联军临时西北军军事委员会。同一天，邵力子辞去陕西省政府主席一职，由王一山替代省府主席。

周恩来等中共代表到达西安后，除与张学良、杨虎城商讨研究、处理有关重大事项外，17 日至 20 日期间，还审定《解放日报》、广播电台的宣传纲要，指示西北民众指导委员会主任王炳南充分发动群众，支持张、杨八项主张。他告诉王炳南，只有把群众发动起来，才能保证事变和平解决。周恩来还广泛接触各方人士，分别和杜斌丞、杨明轩（共产党员、西北教育界抗日救国大同盟主席）、卢广绩（原西北"剿总"第四处处长）、曾扩情（西北"剿总"政训处处长）等二三十人谈话，宣传中共和平解决西安事变之方针政策，希望他们为此做出贡献。罗瑞卿、吕正操、王炳南 1978 年 5 月在《西安事变与周恩来同志》一书中说："1936 年 12 月，周恩来到西安头几天，就单独会见民主人士杜斌丞，还通过从事党的地下工作的徐彬如同志，利用杨虎城控制下的长安县政府（县署设西安市西大街）这个便于保卫的地方，邀请各界知名人士，包括杨明轩等二十余人谈话。"

马文瑞、刘澜波、王炳南、孔从洲、常黎夫 1980 年 10 月 8 日在《人民日报》发表文章说："西安事变后，杜斌丞代表杨虎城参加了周恩来同志领导的由东北军、西北军、红军三方组成的联合办公厅的工作，他多次与周恩来同志单独晤谈，聆听指示。他很快接受了共产党和平解决西安事变的主张，认定'共产党站得高，看得远'，喊出了'跟共产党走'的响亮口号，在许多地方人士中起了积极作用。正如南汉宸同志所讲的，在党外人士中，首先接受党的主张的总是斌丞！"彭德怀同志也说:"有识之士,就是那个杜胡子(斌丞)!"

18日,《解放日报》这样报道说:"记者今午趋省府访杜秘书长,询以省府最近一般政情及际此刷新时期之革新计划,当承杜秘书长解答如下:'本人视事未久,一切尚未上轨,革新计划尚难着手。至各部职员,多于一二一二政变时离府,目下除大部分已自动来府办公外,其未到府各职员,本人仍设法使其自动前来,并绝对担保其安全。因旧有人员对政府上较为熟练也。'杜秘书长继郑重声明:'各部职员绝不轻易更动。'记者复询以省外各县一般情形,据谈,'一二一二政变后,省府为使各县明了此次政变的意义及其历史上的价值起见,业将事实真相,分别令知各县长,转谕各县人民,使其了然,以鼓舞其爱国心。刻下据各县呈报,各县官民闻讯,莫不欢腾云。'"

次日,《解放日报》又有报道:"省府秘书长杜斌丞氏到职以后,连日曾召集原任各员属训示,并督促推行今后进行各务,刻已大体入范,每日照常办公,所有各科长、秘书及会计方面职员,一概未予更动。据杜语人云,决以整理政务为念,前任各员属决完全任用,前传新委某人云云,完全与事实不符云。"

西安事变后,杜斌丞秘书长和新任省政府财政厅长续式甫为地方人事安排,一起去拜访张学良部行政处处长卢广绩,要求举荐东北籍人员担任陕西地方行政官员。卢广绩1979年11月5日说:"记得当时张学良将军曾对我说过,关于陕西地方的事情,交杨主任负全部责任,我们不要过问。就在张将军谈话的第二天,财政厅长续式甫和杜斌丞先生一同来找我,要我帮助推荐能够胜任县长和税务局长职务的东北人士。我把张将军对我的要求告诉了他两位。杜先生说:'现在咱们是共同患难,不能这样分家,我们现在地方一时找不到更合适的人,所以还需要你们帮助举荐。'高崇民和张正坊(粮秣处长)两人也在场。崇民说:'斌丞现在这样诚恳地找你商量,你不应推辞。'于是我们坐下来,同崇民一起共同商量,提出了四个人,胡圣一、李光前、李正阳和孙东垣。翌日,陕西省政府委任胡圣一为西安市特税局局长,李光前为西安市营业税局局长，李正阳为武功县县长，孙东垣为某县县长。"

在政务极其繁忙急迫之际，杜斌丞秘书长会见了蒋介石嫡系刘峙代表杨渠统。杨部原属十七路军十七师四十九旅，杨渠统在兰州杀了陈珪璋，任陇东警备司令，后被蒋介石挖走，编为新五师，杨任师长。杨渠统在 1956 年 5 月撰写的《自述》中说道："蒋介石给新五师派来几名政工人员，实际是特工人员，是来监视我的。这些人活动的范围是团级以下的军官，开封绥靖主任也给新五师派来了一批黄埔系的军官，将我调为第五十军军长，这是一种宰割我们杂牌军的'明升暗降'手段。我看破了这一企图，也作了拼命的打算，准备必要时对刘峙开火。我派了李波涛前往西安，向杜斌丞先生询问办法。不料西安事变发生，蒋介石被扣在西安，我们同刘峙的矛盾暂时缓和。刘峙约我到开封见他，形式上是招待，实际上被软禁了几天。旋又派我到西安找杨虎城和谈，借机把我从第五十军调开。1936 年 12 月 16 日，我经潼关等处冯钦哉的防线到西安，先找到杜斌丞先生，问明应当采取什么措施。杜先生和我一同到玄风桥高培五的住宅楼上见了周恩来先生。周说：'在中国现阶段中，人民力量尚未发动，汪精卫、何应钦之流背蒋投日，国际方面的形势还不十分有利于我们。'周恩来先生接着还谈了中共的抗日主张和民族统一战线政策。"

经多日紧锣密鼓的谈判磋商，25 日，西安事变和平解决，释放蒋介石回南京。蒋介石是张学良在杨虎城不愿、周恩来不知的情况下急匆匆决定陪同从西安经洛阳飞回南京的。蒋背信食言，假"军事法庭"之手，判处张学良有期徒刑十年，全国哗然。时为西北特支委员的徐彬如 1982 年说："放了蒋介石后，很多人思想不通。放蒋的第二天，'西救'的 100 多人都不上班了。为了说服大家，周恩来、博古等领导同志亲自登门拜访杜斌丞和杨明轩。杜斌丞工作由周恩来和张文彬去做，博古带着我去看望杨明轩。杨很生气，表示不干了，要到华山当和尚去。博古是杨明轩在上海大学时的学生，博古就同他谈上海大学，谈着谈着，气氛缓和了，这才慢慢地谈到正题，总算基本上把他说服了。"

12 月 27 日，毛泽东在中共中央政治局会议上作关于西安问题报告并作结论。他指出："我们过去估计西安事变带有革命性是对的，如果它没有革命性，便不会有这样好的结果。西安事变给国民党以大的刺激，成为它转变的关键，逼着它结束十年的错误政策，结束十年内战，而内战的结束也就是抗战的开始。西安事变促进了国共合作，是划时代的转变，是新阶段的开始。蒋介石释放后，他的动摇是否最后结束？现在还只能说是结束的开始，我们要动员一切力量结束他的动摇。西安事变使蒋介石的地位降低了，而我们的地位提高了。我们在西安事变中实际地取得了领导地位，应利用这一有利形势开展全国局面，把红军扩大起来，与张、杨更加团结，成为抗日的核心，这是我们当前的任务。我们的具体策略是推动左派，争取中派，打击右派。""巩固西北根据地，扩大红军和苏区，改造东北军和西北军。做全国群众工作，把群众组织起来，这是工作的重心。加强对国民党的工作，特别是做好左派、中派和军人的工作。"

毛泽东的报告和结论对西安事变的意义，党的作用概括的是多么的精辟，多么的高屋建瓴，又是多么的逻辑严谨；今后一个时期党的工作又是多么的具有针对性、策略性和方向性。几十年过去了，毛泽东的报告和结论，犹如昨日，又似当下，令人发聩，以史鉴今，意义极远。

29 日，杨虎城发布《致陕西各县长述双十二事件之经过及解决情形并告以后施政方针》公函，杜斌丞为主稿者之一。随后，又主稿了陕西省民政厅长兼代省政府主席王一山《致全省各行政督察专员县长》公函。原神府革命根据地特委书记张秀山回忆说："西安事变发生后不久，我们的游击队在高家堡及神木的公路上检查国民党政府的邮政，查到陕西省政府给神木县县长的一封信。游击队把这封信送到特委，我们拆开看是陕西省民政厅长王一山给各专员、县长的信。信是油印件，共三张，内容是解释西安事变的原因和解决的经过情况。1939 年我在延安马列学院学习时和杨拯民（杨虎城长子）同志谈起王一山的这封信写得很好。杨拯民说：'王一山是军人出身，不会写文章，那是杜斌丞先生写的。'的确这封信出于大手笔,写得气魄很大,论点正确,其中有些话我现在还记得:'须知西安事变并非偶然之举,溯自九一八事变以来,对日妥协,实行不抵抗主义,绥战既起,国人皆曰战,而士大夫之流则以大事化小,小事化了。张、杨二将军披肝沥胆,痛切陈词,不得已发起兵谏之举。'下面一条一条写出抗日救国八项主张,后面讲了共产党调停西安事变和平解决,要求全国精诚团结,共同抗战。写得道理充分,论述精辟。我们神府特委看了这封信后,对于西安事变的政治形势了解得多了一些,对党外人士的政治态度、对国共合作、对共同抗日的形势有了新的认识。因为那时神府地区没有电台,党内还没有发下来关于西安事变的文件,所以我们特委在给干部讲形势时,也参照了杜先生起草的这封信的内容。"

助杨理局善后

西安事变和平解决,蒋介石离开西安当日,新一届中共陕西省委在西安恢复成立,书记贾拓夫,常委兼西北军工作委员会书记欧阳钦,常委兼东北军工委书记朱理治,常委兼组织部长张德生,常委兼宣传部长李一氓。

19天之后的1937年1月13日,中共中央要由保安(今志丹)迁往肤施(今延安)。据常黎夫回忆:"之前延安等县的反动县长多已逃跑,新的陕西省政府必须委任一批真正拥护张、杨八项主张的县长去任职,以进一步加强同共产党的合作关系。因此,西安事变后我在中共陕西省委和林伯渠、张德生的领导下,经手的头一件事是联系各有关方面,通过杨虎城、杜斌丞向陕西省政府推荐委任延安等县的县长人选。推荐名单中马豫章(原地下党员)为肤施县长,苗紫芹为甘泉县长,张执庵为鄜县(今富县)县长,李志浩为宜君县县长,艾甫善为中部县(今黄陵)县长,田在养为同官县(今铜川市郊区)县长,王正身为延长县县长,宋宾三为洛川县县长。这个名单提出前,我和张德生及红军驻西安联络处的李涛同志交换过意见，他们一致表示同意，陕西省政府接受了这个推荐名单，新任县长赴任后，接着我以省政府视察员的身份去各地视察，推动他们搞好和我党地方工作人员和过往红军的关系。到2月初，孙蔚如上任之后，杨、孙、杜先后加委新任县长34名，多半在陕北。"

马豫章1968年6月20日回忆说："西安事变后，中共陕西省委的负责人贾拓夫、张德生到西安，经他们与杜斌丞商量，派我任国民党肤施县长，由省委向中央组织部写了介绍信，信的大意说我是党员，后来失掉关系，请帮助教育等语。我是乘红军驻西安联络处的汽车到延安的。到延安后，将省委的介绍信交给谢觉哉转组织。"

马豫章到任后，中共中央由保安顺利迁往延安，杨虎城驻军也撤了。

兵谏惊雷过后，张学良送蒋介石回南京，正大光明，仁至义尽。归了巢的"老鹰"却不记施食者的恩惠，回头一叨，施出一审、一赦，又一幽禁，永远不得自由的把戏，弄得张学良回不了西安，营救无望。东北军群龙无首，内部分裂，少壮派对元老派情绪激化，导致2月2日六十七军军长王以哲等遭少壮派枪杀，酿成"二二事件"，引起东北军更大混乱；蒋介石背信弃义，自食诺言，撕掉"领袖人格"的伪装，非但不退兵，反而重兵西进，向西安方面施威，发布了对陕甘作战战斗序列命令。顾祝同之第一集团军十个师，据东线潼关正面；蒋鼎文之第二集团军五个师又一个旅，据西线甘肃、宁夏一带；朱绍良第三集团军九个师，据西线陕南、陇南及兰州附近；陈诚第四集团军十个师，分布潼关、新乡、川鄂边界；另有空军助阵，企图"围剿"红军，消灭东北军和十七路军，战端一触即发，挑起更大内战冲突，刚刚露头的和平曙光，又即将被乌云遮挡，陕西、西北，乃至整个中国人民忧心忡忡。是战是和，消弭战火成了西安方面重中之重，急中之急。张、杨共举发动的西安事变和平解决后出现的极其复杂的政局、军情，千头万绪的工作处理，落在了杨虎城一人肩上。除了东北军大部分高级将领和"东救"领袖人物顾全大局，出谋划策，中共中央和红军作为坚强后盾，同进同退之外，十七路军全体高级将领、西北民众抗日救亡团体领导人、有识之士，给了杨虎城以极大的支持和承担。而作为杨虎城高参、省府秘书长的杜斌丞更是当仁不让，可谓乱军之中挺身拍马护主，处处皆随，事事相伴，分忧解难，日理万机。为鼓舞士气，展示团结力量，安定人心，杜斌丞担纲主持抓住 1937 年元旦之机，在西安西关大操场举行了隆重盛大的庆祝阅兵典礼。特邀《解放日报》《西北文化日报》《西京民报》《新秦日报》《工商日报》《长安日报》《联合新闻》联合出版，西安各大报刊和新闻记者与会，由杨虎城当面发表《告民众书》和《告官兵书》，向全国、全世界庄严宣告："双十二事件，是充分地表现了中华民族的伟大与健全，并不如日本帝国主义者所蔑视我们为懦弱、卑劣。双十二的要求也很单纯，只是一个中华民族反抗帝国主义侵略的独立自由的战争而已，是要将中国引上一条永生永存的大路，希望集中全国各党派的力量，共同站在民族解放的立场，大家抛弃一切成见，或党派关系，精诚团结起来，整齐我们抗日救国的阵营。双十二事件所昭示我们的即是中华民族更生的开始，抗日救亡之工作是需要我们全民族的总动员。双十二最大的收获，是证明中华民族自今以往将更加团结起来，为抗日救亡而奋斗。"

据《解放日报》等报道："大会期间，举行盛大庆祝，全城民众于晨起即喜气洋洋，满街挂旗，商家休业一日，各机关放假三日。阅兵和庆祝大会，于晨 10 时在西关外大操场举行。到会兵众十万余人。天气晴朗，风和日畅，由杨主任先举行阅兵礼，刘多荃师长（东北军）任阅兵指挥官，鸣礼炮 18 响，阅兵开始。阅毕行分列式，步骑炮工各军步整齐精神，武器精良，一时军乐奏进行曲，空军旋绕天空，典礼极为隆重。阅兵毕，开军民庆祝新年大会，十余万军民集立一处，异常壮烈。"

1 月 6 日，据《大公报》报道："1 月 5 日，民国政府行政院会议：（一）派顾祝同为军事委员会委员长、西安行营主任；（二）西安绥靖公署主任杨虎城、甘肃省政府主席兼五十一军军长于学忠撤职留任；（三）陕西省政府委员兼主席邵力子辞职照准，任命孙蔚如为陕西省政府兼主席;(四)驻甘肃绥靖公署主任朱绍良辞职照准,驻甘肃绥靖公署撤销,派王树常为甘肃绥靖公署主任。"

时任陕西省政府秘书的郑自毅 1982 年 8 月 16 日回忆说:"西安事变后我兼任省防空协会总干事。一天杜斌丞先生派我以防协名义召集东北军有关代表开会,商讨防空备战事宜。散会后,出席的张参谋对我说:'张副司令送蒋回南京被扣,听说要委派十七路军孙蔚如当陕西省主席,我们东北军怎么办?'言辞之间,表示愤激。我将情况报告杜先生,他让我注意到收发室检查是否有南京方面的重要信件,次日就检出南京方面给孙蔚如寄来的主席任命状,我即送杜先生阅。他看后在信封上批了'暂存'二字,并说:'事关重大,先不发表,等我报告杨主任与有关方面协商之后,再发表。'"

在此前后,杨虎城和杜斌丞派马文彦赴南京拜访于右任,了解西安事变和平解决后南京方面的动态。马文彦 1978 年 8 月 10 日说:"西安事变和平解决后,杨虎城将军急于要知道蒋介石回南京后的动态。1937年 1 月初,杜斌丞来到李寿亭家中对我说:'不要外出,杨先生一会来此,有要事向你说。'果然时间不长,杨将军来了,他让我到南京去,见于右任,通过于了解一些南京方面的动态。我担心上次潼关挡驾(西安事变后于右任以宣慰使名义入陕救蒋被挡)后于还在气头上,不会接见我。杨说:'我们在南京除了于右任再没有熟知的人,现在情况变了,蒋答应抗日,释放政治犯,组织联合政府,周恩来先生也说,前些日子挡于也好,不挡也好,于是搞新闻工作的,会做宣传。'我还在犹豫,杨将军又说:'还是你去一趟好,有关方面也希望你去。你到南京见到于先生后,先不要说别的事情,先拿出这个东西叫他看看。'说着,他从口袋里拿出一份铅印文件,我接过一看,原来是共产党的'四项声明'。杨将军很有把握地说:'他看了这些东西,一定要说话的。'我到南京后直抵于右任家,于先生上次被挡驾的气果然尚未消除,气恨恨地问:'你来这里干啥?'我说:'杨先生派我来给你送这个东西,请你看看。'我从铁烟盒里取出那份文件交给他。他起初漫不经心地浏览着,越往后看，态度越严肃起来，走到写字台前，打开台灯仔细地反复地观看着，激动地说：'我明白了，共产党是真正要抗日哩！西安事变的真正内容我才知道！'他后悔当初为什么不以个人名义进西安看看呢？我趁机给他说：'共产党要求抗日是真的，杨要求抗日也是真的，杨要求抗日你在上海原是赞成的。'他说：'我赞成杨虎城抗日，并没有同意他扣留蒋介石！'于先生没有刚才那么大的气了，我们便谈到蒋回来后的情况。他说：'蒋介石回南京，只停留了一天就到浙江去了，说是跌伤了腰需要休息，其他啥都没说，至于蒋介石在西安同三方面达成的协议，答应抗日，释放全国政治犯，组织联合政府等事情我一点都不知道。要不是杨先生派你送这个文件，我们都蒙在鼓里。'第二天中午，于先生从外面归来，兴冲冲地对我说：'你带来的那份文件，今天早上孙总理纪念周上宣读了。我看过文件，用糨糊把文件贴在土地上，让它粘些土，再轻轻地揭下晾干。今天早晨，我请几位老人看这个文件，并告诉他们，这是一个熟悉的商人路过陕西农村时揭下来的。于是我就请张继委员在今天的纪念周上把它全文宣读了。'于先生还告诉我：'张继是国民党西山会议派，一向坚决反共，由他宣读，不会引起别人的怀疑。'我问于先生，张继读后有何反应，他说：'张继认为四项声明讲得很沉重、很感人，看起来起义在东南，成功在西北。其他人听后也都认为共产党是真要抗日。'我迅速赶回西安，将南京一行向杨将军汇报，他听后大喜过望。"

西安事变和平解决善后，关于东北军、十七路军和红军出路问题，蒋介石给出了甲、乙两个方案。1937 年 1 月上旬，蒋派王化一、吴浩煮携和谈甲、乙两个方案到西安。甲案：东北军调甘肃，第十七路军不动，归杨虎城指挥，红军返陕北，中央军驻潼关至宝鸡沿铁路各县；乙案：东北军调豫皖，第十七路军调甘肃，红军回陕北，中央军驻潼关至宝鸡沿铁路各县。

1 月 12 日，杨虎城、王以哲、周恩来研究了南京方面的甲、乙两案及杨虎城驻南京代表李志刚带回的蒋介石 10 日信件。信件再次说张学良不能回陕。杨、王、周决定再派人赴南京、奉化见张学良及宋子文、蒋介石，要求西安行营以张学良为主任，杨虎城、顾祝同为副主任；中央军全部退出甘肃，东北军驻咸阳、平凉、固原、兰州、凉州、天水，第十七路军驻韩城、华县、西安、泾阳地区，红军驻陕北、陕南、凉州西。

16日，李志刚等持函前往南京，向蒋介石呈送解决事变善后陕军方案。19日，蒋介石致函杨虎城，认为陕军善后方案为"割裂军政，破坏统一"，释放张学良为"不可能之要求"。并威胁，"若必孤行到底，此后不独西北问题非中所欲置喙，即汉卿今后之行止若何，亦非中之所愿过问。"此函由李志刚带回，并称"红军名义可暂不变，驻防地点由杨虎城决定，在国策未定以前，可酌予接济。"同时，李志刚还带回张学良致杨虎城函，张嘱杨勿以自己出处问题"为解决当前问题之焦点""目下最要者"是照蒋介石的"甲案"立即执行。

21日，杨虎城和杜斌丞一起出席东北军、十七路军军政负责人会议。会议决定派李志刚携带杨虎城信飞赴奉化，表示接受经蒋介石修订的"解决陕事"甲、乙两个方案中的甲案，并要求：（一）中央军暂退华县，待西安方面军队移定后再行动；（二）潼宝线上中央军不多驻兵；（三）东北军留一部在咸阳到邠州的公路上，留一部分在西安；（四）第十七路军留一师在西安；（五）给不允回陕的张学良以名义；（六）在国民党三中全会未决定国策之前，由杨虎城接济红军。

李志刚携带此修订方案当日再飞奉化，面呈蒋介石并陈述一切。22日，蒋介石决定由顾祝同在潼关和西安方面谈判。并电告顾：（一）东北军可留一师在咸阳到邠州段，第十七路军可留一二团在西安附近；（二）张学良问题待西北问题完全解决后另定；（三）中共部队将通过杨虎城接济。

24日，毛泽东致电在西安的周恩来、秦邦宪：已派张宗逊为鄜（富县）、甘（甘泉）两县防守司令，调二十七军一个团为两城防部队，但两县豪绅民团不肯交防。请商杜斌丞解决，否则只有解决民团，亦向杜说明。

1月份，杜斌丞还多次出席省府代主席几次召开的省府委员会会议，研究决定多项重大事项，以及筹备孙蔚如省长即将就任省府主席一职等。

二二事件悲剧，杨虎城和杜斌丞闻之极为震惊，一起研究保护东北军于学忠等高级将领，将他们接到新城杨虎城处保护起来。第二天，东北军一〇五师师长刘多荃错以为已升任少将旅长的高福源参与了二二事件，将高诱杀。

2月8日，按照甲案，东北军、十七路军、红军退到渭河以北，任西安行营主任、第一集团军总司令顾祝同率部进驻西安。陕西又成了蒋介石的天下。3月上旬，驻陕甘东北军纷纷东调出潼关。

3月下旬，一连几日，杜斌丞会见杨虎城接来西安的高桂滋，陪同杨虎城出席顾祝同大型宴会，欢送杨虎城、于学忠奉召飞赴上海、杭州晋谒蒋介石。

4月11日，《西北文化日报》对杜斌丞派政治视察员常黎夫陪同何绍南去陕北二区（绥德）视察发放工赈款完毕抵省作了报道。据云："陕北治安平定，灾民亟待救济。"常黎夫1995年3月回忆说："1937年3月，南京国民政府中央赈济委员会派委员何绍南来陕西省查看曾用赈济款修建的延（安）榆（林）公路路基情况，准备继续拨款完成全部工程。何绍南，东北人，与国民党中央赈济委员会主任朱庆澜系同乡，关系较深，打着支援抗日的旗号，来往于陕北高桂滋、高双成和绥远傅作义之间联络活动。中共中央为了争取早日修通延榆公路，以便促进团结抗日的联络工作，给何绍南以方便。林伯渠和杜斌丞商定，要我陪同何绍南去延安、绥德一行。随去的还有省建设厅工程师李海瑶。何绍南到延安后，毛泽东同志接见宴请了他，并派秘书周小舟同志和我一起陪同何绍南至清涧县城外（城内由高桂滋部驻防）。我陪何到绥德与高桂滋会晤。何住一日即赴榆林、绥远，我留绥德城与高桂滋会谈。我向高面交了杜斌丞给他的信（杨虎城已发电给高），谈了西安方面的一些情况，和杨、杜让我转陈的话。高桂滋当即表示，他完全赞成张、杨八项主张和和平解决西安事变问题的方针。高桂滋说：'我本人即将请缨率部开赴前线抗日，在留陕北之日，一定保证维护团结，不发生摩擦事件。我在绥德停留两天，经延安返回西安。'"

4月27日，杨虎城致电蒋介石辞去本职。4月30日，蒋介石复电杨虎城准辞本职，出洋考察。5月7日，西安绥靖公署撤销。

5月27日，杨虎城被迫飞沪出国"考察"，杜斌丞主持机场欢送。《西北文化日报》28日作了详细报道："西关机场欢送杨虎城将军者达10万人，计到学生33校1.3万余人，工商团体四五十个单位8万余人，近郊农民如未央、鱼化村、姜村等联保7000余人，尤以大华、华峰、成丰、终南等厂职工及邮务、印刷、起卸、运粮业工人送别情绪极为热烈。军政机关领导人有顾祝同、孙蔚如、杜斌丞、彭昭贤、续式甫、周伯敏、李仪祉、寇胜孚等士绅名流亦到机场欢送。9时半，杨氏乘汽车入场，一时军乐声、呼喊声、救亡歌声齐起，全场空气大为激荡。杨氏下车后，即与民众团体及政府代表一一握手，随即在军民的行列中巡行，男女学生均将帽子掷至空中，表示敬礼。杨氏甚为感动，眼眶红润欲泪。军民群众因之淌泪者甚多。有一位青年学生趋向杨氏握手，说道：'杨先生，你要知道，我们今天不是来送您出国，而是在要求您救国。'杨氏遂破涕为笑。杨氏巡行一周，从休息室略与各代表话别。"

《新秦日报》同日报道："杨氏于27日10时离私邸乘车先赴行营谒顾主任辞行后，旋偕省府杜斌丞秘书长同车于11时抵飞机场，于欢呼、军乐、鞭炮声中下车，精神奕奕，笑容可掬，步入场中，与孙主席等握手话别。旋由杜秘书长陪同，于欢送者行列前，绕行一周。各机关团体职员、在校学生、部队，行礼致敬。杨氏含笑点头答谢。旋至休息室，至11时10分，顾主任偕行营各厅处长亦至机场欢送。杨氏旋即登机起飞东去。杨之随行者有邓宝珊、周梵伯、贾文郁、亢维恪、申明甫、于明江等9人，米暂沉、呼延立人、金闳生乘火车赴沪。"走下飞机的杨虎城在机场发表谈话："本人原定上月底来沪，嗣因病展缓，直至今日始南来。陕西绥署已结束，一切军事均由行营负责，绥署旧有人员亦经行营分别安插。西安现在绝无问题，所成问题者为旱灾。西北目前米粮告罄，迩来虽得雨大，棉花得以下种，惟能否生长，尚不可知。本人目前所患系心脏病，两腿肿胀，且时觉头痛。以来拟在沪稍事休息，再行分谒中枢各分局，然后准备出国。此去考察军事，拟先赴美再转欧。过日时不拟登岸。行期约一年。"

事先赴沪的杨虎城夫人谢葆真、三子拯中到上海龙华机场迎接。迎接的还有宋子文和先期到沪的李志刚等。

赴沪送别杨虎城

杨虎城离陕赴沪前夕，不忘致书中共中央领导人表达心境。米暂沉1983年5月曾告诉本书作者许发宏：杨虎城出国考察，赴沪之前，曾与杜斌丞、王菊人一起商量给延安的中共领导人写封信，表达自己的心意。信中写道："回忆虎城与诸先生，有缔交方新，畅聆谭者，有久耳大名，乞未奉教者。然在民族统一战线上同为抗敌而努力之决心，则完全一致。""虎城日内虽离陕远游，重洋万里，深感依依。但在抗日战线上，愿作永远之朋友。诸先生爱护国家之忠诚，实所钦佩。尚希益加努力，促进抗日实施。虎城异日海外归来，重履故园，抗敌力量，当必有更进于今日者。斯则临别赠言之微意，所盼于诸先生者矣。切祈不遗在远，时惠箴言，用匡不逮。临池神往，不尽区区。专此布悃，敬祝为国珍重！"

5月4日，中共陕西省委发布了《为西北抗日领袖杨虎城氏出国问题致西北军将士的公开信》。指出："杨虎城氏系西安事变与和平解决的主要领导者之一，其促进中国停止内战与和平统一，厥功甚伟。现杨氏以国内和平统一已奠定初步基础，毅然出洋考察军事，以为他日报国之图，其毫无军阀之权力野心与割据观念，光明磊落，忠实于民族国家，诚不愧为近代爱国军人之模范。"

杨虎城抵沪后，不忘陕西乡亲。第二天，就在《西北文化日报》等新闻媒体上刊登启事，向西安各界致谢："虎城比以恳辞本职，出洋考察。幸蒙中央体念愚诚，赐于照准，当于本月二十七日乘欧亚航机飞沪。渥荷我乡邦耆旧，各方友好，军政各机关同仁，各校同学，以及农工大众，辱赴机场欢送，感怀厚谊，弥觉依恋。伏念虎城救国之心长，应时才短，半生虚度，殊有愧夫初衷。廿载治军，究无裨于建树。此际群公阻道，感故人之多情。他日孤篷归来，知河山之无恙。特此奉启，并申谢悃，敬希公鉴。杨虎城拜启。"

兵谏期间，杨虎城挡驾于右任于潼关，不让于进西安为蒋介石说项，得罪于右任。此时，于气已消，杨 27 日下午到沪，于右任 29 日清晨便从南京到上海，杨虎城立刻谒见了自己的昔日上司、老朋友、乡党于右任，同话沧桑，共叙谊情，当面消除误解。

儿女情长，别离丝牵。6 月 1 日，杨虎城亲书正在北平的长子拯民、长女拯坤。书云："民、坤两儿见。上月二十八日信，我前天收到。你们近况，我都知道，也放心了。你们对我所要求，我定如你们的志愿。但我的行期还未定，大约是二十几，已后去函通知。可是，不让你们送我。因为耽搁事，也不便。惟我有两事常在心上，总觉不放心，就是你母亲的心境和她那身体。我现在无法尽力，责任就全靠你兄妹。你们的一切都应注意到。再，你们今后读书，一时一刻都不敢荒唐。祝你母亲和你们的健康。六一。"

6 月 4 日，杨虎城同宋子文、宋美龄、邓宝珊飞往南昌，转车登庐山去谒蒋介石。5 日和 6 日，蒋介石两次接见杨虎城和邓宝珊并谈话，进餐，表示亲热。

协助、辅佐杨虎城和孙蔚如六七个月以来，杜斌丞主持的省府机关工作百事缠身，事必躬亲，很快恢复和理顺了西安事变期间和善后阶段省府工作无人真空混乱状态，省府工作走上正轨，省府职员的素质和工作效率大为提高。杜斌丞除处理平日正常政务，繁忙的迎来送往，接受采访，接见谈话，沟通联络水利建设、资源开发、教育、禁烟、配合红军等方面，处理了大量烦琐复杂的工作和关系。特别是这个阶段对陕西的赈灾救灾工作付出了相当的心血，正如他之前所说的，最感急迫、最为需要之工作，莫如救灾救荒与安定地方两事。据6月17日《西北文化日报》报道："陕北灾荒奇重，刻正统筹救济，中央社记者6月16日特访省府秘书长杜斌丞，据谈：陕西灾荒，中央与省府甚为注意，正在谋赈济，现灾象已成，非根本办法不足以资挽救。关于救济陕北，去岁曾为一次急赈农贷，今春又有了3万急赈发放，然杯水车薪，无济于事。现中央与省府筹款20余万元，办理平粜，而人民又无购买能力，甚至食粮运到各县因道路遥远，运价增加一倍。故经恳请蒋委员长令农民银行拨款30万元，办理工赈，现由何专员绍南在京接洽中。本人意见，因陕北地域之重要，为治本计，振兴水利，修筑公路，提倡牧畜，整理荒地等，实为当务之急，兼施招抚流亡，可使社会安定，农村以借逐渐恢复，灾象可自然减去。"

6月16日，国民政府军事委员会指令，派杨虎城为欧美考察军事专员。并于22日签发了"欧美军事考察专员杨虎城"护照。一连几日，杨虎城诸事应接不暇：会见了陕西旅沪学生同乡会成员，出席了淞沪警备司令杨虎和杜月笙、阮啸林分别为他举行的饯行会。杨资助两任秘书周梵伯、米暂沉于26日乘大英公司"纳尔达拉号"轮先行出国留学。

两位部将赵寿山、孔从洲和杜斌丞、孙蔚如商量后，从西安赶来上海为杨将军送行，他们进行了长谈。孔从洲后来回忆说："6月下旬一天晚上，我去看望杨先生，见面的时候，他一把握住我的手，激动地说：'哎呀，想不到在这里还能见上一面，太好了。兄弟，真对不起，临走的时候，我把'家当'拆散了，分给了各个师，可没有分给你一个兵、一支枪，你不会怨我吧！'我说，没有什么。他说：'在经费方面、物资方面虽然没有给你留下什么东西，但是我给你交了个好朋友，北边的好朋友，这才是最宝贵的，比给你几个兵、几支枪要有用多了。'我心里明白，杨先生所说的北边的好朋友，不是别的，正是指的中国共产党和它领导的工农红军，所以我笑着说：'主任，你给我们交的这个朋友，胜过千军万马。'杨说：'对对对！'开始赵寿山同志在座，谈话中间，于右任叫他吃饭去了，那里就丢下我。这个时候，杨先生的思绪又回到了遥远的陕西，回到了过去的年代。那一桩桩曲折惊险的历史事件，一幕幕惊心动魄的战斗场面，一张张神情各异的人物相貌似乎全部在他的记忆里泛起泡沫，交错叠现，使他的心情激动不已，当杨先生讲到靖国军的时候，我插了一句话：'主任还记得你在靖国军时期写的一首诗吗？我记得是这样写的：'西北山高水又长，男儿岂能老故乡。黄河后浪推前浪，跳上浪头干一场！'杨先生听了立刻答道：'不错不错，写过这样一首打油诗，它确实表达了我当时的思想情感，就是决心跟着时代的潮流前进，做时代的弄潮儿。正是这种精神，才使我们十七路军能够保持到今天。'杨先生还不胜感慨地说：'这次事变，我的任务只完成了一半，扣了蒋介石，使他没脸，不可能再打内战了，所谓停止内战这一点，大体上做到了。剩下的一半，救亡抗战，我能不能亲身参加还很难说。主要依靠你们了，我希望你们一定要搞好内部团结。篱笆扎得紧，野狗钻不进。团结起来，才有力量。蔚如、寿山和你相处有年，你们互相都比较了解，一定要真诚合作，团结一致。舍此，就有被蒋介石肢解消灭的危险。同时，要在抗日战场上积极作战。我们只有在战场上有好的战绩，才会得到人民的拥护和支持，我在国外也会得到安慰，蒋介石就不敢把我们怎么样。所以，你们一定要力争部队参加对日作战，共赴国难，多打胜仗，取得好的成绩。'夜越来越深了，同他已经谈了三个来小时。以'不夜城'闻名的上海，也渐渐地沉寂下来。附近街道上偶有一辆电车辚辚驶过，远处的黄浦江面间或传来几声低沉的气笛声，打破了夜的宁静。可是杨先生的谈兴仍浓。继续兴致勃勃地说：'还想和你谈谈中国共产党和咱们的关系，这也是最重要的一点。靖国军失败以后，部队到陕西，在榆林结识了魏野畴先生，我和共产党从此有了接触。我觉得他们是一些有识之士，爱国家、爱民族，有奉献精神，并不像有些人宣传的那样，是些十恶不赦的歹徒。在国共合作的形势下，我们参加了大革命的行列。你知道，咱们部队从榆林南下的时候，就是那么几千人，然而声势很大，打败了北洋陆军第七师吴新田的部队，以后又坚守西安，顶住了刘镇华八个月的围困和进攻。大革命失败以后，国民党一天天腐败，日益走向反动，我把国家和民族的希望，以及咱们部队的前途，寄托在中国共产党身上，所以才有了皖北的合作。皖北暴动失败以后，在一个长时间内，我对共产党并没有失望，只是对他们当时的某些政策接受不了。所以直到部队重回陕西，只能通过汉宸、斌丞、明轩他们做些抗日救国活动，并和红四方面军达成互不侵犯的协议。九一八事变后，国民党的卖国投降活动一步紧似一步，而对内的统治却越来越严酷。我几经试探，并亲自跑到石家庄见蒋，要求参加抗战，你们知道他怎么回答？他哼一声说：你那点本钱，经得住几下子折腾。抗日现在还轮不到你。还说，不消灭共产党，就谈不上抗日。我对他说，现在是国家民族存亡的关头，应该以大局为重，摒弃前嫌，团结对外！他听了不耐烦地说，别说了，这些话我早听厌了。从此以后，我对国民党完全失望，对蒋介石也不抱任何幻想。可是，这时和共产党的关系，由于和红四方面军破裂而发生战争，还有张汉民的牺牲，使我非常苦闷。但我深信中国不会亡国，蒋介石的统治绝不会长久。过去一位朋友告诉我：中国历史上各王朝的灭亡，不外乎三个因素，即外戚、宦官、藩镇，有于一此，就可使一个王朝覆没。如今，蒋介石已经兼而有三，虽然名义上没有宦官，但他周围的小人比比皆是，再加上外有强敌日本，内有武装的中国共产党这个反对党，他还能支撑多少时候？好在中国共产党的《八一宣言》发表后，使我感到有了希望，及至毛先生派汪锋带他的亲笔信来找我，要和我们建立抗日民族统一战线，我觉得共产党的政策对头了，也和我们有了合作的条件。我曾经反复想过，毛先生之所以要主动地找我们，要和我们联合共同抗日，这绝不是偶然的，他可能从我们以往与中共的历史关系考虑的，相信我们这个部队是主张抗战的。因此，又建立了这一次合作关系，发动了双十二事变，扭转了十年内战的局面，得到了全国人民的喝彩。我们这个烂摊子，纵然这次摔掉了，我也不后悔，摔得值，摔得响！你要知道，中国军阀哪一个没有失败在蒋介石的手里？我自己缠不过他，你们更缠不过他，能缠下蒋介石的只有中国共产党。没有同中国共产党的合作，就不会有今天的局面。你在我们部队中的历史较久，和野畴、汉宸很熟，也和汉民共过事，对共产党有一定的认识。现在咱们部队内还有炳南、揆要等人在，必须保持好和他们的联系。要记住，咱们部队的处境，北边是朋友（当时部队驻在渭河以北与红军毗邻），南边（指西安）是冤家；北边是光明，南边是陷阱。到了蒋介石压迫我们，使我们的存在发生危险时，我们就断然倒向共产党，跟着共产党走。这话我跟蔚如、寿山也谈过了。兄弟，你们负有更艰苦的任务，好自为之。我相信，十七路军的前途，你们的前途，都是光明的！'"

6 月 28 日，杨虎城又和从北平赶来送行的长子杨拯民夜谈很久。杨拯民回忆说："父亲告诉我，要我晚上去他屋里去住。晚上，我在他屋里等他，直到午夜过后，他才回来。他歉疚地说：'一直抽不出时间和你交谈，明天我就要走了，这一去不知什么时候才能再见。今晚最后一宿，是最后的一个机会。我原打算把你带到国外去，可不幸的是，拯人病殁了，你娘（指张蕙兰夫人）受打击太大，神经失常。如果这时再把你带走，对她又是个刺激，所以就不带你了，以后有机会再说吧。'又问：'你新娘（指谢葆真夫人）说你在北平时经常外出，晚上回来得很晚，都交了些什么朋友？'我只讲了在北平参加民先队组织，和同学们从事抗日活动的一些情况，而未讲自己因思想苦闷空虚，交友随便一节。父亲叮嘱我要多关心我娘和坤妹，交友要慎重。谈到政治信仰问题，他讲他是主张信仰自由的。但对我这个初中尚未毕业，高中尚未考取的中学生来说，谈信仰还有点早。他说共产主义是个很好的理想，可是在中国如何实现还需要探索。过去共产党一直很"左"，失掉了许多支持赞助他们的人，现在开始有了些转变，但还要看。主义要和中国的现实相结合，光有理想没有用。他认为我还年轻，只有 15 岁，应该首先学习充实文化知识。他说自己没有多少文化，但有一些知识，这些知识，是在生活、斗争、军旅生涯、生死拼搏、社会磨砺、多次成功与失败的实际中得来的，这是经验。他说：'世界上的知识有两种获得方式：一种方法是在实践中通过时间磨炼得到的，这是碰许多钉子，遭很多艰难曲折，以及流血伤残，乃至牺牲，我的知识是这样获得的，很艰苦，不容易，因为我那是受家境条件的限制，只能走这条路。你不适合走这条路，现在你有条件，完全不需要走这条路；另一种方法就是先读书学习，充实基础知识。中学课程是起码的基础知识，要好好学习，不要荒废时光，赶高中毕业上大学时，由你自愿，愿学文、学工、学军事、学政治由你选择。到那时候经过实践，再谈信仰，就不会盲从了。'和父亲谈了半夜话，一宿未合眼。"

杨虎城在上海停留一个月。6月27日《西北文化日报》报道："杨主任（虎城）定于本月29日出国考察，孙主席（蔚如）前本赴沪送别，嗣因顾主任（祝同）未返陕，不克启行，特派杜秘书长（斌丞）代表赴沪往送。闻杜氏定今晨离陕云云。"6月28日，《西北文化日报》报道："陕西省政府秘书长杜斌丞昨日抵沪，军事参议院参议李虎臣同机到达，本市各中等学校及各民众团体，因杨主任出国在即，特别分别制送纪念册，或题词、或作文、或制精巧花卉，含有依依怀念之意，于昨晨杜秘书长飞沪时一并带往赠杨。"田一民1980年7月说："1937年6月下旬，杜斌丞老要我随他去上海送杨虎城将军出国。杜老对我说：'杨先生为了抗日救亡工作做出最大的努力，付出很大的代价。现在杨先生被蒋介石逼迫出洋，何日回来，尚不可知。他离开西安时，群众自发地集中到飞机场，形成了那么大的送行场面。现在他即将出国，陕西人民应当再有什么表示，借以安慰和鼓励杨先生才好，你想想看。'我提出可否请西安学联搞点什么纪念性的东西，奉赠给杨先生。杜老表示完全同意。我通过阎赞禹同志找到西安师范学校同学蒲望文（苏一平），把我和杜老商量的意见向他说了，请他同学联负责人商量一下。蒲望文同学联的李连璧、曹冠群等同志商量后，发动很多同学到终南山麓的翠华山下采了许多花草，做成标本贴在十本相册上，并题了很多热情洋溢的诗词和散文，颂扬杨虎城将军为抗日救国做出的卓越贡献，鼓励杨将军把抗日救国的道路走到底。杜先生看了纪念册以后很高兴，说这个礼物很有意义，对杨先生是很好的鼓励。随后，他带着这些纪念册乘飞机先抵上海，我搭火车在沪会合。我到上海之后，杜老对我说：'杨先生看了这些纪念册很激动，热泪盈眶。'我见到杨夫人谢葆真时，她也对我说：'杨先生看到杜先生带来的西安学联送的纪念册，很激动，杨先生说：'陕西人民没有忘记他。'6 月 29 日，杨虎城将军乘胡佛总统号客轮离沪出国'考察'，数以百计的人登上轮船甲板送行。在人丛中，杨先生看到我时主动同我握手，并说：'杜先生带来的纪念册我都看了，太好了，代我向陕西的同学们致敬。'"

6 月 29 日，杨虎城偕夫人谢葆真，三子拯中，秘书王麟阁、亢维恪，参谋樊雨农（陕西警备旅团长）一行共 6 人，搭乘美轮"胡佛总统号"，由沪出国考察。

第八章

辅佐孙蔚如主理陕政

"做事要从做人做起"

1937 年 2 月 6 日，杜斌丞办理了陕西省政府向南京国民政府和各省、市发出咨文，达知孙蔚如已于 2 月 1 日就任省政府主席印信，到府视事。孙蔚如 1952 年 11 月写的《自传》中说："我接受陕西省主席，是杨虎城召集东北军、西北军高级人员共同决议。复电为东北军秘书长吴家象所代拟。"

孙蔚如视事后，杜斌丞仍任省府委员兼秘书长。这是孙、杜二人自 5 年前主政甘肃一段时间之后的第二度合作。2 月 8 日，杜斌丞指派陕西省政府秘书郑自毅"维持"《解放日报》，即使停刊，也不愿交由国民党利用玷污进步的《解放日报》报名。郑自毅 1982 年 8 月 16 日说："1937 年 2 月 2 日，东北军主战派的少壮派杀了王以哲军长，2 月 5 日抗日联军临时西北军事委员会结束，2 月 8 日，以西安行营主任顾祝同为首的国民党中央军开始进入西安接防。在此形势下，前由张学良将军派人接收的国民党《西京日报》社派人要接管改出的《解放日报》，双方发生争执。杜斌丞先生派我前去维持《解放日报》，遂在 2 月 10 日的《解放日报》头版上角刊登了《郑自毅启事》。启事全文是：奉省府令，接收《解放日报》，自 2 月 8 日，由本人负责维持，到 2 月 11 日，为阴历春节，春节后不再出版。《解放日报》就从此结束。事后，有关方面对杜先生处理这件事有高度的评价。"

2 月 16 日，孙蔚如以陕西省政府主席之职，主持召开省政府委员会第一次会议。杜斌丞也以本届省政府委员兼秘书长身份出席了本次会议。会议决定照付郑州"胡公馆"委员会建筑费一万元，"胡公"即前国民军副司令兼国民军二军军长、河南军务督办胡景翼。胡同冯玉祥、孙岳等曾发动"首都革命"，驱逐溥仪出宫，成立国民军。也曾提出"豫人治豫"施政理念和策略，对抗北洋军阀，深受河南人民群众拥护。

2 月 22 日，杜斌丞在陕西省政府举行的孙中山纪念周会上即席讲演，阐述了他到省府工作两个多月以来的感受和体会。23 日，《西北文化日报》对此作了报道，并刊发杜秘书长讲演重点内容："兄弟到府已两月有余，幸赖诸同人和衷共济，深感欣慰，惟未能时常个别谈话，颇觉抱歉。顷闻主席因要公出，嘱兄弟代表领导大家作纪念周，愿就两月来实际观察所得，分作两点与同人一谈，以期共勉。（一）做事须从做人做起。何谓做人，就是注重人格的修养。大凡社会上做事的人，尤其是公务人员，第一必须有高尚的人格。人格二字的诠释，就狭义来讲，即是敦品立行，操守廉洁。凡一个人，任有极大的本领，若是品行不端，做事贪污，即不够做人的资格，也不会做成功大的事业。《大学》上说得好，欲治国平天下，必先自正人、诚意、修身做起，于此可见人格修养的重要。主席的为人刚毅木讷，操守廉洁，哪是一般人所深知道的，在五年前主甘政的时代，为时虽短，对于铲除贪污，提倡廉洁，十分注意。刻下主持陕政，服务桑梓，自必本以往精神继续努力，以达报国救民之目的。省府为全省政治中枢，同人果能仰体此意，一致砥砺廉隅，奉成风气，政治自有修明之望。所以修行品行，兄弟认为是做人的第一要件，也就是做事的第一要件。此外，学业修养亦极重要。因吾人做事，首须事理通达，经验宏富。而事理通达，经验宏富，绝非不好读书不求精通者所能办到。唯每一机关，自录事以至最高长官，责任虽有大小，而趁眼求学以期知识能力与日俱进，初无二致。吾侪公务人员，以身许国，每于公的方面，每办一事固须精密周到，尽其最大之努力，以求无忝歇职；即私的方面，亦须随时增进学识，并选各人的所好学科，时加研讨，方能学识俱优。古今中外，成大功立大业者，无一不在敦品励学上痛下功夫。有一份能力，方有一份事功，望同人脚踏实地，一步一步努力去做，切勿看得太易，一味存着夤缘侥幸的心理。舜人我人，古有明训。吾人果能抱定此心，奋勇前进，任何难事也可做到最好的程度。所以同时也希望大家不要把做事看得太难，这是兄弟今天想谈的第一点。（二）希望随时贡献意见。一省政治欲收良好效果，必须集思广益，共策进行。吾陕政治，现值递嬗演进之际，尤非群策群力不为功。主席广延耆硕，虚心征求各方意见，前已屡见报端。兄弟自来省府，时时渴望同人各抒所见，借备参考。唯两月以来，对于现在局面应如何调整，省府应采如何方针，以及本府内部必须如何改善，方能增进工作效率，同人中虽亦间有建议，而为数尚属寥寥，似此照例办公，不肯积极努力，绝非非常时期公务人员应有之态度。今后望各本匹夫有责之义，怀艰难共济之心，凡关全省政治得失，外县一切利弊，以及本府应行改善之处，见闻所及，务望随时陈述，并尽量贡献意见。所陈倘有可取，自必采纳施行。这是兄弟今天想谈的第二点。以上两点，愿与同人共同努力。"

纪念周会第三天，陕西省政府主席孙蔚如赴南京报告陕情，请示今后施政方针，由杜斌丞秘书长代行，主持省府工作。一周之内，除处理省府日常行政事务之外，又处理了几件外请呈办要事。第一件是2月26日，毛泽东致电周恩来："延安、甘泉两县长是左倾分子，与我们相处甚好，唯因无事可做，颇感不安，昨要求进省，系想辞职，请告孙、杜，电复不必进省，安心任职，一面我们与之弄得更亲密些，并设法给以做事。"第二件是国民政府全国赈务委员会委员，军委会中将参议兼陕北放赈专员何绍南，由南京抵陕，即晤省府秘书长杜斌丞，商洽继续办理陕北工赈事宜。何 28 日乘省公路局所备汽车离西安赴陕北，考察各公路交通，发放工赈款等项，派技士李鸿瑶随行。同时杜斌丞还派省府政治视察员常黎夫随同视察陕北政治情势。第三件是毛泽东为营救失散于甘肃河西走廊的红四方面军人员，致电在西安的周恩来："刘澜涛同学刘天民系杨虎城的人，曾做过青海的代表，与两马（马麟、马步芳）有旧，可以去找两马。吴鸿宾是回民，是邓宝珊的人，亦可亲见两马。以上二人在西安均系大学生，与杜斌臣（丞）要好，请注意一找。"

前两件事，杜斌丞很快办妥。对于第三件事，杜斌丞早已和吴鸿宾结识，吴曾是中共甘宁青特委书记。他在西安市北广济街找到吴鸿宾，商谈关于物色去河西走廊营救红军西路军被俘人员一事。

不久，朱德、彭德怀等红军高级将领来西安，杜斌丞与"八大家"名绅策划集体欢宴。徐彬如曾回忆道："西安事变放蒋后不久，大约是1937 年三四月间，朱德、彭德怀等红军将领十多人路过西安，西安名绅'八大家'联名具柬在莲湖食堂（我党地下工作的一个点）请客，有一位老先生握着朱德同志的手，心情非常激动，讲了很多感人的话。他说：'你们共产党真是了不起，蒋介石杀了你们几百万人，你们不计前仇，主张放蒋，和平解决西安事变，这样的胸怀古今罕见，中华民族的一线希望就寄托在你们身上了。'通过这次宴请，对团结西安上层人士和红军影响起了良好作用，杜斌丞先生虽然没有出席，但宴请的主意是他出的，杜先生还帮助我们发动'八大家'向陕北根据地捐献了大批书籍，雇了五六辆马车送走的。毛主席接到这批书籍很高兴，批示我们每月要同'八大家'见一面。"

3 月 31 日，国民政府行政院任命王宗山为陕西省改府委员，免去杜斌丞省府委员一职，专任秘书长。

4 月 19 日，杜斌丞在陕西省政府举行的孙中山纪念周会上第二次发表即席讲演："本人承乏省政府秘书长四月之久，乘今天纪念周上，将最近感想和同人一谈。本人以为，行政重要者，莫如树立中心工作，认定标准，然后分开步骤，踏实去做，经过相当时期，锲而不舍，当有成绩可观。本省中心工作，如公路、水利已著成效。就目前论，其最感急迫最为需要之工作，莫如救济灾荒与安定地方两事，亦即全般建设行政上之前提条件，吾辈须努力赴之。其次则为公务员之效率。本府同人经数月督促观摩，日常公事上已做到随到随办的程度，此后改进之点，乃是以科学的方法与最负责任的态度，各就主管部分随时检点，集中意志，为继续不断之努力，然后方得一个健全公务员。本府同人为全省公务员表率，无论在公共生活上、个人生活上尤其处处关顾到整齐、敏捷、简单、朴素的美德，望与本人同勉之。"

仅隔一周时间，杜斌丞又在 4 月 26 日的纪念周会上即席第三次讲演。强调：（一）西北目前已成为国防前线，在西北的工作人员，都负着极大的责任，尤其在省府的同人较其他人更为重大，必须把所做的工作集中在国防上。但是巩固国防不是口头的空谈，而是要注重物质建设。今后集中人才，健全机构，对于国民经济建设，以绝大努力促其进步。（二）禁烟为本省中心工作之一，自当遵照中央法令切实推进。禁烟委员会本省虽已成立，但因种种关系迄今未能尽其使命。本府同民厅筹商，先从健全其组织入手，俾能发挥效能，以尽其最大之使命。（三）本府一切工作，无论属于某部分，但是归纳起来，都是整个的，故虽分工仍须合作，不但对于职员的勤惰易于考察，且可减少手续，并收相互策励之效。

杜斌丞正是按照他上周讲演所称：最感急迫最为需要之工作，莫如救济灾荒与安定地方。他随委派田一明代表陕西省政府赴延安，与陕甘宁边区政府商处内战时期陕北流亡关中的难民安置问题。田一明 1980 年 7 月回忆说："1937 年 4 月，我从三原到西安，到省政府拜谒杜斌丞秘书长，求他安置一份工作。他说：'有个差事，想了很久，没有适当的人选。内战时，陕北各地逃亡到关中韩城、宜川一带的难民有好几千人，还有一些县的保安队官兵退到关中也有千余人。现在不打内战了，应该做好有关的善后工作，把这些人送回陕北去，由各县地方政府安排救济。我和陕甘宁边区的苏维埃政府已经交换过意见，他们原则上同意，具体办法尚待研究。我想派你去解决。这是国民党的陕西政府第一次向苏区政府派代表，处理公务。对方处理此事可能有高级领导人参与，你说话要有分寸，办事要谨慎谦虚。'第二天，我由一位地下党同志引见，在七贤庄一号红军联络处拜访了李克农同志。李克农同志批准我进苏区，并准予到三原搭乘红军的交通车。到延安后，我住在国民党肤施（延安）县政府，县长是马豫章同志。他表面上是国民党的县长，实际上是杜老的关系协助红军的。南汉宸夫妇也住在县政府里。南说：'这里接到西安的电报，知道陕西省政府派你来，杜先生选派你来是适当的人选。你获得到延安的机会也是十分难得的，明天你去拜访林伯渠老。'我拜访林老的当天中午，林老设宴款待，马豫章、南汉宸作陪。南汉宸对我说：'林老对杜老很尊重，他说这件事杜先生已同我们谈过了，一切照杜老的意见办，你可以去延长县，与延长警备司令叶季壮接洽，他还是红军总供给部部长，难民和保安队回来的日期、路线和生活问题，他都可以负责安排，一切交接手续和欢迎方式你可同他商量办理。'我到延长县分别会见县长和叶季壮司令员。县长叫王正身，是王炳南同志推荐给杜老安排的，因此他全力以赴地协助我工作。不久，难民和保安队按照商定的日期到达延长，红军派了秧歌队，地方政府组织了许多群众，敲锣打鼓到离城七八里的地方去迎接，并在县城开了欢迎大会，叶季壮、王正身和我讲了话。难民和保安队的交接任务完成之后，我回到延安，南汉宸对我说：'党中央知道你参加过西安事变，又是杜先生派来的人，很重视，林老要安排你谒见毛主席、朱总司令、周副主席等中央领导同志。'我心情十分激动。毛主席接见我时，谈论了国际国内形势，并问候杜老的健康。我还分别拜会了秦邦宪、董必武、林彪、谢觉哉、徐特立。徐老对杜老很敬仰，他说：'在陕西特别是陕北，许多场合都可以遇到曾受业于杜先生的学生，希望有朝一日能见上这位既是教育家，又是进步的政治家的杜斌丞先生。'我回到西安后，向杜老汇报了在延安的情况，并把我和毛主席、朱总司令、周副主席和其他中央领导同志照的相片呈递给他看。杜老看了这些照片，并详细询问了延安的情况，深有感触地说：'西安事变形成的三位一体的抗日局面虽然被蒋介石破坏了，但延安将成为全民族抗日的火车头。陕北将成为中国革命的根据地，这个局势是蒋介石破坏不了的。'那时国民党中央军盘踞陕甘两省，反动气焰相当嚣张，人们都处在忧心内战复发的气氛中，像杜老这样对革命有远见卓识和坚强信念的人是很少的。"

辅佐孙蔚如省主席，杜斌丞一直重视省府机关建设，但几次在纪念周会上的讲演，都十分强调省府职员的做人品德、工作作风和工作效率。5月以后，随着国共和谈的一步步进展，国共团结抗战初露曙光，筹备陕甘宁边区政府工作初步展开，杜斌丞又被提议担任边区政府委员人选。这时候，他对省府职员提出要有"爱国家"和"抗战"意识的更高更严要求，其实也是为省府机关工作方向的定调。据1937年5月17日《西北文化日报》报道，杜斌丞秘书长在纪念会上讲演略谓："吾辈公务人员均为国民之一分子，更享有国家优厚待遇，更应体念时艰，以国家为前提，自动负起救亡之重任，勿存替长官做事的心理敷衍塞责，勿畏难而中止。"接着他又在24日的纪念周会上讲演指出："很多人没有正确的人生观，以致对于处理公共的事情常出之敷衍态度。实在是一大错误。因为吾人生存，固为时甚暂，但是整个民族则永生不灭，在自己生存过程中，对于整个民族历史之演进要负起一定的责任。换言之，即是要各个人都忠于他的职务，任何时候、任何事情都不肯放松。本着这种观念去认识人生，才是正确的人生观。望同人改正了过去的错误观念，忘了小我而重大我，以求为国家民族增厚力量，挽救危亡。"

卢沟桥枪声响起之后

1937年7月7日，华北平原的夜幕拉下，遮住了白昼的炎热暑气，天空无月无风，悬挂在天际的繁星眨着眼睛，注视着苍茫大地，无垠的原野一片宁静，偶尔的犬吠声给这静悄悄的世界里带来几声杂音。

趁着这寂静的夜晚，日本侵略军在北京城南卢沟桥畔打响了全面侵华战争的枪声，中国四万万同胞陷入了八年的血海灾难。华北危急！平津危急！全中国危急！8日，中共中央发出《中国共产党为日军进攻卢沟桥通电》：号召全国同胞、政府军队，团结起来，筑成民族统一战线的坚固长城，抵抗日军的侵略。

卢沟桥事变的第四天，中共陕西省委发表了《为日军进攻卢沟桥事件告西北各界同胞书》，号召西北各界同胞团结起来，一致抗日；要求南京国民政府抛弃对日和平苟安退让的一切幻想，用一切力量去抵抗日军对华北新的进攻；要求当局立即开放民众爱国运动，给人民以救国与抗战的自由，加紧西北军民抗战动员。7月14日，国民党陕西省党部发出关于成立陕西各界抗敌后援会的倡议。19日，中共陕西省委即致书国民党陕西省党部表示赞同，并提出6项具体建议，要求立即扩大全省抗日救亡运动，保护各救亡团体，给人民以抗日救国的民主自由，武装民众，肃清汉奸，支援前线，以彻底实现抗日民族统一战线。全省广大军民积极响应，普遍开展了空前规模的反侵略宣传周和"捐献一日所得"运动。学生抗敌大会，下乡宣传，工人宣传队，农民抗敌大会，"东救""西救"等抗日救亡团体走上街头，群众性的抗日救亡运动热潮此起彼伏。

七七事变的当天，杜斌丞正在北平，他是在沪送走出国"考察"的杨虎城后来到北平的。杨虎城将军长子杨拯民1984年8月5日说："1937年6月底，我在上海送父亲出国后要回北平，陕西省政府秘书长杜斌丞以省主席孙蔚如的代表身份来沪送行。事后他要去北平、天津和南汉宸、王菊人会面。我们同乘火车北上，在一个包厢内，两天两夜同食同宿。开始我感到非常拘谨，一个小时后就感到和这位长者相处非常自然。斌丞先生对青年人的思想、心理及当时我的处境都了如指掌，说起话来使人感到异常亲切。他在天津下车，说三天后来北平，要我给他安排旅馆。三天后，我和王菊人把他接到北平东交民巷的利通饭店。不久，七七事变发生，陕西省政府催他回西安，他便离开了北平。在北平一周中，我几乎每天都去利通饭店看他。去这里的常客有南汉宸、王菊人、刘澜波、高崇民、蒲子政、李寿亭等人，大家都称他'胡子大哥'。有一次我问他为什么留胡子，他说你知道不知道有个布琼尼将军？他是苏联的骑兵将军，勇敢善战，更擅长骑术，而且留着向上翘的胡子，你看我和他像不像？杜斌丞先生善于骑马而且爱马，曾在甘肃送过我父亲一匹好马，当时价值千元，号曰'李乾三'（一千三之谐音）。由此可见，先生的豪侠爽朗，英雄气度。1937年，我父亲被蒋介石关押后，我曾找斌丞先生请教，他说：'你去陕北我赞成。'我遂决意到延安抗日军政大学去学习。"

也就在七七事变的前一日，杨虎城在太平洋的航轮上致函杜斌丞，通报行踪，并申谢在沪欢送之情谊。

回到西安的杜斌丞，眼前是一片抗日救国运动热潮汹涌澎湃，他就向孙蔚如提出建议，政府工作必须尽快转移到抗日方面来，成为战时政府，一切为了抗战，支持抗日救亡运动，支援前线。

7月中下旬，陕西省政府主席、由十七路军缩编的三十八军军长孙蔚如，全身心地投入到赵寿山十七师、许权中一七七师五二九旅和军部直属教导团开赴华北抗战前线准备工作之中；一七七师五三〇旅陈云章部亦东调韩城、潼关一带，担任保卫黄河河防任务。杜斌丞襄助孙蔚如政务、军务极其繁忙。但是他还是抽出时间和精力，支持民众抗日救亡工作和人民群众支前工作。卢沟桥事变爆发，宋黎离开北平，来到西安，与杜斌丞见面。宋黎后来说："1937年七七事变爆发，我奉命撤离北平，途经济南到达西北，由于上年的'艳晚事件'我被特务拳击患了肋膜炎，一再腹水，抽水不见好转，所以只得暂时留西安治疗，并协助我党在西安设立的公开机关红军联络处做些力所能及的工作。西北各界知道了我回到西安，不少人前来看望，尽力帮助。杜斌丞先生得知，百忙中抽时不止一次来看我。当时我党经费困难，在白区工作的同志需自己解决生计问题，而我重伤在身，手头拮据可想而知。细心的杜斌丞先生早已料到这点，他并不问我是否有什么困难，而是在临走时默默地把钱留给我。杜老赠款的数额相当可观，当时我们四位同志的生计都靠这笔款维持。这犹如雪中送炭，解决了我们的燃眉之急。"

宋黎所说的"艳晚事件"，即指西安事变前的 1936 年 8 月 29 日晚，他在西安东北军做地下工作时，被国民党陕西省党部绑架，后经杨虎城、张学良营救生还，张学良并因此当晚查抄国民党陕西省党部，获得一批诬陷张、杨的机密文电。此日的韵目代日为"艳"字，故时称"艳晚事件"。秦琳也回忆说："杜斌丞关心和资助进步青年的事例很多，七七抗战后的一天，我到他家看望。他交给我 20 元钱，说：'你到王家巷焦易堂公馆去找一个叫王昭贤的青年人，他现在困居西安很需要钱，你去后当面把钱给他，不要同他谈别的事情。'我即如命前往，把钱交给了王昭贤。新中国成立后才知道他是地下共产党员王应慈。"

8 月 9 日，陕西省各界抗敌后援会在革命公园举行成立大会，主席团由西安行营主任蒋鼎文、陕西省政府主席孙蔚如、东北军五十七军军长何柱国等五人组成，西安行营参谋长和省政府秘书长杜斌丞等发表了讲演。同一天，从延安到达西安的周恩来、朱德飞往南京，与南京方面谈判红军改编八路军事宜。在西安，杜斌丞将陕西省政府以及孙蔚如、蒋鼎文等上层人物抗日态度介绍给周、朱二人，同时把马文彦在南京收集到的情况汇报也向周、朱作了介绍。周、朱在南京期间探望了于右任。时在南京与于右任有来往的马文彦后来回忆说："朱德同志和周恩来同志到南京拜访于右任先生后，周副主席对我说：'我来南京路过西安，见到杜斌丞秘书长，你搜集到的反映我看了，很有用处，你要继续干下去，同时要做于右任的工作。'"

8 月 13 日，淞沪抗战开始，陕西全境抗日救国，支援前线热潮一再高涨。8 月 16 日，实际由中共地下党员韩钟秀、曹冠群主持的中国妇女慰劳抗战将士会陕西分会在西安城成立。杜斌丞积极支持慰劳募捐。秦琳回忆说："西安各界妇女抗日将士慰劳会是中共地下党组织领导的一个外围组织，由地下党员韩钟秀等负责，南汉宸的爱人王幼兰同志任征募科科长，我任副科长。一天，我去北院门陕西省政府，要求杜斌丞秘书长接见，帮助我们募捐。出乎我的意料，他立即接见了我。他含笑说：'你参加抗日救亡工作，很好，每个中国人，都要为抗日救亡贡献力量。'当我说明来意，他立即执笔写了一批西安中上层人物的名单，让我直接去募捐。当我犹豫时，他说：'现在是抗日统一战线，有钱的出钱，有力的出力，抗日救亡，人人有责，不要胆怯，要理直气壮，就说我叫你去的。'有了杜先生的支持，我在西安的一些大户人家征募到大批银盾（当时西安中上层人家婚寿喜事客人们送的礼物）、银首饰等。这些物品变卖后，我们用来作缝制军鞋和军装费用。慰劳品准备好后，需要铁路运输，妇女慰劳会'牌子'小，我们只好求助于杜秘书长。杜老听后，马上嘱咐科室职员给陇海铁路局写公函，以省政府的名义为我们要车皮。当我高兴地拿着公函准备离开他时，杜先生叫住了我，和气地对我说：'你们要把慰劳品全部送给八路军的想法很好，但也要注意分配一部分给沿河的国民党官兵。国共合作，统一战线么，要注意这一点，这是个大道理。'我听后深为杜先生的宽广胸怀、办事周密、照顾全局的精神所感动。曹冠群、苏一平说：'我们还利用慰劳分会这个阵地办了《西北妇女》这个月刊，宣传抗日。'于是，杜斌丞在担任陕西省政府秘书长期间，每月拨给我们活动经费 100 元，这不仅解决了工作的需要，而且使我们这些从四面八方来的几十个流亡女青年生活上得到了一些补助，为我们开展抗日救亡工作提供了条件。"

平、津失陷后，陕西流亡在山东的 70 多名青年学生离开济南，24 日抵达西安，临时住在陕西省立第二中学，此时回陕的田禾夫就是其中之一。田 1982 年 4 月回忆说："七七事变后，我从济南、徐州辗转回到西安，这时全国已转入全面抗战阶段，我和罗斯民、刘长青、陈正杞、刘石安、骆士骐、申振民等人组织了西安平津流亡学生演剧队，由我负责。由于缺乏经费，没有幕布、服装、道具、乐器等，演剧的活动很难开展。于是我就同省立第二中学教师张寒晖（我的入党介绍人）同志商量。猛然间，他一拍大腿说：'咳！我们找胡子去，他一定会帮助解决的。'我让爱人白樱和另外两个队员刘克星、肖风一起去省政府找杜秘书长，他当即把仅有的 50 块钱全部捐给了演剧队。后来，张寒晖、姚一征（地下共产党员）等同志也凑了些钱，购买了幕布、乐器，还做了服装、道具。在南院门福建会馆第一次演出时，我们专门邀请了杜先生、杨明轩、宣侠父等人。杜先生观看后，走上舞台会见了我们，并高兴地说：'好！你们14个人，可以顶千万个人！'他的话使我们受到了莫大的鼓舞。平津流亡学生演剧队要去兰州演出，我去向杜先生告别，他亲切地告诉我们：'入乡问俗，入口问禁。西北地方特殊，是少数民族区，你们要小心谨慎，注意搞好民族关系。青年人要有志气，为中华民族的生存，要敢走南闯北，不计一切。外面有特务，你们可要小心从事。'这些话，我至今都记忆犹新，不曾忘记。到兰州，由于特务的跟踪破坏，国民党甘肃省政府主席朱绍良、第八战区政治部曾扩情（蒋介石十三太保之一），强迫我们演剧队解散了，我又从兰州回到了西安。"

8月23日，杜斌丞在省政府纪念周会上自七七事变后第一次即席讲话，据《西北文化日报》24日报道，杜秘书长略谓："对日抗战全国上下已具决心，任何牺牲在所不计。此种全面抗战的局势，为吾中华民族生死存亡之关头，每个公民均须具有牺牲决心和抗战的准备。盖此种战争势须有长期之奋斗。前方的将士浴血杀敌，我辈处在后方，除应积极努力工作之外，更须彻底地铲除自私自利或者还想投机榨取的心理。大家为公务人员，必须在此非常时期以身作则，转移风俗，随时随地宣传非常时期应有的准备。凡事预则立，不预则废，临渴掘井，终归无济。自卫的民族抗战，中央已下最大决心，则吾人在此最后关头，更应以最大之决心和努力，以求我中华民族之自由与和平。"

就在杜斌丞纪念周会上发表讲话的前一天至25日，中共中央在陕西北部的洛川县冯家村举行政治局扩大会议，史称"洛川会议"。讨论制订动员全国军民开展民族解放战争，实行全面持久抗战的方针，进一步确定党在抗日战争时期的任务及各项政策。会议结束的这天，中国工农红军正式改编为国民革命军第八路军，朱德任总指挥，彭德怀任副总指挥。原在西安七贤庄的红军联络处，改称国民革命军第八路军驻陕办事处。9月11日，八路军改称第十八集团军。八路军驻陕办事处改称

第十八集团军驻陕办事处。人们仍习惯上称八路军驻陕办事处或简称
"八办"。红军改编为一一五师、一二〇师和一二九师，全军共 4.5 万
人。改编后先后东渡黄河，奔赴华北抗日战场。

杜斌丞纪念周会讲话的第四天，也就是 8 月 26 日，省主席兼三十八
军军长孙蔚如，奉召飞南京报告陕西情形。8 月 30 日，省主席兼省合作
委员会主席孙蔚如，主持召开全省合作委员会全体会议，讨论《陕西省
非常时期合作实施方案》。会议提出"利用合作机构组织训练民众"进行
抗日救亡。杜斌丞、李仪祉以合作委员会"专门委员"的身份出席会议。

9 月 3 日，陕西省各界抗敌后援会开会决定，聘请谢华（共产党
员）、苏资琛、杜斌丞、白超然（共产党员）、宋绮云（共产党员）、李
连璧（共产党员）等 39 人为设计委员会委员。常黎夫 1995 年 3 月说：
"七七事变前后，陕西省成立以省政府主席孙蔚如为首的抗敌动员委员
会（简称'动委会'，以后改为抗敌后援会），我按照张德生传达的中共
陕西省委指示，经过杜斌丞的安排，以省政府派出的代表人员身份参加
'动委会'，负责分管抗战救济和募捐方面的工作事务。10 月间，省动
委会决定聘请地方知名人士做动委会的督导委员，分赴各县视察、督导
指导抗敌动员工作。张德生向我传达省委意见，让我参加这一活动，商
量我担任米脂、佳县的督察员，德生讲我还可以顺便了解一下国民党西
安行营和我党商定将绥德、米脂、佳县、吴堡、清涧划归陕甘宁边区设
立警备区的实际情况，做一些必要和可能的上层统战工作。大约 10 月
下旬，我乘八路军驻陕办事处的汽车由西安动身到延安、清涧、绥德、
米脂、佳县、榆林。这次往返匆匆，将近一月，归来向德生同志作了汇
报，我写了一些有关绥德、米脂等县上层人士的政治态度和思想上存在
一些问题的材料，供中共陕西省委参考。还写了榆林地区近十年间流沙
侵袭的严重情况和急需防治的意见，关于修建米脂织女渠水利工程的筹
备情况和存在问题等单行材料，报送国民党陕西省政府秘书处，经杜斌
丞秘书长批阅，分交建设厅、水利局办理，织女渠工程的修建费得以落
实解决。"

9月6日，陕甘宁边区政府在延安成立，边区政府设主席团，林伯渠（主席）、张国焘（副主席）、秦邦宪、董必武、徐特立、谢觉哉、郭洪涛、马明方、高岗为主席团委员，下辖陕北23县（市），面积13万平方公里，人口约150万。

9月13日，全国救国公债募捐委员会陕西分会召开第二次委员会议，推定续式甫、彭昭贤、雷宝华、杜斌丞、周伯敏、王典章、李仪祉等200余人为分会的劝募队队长。接着，杜斌丞秘书长以在此时期，后方自应以军事工作准备为中心，省府第四科主管事项全系军事性质为由，遂决定将第四科加以充实，择其有军事知识者调第四科服务，并将全体职员加以调整，其年老力衰不胜繁剧者暂行停职，不甚适者另为分配工作。和续式甫、彭昭贤、韩光琦、王宗山等省府委员，向省主席孙蔚如呈送了《陕西省战时财政计划草案》，在省政府委员会会议上获得通过。

为了了解和掌握南京方面国民党上层人士，对国共达成的合作抗战协议的态度，孙蔚如和杜斌丞派马文彦前去南京。马文彦后来回忆说："1937年9月22日，国民党中央通讯社发表延搁已久的《中共中央为公布国共合作宣言》。过了几天，杜斌丞先生专程到三原找我。他说：'我和孙蔚如研究，派你去南京找于右任，了解国民党人士对国共合作的反映。'我因在上海欢送杨虎城将军出国回来不久，身体有病，便推托说：'让别人去吧。'他说：'这事只有你去最合适，我知道你有病，特地带了药来，你要马上出发，不可拖延。'杜先生把路费和药费交给我，我便立即动身去南京。见到于先生，说明来意，于先生说：'这次国共合作与第一次国共合作不一样。第一次国共合作，西山会议派等年老人反对的多，这次国民党元老多拥护。国难当头，年老人读书多，经历深，他们知道亡国之苦。'我把于先生的谈话精神和搜集到的反映写信告诉了杜斌丞先生。"

时隔不久，10月26日，第十八集团军驻陕办事处在西安通济坊375号设立《解放》周刊分销处，《解放》周刊是中共中央机关刊物，当年4月24日创刊于延安。分销处开张的第三天，即遭国民党西安警备司令部和公安局的查封。后经十八集团军办事处与蒋鼎文的西安行营、孙蔚如的陕西省政府、国民党陕西省党部交涉，杜斌丞从中调解，分销处 11 月 19 日恢复营业。时任陕西省政府主席的孙蔚如 1961 年 11 月说："1937 年春，蔚如主理陕政，任杜斌丞为秘书长。时值双十二事变之后，是一复杂艰苦局面。下半年中日战争又起，更增加多少繁重责任。斌丞皆能从容处理，以济抗战之急需。抗战初期，蒋鼎文之西安行营，每向八路军寻衅，省方多由斌丞往与交涉调解之。"

"给八路军帮点忙是好事"

陕西省是西北的抗战前线，又是中国坚持抗战后方基地。这是杨虎城、杜斌丞在九一八事变之后的战略判断。随着平津沦陷，太原失守，淞沪、南京、武汉等被敌占领，陕西国民党统治区和陕甘宁边区的延安便成为侵华日军虎视眈眈的目标。从山西的运城、临汾、太原和武汉、宜昌、包头、信阳等地起飞的飞机连续多次越过黄河、秦岭对陕西进行轰炸，遍布全省 55 个县市，西安、宝鸡、潼关、安康、武功、汉中为轰炸重点。首先是从 1937 年 11 月 7 日开始空袭潼关，六天之后轰炸西安。针对太原失守和上海沦陷，11 月 12 日毛泽东在延安中国共产党活动积极分子会议上作了题为《上海太原失陷以后抗日战争的形势和任务》报告，强调"在党内在全国均须反对投降主义"，"在党内，反对阶级对阶级的投降主义"，"在全国，反对民族对民族的投降主义。"毛泽东的这个报告，由在西安的中共陕西省委通报杜斌丞先生。

自毛泽东这个报告发表之后，面对日军的飞机轰炸和十七路军出征抗战的几支部队大量伤亡和补充，陕西从 1937 年 10 月起开始大量征兵，补充前线，大量的伤病员运回西安。孙蔚如、杜斌丞等省府委员前去西安火车站迎接慰问伤病员，以省政府名义下令各医院、影院接待收容伤病员。各救亡团体、学校、师生、市民踊跃主动为伤病员喂水、喂饭、换洗衣服。陕西妇女慰劳会向社会发起"每人一枚铜板"捐款活动。西安同仁医院、广仁医院、培华中学等以罗锦文为首的 14 位青年医护人员组成全国第一个志愿前线救护队，奔赴山西前线开展救护工作。陕西的工商业界努力生产，保证前线的军民需要，抗战物资源源不绝运往抗战前线。在孙蔚如主席和杜斌丞秘书长的高效率工作下，陕西军民抗战支前工作和民众抗日救亡工作轰轰烈烈，保卫陕西、保卫家乡，支援子弟兵成为广大民众的自觉行动。抗战初期的陕西军民抗战形势令人鼓舞。据统计，从 1937 年 10 月到年底两个多月时间内，陕西征兵总数达 5 万余人。

太原失守、上海沦陷之后，叶挺正在延安，项英即日可到。中共中央内拟叶挺为新四军军长，项英为副军长，周子昆为参谋长，陈毅为政治部主任。不日，叶挺从延安去武汉，路过西安，毛泽东传话由杜斌丞接待。原潼关行营办公厅主任陈子坚 1982 年 8 月 31 日说："孙蔚如调我回三十八军工作，我到陕次日，即被派往黄河沿岸监督修筑永久性防御工事，一个月后才回西安。杜斌丞见我说：'叶挺将军由延安来，住西京招待所，向我打听你，我不知道你回陕，他住了一周多走了。'"陈子坚当年北伐时期曾为叶挺部下。

早在 9 月 20 日，杨虎城从巴黎致函杜斌丞，通报行踪，并言力争返国抗战。接电后，杜斌丞于 11 月中上旬派田一明赴武汉，借为陕西地方团队领取弹药之机，探听杨虎城将军回国抗战的可能性。田一明1980 年 7 月回忆说："1937 年平型关大捷之后，杜斌丞老要我以领取国民党政府军政部给地方团队的 80 吨步枪子弹为名，赴武汉探听杨虎城回国的可能性，以及武汉方面对杨先生回国的气氛。当时国民党政府迁址武汉办公。我到武汉以后，拜访了在武汉的陕西知名人士于右任、王炳南等，也见了一些熟人。绝大多数人对杨先生回国的估计是乐观的，认为在全国抗日救亡运动的高潮下，蒋介石也要抗日，不至于迫害一个抗日将军。也有个别人说，蒋介石虽然声称抗日，但迄今未释放张学良将军，对杨的回国表示担心。在武汉遇到一个意外的任务要我去协助完成。八路军办事处的叶剑英同志说：'国民党政府发给八路军的一车皮军需品，主要是军鞋、军服和担架等。急需运往西安转往陕北，办事处派龙飞虎同志押运。他初次出山，对铁路上的事情不熟悉，沿途主要请你出面，多辛苦。'我欣然接受这个任务。开始，这两批物资都是运回西安的，可以同时押运，但又想到同时押运三个车皮的物资沿途如遇日机空袭，照顾必然困难，容易发生问题；更成问题的是，一个押运员怎能是八路军的又是陕西省政府的呢？经过再三考虑，几经交涉，并托人情经军政部的主管官员批准，给陕西省政府的80吨弹药由西安军火库拨付，我就集中精力押运八路军的物资回陕。到西安，在向杜老汇报武汉方面对杨先生回国乐观情绪之后，也汇报了押运八路军军车的全部过程。杜老连声称赞说：'咱们能给八路军帮点忙是好事，两不误嘛，你干得好！出外工作，就是要能随机应变。'后来，杜老还批准我报销了从武汉押送八路军军车到西安的全部开支。"

进入1938年，孙蔚如和杜斌丞十分重视陕西的防空袭工作和民众抗日救亡的进一步开展。为防日军空袭，孙蔚如和杜斌丞提出了陕西战时经济计划纲要和50万元的防空捐献分配办法，并于1938年1月13日举行的陕西省抗敌工作设计委员会经济政治组会议予以通过。同时派省政府秘书刘茵农和政治视察员分赴东西两路视察各县庶情和民众抗日运动。同时，努力支持中共陕西省委机关刊物的发行宣传。

1938年1月21日，中共陕西省委机关刊物《西北》在西安公开发行，毛泽东题写刊名，先为周刊，后不定期，每期印行2000份。主要刊登中共中央及陕西省委负责人撰写的文章，宣传共产党的抗战路线和各项具体政策规定，揭露和抨击国民党顽固派破坏国共合作、压制群众救亡运动的错误行径，反映陕西各地救亡运动的消息。《西北》刊物出版筹办之前需要经费，省府政治视察员常黎夫引荐中共陕西省委书记贾拓夫去家拜访杜秘书长。杜先生向贾拓夫谈到省政府利用孙蔚如省抗敌动员会主任名义，组织一批进步人士分赴各地督促动员抗日备战工作，以鼓舞人民群众抗日情绪，同时答应想办法给予《西北》刊物以支持。曾任《西北》刊物发行负责人的徐彬如后来回忆说："杜斌丞先生经常在经济上资助我们，总是有求必应。他给'西救''教联''学联'都捐过款，款子都由常黎夫同志转交。记得有一次中共陕西省委要办刊物，缺少经费，我去找杜先生。他想了一想，开玩笑说：'我去打一场麻将，给咱们赢几个钱回来。'两天后，常黎夫同志送来了200元钱。杜先生对我们共产党人的生活也很关心。西安事变后他任陕西省政府秘书长，还从省政府经费中给我和谢华等人送40元的生活费。"

1月24日，杜斌丞在省府纪念周会上即席发表讲话，这次讲话，实际上是代表孙蔚如省主席对陕西在新的一年里抗战工作发表的施政演说。25日，《西北文化日报》作了报道，杜斌丞秘书长略谓："本省在最近有三大问题，即地方治安、农村经济、兵役征募，急求以适当方法为实际有效之解决与改善。因为本省在现阶段的抗战局面下，已经是最近前方的后方，或者可以说是前方了，兼之因地处西北门户，在地理上已形成其重要性，所以我们在陕西从事政治工作的人员，责任非常重大，倘对此之问题不寻求适当的处理，亦就是我们公务员们没有尽到了责任。第一，地方治安问题。在抗战中，后方治安状况之是否良好，为前方决战胜败之重要因素，本省在过去因交通不便及灾荒惨重的重要原因之下，有些地方还不免时有土匪出没，这在平时已需要彻底肃清，何况现在集中兵力抗战之际，绝不能丝毫放松。近月以来，经行营之主持与军政双方之努力，择其有爱国思想、情愿受编抗敌者已先后收编数起，指定地区，集中整训，予以自新报国之路。其假借招摇或毫无醒觉希望者，轻则拿办首要，重则派队剿除。仍一面健全保甲组织，加强社会军训，以增强社会力量。从兹以后，地方治安，当可逐渐巩固。总之，我们认定凡系扰乱后方者，即等于间接助敌，断不容许其在现时代存在。其次，农村经济问题。我们抗战力量的源泉，是分明在广大的农村，而农村之切要事项，除去治安问题外，首先就是经济问题，救济农村经济就是增强抗战力量。本省由于灾患重叠，农村经济早已濒于极端困难之境。自抗战开始以来，因为直接和间接的影响，本省农村之棉花又复销路停滞，农村经济更陷绝境，近来迭次研究，认为救济办法，仍非从疏销棉产着手不可。现幸中央农整会业已大量收买，本省设法由银行筹款，不分棉农等级概予吸收，昨据报告，棉价已略行上涨。棉花问题如果解决，其次当以同样办法注意食粮之调剂与储备。政府如此办理，纵有损失，宁愿负担，绝不让农民吃苦，因为农村生活若无法维持即整个社会即难安定。所以为增强抗战力量，安定地方秩序，不能不以救济农村为抗战时之首要任务。第三，征募壮丁以来，因过去兵役基础未曾树立，地方之下层政治机构尚不健全，临时张皇，缺陷当然难免。大要言之，在于户口调查之不确实，地方政府办理之方法不适当，与一般民众对于兵役认识之不深切，于是一方抓人塞责，一方则希图规避，有少数地方甚至演成混乱不安状态。但此系一时现象，业已随时设法纠正。孙主席提倡回乡运动，就是希望有为青年及素负声望之士，到农村去替政府宣传帮忙，积极地推动兵役，解除困难与杜绝流弊。现在中央为征募统一起见，已颁布军管区司令部组织办法，本省已于16日成立，同时首将军训会及兵役管区司令部裁并。此后征募一事，当可有事实之改进与新的表现。"

这次讲话后不久，西安事变时政治设计委员会成员卢广绩来西安，杜斌丞予以热情接待，因为一年多前同为一个"战壕战友"。卢广绩1979年11月5日说："我1937年2月离开西安回北平，一年后于1938年2月由武汉再到西安，承蒙孙蔚如、杜斌丞两位老友的深情，曾约我同高崇民餐叙，并送给我200元钱留为零用。李维城把我安排到椒子市街42号住宿，杜先生经常在公余时间来到我的住所一起恳谈时事，纵论形势。杜先生对于东北流亡到西安的一些青年学生无微不至的关怀照顾。我的家属和胡圣一等东北同志的家属，在西安时都受到斌丞照顾和经济上的资助，我的老伴至今念念不忘。车向忱在凤翔办竟存中学时，收留了一些东北流亡青年，他的办学经费，许多都靠杜先生帮助筹集。车向忱同志生前和我谈到在西北这些情况时，对杜先生慷慨赞助革命的精神，倍加赞誉和感念。"

随着平、津、沪、宁等一些大中城市的相继沦陷，社会上一些重要人士对中国抗战信心发生怀疑和动摇，更多地赞赏中国共产党提出的全民族抗战的政策和策略，即是在各级政府机关一些人只能是欲怨不张，欲言无语。而杜斌丞在省主席孙蔚如的授意下，2月21日在纪念周会上发表了一次重要讲演，《西北文化日报》22日报道：杜斌丞秘书长云云："我们神圣的抗敌战争由于初期各战线上的挫折，曾引起了许多人的悲观失望，这都是由于对此次抗战的认识不充足，以致如此。我们此次对日抗战，在表面上看来，似乎只是两国间的事，但实际上是附带有国际性的。因为中国是世界的一部分，为世界之一环，所以中日战争只是世界反侵略战争的开端；也和西班牙的内战一般，同是世界大战的序幕。因为我们是反抗侵略的战争，必得世界爱好和平的民族、国家同情与帮助。西班牙政府军初期能以毫无训练与组织的民众，抵抗顽强的叛军，经过十七八个月之久，到现在转为胜利，这便是长期抗战必能得到最后胜利很好的证明。客观条件已为侵略者掘好坟墓，只要我们能把战争持久下去，侵略者将来必然要灭亡的。既然我们知道抗战胜利的决定条件是持久战，并且明确现在仅仅是大战的开端，则目前局部的胜利或失败，只是过程中的现象，并非战争的结局。我们应把战争看得远、看得长，一切都以此为出发点，而作长期的打算，自不以目前局部的胜败动摇了我们的最后必胜的信念，倘因此即失望灰心，就是对抗战认识不清的短视，也就是毫无自信心的失败主义。"

可是，令杜斌丞失望的是，就在《西北文化周报》报道他这个讲演的同一天，国民党陕西省党部下令解散西北青年救国会、中华民族解放先锋队等13个抗日救亡团体，蒋介石消极抗战暴露无遗。针对国民党陕西省党部解散抗日救亡团体行径，2月23日，中共陕西省委书记贾拓夫发表了《关于解散十三个救亡团体》一文，驳斥国民党陕西省党部的错误做法，要求在抗日的前提下，给予各救亡团体以合法地位，发挥抗战积极性，为国效命，对于国民党省党部的倒行逆施，杜斌丞十分气愤，他说："爱国有何罪？抗日有何罪？自己不抗日，还阻挠别人，真是败类！"

与国民党形成鲜明对照的是，就在杜斌丞讲演后的五六天，毛泽东2月28日在中共中央政治局会议上，就抗日军事问题发言中也讲到持久抗日的问题。毛泽东提出："中国抗战最后必然胜利的，但必须经过许多困难。国民党的腐败与共产党的力量不足，日本的兵力不足与野蛮政策再加上复杂的国际条件，造成了中国抗战的长期性，即持久战。中国抗战应有战略退却，前一段没有大踏步的前进，只是硬拼，这是错误的。应该知道保存实力到最后便能取得最后的胜利。"

不久，杜斌丞从西安十八集团军驻西安办事处林伯渠那里得知毛泽东正在撰写《论持久战》一文的消息，一直和林老保持着紧密联系。

3月，从延安去新四军的霍士廉途经西安，要见杜斌丞，他愉快地予以会见。时任十八集团军驻陕办事处统战科科长李初犁1979年6月说："我在办事处工作期间和杜斌丞先生联系较多，杜先生是很进步的，他对革命做了很多工作。那时我和徐彬如常去看尚小云的戏，在那里我们常见面。有一天，我和霍士廉去省政府，杜是秘书长，接见了我们。"

常黎夫1995年3月说："在孙蔚如任陕西省政府主席的一年多时间里，我先后同八路军驻陕办事处负责人伍云甫、熊开荆、周子健同志一直保持着经常联系。共同为沟通中共中央驻陕代表林伯渠与杜斌丞间的关系顺利进行，并接受他们商定交办的一些事情。办事处的领导同志不断委托我承办一些具体事务，如接待一些我党老同志郭洪涛、霍士廉、张宗逊、罗文等由延安赴前方路经西安时，都由我个人出面，约请他们洗个澡、吃顿饭，帮助他们解决一些旅途中的困难问题。"

正是这些亲近共产党支持抗日救亡团体的举动，和与共产党如出一辙的抗日言论，引起国民党陕西党部的不满，向蒋介石告密。1938年3月9日，国民政府免掉杜斌丞的陕西省政府秘书长职务，给了个省府委员之职，驻省府办公，参与省府决策，任命李志刚为省府秘书长。一个月后的4月11日，李志刚正式上任，杜斌丞辅佐孙蔚如主理陕政到此结束。1938年6月15日，国民党政府命令免除了孙蔚如陕西省政府主席本兼各职，任命蒋鼎文为陕西省政府委员兼主席。

田一民 1980 年 7 月说："1938 年 6 月初，传出蒋介石要撤换陕西省政府主席孙蔚如的消息。我感到我的陕西省政府政治视察员这个职务也可能失掉，需另谋出路，便回到家乡白水县，了解我创办的新生煤矿情况。一天经蒲城县政府转来省政府命我立即回西安的电话，我随即返回西安，杜斌丞老对我说：'陕西省政府主席换了人，孙蔚如换成蒋鼎文，我们要交出政权。调你回来，是要你办理移交事务。你要把所有东西清点清楚，不准把一纸一笔拿出省政府，要给蒋介石的人看看我们西北人的气魄，要他们知道我们的陕西省政府是廉洁的。'这时杜先生已经不是省政府秘书长，是以省政府委员身份到府办公，实际仍参与省政府的决策。距交接的时间只有两个星期，我根据杜老的指示，带领几个办事人员，迅速对省政府的全部财产物品做了认真清点，并列表造册，连房檐下多年弃置的半桶机油也没有漏掉。杜老对此十分满意。杜老考虑到我以政治视察员名义办移交名不正言不顺，于是他以孙蔚如的名义，在移交的前一日，委我为事务股代理主任，出面办理移交事务，并嘱我在同蒋鼎文的人打交道时要严肃认真，一丝不苟。移交手续办完之后，我向蒋鼎文提出辞呈，蒋鼎文授命其总务科长寿家骏挽留我。我向杜老请示，并表示此事不能接受。杜老说：'事务股的工作接触面广，他们想利用你对陕西情况熟悉的条件。咱们也要利用这个职务同他们接触，他留下你对咱们有好处。你不要自己先关门，不要采取不合作主义，只要你不贪污，你放心干，我支持你。'于是我接受了事务主任的任命。此后，我把我了解的蒋鼎文和他带到省政府工作的骨干人员动态都及时向杜老汇报。"

这年 3 月 8 日，著名水利专家李仪祉去世。为了纪念这位现代著名水利专家的伟绩，于右任、杜斌丞、田伯英等倡议创建以"李仪祉"命名的学校，培养中级农业技术人才，在西安成立了"仪祉农业学校筹备委员会"，学校董事会由杜斌丞任董事长，田伯英主持常务，李鼒仪被聘为校长。校址定在泾惠渠泾阳县杨梧村。

第九章
站在共产党一边

心里装着延安

免去省政府秘书长之职，对杜斌丞来说既遗憾又不遗憾。因为他和蒋介石不是一个"道"上的人，他心里没有蒋介石，却装着延安，免职是迟早的事情，蒋介石容不了他。

被免职的杜斌丞，挂了个省府委员之职，虽说委员可以参与省府决策，但是他心里明白，在蒋鼎文的省府里，是以蒋介石马首是瞻，自己再高的"高见"又有几分重量？不过，"失之东隅，收之桑榆"，利用省府委员这个名义，可以更多地为抗日做事，倒是杜斌丞的本意。

政务大权旁落，也图个省事和清闲，去接触社会各方面的人士、了解各方面的动态。按他的话说，"心里装着延安"，他接触最多的还是十八集团军驻陕办事处。这时候，蒋介石已在全国搞了几次反共摩擦事件，"八办"门前后宰门一带常有身着便衣的国民党特务转来转去，探头探脑窥测着"八办"出出进进的人员。但是，杜斌丞还是一身正气，作为"八办"的常客，走进走出，与陕甘宁边区政府主席兼中共驻陕代表林伯渠多次晤谈。7 月中旬，杜斌丞将国民党反动派准备陷害侯外庐教授的消息转告八路军办事处，使侯外庐等人及时脱险。

时任国民党军统西北区区长的张严佛后来说："军统局对杨虎城旧部集中注意在杜斌丞和赵寿山两人身上，认为杜斌丞是政治方面反中央的中心人物，赵寿山为杨（虎城）在军事方面的化身。杜斌丞常住在西安，接触面广。从 1935 年起，军统特务就把他看作眼中钉，指责他思想'左'倾，与南汉宸有勾结，参与了西安事变，主张扣留蒋介石并且反对释放。他与西安八路军办事处宣侠父来往勾结，号召杨虎城旧部和西北方面的重要人物反抗中央，公开反蒋委员长等情报，在军统局的档案中起码有一尺高。有一次的《日报表》注明，杜斌丞坐黄包车到八路军办事处门口，进入办事处一小时才出来，伍云甫、宣侠父两人送到大门外，在杜上了车之后才进去。1938 年秋，陕甘宁边区政府主席林伯渠到西安住八路军办事处，杜斌丞三天内到办事处去了两次。"

宣侠父是西安事变后由周恩来调来西安的，专做上层统战工作。他是蒋鼎文浙江诸暨县同乡，黄埔一期学员，与蒋鼎文、胡宗南十分熟悉，经常往来，既是蒋鼎文的座上宾，也是胡宗南十分钦佩的浙江同乡、黄埔校友。红军改编八路军时，宣侠父任八路军总部中将高级参议。胡宗南请宣侠父给他的高级将领讲过课，编写过游击战术教材。杜斌丞和宣侠父也是常来常往，关系密切。蒋鼎文在蒋介石的授意下，1938 年 7 月 31 日傍晚，在光天化日之下绑架杀害了宣侠父。此前还杀害了中共商洛工委书记王柏栋，陕西刮起一阵反共阴风，这是国民党顽固派掀起第一次反共高潮的前奏。

但是，杜斌丞仍然处之泰然，没有被这股反共阴风所吓倒。其间，林伯渠赠给他一本《联共（布）党史简明教程》，他如饥似渴地拜读。

常黎夫 1986 年 3 月说："1938 年《联共（布）党史简明教程》刚出版，林伯渠就亲自送给杜斌丞一本，并且两人在一起交谈读后感。我当时任他的秘书，有幸参加了谈话。林、杜二老互相尊重，书信往来常以'吾友'相称，杜老说他们之间是'心往神交'，称林老为'良师益友'。"

这年 11 月上旬，陕西省战时行政人员训练班第三期举行开学典礼，省政府主席蒋鼎文和杜斌丞，省府委员韩光琦、彭昭贤，省府秘书长李志刚一同出席，杜斌丞也讲了话。

据马文瑞、刘澜涛、王炳南、孔从洲、常黎夫 1980 年 10 月 8 日在《人民日报》发表文章证实："杜斌丞在陕西省政府举行的战时行政人员训练班的一次讲话中响亮喊出：'抗战到底，一定胜利。'他针对国民党投降派别有用心，强调指出：'党派（指国共两党）已形成了坚强的抗日阵营，作出了持久抗战的战略决策。这个阵营，这个战略是不允许破坏的，也是任何人破坏不了的。'他还引用宋之亡，亡于奸臣弄权；明之亡，亡于吴三桂引清兵入关的历史教训，要大家警惕汉奸卖国贼误国。杜斌丞的讲话振奋了人心，打击了投降分子的阴谋活动。"

12 月 9 日，国民政府军事委员会在陕西武功（国立西北农学院）召开军事会议，蒋介石亲自出席，已于 8 月率部参加中条山抗战的三十一军团（由三十八军改编）军团长孙蔚如、第十七师师长赵寿山奉命参加。田一明 1980 年 7 月说："1938 年 12 月，蒋介石准备在武功召开长江以北各军将领参加的军事会议，陕西省政府派我担负供应食宿方面的事。第一次去武功察看会议地址回来，我便向杜斌丞先生汇报了这个会议的有关情况，杜老要求我尽量多了解情况。会后杜斌丞又分别会见了孙蔚如和赵寿山，掌握了武功军事会议的内容。这时，林伯渠已回延安，他向伍云甫作了反映。"

1939 年 1 月下旬，中国国民党五届五中全会在重庆举行，会议虽然主张抗战，但传达的是蒋介石的声音，把"抗战到底"解释为只是"回复"七七事变以前原状。同时声明"吾人绝不愿见领导革命之本党发生两种党籍之事实，更不忍中国实行三民主义完成革命建国一贯之志业，因信仰不笃与意志不坚，致生顿挫。"确定了"溶共、防共、限共、反共"的反动方针。全会秘密通过蒋介石提出的《限制异党活动办法》。根据会议精神，国民政府规定各级行政人员一律集体加入国民党，掀起第一次反共高潮。马文瑞、王炳南、孔从洲、常黎夫 1980 年 10 月 8 日在《人民日报》发表的文章中说："国民党陕西省党部两次给杜斌丞送上党员登记表，杜两次撕毁，我们的同志曾经问他为什么这样做，他回答说：'共产党员，组织决定加入国民党，可以是假的；如果我加入了，假的也被他们利用为真的了。'蒋介石对杜极力拉拢，要胡宗南登门拜访，表示殷勤，许以军事委员会参议之职，按时酬赠高薪，也遭到杜斌丞的拒绝。"

南汉宸夫人王幼兰1980年8月回忆说："汉宸在延安时期对我说：'杜斌丞是位有识之士，是个党外的布尔什维克。'1939年春，党中央机关为了丰富同志们的文化生活，决定成立一个俱乐部，但缺乏设备，组织便派我到西安找杜斌丞帮助解决。杜斌丞见了我非常热情，问了问延安和汉宸的情况后，还要我提高警惕，注意安全等。随后他不但到处托人，千方百计地为延安采购各类乐器，而且还慷慨地对我说：'只要你看我家什么东西有用，都可以带上去。'那时我也不客气，就把杜斌丞先生家中的汽灯、留声机、挂钟等东西都带回延安。杜斌丞支持革命事业的精神使我很受感动。回延安后向毛主席汇报说，杜斌丞这个人根本不像党外人士，对革命很热情，对党的政策理解得也很深，应该吸收他入党。毛主席笑着说：'我们把杜斌丞就没有当外人看待，与他共事，我们是很放心的。'"

4月29日，毛泽东在延安的活动分子会议上作关于国民精神总动员问题的报告，指出："中国需要全国总动员，政治的、经济的、军事的、文化的等等，这样才能支持长期抗战。共产党是历来号召全国总动员的，就是要动员一切力量，争取抗战胜利。"5月1日，毛泽东又出席在延安南门外广场举行的延安各界庆祝五一劳动节大会。大会上，毛泽东发表题为《国民精神总动员的政治方向》的讲话。指出："国民精神总动员，就是要全国人民团结起来，振奋抗战到底的精神，打到鸭绿江边，争取最后胜利。为了争取最后胜利，就要改造全国国民的精神，把一切不好的东西统统去掉。"

在西安，与毛泽东讲话遥相呼应的是杜斌丞5月15日在陕西省政府举行的孙中山纪念周会上的即席讲演。《西北文化日报》16 日报道，杜斌丞委员略谓："九一八后，世界公约被日本破坏，实际上大战即日开始，数年之间，已有几个国家被侵略而灭亡，如阿比西尼亚、奥大利、捷克斯拉夫及西班牙等国。其灭亡之经过，或经战争而失败，或不战而屈服，但其所以失败均有不得不然之原因。如阿比西尼亚之军事支持仅数个月，未能利用环境，以运动战及游击战来持久的普遍的发挥其抗敌力量。奥大利失败之主因则为失去自信心，无自主外交，专以侵略国家是赖，致令敌人从容布置，及至事急无法挽救，终遭亡国之祸。至若捷克，其失败原因则为内部党派分歧，虽至敌人迫来，仍相斗争，遂使德帝国主义不费一枪一弹，仅以一纸命令而并为属国。最后西班牙经两年余之抵抗，虽终失败，然其奋斗精神已足使吾人钦佩，且将成为民族复兴与战争中重要之一页。至其失败之原因，一方由于外来压迫，一方由于内部叛逆，政府军又不胜外力之压迫，再加德意志帮助佛朗哥，遂使两年余之抵抗终归失败。日本欲施此故智，亦想在我国造出一个佛朗哥，供其利用，但是屡经尝试无不终归失败，且以我军事、政治、外交均能适应需要，绝无上述之弊端。即以动员民众而论，上自领袖，下至庶民，无一不认识抗战而从事于最后胜利之争取，故至今欲战欲强。前述四国又以资源为殷鉴，而又非我国之比，且我人力物力极为充足，较上述各国超出若干倍，而敌人在我长期抗战之下，已窘态毕露。总之，我国主客观之条件，均极优越，最后胜利绝无疑问。"

杜斌丞是在国民党营垒众目睽睽之下发表此番演讲的，不得不讲究一点分寸和有所遮掩，他能在国民党顽固派掀起第一次反共高潮的恶劣环境中，巧妙地点出警惕中国式的"佛朗哥"实属不易。

西安市王家巷 32 号，人称杜斌丞公馆，其实，这个房产是驻榆林国民党二十二军军长高双成在西安的私宅。胡景通、高凌云都是二十二军将领。井岳秀家人从榆林搬迁西安后，杜斌丞离开大湘子庙街。1982年胡、高二人时任陕西省政协副主席。他俩回忆说："共产党的老朋友杜斌丞、杨明轩（秘密党员）二先生同邓宝珊、高双成及二十二军其他一些人都有多年的朋友关系。杜斌丞先生曾在西安王家巷 32 号高双成私宅住了十年。高双成之子高凌云赴成都路过西安时去拜访杜先生，杜老风趣地说：'你是不是收房租呀！'凌云说：'我是来看杜老伯的，没有别的事。'这说明高双成和杜斌丞交情是很深厚的。胡景通 1938 年和 1942 年两次从榆林到西安，常和杜斌丞、杨明轩二先生见面。杜、杨嘱胡和二十二军秘书长石毓瑞：'不要看胡宗南对你们亲近，他企图叫你们做陕奸，拆二十二军的台。榆林到西安，中间隔着陕甘宁边区，不然你们早被胡宗南吃掉了。告诉邓宝珊、高双成一定要与八路军建立友好关系。'"

12 月 19 日，国民政府军事委员会委员长西安行营军政处主持召开"设置陕北师管区会议"，南汉宸以十八集团军参议官、林伯渠以集团军代表身份从延安来西安出席。南汉宸在会上提出："以师管区的地域而论，'陕北师管区'则命为'陕甘宁边区师管区'亦未尝不可，未尝不合法。至该师管区司令拟请以王震充任。"郑自毅 1982 年 8 月 16 日说："蒋鼎文任陕西省政府主席时，开兵役会议，林伯渠、南汉宸同志代表延安来西安参加会议。有一天，我去杜斌丞先生家里，杜先生对我说：'延安方面物资缺乏，尤其是图书，我已经将我的收音机赠给南汉宸同志，并发动有关熟人为他们捐赠图书。'我就捐了明代戚继光为练兵防倭所著的《纪效新生》一部，杜先生要我直接送给南汉宸同志。"

1939 年底，徐彬如也曾回忆说："杜斌丞先生对毛泽东同志的书非常感兴趣。那时，我们经常把延安送来的书给他看，他总是认真阅读，还用毛笔圈点。1939 年底的一天晚上，我去向他告别，见他桌上摆着刚出版的毛主席的书，上面已密密麻麻画了许多圈和眉批，旁边放着王明的文章（也是我们送去的）。杜先生知道我即将赴延安，要我向毛主席问好。他说：'我对毛先生很敬仰，他的文章深入浅出，道理讲得很透彻，而王明文章很深奥。不过我看出你们党内思想是不一致的，王明同毛先生的主张就不同嘛！'我当时对他讲的不一致不理解，还辩解了几句。等我到延安之后，才知道毛主席和王明之间确实存在原则分歧。杜先生是一位党外人士，能看得这样深刻，令人钦佩。1940 年初，我随博古同志到延安，在向毛主席汇报工作时也说到了杜斌丞先生，毛主席对他很关心，要博古同志想办法把杜先生接到延安来。"

1940 年 1 月 9 日，毛泽东在陕甘宁边区文化协会第一次代表大会上，作题为《新民主主义的政治与新民主主义的文化》的讲演。这个重要讲演同 2 月 20 日在延安出版的《解放》杂志第 98、99 期合刊，登载时题目改为《新民主主义论》。马文瑞、刘澜涛、王炳南、孔从洲、常黎夫 1980 年 10 月 8 日在《人民日报》发表的文章中说："1940 年，张文彬同志由延安赴南方，路经西安，特意送杜斌丞先生一份还是党内文件的《新民主主义论》讲话稿。他闭门谢客，精心细读，异常兴奋，到处讲：'中国的革命从此有了明确的道路和方针。这就是毛先生指出的新民主主义，除此别无道路。'"

艾子高 1980 年 8 月说："抗日战争后期我已在大学任教，杜斌丞先生在西安王家巷，当我思想上结了疙瘩、政治认识碰到不清楚的问题时，经常到杜家去请教，杜先生总是一如既往、耐心地教导我。记得一次跟杜先生谈到抗战胜利后中国前途的问题，他坚定地说：'社会主义、共产主义的道路是我国将来必然要走的，无可怀疑。但先必须完成新民主主义的历史任务。这是中国人要走的光明大道。'谈到当时学校复杂的政治思想情况时，他教育我要善于联系团结大多数师生，宣传中国共产党的主张，宣传毛主席著作《新民主主义论》的精神。"

1940 年 2 月 24 日，毛泽东、王稼祥、林伯渠、萧劲光从延安致电十八集团军驻陕办事处，大意是陕西省政府任命包介山为绥德专员，要伍云甫找包介山面谈，告诉包绥德专区 5 县属于陕甘宁边区 23 县之内，边区主席林伯渠，八路军后方留守兵团司令员萧劲光已电告行营、省府，委任八路军王震为专员。包若赴任，深为不便，劝其不去，且沿途匪氛不靖，若有疏虞，我们不能负责。电文还提示伍云甫见包时请杜斌丞作个介绍。包系特务分子，一看是杜斌丞引见伍云甫见他，讲的又是实情，原专员何绍南因反共专搞"摩擦"被群众赶跑，既担心又害怕，放弃赴任就职。

5 月中旬，周恩来从延安路过西安，杜斌丞安排杨明轩、刘古风、卢竞群等人以"西安文化教育界人士"的名义到十八集团军驻西安办事处，拜访从华北抗日前线回延安途经西安的朱德和前往重庆的周恩来。在西安期间，周恩来会见了前来协商抗日根据地与国民党地区实现通邮事宜的中华邮政总局第三军邮视察段总视察林卓午，并为他题词："传邮万里，国脉所系。"

这年 6 月，国民党第五军军长杜聿明路过西安，会晤杜斌丞。杜聿明 1979 年 5 月 8 日对来访的西安交通大学老师李敬谦说："1940 年 6 月，我去西安，杜斌丞一见我就侃侃而谈，中国共产党如何好，军队纪律如何严明，人民群众如何拥护等；而胡宗南如何坏，部队纪律不好，欺压百姓等；还说蒋介石政府腐败无能，不会用人，肯定统治不会长。我就说，你这个人一边捧共产党，一边给蒋介石做事，一脚踩两只船，蒋介石不会信任你的。他回答：'对！是这样的。不过我做事，一定要有利于抗日，有利于人民。'听到他谈的这些内容，我感到他已经站到共产党一边了。"常黎夫 1995 年 3 月说："1941 年春节前后，因工作去向问题，又给我增添了一些困扰和麻烦。张德生写信给我，仍主张我先到陕西省委。国民党陕西省政府委派的米脂县县长卫邦辅一再要我代理他的职务，我婉言拒绝，介绍他和王震（时任绥德警备区司令员兼专员）晤谈，消除他的思想顾虑。杜鸿范（杜聿明手下团长）又从广西全州来信说，杜聿明将扩军抗日，利用时机可有作为，催我去广西。我一面给鸿范复信说明，认为无机可乘，不可能去；一面给杜斌丞先生写信，汇报西安分手后的大概情况，并听取他的意见。杜老很快来信，用他习惯的通俗简明语言，对我的去向表明了态度，其中有四句话至今记得很清楚，他说：'留县太乏味，南下惹是非。山中有名师，求学方为贵。'明确指出我该扎根延安。"

1941 年 1 月，国民党顽固派制造"皖南事变"的同时，纠集 19 个步兵军、2 个骑兵军、3 个保安旅和 17 个保安队，从南、西、北三个方面包围陕甘宁边区，企图困死边区军民，严峻形势如烈火四起。此时，杜斌丞急边区所急，通过"合法渠道"，使一些货物进入边区。时任国民党陕西省临时参议会参议员的李树藩 1962 年 5 月 2 日说："1941 年，陕甘宁边区在国民党反动派的严密封锁下，经济物资极感困难。陕北商人（边区做地下工作者）从西安购到大宗布匹、棉纱以及各种日常生活必需品等，但没有陕西省政府和省战时动员委员会的'通行证'，寸步难行。'通行证'的颁发是极端不容易的事。清涧的白宝山先生去见杜斌丞先生商量办法。杜对白说：'去找李树藩，他还关心陕北地方人民痛苦，并且是省参议会的参议员，有言责者的人，说话较为适合。我虽应省府委员名义，但经常不去办公，与那些人不谄（chǎn，陕西方言）。'杜斌丞老亦来我家详细策划，嘱我迅予办理。我就不避嫌疑，向省政府和省战时动员委员会历陈陕北情形特殊，多方交涉，始获批准立案，定例发给商货证明书，放行大批货物，使延安解决了一部分物资上的困难。就这桩事情来讲，杜斌丞老不独对陕北边区人民有莫大的利益，就是对伟大的革命也有无比的帮助。"

联络抗日人士

国民党顽固派掀起一次次反共高潮，屠杀共产党人，迫害爱国民主人士和爱国青年的同时，蒋介石也没有忘记他时常"惦记"的人物杜斌丞，时刻窥测着他的一言一行。

杜斌丞也没有忘掉蒋介石，一直注视着这位中国反动势力总代表。

杜斌丞决不向蒋介石低头，他一身正气，置个人安危于度外，在极其复杂的环境下联络、会见、接触更多的抗日人士，反独裁、反投降，联共抗日。曹志麟数十年后说："1938 年初，经杜斌丞举荐，我被派为陕西省兼孙蔚如三十八军驻武汉办事处主任，让我了解国民党和各方面的动态。不久，杜斌丞免秘书长职务，我在武汉住了五个月。八九月间，日本飞机不断轰炸，国民党政府将要撤退到重庆，我也就返回西安。我把武汉的情况一一汇报，说国民党特务对杜老捏造了不少谣言，大肆攻击。杜老表示这种情况是预料到的。抗战期间，杜老在西安积极开展民主活动，与各方面进步人士接触，做了大量工作。杜老在十七路军有相当的威望，杨虎城的旧部和其他军政人员对杜老很钦佩，很尊敬。孙蔚如、赵寿山、高桂滋、孔从洲都和杜老保持着密切的关系。教育界、文化界方面由杨明轩、李敷仁、王菊人等同志联络，争取各阶层知名人士，工作做得很广泛、很深入。社会上的知名人士景梅九、刘治洲、王幼农、马凌甫、李仲三、寇遐、张翔初、景岩征、杨志廉、韩望尘、党晴梵、茹欲立、李寿亭等人都和杜老经常接触。尽管各人的思想观点不尽相同，但没有一个人不尊重他。杜老对参加民主活动的进步人士爱护备至，他为高崇民同志在王家巷的隔壁找了一处住房，热情接待。当时徐彬如住在许士庙街，杜老经常派人和他联系，我也曾去徐彬如同志住处接洽过工作。"

曹志麟所讲杜斌丞热情为高崇民找住房一事发生在 1939 年。高崇民是东北籍抗日救亡领袖，西安事变时两人一起共同为张学良、杨虎城进行政治设计，推出八项主张。高崇民儿媳白竞凡对找住房一事进行过调查研究，1997 年 10 月 30 日她说："1939 年 11 月，高崇民主持东北军救亡总会被国民党陕西省党部查封，高崇民没有地方住了，杜斌丞老就在他的隔壁（王家巷四号）给高老租了一个四合院，名义上是高老的住宅，实际上是东北军救亡总会的地下机关，'东总'的中共党支部所在地。因为高老不给国民党干事，经济上没有来源，租房子的钱都是由杜老支付，并且不告诉高老房钱是多少，使先翁非常感动。"

白竞凡还讲道："1940 年 2 月，高崇民之子高存信从延安回西安探亲，被国民党侦缉队跟踪。八路军驻陕办事处获悉侦缉队要逮捕存信，马上通报了高崇民，存信当即搬到八路军办事处。当天夜里侦缉队搜查了高家，便把高崇民抓走了。八路军办事处出面交涉，国民党不承认有此事。后来，杜斌丞从内线查到高崇民被关押的拘留所，国民党才不得不承认是一场'误会'，从而释放了高崇民。"

马凌甫是陕西合阳人，陕西靖国军时期的重要人物，同于右任、井勿幕、胡景翼等响应孙中山号召，进行护法战争。1964年7月他回忆说："1937年5月，我交卸安徽省政府代理主席兼民政厅长职务，12月从上海回到西安。杜斌丞是陕西省政府秘书长，他对国民党的政治向不满意，多年前他同王复初（云南第一位共产党人，1922年在陕西创建共青团组织）到山西运城小住，那时我家住山西运城，曾经交换过多次意见，他见我回来很高兴，鼓励我参加动员工作。他说：'你这几年在安徽搞得不错，不过在我看来，把国家命运寄托在蒋介石身上是靠不住的，现在日本帝国主义已发动侵略战争，非依靠人民群众作长期抵抗，不能取得最后胜利。'这时西安正在成立'动员'大会，由地方人士分赴各县，动员人民发挥抗战力量。我认为这是我应该做也是我能够做的。于是，趁着春节（公历1938年1月30日）回了一次合阳。路过渭南，县长崔孟博刚接事，邀我到县署休息，他的思想比较进步，对我说了几句话，我至今还记得，他说：'人民的力量是伟大的，政府总害怕人民力量壮大，不便控制，不敢放手发动，这是一个很大的矛盾。'合阳县长是苏资琛，驻军长官是李兴中。按农历习惯，春节初一至元宵节的半个月内，大点的村庄白天扮演故事（社火）、晚间跑船走马，有的自乐班演'杂技'。群众的智慧是无穷的，有怎样的事实，就有怎样的认识，也就会用各种各样的动态把它表演出来。在戏台的明柱上就写着这样一副对联：'活鬼乱当家，倘廉耻犹存，似此类妖孽，应该愧死；群魔独害国，使法律有效，看这些东西，如何下场。'还有些联语表达自己的意志，如：'寇势正猖狂，愿人人努力同心，为整个民族求解放；国忧方严重，望家家节衣缩食，从长期抗战谋复兴'。'国事正艰难，痛念外侮凭陵，当矢敌忾同仇志；秦俗乐战斗，回溯先民典范，毋忘车辚驷铁风。'我本来是回家动员群众的，看到农民抗战情绪更高涨，更给我以莫大的鼓舞。由合阳回到西安已经是三月三。"

1938年1月，学者梁漱溟从延安经过西安，杜斌丞会见了他。梁漱溟1980年4月10日说："大约抗战初期，杜斌丞先生任陕西省政府秘书长，我路过西安，得以结识，虽未多谈，颇若契合。"

3月初，西南知名学者、民主人士李公朴来西安，杜斌丞、杨明轩等一起商量迎接接待方式，最后决定由杨明轩、韩兆鹗、郑伯奇等西安文化界名人等20余人，聚集对外公开营业，又是秘密联络点的莲湖食堂欢宴李公朴先生和西北战地服务团主任（团长）丁玲女士。西北临时大学教授沈志远、曹靖华、侯外庐等作陪。之后，西安各妇女团体，千余人聚会欢迎丁玲。中共中央驻陕代表林伯渠陪同李公朴参观了中共在泾阳县云阳县安吴堡举办的青年训练班。李、丁留西安期间，陕西省政府主席孙蔚如、杜斌丞会见了李、丁二人并合影留念。

1938年6月下旬，西安学联与西安"民先队"队部在西安师范学校举行的欢迎世界学联代表团座谈会，杜斌丞和中共中央驻陕代表林伯渠、西安国民党军政人员、各救亡团体代表及社会名流300多人参加。世界学联代表团于24日由重庆中转成都飞抵西安，杜斌丞当日亲自前往西关外飞机场欢迎代表团。新安旅行团实际上是个青年抗日救亡团体。田禾夫1982年4月说："新安旅行团从兰州来到西安，杜斌丞亲自接见他们说：'你们这些娃娃真了不起，为国家民族奔波，出了不少力，吃了不少苦。'新安旅行团是由江苏淮安县新小学的14名学生组成的，校长汪达之带领。他们由淮安出发，走向社会，以推销进步书报、放映抗日影片、讲演等形式宣传抗日救亡，途经18个省市，行程四万五千里来到西安。也受到中共中央驻陕代表林伯渠和十八集团军驻陕办事处的热烈欢迎与高度赞扬。8月6日，周恩来在武汉会见了汪达之其人，不久新安旅行团被安排在新四军工作。"

这年下半年，杜斌丞还全力支持西安"教盟"反对周伯敏强令学校解聘进步教师。何寓础1966年2月6日说："1937年1月，西北教育界抗日救国大同盟成立，主席杨明轩、副主席李寿亭、何寓础、车向忱、张耀斗分别担任组织、宣传、总务工作。1938年下半年，省教育厅厅长周伯敏（CC分子）为肃清教育界的'左倾分子'，令省立西安师范、西安二中、西安女中、西安高中等校解聘20名教师，并令各校一律不准约聘车向忱、李敷仁、何寓础等6人。他又以安插被解聘教师为名，报请省政府准在厅内增设机构和增加经费。就在省政府要开会讨论这一问题的前两天，杜斌丞将此事告诉何寓础，并对周伯敏强令学校解聘进步老师深表不满。教盟执委交换意见后，即由李敷仁、郑竹逸、何寓础等分别联络十余人，联名上书省政府，使周伯敏的计划成为一泡影。"

郑自毅 1982 年 8 月 16 日著文说："屈武同志于 1939 年由重庆回到西安，约我陪他去王家巷杜斌丞先生住宅，拜访杜先生。他们彼此一见如故，畅谈很久。杜先生对我说：'经文（屈武字）离开西安多年，情况生疏，你可多了解情况，给予必要协助。'我领会杜先生的意思，及时去和老朋友杨明轩、杨晓初商定，通知与屈武当年熟悉的老朋友，在建国路西边玄风桥三十八军驻西安办事处（杨晓初为处长），为屈武举行联欢会，届时特请杜先生莅临讲话。杜先生很高兴地说：'屈武先生当年在成德上学时，为响应五四运动发动组织陕西学联，进行反帝反封建斗争，曾代表陕西学联到北京请愿，在学生运动中获得了较高的声誉。这次回陕，我们希望经文先生仍以青年时代的精神，为家乡多做些有益的事情。'博得与会人们的热烈掌声。事后，听到别有用心的人说：'杜胡子在联欢会上的讲话，是要鼓励学生闹学潮。'我听到这话，去告诉杜先生。他并不奇怪，付之一笑，对我说：'让他们说吧！'杜先生的气魄使我深受感动。"

对于亲痛仇快的皖南事变，杜斌丞和杨明轩表示了极大的愤慨。鉴于皖南事变的沉痛教训，他俩商定在抗日前线的杨虎城旧部第四集团军三十八军中建立秘密组织"新中国大同盟"以巩固部队，并让杨明轩亲赴前线三十八军秘密串联。3 月 11 日，十八集团军驻陕办事处处长伍云甫电报中共中央书记处："甲、三十八军一部分进步人士最近发起一秘密组织，名'新中国大同盟'，其目的在团结中间阶级力量，巩固第四集团军，以抵抗国民党的分化与压迫。其工作范围不限于第四集四军。该盟拟定纲领 16 条。乙、国民党对三十八军压迫非常厉害，强迫该军将团以上干部送中央训练所受训，营以下干部送洛阳或西安劳动营受训。现在已送去一部分，其余干部仍要继续送去受训。这些干部受训后，是否回原部队尚未定，因此引起我党同志的不满与悲观失望。他们认为去年坚持不过河南（指不从中条撤退黄河以南，而起义向北参加八路军）是对的。现在为了保存力量，也应该拉去打游击。丙、以上两个问题是杨明轩最近由前方来信叫我们转电请示中央。"

1941 年上半年，皖南事变的反共逆流所造成的紧张气氛笼罩在抗日的前线和后方，西安作为包围封锁陕甘宁边区的出发地和大本营，白色恐怖的气氛更是令人窒息，谈"共"色变，反动顽固派势力甚嚣尘上，特务活动猖獗。但是杜斌丞仍然和西安一些抗日名绅贤士、八路军办事处保持着联系。第十八集团军驻陕办事处，曾在 6 月份给延安中共中央关于西安近况与办事处半年来的工作情况报告中并道："统一战线工作，自皖南事变后很难进行这部门工作。白天简直无法出门（公开机关的人也不敢见我们），有些必要的关系夜间偷着跑出去联系。有些不重要的关系大部分都失去了联系。现在能设法见到的有以下的人：杜斌丞、刘古风、杨明轩、吴剑西、景梅九、成柏仁、莫绍明、王子伟、杨亦周、郭乐三、陆树东、钟楚珩、薛培基、姚曾依、高复宇、丁向明、蒋自用。"

不久，杜斌丞被任命为陕西省垦务委员会副主任委员。

垦务和赈济

蒋鼎文接任陕西省政府委员兼主席半年后，即于 1939 年 1 月对陕西省政府委员进行了一次改组，实际上是为了迎合蒋介石的"防共、限共、溶共、反共"反动方针。换掉李志刚省府秘书长，而由彭昭贤取而代之，李志刚是杨虎城的人，杜斌丞继续保留省府委员一职。2 月 7 日，省政府委员会决定将省赈务委员会和国民政府非常时期（即战时）难民救济委员会陕西分会合并，改组成为"陕西省赈务委员会"，简称"陕西省赈济会"或"省赈济会"，杜斌丞为省赈济会 65 人委员之一，且为五人常委之一。赈务会 65 位委员又分为总务、财政、筹募、救济、查核五个组。其他四个常委不兼各组组长，唯杜斌丞兼任核查组组长。省赈济会办公地点设在南院门五味什字。7月，杜斌丞省府委员又兼任省垦务委员会副主任委员，主任委员由省政府主席蒋鼎文兼任。杜斌丞实际兼任专职垦务副主任委员，并邀请朱庆澜、安汉为省垦务委员会委员。赈济委和垦务委业务范围包括筹募、垦荒、救济、救灾等社会性服务。

杜斌丞任省府秘书长时，就十分重视垦务、救济、救灾工作。他对黎坪、汧山、黄龙山垦区给予极大的支持。特别是汧山、黄龙山垦区距离陕甘宁特区较近，可以安置救济难民外，还可以给中共中央和红军、八路军暗中囤积、提供粮食和副食品。其间所发生的一件事可见一斑。郑自逸1982年8月16日曾说："杜斌丞任陕西省政府秘书长时（孙蔚如时期）举荐李象九担任了黄龙山垦区办事处主任，垦荒安置东来灾民，办得很有成绩。蒋鼎文当主席后，有一天，李象九到省政府找我说：'有人向省政府诬告我在黄龙山为延安方面囤粮、买枪，听说蒋鼎文主席电召八区行政专员熊正平日内由大荔来省，可能就为这事。这事我已告诉杜先生了，他着我找你设法解释。'熊正平来后，以我和李象九的名义请熊正平吃饭，请各厅局的主任秘书作陪。饭后，我给熊正平说，要为李象九的事情想办法。熊正平对我说：'李象九是杜先生派去黄龙山的，我一定要尽力支持。'过几日，熊正平亲自去黄龙山调查，给省府来文报告，以'事出有因，查无实据'等官样文章敷衍过去。"李象九原是陕西老共产党员，和唐澍、谢子长、阎揆要等于1927年10月中旬发动过清涧武装起义，打响了陕西乃至西北地区工农武装反抗国民党反动派的第一枪。

杜斌丞兼任省赈济会常务委员会后两个多月，他1937年请李维第工程师设计兴修的米脂县织女渠放水灌溉，两万多亩旱地变成水浇田。县长刘学海在《兴修无定河织女渠水利记》中说："余二十六年春奉命由同官调任米邑，捧檄之日，省政府秘书长邑人杜斌丞即谆谆以修无定河水利为嘱。余两年来跋涉河干，督工筹款，力任奔走，悉心维护。幸赖杜公力请政府倡导于上，李君之精勤擘画，地方耆彦之协力赞助，卒底于成。"

杜斌丞刚刚兼任省垦务副主任委员，第一件事就是密派常黎夫赶赴三原云阳镇（今属泾阳）中共陕西省委驻地征求省委在马栏荒区安置难民等问题的意见。马栏当时属陕甘宁关中分区新正县（旬邑县红白拉剧地带，后为中共陕西省委和关中分委驻地）。常黎夫1995年3月说："蒋鼎文接替孙蔚如任陕西省政府主席后，杜斌丞留任陕西省政府委员兼省垦务委员会副主任，我便在垦务委员会挂了个干事名义待了下来。垦委会设办公室，下属黄龙、黎坪两个垦区。1938年蒋介石下令在河南花园口黄河决口，造成数十万灾民流离失所。杜斌丞利用本省赈济款，新办汧山垦区，但规模很小。驻河南洛阳的国民党第二战区长官卫立煌与中央赈济委员会主任朱子桥（庆澜）提出拨款在陕西增辟垦区，大量安置难民。杜斌丞提出新建马栏荒区的方案，要我首先征求中共陕西省委和陕甘宁边区政府的意见。此时省委机关驻三原县云阳镇。为了开辟马栏荒区和其他一些问题，我于1939年6月间亲赴云阳向省委请示汇报。我在云阳三天，向欧阳钦（省委书记）、张德生（常委、组织部长）汇报和商讨了两天半。主要内容有三件事：一是关于加入国民党组织的问题。国民党五届五中全会后，加紧反共措施，规定各级政府行政人员必须加入国民党，我们应该如何应付。二是关于扩大黄龙、黎坪、汧山垦区和新建马栏荒区问题。三是杜斌丞、杨明轩等提议在国民党十七路军（杨虎城旧部，时为第四集团军）内部高级军官中建立抗日同志会秘密组织问题。谈的结果是：第一，关于加入国民党问题，中央已有规定，经党组织批准，个人可以加入，省委批准我办理集体加入国民党组织手续（我遵办了）；关于杜斌丞加入国民党，省委也认为加入对工作活动更便利些（杜两次撕毁国民党员登记表，拒绝加入国民党组织）。第二，省委和边区政府的意见一致，完全赞成开发马栏荒区的意见。第三，关于在十七路军内建立小组织问题，须报中央考虑（后来中央认为在当时情况下以不搞为宜，杜、杨接受了中央的意见）。"

这年7月，陕北当年因自入春以来，酷旱成灾，以致秋禾迄今未能下种，灾象已成，粮价暴涨，小米每斗 8 元有奇，尤以绥德、米脂、榆林、神木、府谷一带最重。陕北各县士绅为谋救济，特在榆林成立旱灾救济会，向各方呼吁，以资赈济。杜斌丞在他的西安王家巷住所召开陕北旅省同乡关怀桑梓座谈会，商定救济办法。会上，公推杜斌丞、白超虞、乐文山、营尔斌、张筱丛、白超然、柴孺强、张光远、王民生等为委员，组织成立陕北旱灾救济会西安分会，以便筹款赈济。8 月 3 日，陕北旱灾救济会西安分会又在杜斌丞住所举行茶话会，分会主任委员白超虞、副主任委员白超然报告陕北灾情，望新闻界呼吁赈济陕北。

8 月 6 日，杜斌丞代省主席兼省垦务委员会主任蒋鼎文，签发省垦务会给陇县县政府的训令，令县长张丰胄呈报难民垦殖计划。

常黎夫从云阳征求中共陕西省委意见返回不到三个月，9 月 9 日，杜斌丞便代陕西省政府主席兼省垦务委员会主任委员蒋鼎文，签发省垦务委员会马栏荒区第一期施垦步骤及所需经费，预算给省政府的《签呈》：（一）设立垦区管理机关，奠定地方治安基础；（二）完成荒地实在面积、土地种类及土质性宜、旧有房屋窑洞、治安情形、交通情形、垦区主要农作物、森林面积、畜牧、水利等各项事业之调查；（三）清查荒地产权，勘察荒区境界；（四）筹办交通，修葺农舍；（五）预赈两个月食粮；（六）移送难民入山垦荒，分配农舍；（七）编制保甲；（八）分配土地，发放粮食，发放耕件、农具、种子、指导垦殖，筹设集团农场；（九）自垦竣之日起免交租赋五年；（十）县办农贷；（十一）卫生教育之设施；（十二）提倡副业；（十三）妇女老弱、无耕作能力者之安置。第一期垦殖，包括食料、种子、耕牛、农具、家具、农舍费用和预算费共需 81306.48 元。

16 日，蒋鼎文主持陕西省赈济会紧急会议，决议"请杜委员斌丞、黄秘书主任乃桢前往河南与豫省府切实商洽，豫省难民究有若干，豫西各县能容纳若干，来陕若干，约分几批来陕，以便筹备安置。陕西已安置难民十万，已感给养困难，再增大批，给养如何维持。黎坪、马栏、沔山等垦区应速分清筹备成立。"时与杜、黄一起赴豫的常黎夫 1995 年

3 月说："杜斌丞去洛阳，和第二战区司令长官卫立煌商谈移置难民屯垦问题，随员陕西省赈济委员会秘书主任黄乃桢，一个姓曹的职员，加上我一行四人，辗转到洛阳。适卫外出，杜、黄与卫的秘书长郭寄峤会谈两次，住三日返陕。"

10 月 4 日，陕西省赈济会邀请各有关机关举行临时会议，商讨东来之难民安置事宜。杜斌丞向与会人员进行报告："经与豫省当局商定，挑选合乎垦殖条件难民十万西运，分作两批输送。第一批五万人，分配陕西二万人，甘肃一万人，宁夏五千人，四川一万五千人。第二批再行分配。"会议决定，即行派员前往黄龙山，会同垦区管理局，察看旧有窑洞，准备收容。10 月 6 日，陕西省政府委员会议决议，准省垦务委员会以所拟马栏荒区第一期施垦步骤之经费，筹备施垦。据《西北文化日报》10 月 7 日报道："豫省当局拟先送十万贫苦灾民分赴陕、川、甘、宁各省垦荒。并经陕省代表杜斌丞、黄云潭（乃桢）赴洛接洽，现豫省当局派代表来陕，与陕当局及黄龙山垦务局商妥办法，先由陕西省府拨款十万元，发放给养，即行开始运送。一周后，蒋鼎文批准将省府秘书处第一科科员常黎夫调充垦务会一等干事。"

1940 年 4 月 3 日，杜斌丞代省垦务会主任委员蒋鼎文，委派垦务会一等干事常黎夫赴马栏荒区调查。一个多月后的 5 月 10 日，常黎夫向省垦务会呈《马栏荒区调查报》。6 月 6 日，省垦务会将这个调查报告转报陕西省政府。常黎夫 1995 年 3 月说："1940 年春，杜斌丞向陕西省政府提议，用本省赈济款在马栏开辟小型垦区，少量安置难民，逐步扩大。杜的动议得到省府委员张炯支持。张与蒋鼎文私交深，蒋以师礼相待。这就是我于 1940 年 4 月初亲赴马栏荒区进行考察的事由。我去马栏前曾通过八路军驻陕办事处周子健同志发电报请示中共陕西省委张德生，德生复电同意并对我进荒区后的安全问题作了精心考虑和安置，他给八路军驻店头办事处负责人孙润华同志写了介绍信，嘱咐荒区范围内有我党地方组织活动的负责人，对我随时加以照料保护。我在荒区考察 22 天，4 月 25 日回西安。5 月 10 日以'垦委会干事'身份，借口调解刘翰屏（刘含初烈士之弟）控诉荒区纠纷案件去荒区，向陕西省垦荒（务）委员会写了《关于马栏荒区的考察报告》。"

常黎夫所写"考察报告"上呈之后，6月3日，省垦务委员会主任委员蒋鼎文、副主任委员杜斌丞报告省政府："自黄龙山施垦之后，一年之内，收容难民二万六千余人，已属卓著，现在收归国营，自可告一段落。而马栏镇荒区迄因财政人力无从兼顾，迟延至今尚未着手办理，无论此后来陕西难民应有安插办法，即至现在迭次疏散各县难民仍有多数依恃寄养，坐耗口粮，亦非根本救济之道。体察现象，马栏镇荒区实有继续开办之必要。兹将此案办理经过及荒区实际情形，谨为钧座详细陈之。"此《签呈》内容主要是：（一）施垦马栏之由来及经过之略况。（二）马栏荒区略况。（三）开发马栏对于本省行政之关系，"抗战已进入第二阶段，安置难民，增加生产，尤为重要。而安定后方，调整行政，维持交通，亦系本省亟待实行之要务。是则开垦马栏荒区之根本意义，固与其他垦区未可同日语也。（四）开垦马栏荒区共需费用。第一期预定安置难民5000人，给养、耕牛、农具、籽种等费用约计40万元。（五）施垦马栏荒区之步骤：①派员实地勘察，详确具报；②根据调查报告，拟定施垦计划及经费预算；③将计划及预算呈送中央，并请担任费费；④派员筹组垦区办事处，以便实施垦殖。"

在杜斌丞的举荐下，李象九出任汧山垦区办事处主任。同时，嵯峨垦区施垦安置计划列入议事日程。

7月15日，杜斌丞副主任委员代蒋鼎文主任委员签发垦务会训令："为明了汧山开区的实际情形，预以适宜指导，并便于拟订第二期配拨难民施垦计划起见，特派本会一等干事常黎夫前往该区实地考察，随时具报，以期推行顺利。"代签训令的第二天，杜斌丞私邸却遭到国民党特务搜查。常黎夫1995年说："我从马栏荒区调查归来不到三个月，7月16日夜，国民党特务人员闯进杜斌丞家，以搜捕共产党分子为名，抓去杜家的用人和年轻的客人，我幸而预有准备，越墙逃出，后回到延安。次日，杜向蒋鼎文要人，救出被捕的人，并向蒋写信辞职，以示不满和抗议。蒋鼎文对特务机关一场训斥之后，事件得到暂时平息，杜斌丞继续任上工作。"

8月28日，杜斌丞签发省垦务会总干事冯骧程关于初步筹办马栏荒区垦殖事宜给省政府的《签呈》。《签呈》称："查前由本会签请开办马栏荒区一案，业奉省府批准现在各地来陕难民日有增加，亟待安置。本省设能即日开办该荒区，自可量予接纳，俾于救济之中兼收生产之效。唯该荒区范围颇大，本省财力无多，似应分期办理，俾易推进。拟先由本省新停付前黄龙山垦区专款内编定预算及施垦方案，筹办初步垦殖，将来再由垦区管理机关拟具详细扩大计划，呈本会转让请拨款，以便继办全荒区垦殖事业。"

杜斌丞以他陕西省垦务委员会副主任委员和省赈济会常务委员的身份，为垦荒安置救济难民日夜操劳的同时，一心想借此机会在各个垦区为陕甘宁边区和中共陕西省委办些实事，但因陕西财力有限，蒋介石认为他在马栏施垦有通共嫌疑，不仅不予拨款，反而暗中监视，因而收效甚微，只在汧山小规模施垦，成为他的心中憾事。

1941年6月17日，国民政府行政院会议决议免去蒋鼎文陕西省政府委员兼主席本兼各职，任命熊斌为陕西省政府委员兼主席。

7月17日，杜斌丞致函陕西省政府主席兼省垦务委员会主任委员熊斌："敬肃者，斌丞奉委座电召赴渝，遵于本日午后首途，所有代垦务委员会主任判行事，可否请由钧座亲自核判，抑另行派人代理。敬乞察核，谨呈主席熊。委员杜斌丞，七月十七日。"

熊斌7月18日阅批："在未回以前可送府核判。"

值此，杜斌丞实际上结束了陕西省政府委员本兼各职。

国民政府行政院22日会议决议：陕西省政府委员兼建设厅长孙绍宗、省府委员张炯二人呈请辞职照准。省府委员杜斌丞、周伯敏另有任用，应免本职；任命凌勉之、马凌甫、李元鼎为陕西省政府委员。

第十章

坚贞于抗日民主运动

加入中国民族大众同盟

杜斌丞辞去陕西省府委员本兼各职，第一次奉蒋介石电召去重庆。关于蒋介石与杜斌丞谈话内容，至今未有史料披露。

杜斌丞这次奉召，正是蒋介石第二次反共高潮气焰嚣张的时候，除年初制造皖南事变，此时又趁苏军在西线对德吃紧的国际时势，在国内压迫八路军撤到黄河以北。而美国企图拉拢日本退出轴心国，酝酿"东方慕尼黑"。国民党顽固派疯狂发动反共宣传，打击各小党派，诬蔑八路军"擅自行动"，制造一系列的摩擦事件。中共中央为应对蒋介石的反共逆流，7月20日，由《新华日报》发表了《团结起来打敌人》的社论，提出了针锋相对的"万全之策"，那就是不论蒋介石内阁如何改组，敌人行动如何改变，我们都要"迎头打击敌人的西进"。7月21日，中共中央政治局讨论了对付国民党反共摩擦问题，要用事实揭穿并指出国民党准备在苏联对德战争吃紧时压我撤退到黄河以北，美国企图搞"东方慕尼黑"的阴谋。

此时，在民主方面，梁漱溟拟就的中国民主同盟政纲正式出台，重庆、昆明等地民主运动正在酝酿进行。

总体来讲，1941 年，中国人民的抗日战争进入了最艰苦的年月，外有日本帝国主义的"三光政策"，内有蒋介石的独裁、反共，实行白色恐怖，抗日救亡运动万马齐喑，陕甘宁边区遭到封锁。中共中央实行"荫蔽精干"政策的同时，周恩来提议一部分中共党员同国民党民主人士、进步人士、国民党左派以及在国民党政府中担任较高幕僚职位的人士共同建立一个统一战线组织。后经王炳南、王昆仑、许宝驹等筹划酝酿，成立秘密政治团体——中国民族大众同盟。这个组织成立之初，成员大都是国民党左派知名人物，以王昆仑、刘仲容、于㐱瀛、杜斌丞、许宝驹、屈武、谭惕吾等为代表，很多人与国民党上层要员关系密切。如王昆仑是国民党候补中央委员，是国民党政府立法院㐱孙科派人物；屈武是监察院长于右任女婿；赖亚力是冯玉祥秘书；刘仲容为国民党军队副总参谋长白崇禧高级参议；刘仲华是李宗仁秘书；狄超白是李济深秘书等。也有些成员来自不同的民主党派，如金仲华、闵刚侯、曹孟君、孙晓邨、吴觉农、高崇民、阎宝航、潘菽等。

中国民族革命同盟的核心成员经常碰头，交流情况，王炳南则是参加其中的公开的中共代表，周恩来在重庆期间参加它的核心会议次数很多。

杜斌丞奉召去重庆见蒋介石之后，于当年秋初由重庆返回西安。8 月 25 日，日军 36 架分六批空袭潼关、渭南、临潼、宝鸡等地。空袭间隙，杜斌丞就和杨明轩同行赴河南巩县会见孙蔚如，做反独裁、团结抗日的工作。时任第四集团军参谋长的陈子坚 1982 年 8 月 31 日说："1941 年秋，杜斌丞同杨明轩由西安一道来河南巩县和义沟（孙蔚如第四集团军总部驻地），看望孙蔚如、赵寿山，住了三天。他兴致很高，纵谈联共抗日必胜，劝孙留意蒋介石吃掉他的部队。"9 月 4 日，日机又空袭轰炸潼关、华阴、渭南、韩城、朝邑、三原、泾阳、咸阳等地。空袭间隙，杜斌丞只身赴渑池会见十七军军长兼八十四师师长高桂滋。

时任渑池火车站站长的宋文荃 1984 年 10 月说:"1941 年抗日战争正值紧张激烈阶段。在河南渑池境内,除驻有八路军的兵站外,还有高桂滋的国民党第十七军、义勇军、河北民军等各种番号的部队。当时我在渑池车站任部长,由于各部队经常通过铁路调运兵员和运送军需物资,出于职业关系,各部队的军官一度和我来往较多。记得这年秋季的一天下午,十七军军长高桂滋偕八十四师师长(此时应为副师长,这年 12 月升任师长)高建白找我,说来接一位从西安来的朋友,要我安排一个临时休息的地方。车到站后,从车厢里走出一位 50 岁上下的人,高桂滋和高建白急步迎上前去亲切地握手,向我介绍说这是他们的好朋友杜斌丞先生,是很有学问的教育家。杜先生身材魁梧,身着灰布长衫,脚上穿着一双双梁的黑布鞋,目光炯炯,两撇八字胡又黑又亮,既有学者风度,又有劳动人民的质朴,显得十分刚毅精干。我考虑到车站办公室人多杂乱,就请他就近到我家休息。坐定后,高建白给军部打电话催要马匹,我陪着杜先生和高桂滋军长一边喝茶,一边闲谈。杜先生从火车驶往潼关、灵宝、陕县等车站时,被山西境内的日军隔着黄河开炮轰击的险情说起,进而又谈到陇海铁路是借外债,由外国人选线督修的。外国人只为本国的权益着想,只图急功近利,有多处紧挨黄河,常受急流冲击,时有路车倾覆之危险,此险较之日军炮火,有过之而无不及。杜先生并未干过铁路工作,但对铁路状况这样谙熟知情使我异常惊讶敬佩。当杜先生问及渑池地区的敌情时,我拿出敌机空袭后在车站附近捡到的几十片汉奸为指示轰炸目标放置的反光镜给他看,杜先生说:'高军长把我称为教育家,看,汉奸这么猖狂可恶,可见我们的民众教育并没有办好啊!'他说这番话的时候,眼光显得更加严峻、深沉了。从 1941 年秋天到 1942 年春天的五六个月时间内,杜先生到渑池来了四五次,停留的时间长短不一,有时两三天就回去了,有时逗留一个星期左右。他每次来都是单独一人,每次高桂滋和高建白必来车站迎送。记得一次杜斌丞先生返回西安时,由于东来客车途中遭到日寇飞机空袭,晚点很长时间,他在我家坐了很久,话题自然而然转到对日作战方面。我看到身为军长的高桂滋对杜先生亦非常敬重，心里倍加仰慕，就向他提了很多有关抗战的问题。杜先生对于我的提问并不急于回答，总是让我先谈谈自己的看法，然后加以阐述和纠正。他的谈话没有高深的理论，朴素、通俗而又鞭辟入里。针对我的一些粗浅认识，他谈了中国早已沦为半殖民地，成为各列强国家俎上之肉的现实，说明没有一种新的政治制度去进行一番彻底的变革，亡国的惨祸就在眼前。不能把一场伟大的变革理解为政党之间的权力之争。他还说，当前最主要的事情，是团结抗日。他还讲了日本帝国主义在速战速决的美梦破灭之后，已经深陷泥潭，不能自拔，只要我们坚持抗战到底，最后胜利是绝无问题的。当杜先生得知我和八路军驻渑池兵站站长及政工干部来往较多，并和到此巡视工作的彭德怀副总司令有过接触时，他问我对彭总有什么印象。我谈了彭总穿着和士兵一样的灰布军服，腰间系着和士兵一样的窄皮带，他让我常到八路军兵站去借些书看看我们所感知的现象。杜先生当着高桂滋的面，含蓄讲了八路军在抗战中的地位和作用。他说，如果没有八路军在敌后抗战，这里纵然有中条山和黄河天险，日本兵早就打过来了。就在这次杜先生登车返回不久，有一次我和高建白闲谈，他无意中说杜斌丞先生是来向高军长做工作，动员高和共产党合作抗日的。"

高建白后来回忆说："1942年斌丞兄在西北秘密开展民主运动，即与我不断联系。当时我任八十四师师长兼中条山游击区第一路指挥官，辖四个纵队司令，开展游击战。中条山战役后，我部担任渑池黄河沿岸的守备任务，并派一部分兵力进出北岸，在敌后活动。就在这年秋天我军奉命集中渑池附近。斌丞兄曾来渑池多次。每次我都与高先生（桂滋）到车站接他，并联系渑池车站站长宋文莶找地方临时休息。每次的'新渑池会'，都带给我许多新观念、新思想。这些新鲜的空气，一次次使我茅塞顿开，耳目一新。他向我讲述了抗战形势，民主运动情况。我也就开始倾向民主运动了。后来我回陕西时，也必定到西安看望他。他不断将'中国民主革命同盟'和'民主政团同盟'的情况讲给我，启发我的认识与觉悟。他给我讲民主运动当前的任务，指导我注意团结部队中进步的爱国军人，坚持抗战，反对投降，争取民主，反对国民党反动派的反共、反人民政策。"

3月19日，中国民主政团同盟在重庆秘密成立，10月10日在《光明报》公布《中国民主政团成立宣言》及《中国民主政团对时局主张纲领》。纲领十条，要求中国国民党结束党治，在宪政实施以前设置各党派国事协议机关。

时隔18天，10月28日，中共中央机关报《解放日报》发表题为《中国民主运动的生力军》的社论，支持中国民主政团同盟的成立。社论强调：张澜等组织的民主政团同盟双十节发表的纲领，"其中强调指出抗战到底，加强团结，保障人权，结束党治，革新内政的必要。这是抗战期间我国民主运动中的一个新的推动。民主运动得此推动，将有更大的发展，开辟更好的前途。""中国共产党人，追随全国同胞之后，为民主而奋斗，历有年所，在陕甘宁边区及华北华中各抗日根据地，凡吾人能力所及，无不奉民主为准则。近二年来提出三三制，务使一切政治机构，共产党员占三分之一，党外人士占作三分之二，对一切抗日阶级，皆保障其人权、政权、财权。凡此诸端，对于政治之推进，均收良好效果。这些实践，为我国民主政治提供了许多新的经验，所谓战争环境无法实行民主的邪说被推翻了。"社论号召："愿参加民主政团的各党派，在民主大旗下，更进一步地努力，愿其所赋使命得迅速实现，以促进抗战胜利之到来，民主政治之真正实施。"

秋末，杜斌丞和第四集团军总司令孙蔚如同赴重庆。在重庆期间，经王炳南介绍，杜斌丞加入中国民族大众同盟，任陕西组组长。回陕后首邀杨明轩加入中国民族大众同盟，并与杨发展盟员，有组织地进行抗日民主活动。

11月16日，中国民主政团同盟第一次以组织名义在重庆举行茶话会，招待国民参政会参政员50余人。宣布中国民主政团同盟已正式成立，并就民主政治问题交换意见。

这里需要说明的是，"中国民族大众同盟"一年后改为"中国民主革命同盟"。后来，为了与李济深、何香凝等于 1948 年 1 月在香港成立的"中国国民党革命委员会"（简称"民革"）相区别，1949 年 6 月，新政协筹备会第一次会议后，"中国民主革命同盟"被通称为"小民革"。

中国民主政团同盟当时参加的党派有中国青年党、国家社会党（后改称中国民主社会党）、中华民族解放行动委员会（后改为中国农工民主党）、中华职业教育社、中国乡村建设协会。1942 年沈钧儒领导的全国各界救国联合会加入。中国民主政团同盟遂成为集合"三党三派"的政治党派。中国民主政团同盟的政治主张是"贯彻抗日主张，实现民主精神，加强国内团结"，并积极组织成员参加国民党统治区的民主宪政活动。1944 年 9 月，中国民主政团同盟在重庆召开的全国代表大会上，决定名称改为"中国民主同盟"，即"民盟"，由团体会员制改为个人申请参加，同年 10 月，发表《对抗战前后阶段的政治主张》，响应中国共产党提出的建立民主联合政府的号召。

冬初，以看望在杜聿明部供职的长子杜鸿范为名，杜斌丞从重庆前去西南会见李济深、李任仁、朱蕴山、龙云、刘文辉、邓锡侯等人，沟通南北抗日民主人士的关系。袁若愚 1965 年 7 月 2 日说："杜斌丞先生第一次到西南是 1941 年，当时杜聿明部驻全州。杜先生先到全州，后到桂林，再到重庆。杜先生的长子鸿范是杜聿明部汽车团团长，杜聿明为杜先生派了一辆汽车供他在桂林使用。当时李济深等人在桂林搞反蒋介石的活动。杜先生来往的人多系两广和云南反蒋民主人士。由朱蕴山介绍，他会见了李济深等人。最重要的一件事，就是他和李济深、李任仁、朱蕴山举行这一次秘密会议。杜先生还介绍朱蕴山和杜聿明见过一面，因为杜聿明对政治很冷淡，这方面的工作以后没有进行。杜先生对杜聿明说过，西南的气氛比西北好，桂林的人士还敢讲些问题。广西的政治（指黄旭初）比你们（指蒋介石）进步，希望杜聿明同西南这些人来往，进一步搞一搞政治。杜聿明说：'我把杜先生的话挡回去。你搞你的政治，我搞我的枪杆子，我对政治不感兴趣。'"朱蕴山 1978 年 10 月 25 日说："我和杜斌丞认识后，他谈得最多的是反蒋，他认为共产党有前途。他拥护共产党是真的，他是真正左派，真正的民主主义者。他南下到桂林，此行对南北沟通很有关系。在李任仁家里，杜老、李济深和我开了一个会。会议的主要内容是反蒋，商量南北合作。会上我们搞了一个计划，组织南北各军同时起义，包围蒋介石。我们叫杜老任西北方面的负责人。我们商议后，一块去了昆明，我介绍他同龙云见了面，龙云请我们吃了饭。当时我们希望杜聿明同龙云合作，不成。杜聿明还是接受蒋介石的命令打龙云。那时龙云太大意了，把卢汉派去河内收拾日本人的残余。有人劝龙云不要放卢汉出去，龙云没听。我们见龙云的目的是串联反蒋，彼此是心照不宣。同龙云见面后，我又到了四川见了刘文辉和邓锡侯，我同这两个人关系很深。"

密会李宗仁

进入 1942 年，抗日战争已到了相当艰苦的程度，这一年也是延安整风运动和"自力更生、丰衣足食"延安精神大发扬的一年。这年 2 月，毛泽东连续发表了《整顿党的作风》《反对党八股》等著名篇章，引导整风运动沿着正确的方向进行下去，掀起了一场马列主义的学习热潮。

与此同时，也是国民党统治区反独裁民主运动高潮的一年。杜斌丞按照他和李济深、朱蕴山、李任仁、龙云等昆明秘密约定，进行着北方军事实力包围蒋介石的准备。

这年 1 月，蒋介石调蒋鼎文为第一战区司令长官，长官部设在洛阳，取代卫立煌，监视杂牌军。任命卫立煌为军事委员会委员长西安行营主任，削去了卫的兵权，理由很简单，怀疑卫立煌通共。

蒋鼎文到洛阳，对高桂滋十七军来说，当然不是好事，全军置于蒋鼎文的眼皮底下，就近"照顾"不费吹灰之力，蒋介石的这一手十分毒辣。至于派到高桂滋十七军、孙蔚如第四集团军等杂牌部队里大批特务就更不用说了。

在如此险恶的环境中，从重庆回来不久的杜斌丞仍然冒险前去渑池的高桂滋部进行抗日民主活动。他和高桂滋具体谈了什么，我们不得而知，但是从杜斌丞和老朋友、渑池车站站长宋文荃的一段赋诗对话中可了解一斑。宋文荃1984年10月说："1942年春天，杜斌丞先生又一次来渑池，在我家小憩时见我桌上有一部《诗韵全璧》，他拿在手上，问我是否喜欢作诗？我说：'作不好。杜先生的诗一定作得很好。'他谦虚地说：'我不会作诗，但读过很多。'当两三日后待车西返时，出于对他的钦慕，我将预先写好的一首七绝相赠：'笔上锋芒舌上雷，三秦一士剧雄伟。书生岂可无奇气？霖雨苍生志莫灰！'他看了后微笑着说：'"霖雨苍生"这四个字我不敢当。当得起这四个字的人在延安。'他沉思了一会儿说：'我看把这四个字改为"揽辔澄清"为好，平仄也还是协调的。'于是我提笔又重写了一遍，双手递给他，他接过去，爽朗地说：'好吧，我收下了，留个纪念！'杜先生走后，我反复斟酌吟味他所改的这四个字，觉得含义微妙，意味深长。他不是军人，但'揽辔澄清'四字，正好暗合他劝高桂滋弃暗投明之意，也正是他不辞艰难劳苦，往返奔波于秦豫两省之间的殷切愿望。"

高桂滋十七军八十四师师长的高建白1951年说："1942年我由河南渑池到西安看望杜斌丞同志。他告诉我中国民主政团同盟的形成和当前的任务，指导我注意团结部队中的进步爱国军人，坚持抗战，反对投降，争取民主，反对蒋介石的反共反人民政策。并且说：'培五（高桂滋字）近年来颇有进步，我对他抱的希望很大。'"

这年5月，立法委员兼军事委员会参议屈武由兰州抵达西安。屈武是中国民族大众同盟的发起人之一，在西安会见了杜斌丞等人。紧接着中国民主政团同盟总部先后派特派员郭则沉、辛志超、叶笃义等到西安，与杜斌丞、杨明轩、王菊人等会商建立民盟组织和开展抗日民主运动问题。杜斌丞、杨明轩、王菊人等遂成为民盟总部直接吸收的陕西第一批盟员。杨明轩1959年12月写的《自传》说："自1942年起，我即和杜斌丞一起策划陕甘地区的民主运动。"

为了给抗日民主运动筹措经费并掩护民主活动，杜斌丞嘱咐孙蔚如和高桂滋集股办公司。孙蔚如 1952 年 11 月写的《自传》说："1942 年，民主同盟方在酝酿期间，斌丞同志一次同我赴重庆，商以探视其子鸿范病况为名，转蓉赴滇、桂，察看民主运动发展组合情形，与之联络。此后，成都派人来陕，约我集股办一公司，作民主运动的掩护和资金，我和高培五各予款若干，由斌丞出名办理。在抗战期间，我对进步人士，时作经济上的援助。"

为推动甘肃抗日民主运动，杜斌丞与杨明轩在西安先后会见以中学教员身份在平凉从事民主运动的吴鸿宾。杜斌丞并告吴："你搞民盟的事，我给党打招呼。""党"指中共地下组织。吴鸿宾此时为中共秘密党员。

8 月，杜斌丞与杨明轩听取甘肃西北民主政团负责人王新潮关于在甘南组织反蒋武装起义的汇报。《甘肃省志·民主党派工商联志》载："1942 年 8 月，经王新潮安排，西北民主政团在兰州市东关邓宝珊寓所召开了第二次会议"。"会议鉴于甘肃省在国民党第八战区司令长官朱绍良和甘肃省政府主席谷正伦的反动统治下民不聊生、民怨沸腾、民变蜂起，又由于西北民主政团进行的各项起义准备工作已有相当基础，加之日军又可能自蒙古入侵甘肃，乃决定尽快在临洮、岷县、武都等甘肃省南部地区举行反蒋武装起义"。会议还决定由王新潮负责情报和联络工作。王新潮 1953 年 9 月 28 日写的《自传》说："1942 年甘南民变发生，我拟了各种布告及宣传品在兰州向各地寄发，并要去甘南参加，苏联驻华大使驻兰州代表处的费力波夫同志将我严厉地批评了一顿（王新潮此时兼苏联情报人员），说我简直是违犯纪律。我即去西安与杜斌丞、杨明轩取得联系，将民变经过详细地写了材料，并请他们批准西北民主政团的组织（未获批准）。杨明轩住在第三十八军军长赵寿山家里，我通过杨的关系搞了有价值的军事情报。回兰后，最困难的是没有职业掩护，我又在新十一旅曹又参同志处要了一个'新十一旅驻兰办事处主任'的名义（为了报户口）。"

9月6日至10日，蒋介石在西安主持召开军事会议，李宗仁等高级将领出席，杜斌丞与李宗仁会面。时任李宗仁机要秘书的尹冰彦1986年5月3日在《团结报》著文说："1942年秋，蒋介石乘中国战区战事沉寂以及世界反法西斯斗争形势逐渐好转的机会，亲自在西安王曲召开一、二、五、八战区高级将领参加的军事会议，五战区司令长官李宗仁与会。行前我找参议王复初为我写几封介绍西安地方名人的书信，王写信为我介绍了茹欲立、党晴梵、王幼农和杜斌丞四个人，就中以写给杜斌丞的信最为恳切。进入西安城，李宗仁住在七贤庄附近前平汉铁路局长何竞武的公馆里，我们随员大部分入住西安事变时南京要员被拘留的地方——中国旅行社西京招待所。有一天，李宗仁交给我一打名片说：'你拿我的名片去拜访一些陕西地方和东北流亡此地的社会贤达人士，如果有需要我亲自拜访的，你拜访以后再和我商量一下。'一天早上，我来到北大街王家巷32号杜斌丞的家里。我投递王复初的介绍信之后，一个身材魁梧、两眼炯炯有神、蓄有两撇黑胡子的人，手持王的信件走进客厅，他连声自我介绍：'杜斌丞，杜斌丞。'态度热情而诚恳。谈话中除了问讯王复初的状况以外，他没有什么客套和应酬的话。谈到国内外的政治问题时，他很诚挚地告诉我西安特务的嚣张和他个人的处境情形。最后我拿出李宗仁的名片并代致李的问候，他说：'李德公在广西，特别是抗战初期在徐州，延揽各方面的人士，组织抗战力量，人们都是有口皆碑，我更是心悦诚服，他来看我，我不敢当，而且房前房后随时都有特务监视，他来很不方便。我不便到何竞武家去看他，免得给何增加麻烦。但我总希望和他见面谈谈，最好请德公指定一个晚上，我们在西京招待所你的房里谈话。请你请示德公以后通知我，李先生的名片请你带走，留在我家没有好处。'我同意他的意见，随即告辞而去。当天晚上，我把和杜谈话的情况和杜希望与李见面的意思向李宗仁作了报告。李沉思一下，告诉我通知杜斌丞：定于后日晚8时在西京招待所你的房间里见面。翌日清早，我就通知了杜斌丞。杜斌丞比约定时间提前十多分钟到达招待所。他穿着黑色的长袍，戴着墨镜，昂首阔步，好像一位主教。接着李宗仁也来了，不知他临时从哪里弄到一身便服，还戴着一顶毡帽。两人一见如故，不用介绍就握手攀谈起来。直到9时半，李宗仁出来对我说：'已和杜先生约好，后天晚上9时仍在这里谈话。'李宗仁走后我回到房里，杜斌丞说：'请德公先走一会儿，我待一下再出去，免得引起别人注意。'又说：'今天我们谈得很深，主要是围绕着发扬民主、抗战到底的问题。什么时候你有时间，请到我家吃顿陕西风味的家常便饭。'李宗仁、杜斌丞二次相见，他们先谈抗战的军事形势，然后谈到重庆政府的政治领导问题。李宗仁说：'当前依然大敌当前，只有团结才能御侮。我和蒋先生闹别扭这么多年，现在不能不服从他的领导共同抗战。关于陕北问题，我一向主张现在两党携手抗战，打败日寇再用政治方式解决政治问题。中国这么大，为什么不可以分区而治呢？广西自己搞了这么多年，不是多少也搞出了点名堂吗？'杜斌丞说：'李先生，这是你好心肠的想法。历史情况你是亲历的，现在情况你是看见的，他（指蒋）一心要君临天下，吃掉别人。新四军的事情（指皖南事变）发生了，这里的人（指胡宗南）拥有重兵对付陕北，西安特务随便抓人，这个局面不打破就谈不上团结抗战。'李宗仁说：'这个人（指蒋）向来是卧榻之旁岂容他人鼾睡。但目前他还不至于公然搞分裂，打内战。'接着他们谈到西北方面的情况和对一些人的看法。最后李说：'杜先生，你是一位铮铮有声的钢铁好汉，但处在这个环境要特别谨慎，好汉不吃眼前亏嘛！如果此地你待不下去，可以到桂林去，我负责你的生活和安全，那里不是有很多进步朋友吗？'杜一再对李对他的关心表示感谢，说：'非到万不得已的时候，我是不能离开这里的。我在这里如鱼之依水一般，到外地去完全等于逃难流亡了。'最后杜提出一个双方联系的办法。翌晨，李宗仁交给我一张由他签名付现款5000元（数字记不太准了）的条子，要我到经理处关仲芳处将钱取出送给杜斌丞。"

这一年，原杨虎城将军的秘书米暂沉，调往李宗仁五战区工作。行前米暂沉向杜斌丞辞行，杜叮嘱米暂沉去五战区后配合李宗仁推动抗日民主工作。米暂沉 1980 年 9 月说："1942 年我由重庆回西安时，周恩来副主席叫我告诉杜斌丞先生：'请他放手活动，广泛联系进步人士进行民主活动，不必采取什么具体组织形式。'并由章伯钧给斌丞先生写了一封信，让我带交。当我问到民盟的具体纲领时，周副主席说：'就以抗日救国十大纲领为纲领，不必再搞别的。'我到西安后，在王家巷 32 号见到斌丞先生，交了信件，并把周副主席的指示告诉了他。他很高兴，并对我加以勉励。当斌丞先生知道我要去第五战区进行某项工作时，他极表赞同，立即给他的朋友、第五战区司令长官部参谋长王鸿韶（真吾）写了一封信，要我到老河口见王，谈谈西北民主运动情况，并希望王能在第五战区推动民主运动的开展。我到了老河口后，首先见到了王复初、刘仲华，然后由他们带我去见王鸿韶。王对斌丞先生极表敬佩，表示愿意推动第五战区内的民主运动与西北相呼应。

杜斌丞和蒋鼎文曾在陕西省政府一起共事三年左右时间，两人政治理念虽是两个极端，但在这三年时间里，在工作方面还是相当配合的，在一致抗日的旗帜下，为陕西、为抗战做了许多看得见的政绩。总而言之，杜斌丞在蒋鼎文的眼里留下了较好的个人魅力，蒋对杜老也是持敬重态度的。正是两人理念上的格格不入，也就仅仅保持着工作上的一般关系。

密会李宗仁不久，出自个人的处境，第一战区司令长官蒋鼎文向杜斌丞伸出了"橄榄枝"。田一明 1980 年 7 月说："蒋鼎文从陕西省政府主席调任第一战区司令长官后，派他的总参议李家鼐找我。李对我说：蒋长官知道杜先生两袖清风，要给杜先生送些钱，请你从中疏通。我去找杜老，向他谈了这件事，他说：'这钱我不能要，你要设法阻止。'但我想来想去，找不到好的办法阻止李家鼐。过了两天，李家鼐约我陪他去见杜先生。杜老在他家的中厅西屋接见了李家鼐。李代表蒋鼎文表示对杜先生的仰慕之意，说：'杜先生是西北的人望，铭三（蒋鼎文字）非常敬慕，欢迎杜先生去洛阳游玩。铭三知道杜先生两袖清风，叫我送一点钱，表示一点心意。'并说：'杜先生若感在西安居住不便，请到洛阳去住，蒋长官可以安排名义，做蒋长官的良师益友。'随后，拿出用手帕包的一包钞票，约数千元，赠给杜老。杜老回答说：'蒋长官在西安与我共事一段，相处不错。他赠款给我的好意，我十分感谢。但我的生活并不困难，不劳铭三兄费心。以后我有机会去洛阳时再烦劳铭三兄。现在这些钱，我绝不能接受，请你婉言转陈。'双方相持一小时之久，李家鼎始终未能说服杜老接受蒋的赠款，只好怏怏而回。李家鼎离去后，杜先生对我说：'蒋铭三在陕与胡宗南有矛盾，在河南与汤恩伯闹不到一块儿，他想拉地方杂牌部队以自重。我们可以利用蒋胡和蒋汤之间的矛盾，但不能接受任何形式的馈赠。这种钱一分一厘也不能要。'杜老敏锐的政治嗅觉，高度的原则立场，使我深受教育。当时杨虎城将军的旧部改编为第四集团军，由孙蔚如任总司令，驻防在河南，归第一战区管辖，蒋送钱给杜，就是想通过杜老拉拢杨虎城的旧部。"

迎着反共逆流奔波

进入 1943 年，元旦刚过，杜斌丞喜收王炳南托新编第三十五师师长孔从洲转来的民盟文件。孔从洲在 1989 年 9 月出版的回忆录中说："1943 年 1 月上旬，突然接到蒋介石的一封电报，叫我到重庆去同他见面。新编三十五师在邙山前线，那时日本飞机经常轰炸西安，我们的飞机不能在西安机场降落，只能到宝鸡机场上飞机。我到机场赶巧碰到赵寿山军长从重庆回来，他下飞机，我们要走，没有时间多说话，他只说了一句：'去听听，讲话得特别小心。'他说到这里，有人来了，我来不及回答，就登上飞往重庆的飞机了。离开重庆返回的前一天晚上，王炳南同志又到第四集团军驻渝办事处来看我，同时带来一些中国民主同盟的文件，说这些文件是沈钧儒先生给杜斌丞先生的，要我转交。杜先生同十七路军渊源很深，我个人也常聆听他的教诲，我每次从前方回到西安，都要前去看望杜老，他总对我谆谆嘱咐，要我坚持抗战到底，不要辜负杨虎城先生的期望。我回到西安的当天，就到王家巷杜老寓中，把文件交给他。杜老看了非常高兴，说这是民盟的纲领文件，可以根据文件精神开展西北的民盟工作。他对部队的情况也很关心，询问了部队在前方作战的情况。"

这一年，是世界反法西斯战争发生重大转折的一年。斯大林格勒保卫战的胜利，迫使德军全面转向守势；意大利墨索里尼法西斯政权倒台；日本在亚太战场逐步丧失战略主动权；中国共产党领导的解放区度过了最困难的时期，力量得到进一步发展。相反，国民党当局不是运筹如何尽快打败日本侵略者，而是企图如何削弱以至消灭共产党及其领导的人民武装，以便战后独吞抗战胜利果实，继续维持其独裁统治。为此，1943 年春夏，国民党悍然发动了第三次反共高潮，摩擦事件一再发生。

5 月 11 日，国民党军第九十军、第五十三师由河防前线韩城开往陕北洛川。第一军第六十七师由河防前线大荔开往彬县，形成闪击陕甘宁边区的态势。

5 月 15 日，共产国际执委会主席团发表关于解散第三国际的决定，国民党借机大造反共舆论，残害爱国青年和抗日人士，西安劳动集中营训导处长、复兴社特务头子张涤非于 6 月 12 日召开座谈会，假以群众团体名义电告毛泽东，叫嚣解散中国共产党，取消边区割据。可笑的是，为防止晋陕绥边区总司令邓宝珊与共产党人接触，蒋介石下令邓宝珊从榆林经宁夏从兰州飞往重庆，避开经延安到西安路线。6 月 17 日，邓宝珊却"违抗"命令，从榆林到延安，受到热烈欢迎，毛泽东两次设宴款待，进行几次长谈。邓宝珊到西安，杜斌丞会见了这位民主将军。在此前后，杜斌丞还参加了苏联设在西安的"西安通讯组"情报组织，是这个情报组织的核心领导成员。

6 月 18 日，胡宗南在洛川召开反共军事会议，部署"闪击"延安。与此同时，西安警备司令部武装强行没收第十八集团军驻陕办事处的电台。从此，驻陕办事处与延安的联系不得不改用社会部西安情报处的秘密电台。毛泽东于 3 日、4 日连电第十八集团军驻陕办事处，转告周恩来从重庆到西安后向胡宗南进一步交涉。

7月9日，延安各界群众3万余人举行紧急动员大会，发出呼吁团结，反对内战的通电，要求国民政府明令讨伐通敌叛国的33名将级军官。12日，毛泽东为《解放日报》写的题为《质问国民党》的社论发表，揭露国民党顽固派破坏团结抗战，号召全国人民起来制止内战危机。时任第十八集团军驻陕办事处处长的周子健1959年8月说："当时西安办事处即将延安的通电及社论打印出来，送给爱国民主人士杜斌丞、杨明轩等传阅。"

同日，周恩来从重庆返回，到达西安，在西安待了三四天时间，13日离开西安，16日回到延安。在西安期间，周恩来分别会见了胡宗南、熊斌、邓宝珊、孙蔚如等军政要员。熄灭了胡宗南闪击延安的图谋之火。周恩来接见邓宝珊，深谈对时局的看法，忧虑蒋介石、胡宗南对陕甘宁边区的军事部署和政治造谣，破坏团结抗战。周恩来在西安期间，曾在重庆向杜斌丞提议筹组的《秦风日报工商日报联合版》在西安面世。《西北文化日报》8月13日报道："本市'秦风''工商'两报，抗战以来，努力宣传。目今胜利日近，困难飞增，两报负责人因贯彻初衷，顷仿照'中央''扫荡'两报出刊联合版先例，兹定于'八一三'抗战六周年纪念日起出联合版。11日，该报负责人成柏仁、张性初假百乐饭店招待同业说明经过，各报社20余人。《秦风日报工商日报联合版》的工作人员赵燕南、徐景星1982年9月说："1943年，在国民党统治区，除我党《新华日报》外，在重庆、成都、桂林等西南重要城市，都有一批进步报刊配合党的宣传，活跃在大后方的舆论界。但作为西北重镇的西安，尚缺少一个大型公开合法的宣传工具。周恩来副主席在重庆指示王炳南同志，与共产党的老朋友杜斌丞先生共同商议，加强西北的统一战线和宣传阵地。西安的《秦风日报》和《工商日报》，本来都是与杨虎城将军有关的两家民营报纸。《秦风日报》发行人成柏仁与杜老是多年知交，曾经共同支持杨将军走向进步道路。《工商日报》发行人刘文伯，原是杨虎城将军的部下。1937年宋绮云同志主持的《西北文化日报》被国民党强行接收，该报进步人士大都转到《工商日报》。由于国民党的刁难和经济上的困窘，两报在经营上都处于困难阶段。这年杜老由重庆回到西安，由田一明同志出面，邀请两报负责人，共同商谈，决定两报合并为《联合版》扩大发行，并由田一明利用在银行界担任高级职务之便，大力协助募集资金。在杜老主持下，《联合版》组成新的董事会，由刘文伯任董事长，成柏仁、张性初任正、副社长。杜老担负着更多的重要任务，经常往来重庆等地，为避免国民党反动派对《联合版》的干涉，没有在报社担任具体职务。但这张报纸始终是在杜老的指导下进行工作的。《联合版》发行之初，杜老就带来了周副主席的指示：为了让报纸在国统区长期存在，要讲求策略，开始时表面上不要太红，斗争要有理、有利、有节；要很好地发挥统一战线的作用，广泛团结社会各阶层。这样才能与法西斯势力作长期斗争。在杜老的经常帮助下，报纸与党的联系渠道始终畅通。"田一明1980年7月说："1943年的一天，张性初对我说，《秦风日报》和《工商日报》要合并，要我参加并资助。我很不理解，说为什么要联合？分开出不好吗？张性初让我去问杜斌丞老。我见了杜老之后，才明白两报合刊是周恩来同志在重庆向杜老提出的。杜老说：'两报分开来办，在经济和人力上都有困难，合起来就可以集中力量把它办好，并且要带点灰色，不要太红，要坚持下去。'杜老还说：'你要在经济上援助，不但是两报合并时的经费，而且要帮助解决合并后的经费。'两报合并时，应邀出资的还有刘剑涛、党寒波等同志。当我听到胡宗南的高级参议周天僇也愿意出一份钱，并表示不干涉笔政、不参加董事会时很不理解，又去问杜老。他说：'这个人与张性初有往来关系。他愿出一份，和我们拉关系，这好么！他参加一份有好处，更有利于冲淡报纸的颜色，报纸更显得灰色一些。这些人请都请不来，他来了，我们怎能拒绝呢？'我体会，这还是杜老早先对我说过的'不要自己先关门'的思想。两报合并以后，以刘文伯为董事长，成柏仁为社长，张性初为副社长并主持日常工作，耿坚白为主笔，李子健为总编，葛凤梧为经理。我们出资的几个人，除周天僇外，分别担任常务董事和理事。为执行杜老要解决《秦风日报工商日报联合版》的日常经费问题的指示，我出面联系以白水新生煤矿为担保，向中央、中国、交通、农民四家银行驻西安联合办事处，贷款法币2000万元，然后用这笔钱在上海买到一大批纸张。当时纸张是很紧张的，不容易买到。纸张到手以后，我同张性初与肖屏如联系，在他的帮助下，报社承印了陕西省的中小学课本。这样就赚了一大笔钱，使报纸经费问题得到解决，有利于报纸坚持办下去。这是和杜老的亲自关怀和鼓励分不开的。《联合版》后来成为民盟西北总支部的机关报。关梦觉1980年6月23日说："1943年初，我由河南转到西安从事民主活动，由高崇民同志写介绍信，拜访了杜斌丞老，建立了联系。但我和杜老关系的进一步密切，是在1944年冬我参加《秦风日报工商日报联合版》的工作以后。他是该报的发行人，我被聘为该报主笔（社论委员）。为写社论事，我时常向杜老请教。他总是循循善诱，予我以帮助和鼓励。杜老家住西安北大街王家巷32号，我住曹家巷10号，只相隔一条胡同，往来十分方便。当时西安是国民党在西北的反共堡垒，白色恐怖严重。在这样严峻的环境中，我们建立了革命友谊。"

每年8月份，西安天气十分炎热，干热暴晒，山城重庆更是溽暑难耐。就在这酷暑难当的时候，杜斌丞同从重庆前来西安的周鲸文和居住在西安的卢广绩密商组建民盟西北民主政团支部，和杨明轩听取王新潮关于甘肃西北民主政团组织发展情况汇报。然后，杜斌丞又不顾炎热，同孙蔚如再次赴重庆，和中国民主政团同盟主席张澜就民盟工作和组建的西北民盟支部进行了深谈。9月18日，张澜发表了《中国需要民主政治》一文，代表民盟和其他民主党派，抨击国民党的一党专政，向黑暗独裁政治发出挑战书。张澜主席指出："年来盱衡时局，审度内外，觉国际战事，虽胜利可期，而国内政治情形，则忧危未已。举其大者言之，人才未能集中也，民意未能伸展也。"张澜主席诘责国民党"政府之用人，既以一党为其范围，尤偏重特殊关系，使国内无数才智贤能之士皆遭排弃"，"一切民意机关的代表，都是党部和政府指定和圈定，于是只有党意、官意，而无真正民意之表现。其在群众集会偶有批评政府指摘时弊之人，即被目为反动"，"必须实行民主，一本天下为公之旨"。

这年秋初，杜斌丞以看望儿子杜鸿范、杜鸿模，侄儿杜鸿德之名，又从重庆前往昆明。在昆明积极广泛地进行抗日民主活动。周新民1949年10月8日在《光明日报》发表文章说："1943年我在昆明工作时，有一天李公朴先生忽来告我，杜斌丞先生来了。我听了很高兴，第二天即去访他，一见如故，几无话不谈，不只谈得深，而且所见相同。当时昆明空气比较沉寂，他初来很感失望，后来同我谈了多次，他又兴奋起来，鼓励我切实去做，并从旁帮助我不少。我特约他出席好多次座谈会，并陪他看了华岗、罗隆基、吴晗、闻一多、楚图南、冯素陶、潘光旦、杨春洲、艾志诚诸先生。杜先生不论是集体报告或个人谈话，他总是侃侃而谈地把中共和毛主席的领导正确，以及陕北的苦干精神和八路军的英勇作战详细告诉我们。同时他又毫无保留地把蒋介石统治下的贪污、腐化、无能，以及特务横行、军队溃退等情形告诉我们。这两种情形经他对照地一比较，凡有正义感的人听了无不感动，对中共表示同情和拥护，对蒋介石表示厌恶和愤恨。杜先生留昆明虽仅40余日，但对于西南民主堡垒的建立，起到了巨大的而且有效的推动力量。这一幕，凡是当时在昆明同杜先生深谈过的人，无不有极深刻的体会。"杨春洲1980年11月20日说："1943年暑假杜斌丞同志由重庆来昆明。记得我们第一次相见，是周新民同志带着他参加我们的聚餐会，在座的有李公朴、楚图南、孙起孟、冯素陶、张天放、寸树声、艾志诚、刘达夫和我。大家虽是初次见面，却像多年故旧，久别重逢般亲切和相互信任。这是第一次会见，由下午5点多一直谈到11点半才散场。谈话的内容给我极为深刻的印象，虽然时隔37年至今仍记忆犹新。这几小时的叙谈中，第一，使我们了解到斌丞同志对蒋介石的假抵抗、真反共是愤慨万分的，他对国民党不抱任何幻想，认为这个党已腐烂透顶；认为必须联合一切真抗战真爱国的力量，唤醒全国人民，揭露蒋介石的反动面目，扫清抗战阻力，才能把日本帝国主义赶出中国。第二，他非常兴奋地给我们介绍了陕甘宁边区抗日根据地的情况。他谈到解放区的抗日战果极其辉煌，人民在共产党的领导和组织下，抗日情绪高昂，不论男女老少都动员起来组织起来，人民一面抗战一面积极生产，享受着既无压迫又有充分民主的政治待遇，物质条件尽管十分艰苦，但人们能过上温饱的生活。斌丞同志还透露了他来云南的目的。他说掌握兵权的关麟征是他的同乡，杜聿明是他的学生，他明知关、杜是蒋介石的嫡系，但仍想晓以大义，说服其认识只有联共反蒋才能取得抗日的胜利。斌丞同志为了做关、杜二人的工作，在昆明几乎停留了两三个月。斌丞同志为做杜聿明的工作，曾经征得杜聿明的同意，宴请在昆明的民主人士，希望杜聿明与这些民主人士接近，受到感染，有所转变。杜聿明的远征军总司令部设在翠湖公园海心亭。那天的招待就在海心亭内，宴席十分丰富。张奚若、李公朴先生等借酒大议国事，大骂蒋介石祸国殃民，杜聿明听着很不是滋味。"李文宜 1982 年 9 月说："杜斌丞在昆明时住在远房族叔杜聿明家里。杜聿明是蒋介石派来收拾地方势力龙云，同时又是监视民主运动的警备司令。杜老辩证地利用客观条件来推动民主运动。微妙的是，杜聿明在翠湖宾馆举行酒宴为杜老接风，陪客全是昆明民盟的负责人，如潘光旦、罗隆基、周新民、楚图南、李公朴、冯素陶等人，我也意外地收到一封署名杜聿明的请柬，当了一次警备司令的座上客。杜老这次安排的用意，我体会有以下三点：（一）用警备司令的名义请民主党派的人吃饭，是对蒋介石反动派的藐视；（二）为了减轻反动势力对民盟的压力，有利于民主运动的开展；（三）使杜聿明和民主人士接触，拉他一把，起分化反动派的作用。总之，这次安排，体现了杜斌丞同志利用各种机会削弱反动势力，加强革命力量的大无畏精神，这也是他一贯的作风。"杜聿明 1979 年 5 月 8 日对访者说："1943 年夏秋，杜斌丞来昆明活动了半年之久，主要是与西南联大、云南大学的李公朴、闻一多等进步民主人士开展民主活动，并在我家招待过这些人士。"

这年冬，杜斌丞离开四季如春的昆明，又来到成都。在成都拜会了中国民主政团同盟主席张澜。袁若愚 1965 年 7 月 2 日说："1943 年冬天，杜斌丞先生离开昆明回到重庆。杜斌丞从昆明到重庆逗留期间，曾同朱蕴山、韩望尘同乘车去成都，访问了民主政团同盟主席张澜。杜先生对张澜说，在民主党派里，不能有青年党这样落后的党派，青年党不是民主党派中的一支力量，青年党靠不住，不可信任。"

在成都期间，杜斌丞还约集栖身蓉城的陕西青年进行座谈。王维祺 1987 年 5 月 10 日说："抗战期间，杜斌丞老为抗日民主事业南北奔走。1943 年冬，他从昆明到成都。在成都，他除了与各界民主人士接触外，还约集我们几个为逃避陕西当局迫害而栖身蓉城的青年人在望江楼茶会座谈。杜老高瞻远瞩，指出大后方民主运动高涨的趋势，预言西北的沉寂局面必将打破，并热情地鼓励我们回陕开展工作。这次座谈对我们教育鼓舞很大，促使我们加快了正在筹建西安知行书店的步伐，并促使我在翌年回到西安，着手进行《文化周报》出刊的筹备工作。所有这些，都为民主青年社的创建准备了一定的条件。"

坚持"三反""三不反"

为了推动抗日民主运动，杜斌丞既不辞劳苦，前往几千里之外的重庆、昆明、成都，说服影响关麟征、杜聿明这些蒋介石的嫡系陕籍将领联共反蒋，而且竭力配合中共中央和陕西省省委以及中共三十八军工委，同赵寿山将军一起做好第四集团军的内部巩固工作，使这支杨虎城将军旧部，始终坚持在抗日反蒋的正确道路上。

1944 年 1 月，中共第三十八军工委负责人范明电报中共中央毛泽东：赵寿山奉命调第三集团军总司令，第三十八军军长遗缺以张耀明接充。第三集团军现驻甘肃河西一带，副总司令于达系胡宗南前参谋长，赵寿山仅一名义总司令而已。

2 月 11 日，国民政府军事委员会正式任命赵寿山为第三集团军总司令，张耀明为第三十八军军长。

2月20日，赵寿山电报毛泽东："弟于删日来前方，劝孙行动不果，只得免去甘做官，徐图进取，兄有何指向，盼详告"（删日，韵目代日指15日）；"劝孙"，系指劝第四集团军总司令孙蔚如电陈蒋介石，留赵寿山任第四集团军副总司令，不去甘肃就任第三集团军总司令，目的为掩护第三十八军中的中共秘密组织力量。孙出于自身利益的考虑，不愿为此电呈蒋介石，反劝赵早日履新赴任。

接电后，毛泽东于2月21日复电赵寿山："号电悉。隐忍待时，徐图进取，甚为得策。兄新任所并无友人。"（号日，韵目代日指20日）

2月22日，国民政府行政院会议决定改组陕西省政府：委员兼主席熊斌免职；任命祝绍周为委员兼主席。

2月25日，赵寿山电报毛泽东："弟已决定寝日忍受西去，容再缓图。余待范明面告。"（寝日，韵目代日指26日）

赵寿山后来在《与蒋介石二十年的斗争史》中说："我们决心按照中共中央毛主席的指示坚决进行斗争。为了到甘肃以后，便于在西北各地群众尤其是在回民群众中，发展中国民主同盟组织，然后再进一步发展党，在西安出发前，经过杜斌丞的关系，把吴鸿宾（回族，地下共产党员）介绍给我们。吴当时在平凉教书，我们途经平凉时，就把他一同带往兰州。到兰州后，由我出面把吴介绍给国民党甘肃省政府主席谷正伦，在政府担任了政治视察员。"赵寿山的女儿赵铭锦说："1944年春，我随杨明轩老去武威探望父亲，临行前杨与杜斌丞商议去甘后与吴鸿宾、任谦、杨子恒等联系开展民盟活动，以便扩大西北的民主力量。"吴鸿宾的女儿吴仲英回忆说："杜斌丞伯伯革命战斗的一些事迹，我感觉到既激动又非常的兴奋，激动的是这位老人确实给中国革命留下了一些可歌可泣的事实，特别是杜伯伯在长期同国民党斗争的过程中，做出了许多重要的贡献，我父亲吴鸿宾早年从北大入党以后就到西安从事地下工作，就和杜伯伯有过深入的交流，我父亲对杜伯伯非常的尊敬和敬佩，因为他那个时候在陕西当国民党高官，但是他心中装着中国解放事业这么一个伟大的目标，我觉得这个气度是一般人做不到的，为革命解放做这样大的事情是要付出生命的代价的。1944 年，杜伯伯在西安成立了民盟西北总支部的筹委会，1946 年 2 月 4 日这个总支部正式成立了，在民盟西北组织里，我父亲也是委员之一，我父亲长期和杜伯伯共事。我父亲按照民盟西北总支的总体思路和部署，在兰州成立了民盟甘肃支部，我觉得民盟甘肃组织的发展与西安的民盟西北总支的领导和帮助是分不开的，在以后解放战争中发挥了重要作用。"

这年 2 月，高桂滋十七军西调甘肃东部固原（现属宁夏），蒋介石的意图以高部围堵陕甘宁边区的西南通路。杜斌丞便致书高桂滋：要响应共产党提出的抗日民主统一战线的号召，不要和陕甘宁边区的部队发生摩擦，侵犯边区。高桂滋复信杜斌丞，表示赞同。

这年夏秋，杜斌丞家中悲喜相间，6 月 4 日，其长子汽车团团长杜鸿范，因长期担负滇缅公路运输抗战物资任务，积劳成疾，病逝于昆明惠滇医院；杜斌丞在延安的长女杜瑞兰 2 月加入共产党，8 月担任了陕甘宁边区政府民政厅第一科科长。9 月，中共中央秘书长任弼时电告第十八集团军驻陕办事处处长周子健，陕甘宁边区政府已经免除米脂县杜斌丞家的公粮负担，以后还可以酌情接济。

9 月 19 日，由中国民主政团同盟改组为中国民主同盟全国代表会议，通过《中国民主同盟纲领草案》。草案提出政治、经济、军事、外交、教育、社会等方面的主张 46 条，认为国家应实行宪政，厉行法治，任何人任何政党不得处于超法律之地位，反对国民党实行一党专政，反对蒋介石实行独裁。

根据中国民主同盟代表会通过的"纲领草案"精神，杜斌丞指示李敷仁等把青年发动和组织起来。王维祺 1987 年 5 月 10 日说："1944年 9 月，杜斌丞先生和我党老党员杨明轩在西北筹建民盟，开展民主运动。他们从自己多年的实践活动中，深感民盟仅在高（名望）、老（年龄）、大（职务）中活动和发展，缺乏广泛的群众基础和坚实的力量，认为有必要把青年发动和组织起来。这时，李敷仁、武伯纶等同志在西安主办《农村周刊》《经世》杂志，并酝酿筹办《民众导报》，在他们周围团结了一批中、小学教师和青年学生。我和陈唯诚等同志以知行书店为据点，筹办《文化周报》，也在青年知识分子和学生中进行了一些工作，联系了不少青年和学生。我们和杜斌丞、杨明轩素有联系，经过二老的支持和组织，这两方面的力量首先会合在一起，酝酿在文化教育界和青年学生中建立组织，进一步开展民主运动。"在此前后，杜斌丞还在韩望尘公馆会见路过西安的反蒋爱国民主人士叶笃义，并与韩望尘、杨明轩一起助其返回北平。

10月10日，中国民主同盟发表《对抗战最后阶段的政治主张》：（一）贯彻抗战国策，切实整理军队，以期加强反攻，争取最后胜利；（二）立即结束一党专政，建立各党派之联合政权，实行民主政治；（三）确立亲睦外交政策，加强对英、美、苏及其他盟邦之联系，以期彻底合作，并把握其当前之胜利，奠定世界永久之和平；（四）确立战时经济、财政之合理机构与政策；（五）彻底革新目前之教育、文化政策，立即停止党化教育，保证思想、学术之自由发展。

经过杜斌丞和驻固原的十七军军长高桂滋一段书信往来和商谈，高军长接受了杜斌丞的建议。10月21日，第十八集团军驻陕办事处处长周子健电报中共中央秘书长任弼时：杜斌丞称，他近日与高桂滋商谈，高已允在他的防区内秘密恢复与边区的商旅，杜老准备请韩望尘主持其事。此事如能实现，一方面可以解决民主同盟西北总支部的经费，另一方面可以解决边区的部分需要。杜老拟于11月初到高处并赴固原及边境一带看看，希望届时延安派人到边境同他商谈一下。11月12日，任弼时和叶剑英复电周子健，此间届时派人至陇东与杜见面。

在民盟主席张澜、李相符等人的推动下，10月31日，成都800余名学生罢课，示威游行，反对国民党的特务统治。20余名学生被打伤，40余人被捕。消息传来，杜斌丞、杨明轩十分震惊。随后，中国民主同盟总部派西北盟务特派员郭则沉，持民盟主席张澜致杜斌丞的亲笔信抵达西安，邀请杜斌丞主持西北盟务。杜斌丞即与杨明轩、王菊人、郭则沉等人秘密成立民盟西北总支部筹备委员会。提出"亲苏、友共、努力实现新民主主义"的政治纲领。民盟四川组织负责人李相符通报杜斌丞，成都 7000 余名学生举行示威游行，声援 10 月 31 日的学生运动。要求惩办镇压学生运动的凶手。12 月，杜斌丞指派王维祺以西北民盟组织代表的身份赴蓉去渝会见各方民主人士，支持成都爱国学生。王维祺 1987 年 5 月 10 日说："1944 年 11 月 5 日成都民主青年协会成立，11 日爆发了成都广大学生反对国民党法西斯统治的民主大游行。四川民盟负责人李相符（共产党员）和成都民协的负责人分别向杜斌丞老和我通报了情况，杜老兴奋地对我说：'维祺，你跑一趟，看看人家是怎样干的，回来咱们再商量。'12 月，杜老和杨明轩老派我以西北民盟组织代表的身份，到成都、重庆两地，分别会见了张澜、张友渔、李相符、邓初民、屈武、王炳南等党组织和民盟的领导人，并同李相符和民协的负责人商讨了在陕西开展青年运动和建立青年组织的问题。"

这年冬，杜斌丞还致书老朋友，国民党驻陕北三边国统区的新编十一旅旅长曹又参，请其组建中国民主同盟在陕北国民党统治区域的组织。曹又参 1970 年春说："1944 年冬，杜斌丞写信，要我在陕北组建民盟。那时，我已任国民党第十一旅代理旅长，驻在安边，不便出面，特意邀请好友、宁夏一中校长黄执中在宁夏组建民盟，然后向陕北三边一带发展。1944 年寒假，黄执中由银川来到安边，在我家住了两个多月，商量组建民盟的事情。黄执中回宁夏不久，就组建了民盟组织。宁夏解放后，黄执中继任宁夏省民盟的总负责人。"

不顾北国已是冰天雪地的寒冷，五战区司令长官李宗仁派他的代表尹冰彦来西安，推荐原东北军五十七军军长董英斌担任新职，并看望杜斌丞。尹冰彦 1986 年 5 月 3 日在《团结报》发表文章回忆说："1944 年冬，我和参谋处长高松元奉李宗仁之命飞赴西安，敦请董英斌出任新成立的第十战区李品仙的参谋长。出发之前，李宗仁亲自交给我银耳、猴头各一包，外有法币若干，嘱咐我到西安后去看看杜斌丞，这钱和食品都是送给他的。到西安的第二天我就单独到杜斌丞家去了。杜对李宗仁的馈赠表示感谢，并且感动地说：'我与德公相识恨晚，蒙见不弃，对我关切备至，使我很不安，将来如果我能为国家做点啥，也算是对德公深情厚谊的一点报答。"寥寥数语，足见其革命衷肠，爱国情殷。我见杜精神虽好，但面容较前憔悴很多，便问他的近况如何。他说：'比从前更困难了，经常有人在监视着，等于丧失行动自由一般。'我说：'既然如此，还不如早日离开，在这里反正做不了什么事情，何必留此苦守呢！'他说：'虽然困难，工作还是要做的，和他们斗下去，我看他们还不敢对我下毒手。'接着他给李写了一封简短的谢函交给我，并表示一切由我面达云云。回到老河口，我向李转交了杜的谢函，并报告了杜的处境和我们谈话的内容。李听后颇有些为之动容，并深为感慨地说：'杜先生这样的坚贞倔强，将来是要吃他们的亏的。'"

这期间，杜斌丞与杨明轩、赵寿山等商筹"西北军人大同盟"秘密组织，欲以对付蒋介石顽固派瓦解鲸吞西北异己部队的阴谋。赵寿山之女赵铭锦说："1944年冬，杨明轩、杜斌丞、屈武、杨晓初等人提出组织'西北军人大同盟'，他们同我父亲商议，并同邓宝珊、高桂滋、高双成等人进行了酝酿。后来，我父亲还亲自去新疆会见张治中，交谈了有关整顿治理新疆和陕甘两省以及开发大西北地区的设想意见，并将联系情况给杜斌丞写了复信，由我亲自送交杜老。"

这年年底，杜斌丞和杨明轩一起听取了王新潮关于甘肃西北民主政团组织的发展情况汇报，商定将甘肃西北民主政团改为民盟甘肃省支部。《甘肃省志·民主党派工商联志》载：甘南农民起义军在国民党的重兵"围剿"下被打散，西北民主政团也随即进入了低潮。为了走出这一困境，1944年底，西北民主政团派遣王新潮再次赴西安向杜斌丞、杨明轩汇报情况，请求指示。途经平凉时，王新潮又与以国民党平凉行署秘书身份为掩护从事中共地下活动的吴鸿宾就西北民主政团以后的工作等问题交换了意见。杜斌丞、杨明轩向王新潮介绍了中国民主政团同盟已改组为中国民主同盟，及民盟西北总支部已开始筹建、民盟西北总支部筹委会将统一领导陕西、甘肃、宁夏、青海四省的民盟工作等情况，并建议将西北民主政团改建为"中国民主同盟甘肃省支部"。王新潮代表西北民主政团表示了接受杜、杨两人的建议，接受并拥护民盟西北总支部领导的意向。杜斌丞再次阐述了民盟西北总支部"亲苏、友共、努力实现新民主主义"的政治纲领，及"三反"（反帝、反封建、反官僚主义）和"三不反"（不反苏、不反共、不反人民）的指导思想，获得王新潮的完全赞同。王新潮返回兰州后，即向西北民主政团其他领导人员作了汇报，获得一致赞同。王新潮的西安之行，为西北民主政团改建为民盟甘肃省支部，奠定了思想基础。

此间，杜斌丞十分注意引导《秦风日报工商日报联合版》坚持统一战线的宣传方针。赵燕南、徐景星1982年9月说："1944年，国民党军队继续节节败退。《联合版》密切注意国民党战场，经常发表战局述评。根据杜斌丞老传达的统战宣传方针，一方面揭露国民党消极抗战，一方面还要促使他坚持抗战，不许妥协投降。如当时国民党曾提出"把敌人打出山海关"的口号，杜老立即指示要写社论驳斥，指出在日寇急于从中国大陆撤出兵力去应付太平洋战争的时候，国民党不提收复全部失地，实际是准备向日寇中途妥协。在"九一八"13周年纪念的社论中，报纸就痛斥国民党的不抵抗主义招致日寇扩大侵略的灾祸，正告国民党，今天我们一定要打到鸭绿江边，而不许用"把敌人打出山海关"的错误口号半途妥协。另一方面，我们则派出记者到前线访问原西北军赵寿山等部，以他们的战地实况，鼓励国民党军队坚持抗战。报纸在论述政局和地方问题的社论中，一再强调民主是振奋人心、加强抗战的首要办法，同时说明我们的抗战是为反法西斯而争取民主的战争。这些言论，有力地配合了党的统战工作和民盟西北组织的发展。

"不为个人苟且偷生"

杜斌丞按照计划，12月从西安到平凉。听取吴鸿宾关于甘肃民主运动和民盟工作情况的汇报。然后，从平凉抵达固原（宁夏南部最大城镇，今市府所在地辖数县），与第十七军军长高桂滋密商建立"西北民主联军"，插旗反对积极反共消极抗日的蒋介石。高桂滋后来说："1944年冬，杜斌丞同志到固原，讨论我们怎样取联络，和转变过去。杜说，周恩来同志说，现正和蒋介石谈判，稍缓决定。不久曹力如到固原，和杜谈如何进行西北工作问题。"时在高桂滋部任职的齐天然说："杜斌丞先生来到固原，和高桂滋密商建立'西北民主联军'，联共反蒋。杜先生的意见是：立即成立西北民主联军（拟高桂滋任总司令，杜斌丞任政委）。通电全国，宣布中立，造成声势，不成则投靠共产党。高桂滋的意见是：要树旗反蒋，必须占据一个有利的地盘，要求共产党帮助他解决马鸿逵，夺取宁夏。高认为，即使共产党不便协助，他取代马鸿逵也不成问题。因为，第一，马鸿逵、马鸿宾兄弟不和，只要打马鸿逵，马鸿宾不会援助。第二，以久经战阵的第十七军，对付马鸿逵部队是没有问题的。杜斌丞先生不同意高的看法。杜说：'兄弟阋于墙，外御其侮。你别看马氏兄弟平日不和，如果你打马鸿逵，马鸿宾必然竭尽全力援助马鸿逵，你忘记了从前孙殿英打宁夏，不但甘肃的马鸿宾回师宁夏，连青海的马步芳、凉州的马步青都出兵援助马鸿逵，现在我们插旗联共反蒋，成立西北民主联军，最好暂不惊动马鸿逵。这样，马鸿逵也会估计他的处境：东有共产党的部队，南有我们第十七军，他也许可能表面上和我们合作，至少不敢蠢动。我们不打马鸿逵，就不会引起其他三马的反感，这对我们有利。'经过反复讨论，没有作出最后决定。这时，中共西北局指示庆阳地委派共产党员齐应凯（我的侄子，化名齐哲生）来固原，带来一份延安截获的蒋介石给胡宗南的密电。电文是：'奸党分子杜斌丞在固原游说高桂滋，图谋不轨，应速逮捕法办。'并说共产党请杜先生即到边区。我将电报送给高桂滋。高看后和我一同见杜斌丞，商讨对策，高希望杜暂去边区躲一下。杜说：'我走了咱们的事情怎么办？'高说：'你走了，胡宗南要问我，我推说不知道哪里去了，他能把我怎样？'杜问怎样走法，我说边区有人来接，我们和边区建立了一条秘密交通线，路上不会出问题。杜在屋子里踱了几步，思索了一会儿说：'现在全国各党派、各界人士都在联合抗日，蒋介石还不敢撕破面

皮，公开杀害民主人士，但他们会暗杀我。'杜又一转脸对我说：'有你
这位大团长保镖，他们奈我何！'杜没有走。据我所知，高桂滋给守
备边界的部队负责人下达了互不侵犯、各守边界，不把八路军当敌人的
命令，在高桂滋的默许下，建立了由固原经王洼子（齐天然所属部队驻
地）至三岔（边区部队驻地）秘密交通线，使边区物资畅通无阻。为了
使地下党工作人员进出方便，还将印好并盖有第十七军关防印信的通行
证、护照，交地下工作人员使用。"时任第十八集团军驻陕办事处处长
的周子健后来说："杜斌丞和高桂滋商定，在高的防区内秘密恢复与陕
甘宁边区的商旅，一方面可以解决西北民盟总支部的经费，另一方面可
以解决边区的部分需要。我电报中央，在中央指示安排下，得以逐步
实施。"

中共中央获悉那份重要密电正是杜斌丞去固原途中。身处险境的
杜斌丞安危，牵动了延安的中共中央，中央领导决定尽快将杜斌丞接回
边区。

1945 年元旦这天，中共中央秘书长任弼时曾致电第十八集团军驻
陕办事处处长周子健：据陇东来电称，杜斌丞迄今无人到陇东来。请查
明他是否由西安启程，大概何时到陇东。

中共陇东地委书记段德彰和在陇东临时工作的中共中央西北局副
秘书长曹力如电报西北局书记高岗："杜良明今早抵庆，未带杜老信件。
在该员到后判断是真的，杜老在平凉病了几天，因此迟延时日。良明
说，杜老通知，在旧历年节到孙蔚如处。高对杜很尊敬，招待很周到。
高对秘密很认真，杜良明临行时，高嘱在交界处防止便衣扰乱，同时
约定先到街上饭店。力如拟定于 3 号和杜良明便装赴固。"这里所说的
"庆"，指庆阳，陕甘宁边区陇东分区领导机关所在地；"高"，指第十七
军副军长高建白。

1 月 3 日，中共中央西北局书记高岗致电中共陇东地委书记段德彰
转告西北局副秘书长曹力如："力如可随良明去见杜，但必须十分秘密
谨慎，化装、路线、见面地点等必须布置得十分周到，以保证安全第

一。见杜老时，告知他 29 日电情况，劝他随你同来边区。""29 日电情况"，即中共地下组织获悉国民党陕西军政当局阴谋密捕杜斌丞。

第二天，曹力如从庆阳启程赴固原，与在第十七军军部的杜斌丞秘密会晤。

15 日，中国民主同盟对蒋介石的新年文告发表时局宣言。要求国民党"立即结束一党专政，建立联合政府"；"召集党派会议，产生战时举国一致之政府"；"开放党禁，承认各党派公开合法地位，并立即释放一切政治犯"；"废除特务及劳动营一类纯粹法西斯之组织"；"全国一切派系不同之军队，应本平等待遇之原则，统筹装备、给养、训练、补充之公平"。

翌日，中共中央西北局书记高岗致电中共陇东地委书记段德彰："据确息，蒋令胡宗南立即逮捕杜老斌丞就地适宜处理，望立即派一可靠同志绝对秘密地化装出去，通知力如转告杜，劝杜无论如何立即与力如一同来边区，以免遭暗害。力如最近有无消息及情况望立即电告。"

段德彰第二天复电高岗："我们商量派孙君一化装商人前往通知曹力如，转告杜进来，并密带保安分处电台到苦水掌临时工作，以便随时反映情形。力如 4 日离庆至今 14 天，估计孙抵苦（尚需三日）曹可能已返回该地。若杜已离固，则无法挽回；若力如尚未返回，孙即秘密出去并沿途打探固原情形。唯孙与高建白及固原县长董寄虚相识。是否，希于明早 5 时前电示。"

18 日，高岗致电段德彰："孙君一不要出边区，可带二三认识力如的可靠同志至苦水掌主持此事，由孙由苦水掌秘密派人化装出去通知力如。如力如已返，即由力如派人去通知杜。并引杜来边区。力如不要再去了。"

22 日，曹力如电报高岗："我于本日返回庆。在固原住两天，和杜老谈了四次，和高建白谈了两次，高桂滋起初准备和我谈话，后来又顾虑犹豫，结果决定不直接和我谈。他顾虑两点，一怕特务知道，二怕我们在必要时公布。我只了解，未强求见面。杜这次约我去事先未与高商量，杜到固原才告诉高，高很同意。但我到后又表示害怕，不敢见面。其原因不清。谈判事，十七军除正、副军长外，别无人知道。商人中有人认识我，因之只两天即离固原。杜来延事，他们也得到防范的消息。因为杜不肯放弃外边工作，孙蔚如、高桂滋等不让杜入边区，孙正去电催，说有要事面商，他们估计杜在外边作用大。商量结果，杜暂留固原一个月，电孙询问情况，并派杜良明去西安打听，如果严重到杜的行动不自由程度即来边区。捕杜电示，19 日在环县接到，已派曲子二科长齐应凯用十七军齐团长名义去送信，送到可无问题，杜愿来也不成问题。现在就是高的胆量如何，敢否放杜进来。我气管发炎，加上感冒，再去边境支持不了，由孙君一在边界等待并主持。这次谈判结果尚好，现先梗概奉闻：（甲）孙、高对我们的五点建议完全赞成。（乙）高经过杜向我表示三点：（1）绝不跟独裁走；（2）他不封锁边区；（3）形势再发展，他们十七军会很自然地和我们合作。"

高建白 1951 年说："杜斌丞同志到固原就住我家。他到固原的第三天就派他的随员杜良明去联系曹力如先生，秘密迎接到我家。曹先生传达共产党中央的意旨，欢迎斌丞同志到延安去，这自然是为了他的安全，同时也是革命圣地需要他去担任政治工作。当晚，我对他说：无论是就革命意义上着想，还是就个人安全意义上着想，都是以到延安去为上策。他说：'就个人的安全上着想，当然是到延安去为上策，但是就革命的意义上着想，就要考虑在哪里工作的价值更大。我们不应当只顾个人的安全而忽略了对革命贡献的价值。在此抗战期间，蒋介石不用全力保卫国土、人民，却在关中屯集重兵，占据地盘，防范人民革命武力，因而关中人民所受军队的扰害、负担，痛苦达于极点。不久把日本打垮之后，蒋介石如不受人民制裁，继续倒行逆施，只有消灭蒋的全部武装，人民才能解放。那就必须先把关中解放，才能南下巴蜀西入甘宁。在此重要关头，我怎能为个人安全，把正在进行的解放工作半途而废呢？这不但对不起关中父老，也对不起共患难的同志。解放区的政治工作固然重要，但蒋管区的民主运动尤为重要。来日的奋斗，将要日益艰苦。个人牺牲的命运是随时要来临的。不过我们能多活一天，就要多尽一份责任，到了不能活的时候，那就为民主而死，这是极自然的。我们防范小人暗算是为了多尽责任，并不是为了苟且偷生。现在的民主运动已经高涨起来，人民的力量是不可侮的，乌云遮不住太阳的光芒，我想那投降帝国主义的儿皇帝不敢把我怎样.'他的这一席话真是义正词严，使我非常感动，斌丞同志的性格我是深知的，若不拉一支队伍过去，他不会纯为个人安全而到延安的。次日，我与高桂滋军长剀切密谈，他表示对斌丞同志的关怀与指导很感谢，但时机还不成熟，此时不便举事。我说，还是和曹力如先生当面谈一下，虽不举事，也算我们前进的一个步骤。但是他坚决不愿与曹先生见面，说：'你招待着就很好嘛！'曹先生又和斌丞同志密谈了很久。我问斌丞同志研究的结果如何，他说决定不到延安去了，我也就不再劝他。曹先生在我家住了三天，回延安去了。"

高岗1月24日致电段德彰转曹力如："关于与杜（斌丞）、高（桂滋）谈判事，应严守秘密，并嘱咐所有知道此事或知道一点的同志绝对不准讲，如有泄露秘密者应以纪律制裁。"

曹力如1月30日电报高岗："齐应凯今午返庆。见了副军长高建白，交了我给高的信，齐问高知道杜否，高说知道；问在此否，答已不在。正遇另有人见高，齐即不辞而出并回来了。齐幼稚胆太小，致未见到回话。我给杜的信因孙（君一）、齐（应凯）犹豫，在苦水掌走时未带，使高难于置信。另外见面地址未按所嘱到高之公馆，而在军部会客室，使高不便说出真情。孙用他的名义给高军长去了一信也不妥，和齐谈话后，估计高可能把杜已隐蔽起来了。现在准备请朱敏同志带电台去苦水掌主持，再派刘文山或齐应凯再出去送信给高、杜。调孙回庆。"

2月5日，段德彰电报高岗："力如31日离庆，也许今天可抵延安。顷接君一自苦水掌来信云：据派去送信之艾青山1日回报称：30日晚艾至高建白家，高言不几日连派数人送信，言表不悦，经艾说明又将孙之密信交高并要求见杜，始允艾住下，请杜来会见。艾经介绍并将信转杜后，高即离开。艾将力如给杜之密信交杜，仍怀疑详问，经艾一一答复后，杜始相信，并广大真言，说他最近有朱总司令和西安所得情报与信所告情况相同，他曾与高桂滋谈到高（双成）。高说只有两条路：一是在固原等待形势缓和，二是高（双成）亲自送杜到重庆。若蒋有手谕要调高，事就不好办了。杜说，一不愿与高闹别扭走，二不愿偷走，拟和高商妥后，于2月四五日动身来边区，望我即派武装至边境候他。据说杜很熬煎走路的困难，考虑到经关中堡来或坐汽车到王家窑子来都不适宜，决定与王子元一同来。因此我们决定令孙在边境等候，到时不来再勿去信催促。找了一骡轿前去环县二十里沟口迎接，并令孙、徐等注意严守秘密。若王子元来拟乘机争取。如何处理可否，请即电示。"

高岗2月8日致电中共三边地委书记王世泰、副书记高峰："请派妥人告曹（又参）关于蒋介石手令胡宗南逮捕杜老事。""请曹立派妥人将此消息转告杜老。"

段德彰2月15日电报高岗："西安确息：本月初因民主同盟问题，蒋（介石）令胡宗南立即逮捕杜斌丞就地适宜处理（此令曾有同志看到）。闻杜本人现在固原高桂滋处。"

中共中央毛泽东、周恩来2月20日指示：杜斌丞、杨明轩在国民党统治区的历史任务已完成，请回陕甘宁边区。张归仁说："1945年2月19日，西北局书记高岗通知我，次日上午10时毛主席在枣园接见我。我是上年4月从第三十八军到延安中央党校学习的。我准时到枣园，毛主席一面和我谈话，一面叫警卫员去请周恩来副主席。周副主席来后，和我同坐在毛主席对面的一条旧沙发上，向我说：赵寿山希望你做他的保健医生，中央同意你去，还有些事情需要你向赵寿山及其他人士传达：（一）转告赵寿山，虽然他离开了三十八军，但要常与三十八军的有关军官取得联系，一旦形势变化，便于实施指挥；要与凤彬师管区的同志和朋友，经常取得联系；要对自己周围的环境造成一个灰色的局面，要有意识地与反动头目交往；要妥善安排家属，精神上做好准备，以便随时行动。（二）请赵约见杜斌丞先生。告诉杜，他的历史任务已完成，请回边区。回边区的路线，走甘肃庆阳，经过高桂滋部队防区，边区派人去接。（三）你途经西安时，乘机找杨明轩一谈，让他寻机来延安。（四）你要好好照顾赵寿山，使他身体健康。我告退时，毛主席叫我代表中央负责同志向赵寿山先生问候。我于 2 月 24 日离开延安赴西安。"

第十八集团军驻陕办事处处长周子健 2 月 27 日电报中共中央秘书长任弼时："（一）杜斌丞已于 23 日返西安，高桂滋亦陪同来此。高（桂滋）、孙（蔚如）日内赴渝受训。据彼称：高、孙及此间各友好均主张在现时情况下，（杜）回西安为宜。孙事前曾向胡宗南询问当局之意见，胡担保无事。故（杜）未便作返里之行。杜行前曾致我方一信，未知收到否。（二）据杜老说，孙对我方态度近有转变。彼过去谈到我们时总认为是不守信义，与缺乏作为之一群。彼与杜谈到我们时，承认我们有办法，只有我们才能将中国的事办好。杜当时即问孙：为什么改变过去的看法？孙即举了河南战事前后情形，以作说明。他说：蒋的军队在河南，不能阻止敌人的进攻，到处遭受老百姓的反对。我们（四集团军）亦不能阻止敌人的进攻，因此亦不大拥护我们。可是，共产党到了以后，能很快将老百姓组织起来，收复失地，取得人民的真正拥护。同时他们答应不到我们防区活动，而能守信，这是我过去没有看到过的。"

毛泽东听到孙蔚如这一积极态度，3 月 2 日致电河南军区司令员王树声、政治委员戴季英："请你们约束部下，勿侵犯孙蔚如部利益，并和孙部妥为联络交好。"高建白 1951 年说："杜斌丞 1945 年春在固原住了两个多月。正当杜打算深入西北之游时，西安同志电催回转，于是他停西游而东归。临行时他郑重地对我说：'老弟，我走了，共产党的统战政策你是了解的，争取中间势力、发展进步势力是当前的一项重要工作。西北的知名人士、地方武力、兄弟民族的领袖人物，如水梓、张鸿鼎、王造禹等先生，应同他们交朋友。对吴鸿宾、任谦、贺凤梧等革命的好同志应多照顾，他们为民盟工作，如有经济上的困难时接济一下。西安同志要我回去，因为全国民主运动正在蓬勃发展，这是可喜的。但是今后的斗争也将更尖锐、更艰苦，我们都要有精神准备。毛泽东先生说，中国自有科学的共产主义以来，人们的眼界提高了，中国革命也改变了面目。中国的民主革命没有共产主义指导是决不能成功的。那么要救中国、建设一个新中国，不跟共产党走能行吗？希望尔把《新民主主义论》多体会，和朋友多讨论，人们的认识总是会提高的。'在杜斌丞同志来到固原的时候，西安的特务也随之来到固原，他们侦察杜斌丞同志和我们第十七军军部的动态。现在斌丞同志离开了固原，那一批特务也不见了。"

"虎狼窝"中仍从容

杜斌丞是 1945 年 2 月 23 日（正月十一）回到西安的。一回到西安，他不顾身在"虎狼窝"中的安危，立即投入民盟工作，从容应对，在田一明公馆商筹组建民盟西北总支部。田一明 1991 年说："1945 年 2 月，杜斌丞、杨明轩先生和我商量，在我家以举行家宴的形式，约请成柏仁、杨子廉、张性初、耿坚白、李子健、葛凤梧等商谈有关成立民盟组织问题。我因经营工商业，不算参加民盟组织，会后我即赴沪。杜、杨二老委托我的夫人秦琳负责民盟的财务工作，利用他们筹得的一点基金，运用我们在工商界的一些便利条件，进行经营，很快取得可观的盈利。"杨明轩 1949 年 10 月 8 日在《光明日报》著文说："斌丞同志在领导西北盟务活动中，坚持了正确的路线，表现了高度的组织才能。对于发展盟员的条件，他明确提出'三不反'原则，即不反苏、不反共、不反人民，使西北民盟保持了高度的政治水平；他还时常教育盟员们说：'西北民盟唯一有利的条件，是与中共中央所在的延安接近，可以得到友党有力的协助；我们必须坚决地依靠中共，并在工作上与其保持密切的联系，才能取得斗争的胜利。'这一原则，在他的领导下是贯彻执行了的。"

3 月 9 日，第十八集团军驻陕办事处处长周子健电报中共中央秘书长任弼时:"(甲)据杜老说,他们在西安组织一个商店或公司。其目的:(一)系为西南、西北以及与我方联络通讯及来往人员总枢纽。(二)解决与维持工作人员之生活及临时必需经费之调动和沟通各方面之文化等。(乙)准备金之来源:(一)刘文辉1000万元。(二)孙蔚如、赵寿山、高桂滋、韩望尘共筹500万元。至于地址、立案等,绝无困难。(丙)杜老希望我们亦参加一部分经费。人员可全部由我方派充。如有困难,派出几个主要人员,在其中主持事情亦可。但派出人员要以商人面目出现,不过要有相当社会经验。(丁)刘文辉对此事甚为积极,数次催促成立。此事杜因无此项工作经验之人员,故无论如何希望我们能将此事组织起来,借以密切三方面之联络。你意如何,盼在数日内指示。"5月15日任弼时致电周子健:杜斌丞提出在西安组建商店事表示赞同,并入股100万元,但经营人员无法多派,请杜老从其他方面找有经验的人主办业务,我们设法物色一二有秘密工作经验和商业知识的人参加。

同一日,中国民主革命同盟(简称"小民革")第一次全体盟员大会在重庆举行。有45人出席。大会由王昆仑主持,王炳南作政治报告,许宝驹作组织报告。选出盟的中央委员21人,按姓氏笔画排列是:于振瀛、王昆仑、王炳南、刘仲容、许宝驹、许宝骙、阳翰笙、沈志远、吴茂荪、杨明轩、闵刚侯、汪季琦、杜斌丞、屈武、金仲华、侯外庐、高崇民、徐淡庐、曹孟君、阎宝航、赖兴治(赖亚力)。并为每个中央委员拟定了代号,杜斌丞的代号叫"相",杨明轩的代号叫"朗"。

此时,杜斌丞介绍王维祺、关梦觉参加中国民主革命同盟。王维祺1987年5月10日说:"1945年杜斌丞老介绍我参加中国民主革命同盟(为别于'民革',简称'小民革')。事前,我向杜老说:参加'小民革'的人多是全国知名人士或社会上有地位的人,我是青年,有参加的资格吗?杜老爽朗地笑着说:'怕人家看不起青年?我看中国的希望就在青年身上。滚滚长江东流,总是后浪推前浪。青年人犹如旭日东升,光芒万丈,前程灿烂啊!'"时任《秦风日报工商日报联合版》社论委员会委员的关梦觉 1980 年 6 月 23 日说："1945 年初，杜斌丞在赵寿山同志的家里介绍我参加了'小民革'，在座的有杨明轩和王菊人同志。"

同时，杜斌丞与杨明轩一起听取王维祺奉命考察重庆、成都抗日民主运动发展情况的汇报。指示加紧民主青年的发动与组织工作。

4 月 17 日，《西京日报》报道：国民政府行政院会议决议，任命屈武为陕西省政府委员兼省建设厅厅长。屈武于 6 月 18 日由渝飞抵西安。屈武后来说："我接任陕西省建设厅厅长为时一年多。这期间，我根据中共中央领导人周恩来的指示，和设在西安七贤庄的八路军办事处处长周子健同志做些必要的秘密接触，反映一些有关胡宗南、祝绍周的反共阴谋活动的情况，同时还和杜斌丞、杨明轩等同志做了些地下的革命活动。"

4 月间，"西北民主青年社"（简称"民青社"或"民青"）在西安秘密成立，介绍卫佐臣参加民主青年社。王维祺 1987 年 5 月 10 日说："在杜斌丞和杨明轩的具体指导下，由李敷仁、武伯纶、王维祺、张光远、郑竹逸等人共同发起并请示中共陕西省工委（此时为关中地委）同意，西北民主青年社于 1945 年 4 月在西安秘密成立。应该说，在党的领导下，杜老和杨老是西北民主青年社的倡导者和实际组织者。由于西北民盟组织的主要领导人和共产党有密切的关系，不存在所谓走第三条路线的问题，同时民盟有合法的地位，因此当时以民盟名义进行活动比较有利。为了充分利用这个有利的条件，'民青'五人小组建议民青与民盟合作，以民盟的名义发展民青和进行活动。杜老和杨老采纳了我们的意见，并经他们商定：民青成员均参加民盟，以发展民盟成员为名进行民青的组织发展工作。民青五人小组又是民盟西北总支部的青年委员会（又叫青年部），由李敷仁担任主任。1945 年下半年以后，在一些地方和学校，便以民盟名义发展了一批民青成员，并以民盟名义开展活动。杜老以革命事业为重，对民青组织的壮大和活动提供了便利条件。"

卫佐臣数十年后说："1945 年，我在西北大学上学，4 月间，杜斌丞、李敷仁介绍我参加了西北民主青年社，并指派我为'西大'民青组织负责人。西大和西北工学院当时都在陕南城固，因此西大的民青组织也很快发展到'西工院'。到 1946 年 4 月，民青在这两所大学发展了近百名成员。"

杜斌丞还发展田禾夫加入中国民主同盟。田禾夫 1982 年 4 月说："1945 年春的一天，我到杜斌丞先生家。谈话之间，他从袍子里掏出一本刚出版的《民主周刊》向我推荐，并介绍了近来民盟的一些活动，劝我加入民盟组织，到外面去见见世面。他的民主革命思想对我早有启发和影响，现在他提出要我加入民盟组织，我便当场允诺。不久，就由李敷仁、武伯纶作为介绍人，我正式加入了民盟组织。"

杜斌丞大力积极开展民盟工作的时候，迎来了中国共产党第七次全国代表大会在延安举行。6 月 19 日，中共七届一中全会选举毛泽东、朱德、刘少奇、周恩来、任弼时为中央书记处书记，毛泽东为中央委员会、中央政治局、中央书记处主席。

4 月 24 日，毛泽东在延安召开的中国共产党第七次全国代表大会上作题为《论联合政府》的政治报告。王维祺 1987 年说："民盟西北组织始终同共产党密切合作与配合，早在毛泽东同志的《新民主主义论》发表后，杜斌丞老就认定它为中国革命指出了道路，《论联合政府》（油印本）发表后，杜斌丞老和杨明轩老亲自把它发给西北民盟总支部的领导成员和许多盟员，要大家很好学习，为争取在中国建立联合政府而斗争。民盟西北组织同共产党的合作，主要是通过杜老和杨老二人亲密的友谊和互相信赖为基础的在民盟组织内部的合作。杜老不仅将民盟西北组织的组织工作重任委托给杨老这个老共产党员，而且让他协助总揽盟务。早在酝酿成立民盟西北总支部时，有位人士以风闻杨老是共产党员为由对他出任组织部长提出异议，当时杜老就说：'盟的组织工作就要共产党员来干，你、我都没有这个经验嘛！'经杜老这一说，这位人士不好再说什么了。"

中共中央秘书长任弼时 5 月 10 日致电第十八集团军驻陕办事处处长周子健："党的'七大'已经召开，毛泽东的报告已在 5 月 2 日《解放日报》全文发表，望设法找到，并给杜斌丞一看，使他知道我党对时局的分析及政策全貌。另告：德国投降后击败日本会加快，但整个形势，尤其是中国的民主运动仍是一个长期复杂的斗争，请杜老谨慎地运用各种可能，联络西北军人，动员知识分子下乡，为民主培养广大基础，以利长期斗争。"周子健后来说："我向杜斌丞传达来电后，他甚为兴奋鼓舞，随即奔走联络，工作很有进展，也进一步引起国民党对他的严密监视。"

任弼时6月16日致电第十八集团军驻陕办事处处长周子健："望告杜斌丞，国民党企图利用美援进行内战，但在日寇败退前，仍不能放手做，故目前正在伪装民主，加强独裁统治，为内战做准备。我们除扩大抗日武装，扩大解放区，筹备解放区代表会议外，极望大后方民主人士，多注意民主运动、农村工作，特别是军队的联络，以便在情况变化时能与我们一道来制止内战。"周子健1959年8月说："我即向杜斌丞等传达了任弼时来电的指示，并促请他们着重加强对军队的联络。"

这年上半年，杜斌丞根据中共七大精神和时局的发展，以及民盟工作新要求，引导《秦风日报工商日报联合版》强调坚持团结，反对分裂。赵燕南、徐景星1982年9月说："1945年，抗战进入最后阶段，杜斌丞老分析形势，说：'八路军、新四军在敌后解放大片国土，而国民党躲避与日寇决战，力图保存实力，准备用于内战，因此这一时期的社论应按照共产党的宣传方针，强调加强团结，反对分裂，要求召开党派会议，结束国民党一党专政，建立联合政府。'《联合版》的新年献词即以《新的警惕，新的热望》为题，对此明确作了阐述。其后连续发表了《拥护团结，反对分裂》《团结需要在今天，也需要在明天》《万事莫如团结》等社论。7月7日抗战八周年，社论题目是《胜利在望，团结如何》，又连发了《对日决战中的团结问题》《一切服从团结》等社论。反复指出越是接近抗战胜利，越要警惕国民党准备内战的阴谋，全国人民要争取战后建立和平民主的新生活。同时发表了题为《八年来日寇的诱降阴谋》的长篇资料，历举日寇如何以'共同反共'为诱饵，与国民党暗地勾搭，揭穿国民党自吹'领导抗战有功'的骗局，不许他霸占抗战胜利的果实。杜老很重视国际新闻，主张不但要大力报道国际反法西斯统一战线，在国际问题的评述中还应尽力联系中国实际。欧战结束之际，报纸在题为《希特勒与墨索里尼之死》的社论中写道：'希特勒与墨索里尼之死及德、意法西斯独裁政治之崩溃，这教训不见得会使那些法西斯的学徒们革面洗心。'不难理解，这段话正是直刺中国法西斯元凶蒋介石的。"

7月18日，在孙蔚如调任第六战区司令长官赴任刚走，第四集团军第三十八军第十七师的第五十团和第五十一团在河南洛宁县故县镇师部门前集结，由刘威诚、张复振、梁励生、徐又彬组成的起义指挥部宣布起义。22日，起义部队进入第十八集团军河南军区第二军分区区域。25日，中共中央致电十七师："率部奋斗，参加人民战争，深表欢迎慰问之意。"同一天，孙蔚如履新途经西安，杜斌丞出席了陕西省地方各界及士绅数千人在西安易俗社举行的欢送宴会。

7月23日，杜斌丞前赴医院，与正在住院就医的戴铭九密商西北民盟和抗日民主运动事宜。戴铭九之子戴居仁2005年8月25日说："1945年下半年，我父亲戴铭九在西安东大街红十字会医院住院，我从岐山县来西安看望并住在医院。当时杜斌丞先生常来医院，名为探病，实为研究西北民盟和民主革命的有关事宜。遵照父亲安排，杜伯来后我送上茶水即离开病房，并到走廊守候以谢绝别人再去病房。有一天，他们从下午3时一直密谈到6时多。杜伯提议要酬劳我，他同父亲一起带我去大差市附近的'同来吃'饭馆用餐。席间，杜伯问了我的学习情况，并说年轻人要有志气，不仅要学好知识，更要学会做人，要有理想，讲品德，做爱国爱民的青年。这正是杜斌丞先生一贯倡导的品学兼备的教育思想。"

中国民主同盟于7月28日发表对时局宣言，对国民党及其政府再次重申四项要求：（一）确实保障人民身体、言论、出版、集会、结社、迁徙、居住之充分自由；（二）释放一切爱国政治犯；（三）彻底取消一切特务，及类似特务之法令及机构；（四）承认各党派公开活动之权。上列四项，实为任何民主国家内人民最起码之权利，政府果欲实行民主，即宜立刻照办。请以明令昭示国人，并求有事实之表现。

经过杜斌丞、杨明轩的不懈努力，在日本天皇宣布无条件投降之前一个月左右，中国民主革命同盟西北地方组织在西安秘密成立。王维祺1987年说："1945年春中国民主革命同盟第一次盟员大会后，在西安成立了地方组织。成立会是在甘露巷赵寿山将军公馆东院内杨明轩老的住屋举行的。参加的人，除杜斌丞、杨明轩、屈武三老外，还有成柏仁、关梦觉、张锋伯、王菊人、姚警尘、马文彦、张性初、李敷仁、武伯纶、张光远、郑竹逸、王维祺等人。在三老主持下，举行了入盟宣誓。因为以上参加'小民革'的成员都是民盟西北组织的各方面领导人，会上确定'小民革'是民盟西北组织的核心。"

8月14日，日本政府照会美、英、苏、中四国政府，表示接受波茨坦公告。15日，日本天皇裕仁以广播"终战诏书"的形式，向公众宣布无条件投降。中国人民热烈欢庆抗日战争胜利，用各种方式表达对于和平建国的强烈愿望。

第十一章
反独裁 反内战 争民主

奉蒋电召赴重庆

经过 14 年抗战，中国人民付出惨痛代价，取得了百年来反对外国侵略战争的第一次胜利，中国成为第二次世界大战反法西斯和日本军国主义的东方主战场。

抗战胜利后，蒋介石利用抗战结束国际国内形势进行政治投机，在依靠美国积极进行内战准备的同时，一连三次电邀毛泽东到重庆进行和平谈判，共同商讨"国际国内各种重要问题"，施放假和谈、真备战的烟幕。

1945 年 8 月 25 日，中共中央政治局决定，派毛泽东、周恩来、王若飞为代表，立即赴重庆同国民党进行谈判。26 日，中共中央向党内发出通知，声明中国共产党关于和平谈判的方针。

8 月 28 日，毛泽东、周恩来、王若飞在来延安迎接的国民党代表张治中、美国驻华大使赫尔利陪同下，由延安飞往重庆。

8 月下旬，中共关中地委统战部派员，从陕甘宁边区关中分区密抵西安，向杜斌丞等传达中共中央的指示。时任中共关中地委统战部研究室副主任的罗文治，在 1998 年 8 月出版的《中共陕西地下党反特斗争纪实》一书中说："1945 年 8 月中旬，中共陕甘宁边区关中地委统战部部长（副书记）汪锋，亲自布置关中调查站联络员王国，到西安向西北民盟杜斌丞等领导人传达中共中央有关当前政治形势和关怀他们安全的意见。并交代，杜等如进边区，可由中共党组织负责安排接送。王国于 8 月下旬抵达，经与民盟领导人有联系的蒙定军联系，王国在高桂滋公馆花园地下室，向杨明轩、王菊人等作了传达；杜斌丞因事未到，由杨、王代为转达。"

此间，杜斌丞接见了途经西安赴北平的小民革成员周范文。当时的《西京日报》8 月 21 日报道，第十一战区司令长官兼河北省政府主席孙连仲率幕僚多人赴北平，20 日乘专机由渝来陕。曹志麟说："1945 年抗战胜利后，国民党第十一战区孙连仲部队去北平受降，周范文（安徽人，中国民主革命同盟成员，孙连仲部党政处处长）途经西安，和我一起到王家巷找杜老。杜老也认识他。杜老听了我们谈话之后，积极支持我去北平。他说：'目前不管什么地方，像下棋一样，先把棋子下下去，否则无望存在。'他还介绍我到北平找叶笃义、许宝骙（中国民主同盟的关系）。后来，我就去了北平。"

秋初，杜斌丞由西安赴平凉，会见民盟甘肃组织领导人任谦、吴鸿宾。向任、吴告知："要走共产党的道路，联络各方人士，特别是国民党军队中的爱国人士，积极开展工作。"

9 月 1 日，国民政府特派李宗仁为军事委员会委员长北平行营主任。尹冰彦 1986 年 5 月 3 日在《团结报》发表文章说："李宗仁出任北平行营主任后，接到杜斌丞寄我转给李宗仁的贺信，李让我仍旧用我的名义复函致意。"

同月，为东北籍抗日民主人士车向忱从西安安全返回东北提供方便。卢广绩 1979 年 11 月 5 日说："1945 年抗日战争胜利后，车向忱急于回东北，但路上不安全不敢长驱直进。杜斌丞先生就为车介绍关系，提供方便，使他顺利离开西安先到延安，然后再取道北上，转赴东北故乡。"

陈先舟在西安事变期间，任抗日联军临时西北军事委员会的交通处处长。关梦觉 1980 年 6 月 23 日说："1945 年陈先舟同志由重庆秘密来西安，他只找了杜斌丞老和我，告诉我们他要回东北解放区去。他和杜老是西安事变时的老朋友，杜老在饭馆里为他饯行，由我作陪。席间宾主促膝谈心，交流重庆和西安方面的情况，杜老并托先舟同志到东北后向高崇民、车向忱同志问候。"

大约是在 9 月中下旬，杜斌丞突然接到蒋介石电召，让他赴重庆。蒋介石葫芦里卖的啥药，谁也说不清，家人就不用说了，朋友、同事等都为他的安全捏一把汗："此去肯定是凶多吉少。"杜斌丞却处之泰然，决定应召，前去重庆。

10 月 1 日至 12 日，中国民主同盟在重庆举行临时全国代表大会，48 人出席。会议增选中央委员 33 名（原选中央委员 33 名），公推中央常务委员 18 名。杜斌丞出席会议，被补选为中央委员，并被公推为中央常务委员会委员。

10 月 10 日是国民党的"双十节"，这一天，中国国民党和中国共产党双方代表签订《政府与中共代表会谈纪要》并予发表，这就是被称为国共双方达成的"双十协定"。国民党政府接受中共提出的和平建国的基本方针，双方协议"必须共同努力，以和平、民主、团结、统一为基础"，"长期合作，坚决避免内战，建设独立、自由和富强的新中国"。重庆谈判和《会议纪要》的发表，表明国民党方面"承认了中共的地位"，"承认了各党派的会议"，中国共产党关于和平建设新中国的政治主张被全国人民所了解，从而推动了全国的和平民主运动的发展。10 月 11 日毛泽东返回延安。周恩来等留渝就悬而未决的问题继续同国民党方面商谈，由于仍无结果，周恩来于 11 月 25 日返回延安。

"双十协定"签订五天之后，杜斌丞出席了民盟一届一中全会。会议讨论临时全国代表大会交议的议案，决议将全国组织划分为七个区。

10 月 16 日，民盟中央公布《中国民主同盟临时全国代表大会宣言》。阐述关于政治协商会议、民主的联合政府、国民大会、人民自由、释放政治犯与废止特务制度、军队、经济、外交、内政、教育等十个方面的立场与态度。

在重庆期间，杜斌丞会见了王昆仑、杜聿明等人，并"奉召"见蒋介石。王昆仑 1978 年 12 月 17 日说："杜斌丞老这次到重庆，表面上是应蒋介石的'邀请'来的，蒋介石接见了他，妄图以高官厚禄引诱拉拢他，遭到他的拒绝。杜老与蒋介石见面以前，王炳南同志就介绍杜老同我见面了。他谈了西北方面的情况，我谈了西南的情况，当时我们都很乐观。我们认为，蒋政权长不了，会有一天在内外压力下完蛋。他还向我说：'我这次来错了没有？'（指应蒋介石之邀到重庆）我说：'没有错。'我认为，西安这条革命的线蒋介石打不断，没法子就把杜老请到重庆，又是接见又是委任进行拉拢，实际上蒋介石指令胡宗南暗害杜老，杜老不怕，这种革命精神很宝贵。"杜聿明 1979 年 5 月 8 日说："日本投降后，蒋介石邀请杜斌丞来重庆，杜斌丞会见蒋介石之后对我说，他在蒋介石面前把胡宗南大骂了一顿，并说蒋介石还问他参加过什么党派，他回答什么党派都没参加。"袁若愚 1965 年 7 月 2 日说："杜聿明说，1945 年 10 月 20 日左右，杜斌丞先生对杜聿明说，他已见过蒋介石。杜先生与蒋介石谈话时，把胡宗南军队在西北的腐败情形全讲了。杜先生还建议蒋介石政治上要民主，军队要整编，用人要选贤荐能，同时还讲了历史上成败的事例要蒋介石学习。杜聿明说，蒋介石表面上接受杜先生的建议，还要杜先生以后多提意见，实则对杜先生从事民主运动颇为不满，杜先生后来遇害的原因也就在这里。"

在渝期间，杜斌丞还热情支持旅渝西北进步青年创办《人民时代》杂志。王彦亭 1987 年 10 月 3 日在《团结报》上著文说："1945 年我在重庆国民政府监察院审计部工作。听说在西北各省享有很高威望的杜斌丞先生由陕来渝，住在胜利大厦，我以同乡关系前往看望。经过自我介绍，杜老紧紧握着我的手说：'好，欢迎你来。你在重庆的活动情况我知道，很好！'我很奇怪，他从来不认识我，怎么知道我的活动情况呢？我估计，很可能与'民主实践社'这个组织有关，便问道：'民实'后边有个组织，是不是？他嗯嗯几声，既不肯定，也不否定。过了几天，他打电话约我前去，对我说：'"民实"是中国民主革命同盟领导的青年组织，现在我介绍你参加这个组织。'我问：这个组织与中共有无关系？他说：'关系密切，参加以后你就知道了。'我参加民主革命同盟后始知，是他在中央常委会上提出：像王彦亭这样的青年，应当吸收参加我们的组织。杜老这样热心帮助进步青年，令我深受鼓舞。后来，我又以同乡关系认识了原监察院秘书严信民（现为农工民主党副主席），通过几次深谈，得知他思想进步，长于写作。我便在陕籍进步青年中募集了一笔钱支持他创办《人民时代》杂志，并与他计划仿照东北救亡总会办法，把西北各省在重庆的进步人士团结起来，成立'人民时代社'进行民主活动，也可为杂志打下物力和人力基础。我将此事向杜老作了详细的报告，得到杜老的大力支持。他的经济情况并不宽裕，便设法争取其他方面捐助了40万元法币给我们办杂志，同时以他的名义约请学术界知名人士侯外庐、张仲实等撰稿支持杂志。之后，人民时代社在重庆甘肃会馆召开成立大会时，杜老和西北知名人士屈武、王炳南、韩兆鹗、于振瀛、杨子恒等40余人出席大会，他还在会上作了热情洋溢的讲话，激励大家为中国的进步事业，为实现政治民主化而共同努力，屈武等同志还当场捐出了现款。"

在重庆，杜斌丞还与中国民主同盟领导人朱蕴山等叙谈。卢广绩1979年11月5日说："1945年12月，我到重庆不久，杜斌丞先生也来了。他住在杜聿明军部驻渝办事处，我住在我的族弟卢广声家里。广声也是民盟中央委员，他邀请了杜先生、朱蕴山、梁秋水和我在一起就餐叙谈。席间斌丞先生谈笑风生，充满革命胜利信心，大家尽欢而散。"

此间，周恩来在重庆出席东北民主政治协会的学习会，对高崇民、阎宝航等人说："希望大家能争取尽快地回到东北去，或到东北解放区，或仍留在东北蒋管区，继续从事反对内战、争取和平统一的民主运动。"

此后该会派了 21 人回东北。10 月，周恩来帮助高崇民秘密离开重庆。高崇民的儿媳白竞凡 1997 年 10 月 30 日说："日本投降后，国民党要逮捕高崇民，高在周恩来同志的安排下，扮作韩幽桐的丈夫张友渔，乘美国新闻处的船只逃离重庆经上海回到东北。高安排他的夫人王桂珊携三个子女走公路去西安。王到西安后找杜斌丞，杜老安排他们住在旅馆，并负责食宿。在杜老和杨明轩同志的安排下又把他们送到北平，回到东北，使一家人团聚。"

11 月 5 日，杜斌丞的老朋友，陆军新编第十一旅旅长曹又参率部通电起义，三边国民党统治区解放。

11 月 9 日，中共中央书记处致电第十八集团军驻陕办事处处长周子健："国民党在美国扶蒋压共反苏政策下，可能使冲突扩大为全国内战。现在国民党在重庆召开的军事会议，就是商讨继续进攻解放区问题，至于美国，大概不会直接参战，而以武器交国民党及在技术和经济上帮助国民党来进行内战；苏联仍抱不干涉中国内政的态度，红军将按期由东北撤退。高树勋起义在反内战上有重大意义，可请杜老利用此事在西北军人中扩大宣传，如有更多地方系军队在内战问题上表示中立，进而起来反内战，则在停止内战，争取和平事业上将有积极作用。"周子健 1959 年 8 月说："接此电示，我即向杜斌丞、郭则沉、杨明轩、李子健、韩兆鹗以及吕向晨、张锋伯进行传达，他们行动起来，做国民党军官的工作。如陕西省豪绅、陕西省参议会议长王宗山，是深得蒋介石信任的人物（蒋英文秘书），其侄是胡宗南部师长，当年入黄埔军校是由吕向晨送去的，现在由吕通过王宗山做该师工作，师长答应尽可能保持中立。又如冯玉祥旧部王复初，表示他与郝鹏举熟悉，很想做些工作。我发电请示中央，得到中央复电指示同意派王复初去山东争取国民党新编第六路军总司令郝鹏举举行起义。我即安排王复初成行。后郝部万余人起义。"

陕西辛亥革命领袖、陕西靖国军总指挥井勿幕的灵柩 12 月 23 日由蒲城迎至西安，在革命公园举行公祭，在长安县少陵原建立陵园举行安葬仪式。高宪斌1948年10月7日在《九招九章章九句》的注释中说："改葬井勿幕先生时，斌丞先生口授大意，命余代拟挽联云：'为争取自由，不惜头颅策后进；且漫谈民主，徒资口耳愧先生。'草就后请王复初先生书之，复初心忽有动，搁笔示意另撰，先生似有所觉，坚持仍用原意。于今思之，于先生竟似谶语，而吾辈真愧于先生矣！"

1945年末至1946年初，正值寒假，在四川铭贤学院任教的高元白来重庆看望在渝的表兄杜斌丞，杜与表弟几次深谈。高元白1983年11月说："斌丞兄在杜聿明部驻渝办事处对我说，把蒋介石的反动政权消灭得越快越好，不要忘了武装斗争是第一位。武装斗争和人民大众的新文化运动分不开，枪炮声离不开人民大众的怒吼声，知识分子应当利用自己的社会关系，针对革命的需要，发挥自己的才能，为彻底消灭蒋政权出力。"

参加旧政协会议

杜斌丞在重庆期间，于1946年1月10日至31日，以中国民主同盟代表团政治顾问的身份，参加在重庆举行的政治协商会议。中国国民党、中国共产党、中国民主同盟、中国青年党和社会贤达代表参加的政治协商会议在重庆举行。会议通过了政府组织案、国民大会案、和平建国纲领、军事问题案、宪法草案等五项协议。会议期间，民盟新闻处对外宣布："民主同盟顾问杜斌丞和周鲸文、彭一湖三氏已参与协商会议，以便直接提供意见。"李健生1980年8月说："在旧政协会议期间，民盟常与中共协商行动。杜斌丞先生自参与政治活动以来，对国民党所谓的'信义'深有领悟，从不抱任何幻想。他常把自己的感受和看法和盘托出，向周恩来副主席进言。他十分拥护中共同国民党反动派的斗争必须是'针锋相对，寸土必争'的方针，认为只有这样，民主的前途才有可靠的保证。他和周恩来副主席、王若飞、秦邦宪、王炳南等商谈如何重点做高桂滋、邓宝珊的工作，并随时把有关这方面的工作情况汇报给周副主席。周副主席对杜先生的工作很重视。那时，杜先生和周副主席、章伯钧等经常见面，地点或在中共驻渝办事处或在民盟总部，谈话的内容主要是分析当时的形势和我们的对策。"

　　为了适应变化了的形势需要，加强关中和陕南国统区的工作，杜斌丞在重庆参加会议期间，1946 年 1 月初，中共陕西省工作委员会在陕甘宁边区关中分区新正县马栏镇成立，书记汪锋。领导恢复、发展国统区的共产党组织，开展争取和平、民主的斗争和武装斗争。1 月 12 日，政治协商会议第三次大会通过何基鸿、李可现、章元善、李德全、周炳琳、王葆真、杜斌丞等八人为军事考察团团员，冷遹、林虎、张奚若、任鸿隽等四人为候补团员。1 月 13 日，国民政府军事委员会军令部第二厅厅长郑介民、第十八集团军参谋长叶剑英、美国驻华代办罗伯逊飞抵北平，北平军事调处执行部宣告成立。杨春洲 1980 年 11 月 20 日说："旧政协会议在重庆召开，孙起孟同志约我到杜斌丞同志的寓所探望。当时国民党政府决定邀请斌丞同志参加军调小组，同美军代表及中共代表一起到国共两军接触的地区视察。蒋介石一面假惺惺地接受调解，一面却暗中调兵遣将，要掀起内战，消灭共产党。斌丞同志对蒋介石的反动本质看得入骨三分，他坚决不接受这一任务。他认为所谓调解明明是骗局，他不干这种蠢事。他决定要回陕西，继续搞民主运动，壮大进步力量。"1 月 14 日，中共代表周恩来在政协会议上要求国民党释放张学良、杨虎城。他指出，张、杨"九年前挽救国家民族一大危机"、西安事变"为民族产生了惊天动地的团结抗战"。1 月 18 日，中共陕西省工作委员会书记汪锋电报中共中央西北局书记习仲勋、秘书长兼统战部长张德生："我们通过民主同盟及一些开明士绅提出释放杨虎城运动，现已开始在酝酿中。"

　　1 月 31 日，政治协商会议在重庆闭幕。中共和民盟的领导人劝杜斌丞不要先返回西安，以免不测。李健生 1980 年 8 月说："旧政协会议闭幕后，杜斌丞先生准备动身回西安，根据当时的形势，章伯钧和韩兆鹗等都不主张他回西安。因为西安是蒋介石的亲信胡宗南、祝绍周控制的地方，国民党反动派已经密令部队抢占战略要地，准备向陕甘宁边区进攻，局势随时有恶化的可能。我们曾经三番两次劝杜暂时不要回去。因为只要他们一旦恼羞成怒，屠刀一定指向杜先生，何必人为刀俎，我为鱼肉呢！我们约杜先生一道去上海组织民主运动，可是杜先生有他的看法。他表明一定要回西北去组织民主力量的决心时说：'政协会议虽然开了，但内战的危险仍然存在，西北民主力量没人去组织等于一盘散沙，西北需要人，更重要的是几千万的西北人民要出于水火，登于衽席，没有一点牺牲精神是达不到目的的。'他还风趣地说：'你们在中央与反动势力斗争，这是它的根本，但还谈不上真刀真枪。我去是面临前线，就有实弹射击的危险了。可是临危受命，这是我们中国人民的本色，中国历史上的文天祥、史可法就是榜样。'他胸有成竹地表示：'你们为其易，我为其难，这是斗争的分工。我早已把生命置之度外了。'周副主席听说杜先生要回西安，非常关心，特约他去会面。周副主席根据当时的形势和杜在反动派面前的目标太大，难免有遭受不测的危险，劝他不要回西安先到其他地方去，说：'你是革命的教育家，如果从事革命的教育事业，在培养人才方面不是也能作出伟大的贡献吗？'杜先生非常感激中共和朋友们对他的关怀，但他仍坚定表示：'国家到了这个关头，我怎么能坐到后方不动？西安是延安的大门，我不去进行抵抗，就太便宜了敌人。我想了很久，我熟悉那里，我应该回去！'这种铮铮如黄钟大吕的慷慨之言，令人感动、钦佩。鉴于杜斌丞坚持要回西安，记得周副主席有关杜先生的具体指示有这样几个要点：第一，杜先生在西北威望卓著，应该利用这个有利条件，发动知识分子和各界人士参加民主运动。第二，杜先生在西北军中有影响，为众望所归，应在国民党军队中发挥争取进步力量的作用。第三，我们首要的任务是动员人民起来制止内战，这就是舆论的力量了，把《秦风日报工商日报联合版》办成西北舆论的堡垒。第四，要发动西北方面的'反内战、反饥饿、反迫害'等爱国民主运动，这对动摇国民党的反动统治有着致命的打击作用。"

　　杜斌丞这次奉召去重庆，受蒋"接见"，参加旧政办会议和民盟活动等，达三个月时间，1946年2月4日飞返西安，顾不得休息，2月6日主持召开民盟西北总支部委员会会议，讨论发展地下武装组织问题。参加这次会议的王菊人1950年8月20日在《记杜斌丞先生之狱初稿》中说："君自渝归来不久，即被匪党每日派二人在门附近监视。当时在刘剑涛家召开会，决定迅速发展地下武装组织。由孔从洲在防地小冀起义，以配合当时政治上之发展（此事交我负责处理）。蒙定军同志和我在孔从洲同志家中决定，孔回防后即起义。宣言、通电、名称及各项技术上的事，都详慎规定。"孔从洲后来说："日寇投降后，杜斌丞说抗战胜利了，蒋介石随时都可能挑起内战，十七路军是革命的部队，绝不能参加反人民的战争，万不得已，你要当机立断，自行定夺。"鱼化龙说："1946年1月，孔从洲的五十五师由商丘移防新乡小冀一带，孔回西安去了。此时已经起义的第十七师政委刘威诚、参谋长李慕愚让我化装去西安，向孔从洲师长传达上级的指示。春节前我到了西安，住在蒙定军的家中，也见了王菊人。2月6日到药王洞孔从洲的家中，我向孔传达了中共晋冀鲁豫中央局刘伯承、邓小平、李达对孔的希望，以及刘威诚、李慕愚和十七师官兵对他的盼望和要求，希望孔早举义旗，领导十七师和五十五师，制止蒋介石即将发动的全面内战。孔表示接受中央局领导同志的意见，愿意领导五十五师起义，坚决反对打内战。"

　　到了2月7日，杜斌丞以中国民主同盟中央常务委员的身份，向西安《秦风日报工商日报联合版》记者，就政治协商会议情况和所讨论的问题发表谈话。2月8日，《秦风日报工商日报联合版》以"民主同盟中央常委杜斌丞由渝返陕，昨对本报记者发表谈话盛赞政治协商会议成就"为题报道：本省著绅杜斌丞氏前曾应蒋主席电邀赴渝。留渝期间，适值政治协商会议开会，杜氏先被聘为民主同盟代表团政治顾问，后又被推选为军事考察团团员。会议期间曾出席民盟代表团各种集会，多有贡献。兹以考察团尚未出发，杜氏于4日飞返西安，记者趋访，问答如后。关于记者提问的"改组政府就是'政治民主化'，整编军队就是'军队国家化'，而国大问题与宪草问题所得协议也已足为实施宪政的预备工作"问题，杜斌丞说："改组政府之意义是结束一党训政，开始政党与社会贤达之合作。过渡时期的联合政府实为趋于政治民主化的起点。缩编及整编军队，先使军党分立，军民分治，实为军队国家化的必由途径。至于国大及宪草问题的协议，其中因有多少实际困难，迁就之处不少，难免有不能尽如人意的地方；但就本人看，今日的世界和中国，民主潮流正在澎湃汹涌，沛然莫之能御，只要大家一致促进民主宪政之实现，谁也阻止不住。"关于对政协会议的"观感"，杜斌丞说："大体上说，各方都表示相当满意。比如，就共产党方面言，共同纲领距离他们理想尚远，就民主同盟言，国大旧代表的承认及只改组中央政府而未及地方，都不能符合他们的民主要求。但是大家都还能本互让精神，拥护这些协议。至国民党方面，也有人不满会议结果，那却不是嫌其不足，而是嫌其太过。"关于"张学良、杨虎城是否可恢复自由"，杜斌丞说："就我所知，莫德惠回重庆后，声言：政府不释放张学良，他将无法返东北，因为他去东北，每一东北人民首一句先问到张学良的自由问题。我在重庆闻知西北士绅数十人联电蒋主席，请恢复杨虎城先生的自由。我亦与政协会员孙哲生、邵力子、张厉生以及各党派代表，均曾讨论杨先生的问题，他们都一致认为蒋主席必能实现诺言，张、杨都可望不久恢复自由"。

经过杜斌丞几年的呕心沥血，四处奔波，2月8日这天，民盟西北总支部正式成立，主任委员杜斌丞，杨明轩、王菊人、李敷仁、成柏仁等为执行委员，杨子廉为秘书长；总支部下设组织部、宣传部和青年、文化、妇女、财务、国内联络五个委员会。确定民盟西北组织的任务是：坚决反对内战，建立联合政府，加速和平建设。重申民盟发展组织的原则是：坚持"三反"（即反帝、反封建、反官僚资本）、"三不反"（即不反共、不反苏、不反人民）的原则，积极稳妥地发展组织，壮大民主力量。杜斌丞的堂弟杜理丞1982年5月说："1946年2月4日先兄由重庆回到西安对我说：'民盟总部特别是张澜主席叫我负责将西北民盟的组织正式健全起来，你去通知杨明轩、韩望尘、成柏仁、杨子廉、张性初、惠兆民，请他们前来咱家商议。'并嘱咐我在门口内外防范国民党特务闯入和阻挡来客。这次会议讨论以先兄个人名义在《秦风日报工商日报联合版》上发表一个谈话，阐明旧政协会议经过和公开西北民盟组织问题。讨论中，有人认为公开民盟组织风险太大。先兄说：'我们要估计公开与不公开哪样效果大，不要计较风险与不风险，干革命还怕风险么！我认为公开后，西北各地凡是反蒋爱国的人，就是我们不认识的也会来找我们，团结在我们的周围，力量就更扩大了。不公开，人们各自行动，力量分散，社会上的影响也就小。我们算算哪种效果好？'最后会议决定根据西安的形势，先由先兄以个人名义发表一个谈话，试一试反应，然后再决定公开组织的时间。记得先兄的谈话，在会后几天内见报，果然影响颇大。"

在反独裁、反内战、争民主的浪潮中，国民党当局企图转移视线，瓦解民主力量，以收回东北中东铁路为幌子，密令全国各地组织"反苏"游行。在国民党的煽动下，2月22日，重庆不明真相的群众举行反苏游行，指示特务捣毁重庆《新华日报》营业部、民盟机关报《民主报》营业部，打伤工作人员多人。中共代表周恩来举行记者招待会，提出把爱国和排外分开，把学生的爱国运动与特工人员有组织有计划的阴谋分开。指出：这次事件与较场口、沧白堂的捣乱都是一个来源，要求政府负责惩办祸首，赔偿损失，保证今后的民主秩序，中共代表团当日向国民政府提出抗议。重庆反苏游行也波及西安。2月26日，西北大学校方盗用部分师生和学校东北同乡会的名义贴出布告，煽动学生参加反苏反共游行。27日，校方又盗用西大全体教授的名义向重庆拍发三通反苏急电。继之，校方召开师生联席会议要求全校学生参加所谓"维护国权"的游行示威。为反击这股反共反苏逆流，西大民青组织负责人卫佐臣从城固急赴西安，向杜斌丞和民盟的民青五人小组汇报请示。杜和五人小组接见了卫佐臣，卫于3月6日返回城固。为支持西大进步力量的斗争，在杜斌丞的指示下，《秦风日报工商日报联合版》于3月1

日发表了季陶达、原政庭、王守礼、徐褐夫、王衍臻、李毓珍等 6 名进步教授的联名文章，驳斥校方盗用"全体教授"名义制造谣言；3 月 16 日刊登了西大学生自治会 3 月 6 日发表的《告各界人士书》，陈述西大学生不得不举行罢课斗争，反对校方强奸民意恶劣行径的原委，矛头直指国民党蒋介石。

2 月 28 日，国民党中央执行委员孙蔚如乘中航飞机从西安飞渝，出席国民党二中全会。孙蔚如 1961 年 11 月说："1946 年春，蔚如为第六战区改组事宜赴重庆。一次见蒋，蒋对斌丞多所诋毁。蔚如除当面解释外，曾托王菊人同志返陕转告斌丞，主张其暂离西安，徐图后举。斌丞当时以工作关系，不愿离开。其为革命事业坚强不屈之精神，深堪敬佩。"

此月，杜斌丞与刘剑涛介绍亢心栽加入中国民主同盟，并指派为民盟西安女子师范学校组织的负责人之一。与杨明轩委派吴鸿宾为民盟甘肃特派员。吴于 3 月到兰州。

3 月 1 日，国民党反动派在西安组织反苏反共游行，捣毁《秦风日报工商日报联合版》营业部。时任该报社论委员的关梦觉 1980 年 6 月 23 日说："1946 年初，国民党反动派在重庆掀起了新的一轮反共高潮，此风传到西安，国民党特务借口所谓'悼念'国民党东北接收专员张莘夫，在西安组织反共反苏游行，一群暴徒捣毁了《秦风日报工商日报联合版》在南院门的营业部，并向冰窖巷的报社印刷厂偷放了慢性燃烧装置，整个西安笼罩在一片白色恐怖之中。在杜斌丞老的支持下，以成柏仁同志为社长的报社同志们，不畏强暴，挺身而出，与国民党反动派展开了针锋相对的斗争。我们一方面通过合法斗争手段向国民党西安警备司令部和警察局报案，要求他们追查和惩办肇事的暴徒；同时在南院门营业部招待西安各界人士，让他们看看特务捣毁的营业部的惨状，并发表社论，控诉和揭露特务的暴行，还连续刊登各界人士的慰问信，予国民党反动派以有力的还击。在这场尖锐复杂的斗争中，杜老表现了大无畏的革命英雄气概，成柏仁同志也正气凛然地站在斗争第一线。"赵燕南、徐景星 1982 年 9 月说："就在特务捣毁报社营业部的第二天，我们照常出版，并发表《为特务捣毁本报谨向社会控诉》的社论，公开揭露这是一种全面的'反民主阴谋的暴露'。在敌人的暴行面前，杜斌丞老领导报社全体同仁坚持与国民党反动派抗争。他组织地方耆老张凤翙领衔致电蒋介石抗议说：'非有宵人滥用权力，从中主张，若辈曷敢蔑视国家纪纲，蹂躏社会秩序，横施强暴，以至于此！'杜老同杨明轩、李象九、韩望尘、袁若愚等先后到报社慰问，社会上有 30 余人送来或汇来了 3 万余元；更动人的是有一批小学生联名把他们节省的糖果钱捐赠给报社。报社收到全国各地发来的慰问信 3000 余件，郭沫若、沈钧儒、陶行知、田汉、李公朴、施复亮、杜国庠、冯乃超、于立群、黄洛峰、安娥、司徒慧敏、力扬、艾芜、王亚平、徐迟等署名来函写道：'贵报为西北民主堡垒，自遭忌视，然拥护贵报之人固遍于全中国，尚望再接再厉，共同争取民主自由之实现。'"

　　第一次反苏游行后，国民党反动派在西安组织第二次反苏反共游行。王维祺 1987 年 5 月 10 日说："民青进行的各种重大活动和斗争，都得到杜斌丞老的积极支持和指导。1946 年 3 月，国民党为了配合向东北解放区发动进攻的军事行动，在全国范围内炮制反苏游行，陕西当局更是卖命，在 3 月 1 日和 16 日导演了两次游行丑剧。民青顶住这股逆流，与之进行针锋相对的斗争。杜老坚决支持民青的这一英勇斗争，鼓励我们坚定信念，他抚摸着他的美髯风趣地说：'维祺，你别看我的那位老乡（指陕西三青团干事长杨尔瑛，是反苏游行的幕后策划者与组织者）神气十足，我了解他，他是一个草包，一戳就穿。'杜老还从各方面援助我们进行这场较量，他发动上层人士和一些学校校长抵制这个游行，他组织《秦风日报工商日报联合版》揭露这个游行反共反人民的险恶用心。陕西师专民青成员王蔚文同志写了一篇揭露该校三青团头子、职业学生曹积德（游行大会主席）操纵游行内幕的文章，杜老亲自审阅，并讽刺地说：'怎么，这位（指曹积德）又是一个陕北的还乡团长？'"中共陕西省工委书记汪锋亲自起草的给中共中央西北局关于《西安学生反苏反共游行概述》的报告中说："在国民党反动派发动的全国性反苏反共逆流中，西安学生也举行过两次所谓'护权爱国'示威游行。"为了揭露反动派利用学生的真面目，"通过民盟的社会上层人士，如杜斌丞、杨明轩等直接间接向几个校长解释，劝他们不要强迫学生参加，起了相当作用"。国民党在西安组织的第二次反苏反共游行，原定组织两万学生参加，结果只有千余人来，不得不草草收场。

杜斌丞还接见西北大学学生自治会赴西安代表团，听到关于西大学生争取民主权利和斗争情况的汇报。时任西大学生自治会总主席的卫佐臣后来说："1946年3月15日，自治会派出两个代表团，分赴重庆和西安。赴西安代表团出发时，带去我给李敷仁写的请示汇报信，到西安后，杜斌丞和民青五人小组热情接见了他们。两个代表团的活动，使西大的民主学生运动的消息传到了大西北、大西南的解放区。"王维祺1987年5月10日说："1946年西北大学学生为争取自主权利，成立学生自治会，罢课三个月，驱逐了反动校长，斗争之激烈，前所未有。西大学生的正义斗争，自始至终得到杜斌丞的支持和指导。学运开始，杜老接见了西大民青组织的负责人卫佐臣；后来又接见了西大学生自治会派来西安的代表团；学运遭到镇压后，杜老义愤填膺地痛斥反动派的罪行，并指示我们妥善安排被开除的同学到解放区去。同时，根据杜老的指示，《秦风日报工商日报联合版》在4月24日发表了西北大学学生自治会4月16日的《为请校长离校告各界人士书》《刘校长回校后自治会问题发展经过》两篇讨伐西大校长刘季洪（国民党中央委员）的檄文。"

西安"民青社"，是由中共陕西工委书记汪锋直接领导，西北民盟总支部青年部五人小组具体组织指导的青年组织。杜斌丞作为西北民盟支部主任委员，按照中共陕西省工委的意图，冒着生命危险，站在第一线直接指挥，确实是难能可贵，精神可嘉，不愧为民主的斗士。

尽管杜聿明对政治表示"不感兴趣"，但这句搪塞的话并没有使杜斌丞失去信心，要做到仁至义尽。他从重庆返回西安后，还是派堂弟杜理丞去东北，给杜聿明做工作，希望他站在人民一边，不要去打内战，为蒋介石卖命。杜理丞 1982 年 5 月说："1946 年 3 月，先兄和八路军驻陕办事处周子健同志商议，派我去东北做杜聿明的工作。行前，先兄对我说：'你对杜聿明什么话都可以说，让他认识中国的大势。国共问题是政治问题，不是军事问题，用政治协商是可以解决的，用军事是绝对解决不了的。叫他在东北不要发狂！他现在正是趾高气扬的时候，是不会听你说的。以后他吃上几次大亏，他的思想是会活动起来的，是会想起你给他说的话的。如果他对你有了表示，我再去东北和他谈。'我去东北后，战火弥漫，力不从心，未能完成八办和先兄交给我的任务，是我一生的憾事。"

其实，也无所谓遗憾。要知道，这时身为东北保安司令的杜聿明是铁了心地要打内战，效忠蒋介石。杜理丞到东北的时候，也正是杜聿明率他的全美式武器装备起来的机械化部队，在四平与林彪的东北民主联军展开激战的前夜。四平之役，林彪破敌一万，自损八千，不得不自行撤出四平，转向北满。此役也算是杜聿明到东北的第一个所谓得意之作，狂妄一时，声誉如日中天。也许他从来不曾料到淮海战役却当了解放军的俘虏。

杜聿明是杜斌丞的本家族叔，又是杜斌丞榆林中学的学生。进入黄埔军校之后，追随蒋介石，政治上和杜斌丞背道而驰。人各有志，各为其主，不足为怪。平心而论，杜聿明也是一位有才华、有智慧的军事将领，远征军滇缅昆仑关之役，给日军以沉重打击，也算是抗日名将。这位具有一定军事才能的抗日名将，成为愚忠，败也愚忠。好比齐天大圣孙悟空，再牛，其头上和心里都无法摆脱蒋介石这个"金属环"的魔咒束缚。

蒋介石大骂施淫威

1946 年 1 月 1 日政协会议上，蒋介石提出要召开国民大会，成立联合政府，其目的无非是在他发动内战之前要要政治手腕，施放一些和平民主烟雾而已。在国大代表和联合政府人选上，中国民主同盟中央就提出：杜斌丞为联合政府行政院不管部的政务委员。时任民盟出席政治协商会议九名代表之一的罗隆基后来说："从 1946 年 2 月 1 日起，我们就不断地向国民党代表团催问关于改组政府的事，他们都推托。3 月 14 日，蒋介石突然在政协综合小组会上要求各党派在 3 月 31 日前提出参加国民大会和国府委员的名单。政协会议已确定，国府委员 40 名，国民党占 20 名，其余 20 名'另行商定'。在'另行商定'的时候，共产党和民盟合作，共同提出 14 名。这个 14 名的数目是一度得到蒋介石本人同意的。然而后来在这个数目的问题上有所谓 12 名、13 名、14 名纠缠不清的争论，报纸议论纷纷，举国莫明真相。3 月 20 日左右的一天，共产党周恩来代表到民盟总部来同张澜等民盟负责人商谈问题时，他顺便提出这样一个建议，即：在 40 名国府委员除国民党的 20 名以外的 20 名席位中，共产党同民主同盟共同联合要求 14 名，即超过总名额三分之一强。他说，这种合作办法有两个好处：第一，政协决议中本有'国民政府委员会所讨论之议案，其性质涉及施政纲领之变更者，须有出席委员三分之二赞成始得议决'这一项规定，共产党和民盟的委员人数占三分之一强，我们就对蒋介石任意修改施政纲领的行为，有了否决权的保证。第二，这样就使青年党硬要同民盟的席位相等的要求无所借口；并且我们所占 14 名之外，尚有 6 名足够青年党同社会贤达的分配。周恩来代表还向张澜主席说：'这 14 名代表名额，怎样分配，那是我们共产党同民盟双方自己内部的问题。民盟是个许多单位合组而成的集体政团，你们数目少了，不好分配，将会影响团结。在目前的政治斗争中，民盟的团结要紧。在这 14 个席位中，民盟可以自己斟酌，你们要几个都可以商量。你们要 6 席，共产党就 8 席，你们要 7 席，我们双方就各半；你们要 8 席，我们就 6 席。你们大胆提出来，丝毫不要客气，我们共产党没有问题。总之，民盟团结要紧。'这一段话使民盟在座的人都受到了深刻的感动。张澜主席更是喜笑颜开，不知用怎样的措辞来表示他内心的感动。他马上说：'这个办法好，好，好。这个三分之一强，对国民党随便修改施政纲领，我们都有了否决的保证。'他接着又说：'我说嘛，民盟要这许多委员席位做啥子哟？我老了，最好大家让我不做委员。'周恩来代表马上又说，假使民盟同意这么办，他马上就打电话向王世杰提出这个方案，要王向蒋征求同意。当民盟各负责人表示同意后，周恩来代表就在民盟总部同王世杰通了电话，要王告诉蒋介石，说他就要回延安，同时要王转告蒋，说明共产党和民主同盟共同要国府委员 14 个席位的建议，并征求蒋的同意。恰好那时候王正在蒋处，所以周的电话就打到那里去，并且要王在半小时以内回电话到民盟总部来。过了不久，王世杰的回话果然来了。周恩来代表接过电话后，也带笑向我们说：'好了，我们的建议，蒋介石同意了。'当周恩来代表离开民盟总部后，民盟一班领导人都很高兴，都认为共产党帮民盟解决了一个参加政府席位的分配问题。否则，在民盟两党三派加上无党派盟员这一单位，在分配四个国府委员席位的问题上是很难解决的。共产党真正帮助了民盟的团结。自从共产党和民盟共占国府委员 14 席这个问题取得了蒋介石本人的同意后，我们就认为改组政府席位的争论可以告一段落了。民盟内部关于提出名单的问题，亦就进行了讨论。我们决定接受共产党的帮助，提出国府委员七人。这七个委员的名单是：张澜、黄炎培、张君劢、沈钧儒、张东荪、梁漱溟、章伯钧。关于行政院席位的分配，国民党同各党派本来早有谅解。共产党两个部长（已确定为交通部和经济部），两个不管部的政务委员。民盟一个部长，一个不管部的政务委员。民盟对行政院所提出的名单是：部长罗隆基；不管部的政务委员杜斌丞。民盟内部还决定这样两个原则：（一）国民政府委员会应同行政院同时改组；（二）民盟的名单应同共产党的名单同时提出。换句话说，在参加政府这个问题上，民盟同共产党应采取一致行动，以表示双方坚强合作之意。这一切商量妥当后，我们以为关于政府改组的事总不至有什么变化了，只等待国民党来催提名单了。蒋介石的打算却不是这样。蒋介石虽然于 3 月 14 日在政协综合小组会上催各党派提国大代表和政府委员名单，且限定 3 月 31 日前提出，但自从蒋介石同意共产党同民盟占 14 个席位后，国民党却从无人再来催提名单了，蒋介石全心全意去扩大东北的内战去了。"

杜斌丞还建议中共提议回族领袖马德涵为"国大代表"。时任第十八集团军驻陕办事处处长的周子健后来说："1946 年 3 月，杜斌丞提出，希望我方在推选国民代表大会代表时能注意到国民党统治区域中有威望的人，希望我方推选陕西回族领袖马德涵为回族代表。我将杜的建议报告中央后，中央于 3 月 20 日将我的电报转发给了时在重庆的周恩来、董必武、王若飞同志。"

3 月 28 日和 3 月 29 日，国民政府特派张治中为军事委员会委员长西北行营主任和兼理新疆省政府委员兼主席。29 日，张治中飞陕，特约陕西省政府建设厅厅长屈武同行新疆履新，杜斌丞与屈武话别。屈武后被任命为迪化（今乌鲁木齐）市市长。

国民党的旧政协会议并不成功，又要召开新的政协会议。4 月 1 日，中共陕西省工委统战部向上级汇报西北民盟"改组"后的近况："在政协会前，西北民盟特派员杜斌丞代表西北民盟赴渝，在总盟大会上报告西北民盟工作，获得总盟一致赞许，尤其是西北民盟盟员分布在各阶层及各职业团体，未为军阀挟制，同时总盟照顾到无党派盟员比重的增加，为此总盟决议选杜斌丞（杜系无党派）为总盟常委，兼军事考察团及政协会顾问等职，西北民盟由杨明轩负责。杜返西安后，关于西北民盟组织，有所更动及调整。杨明轩为总负责人兼组织，王菊人为秘书兼军事，成柏仁负责宣传，郑伯奇负责文化，韩兆鹗负责交际。新设青年部，由李敷仁负责，武伯纶负责组织，王维祺负责宣传。并已有交通员一人。专科以上学生入盟成为盟员，高中以下仍为盟青，各校成立分部，均归青年部领导。农民部因无实际工作暂不设立。西北民盟盟员现共 800 多人。甘肃 300 多人。分布在陕西的主要据点：（一）翠华山附近负责人李子清，共有非法武装人枪各 200 余，成分多农民，靠种地及跑脚生活。（二）礼泉，负责人康泰，共有盟员 70 多人，成分多知识分子，有相当的武器。（三）大荔，大荔中学校长姚一征负责，盟员多中小学教员，共 40 余人。（四）三原，三中教员赵曼青负责，成分多中小学教员，共 10 多人。（五）武功农学院，由学生梁得柱及机械室职员左嘉谋负责，共有学生盟员 20 多人。（六）兴国中学，负责人教员姜子休，共有盟员 60 余人。（七）西安各专校（医、商、师等）共有盟员 60 多人，由王维祺直接领导。（八）城固西大及西北工学院，负责人西大学生卫佐臣，共有学生盟员 60 多人。”“最近西北民盟的活动方向，主要是团结和组织地方势力，开展文化运动及青年运动与扩大组织等。如杨明轩前几天去三原见李寿亭和茹卓亭，并商讨组织西北地方自治协会事宜。李敷仁等在西安组织了一个民俗学会，由李敷仁、王维祺、郑竹逸、张光远等人负责领导。郑竹逸最近准备组织读报会及新文字协会等。”李敷仁在 1949 年写的《虎口余生》中说：“自从民盟掀起民主运动以后，杜斌丞先生崛起西北，惨淡经营，由公开运动日益转趋于地下活动。西北民盟总支部分子纯洁，配合中央工作可称为各地分盟之冠，除过一般的政治斗争，议会斗争，非法武装工作，各方配合，给国民党反动势力以很大的打击。此外，仅就文化宣传这一方面来讲，当时在西安即有《秦风日报工商日报联合版》《文化周报》《民众导报》《新妇女》《孩子报》，无论数量方面、质量方面都是压倒的优势，替民主人士讲话，替老百姓讲话，给老百姓讲话，在蒋介石、胡宗南的反动统治检查制度之下都做了不少工作。此外，《民意报》《儿童旬刊》虽然不是民盟方面的报纸，但通过我们的作用也积极配合着民盟来讲话。民盟经总支部的青年部领导诸同志发展了‘民青’，团结并教育了西安及附近大、中、小学校的多数学生。”

　　不幸的是，4 月 9 日，《秦风日报工商日报联合版》常年法律顾问、中国民主同盟盟员王任，被国民党陕西当局诬为“烟犯”逮捕，23 日枪杀。令杜斌丞和民盟同志异常吃惊和愤愤不平。随后向国民党陕西当局控诉这一滔天罪行。

　　接着，杜斌丞又与关梦觉话别送行。关梦觉后来说：“当时从西安回东北可以走两条路：一条是从西安坐火车至华阴，然后走旱路入山西，转北平，再进入东北；另一条路是乘火车至河南陕州，转旱路至洛阳乘火车至开封，进入晋察冀解放区，再过新乡，设法回东北。我怕到北平后被困，决定走后一条路。但当时新乡是军阀孙殿英的辖区，要想由此进入东北解放区必须打通孙殿英的关系。为此杜斌丞老替我在西安找到一位孙殿英的老朋友，请他给孙殿英写了一封信，要孙护送我经过他的防区北上。八路军驻陕办事处处长周子健同志夜里到我家来，答应给晋冀鲁豫解放区发一电报。临行前一天，即4月19日下午，我到杜老家辞行。杜老满腔热情地给我以鼓励，要我路上注意安全，并介绍几个北平方面的朋友，以备万一有困难时好找他们。我从杜老家出来后，特务就跟了上来。在火车上我甩掉了特务，经山西、北平回到东北。"

枪杀王任律师后，陕西政局日趋吃紧，胡宗南、祝绍周大搞白色恐怖，弄得陕西人民怨声载道，喘不过气来。军警、特务加紧搜查，迫害共产党员和爱国民主人士。4月20日，西北大学学生会总主席卫佐臣，在城固收到李敷仁遵照杜斌丞指示写的信。要求西大的民主学生运动骨干"迅速撤退"，因为"大局逆转"。25日，中共陕西省工委书记汪锋电报中共中央西北局书记习仲勋、秘书长兼统战部长张德生："杜回陕后以民盟中常委名义发表谈话，并见祝绍周，祝无表示。杜公（斌丞）离开后，每日来客很多，民盟准备公开上层组织，但西安环境益险未成。民青在西安各校均有支部或社员，以兴中、医专、商专、师专为主，各十余人，医、商二校自治会并已在握。该社长安樊南乡支部曾召集农民学生数百人追悼昆明死难师生并募捐。现文、教、妇、青各界及关中进步人士正酝酿成立各种群众团体。陕军官总队约二万人，袁朴讲话时举手赞成政协者居多，反对者仅一人，'工商报'每日零售于该队者约千份。""三青团传出，特工将统一于戴〔笠〕系，以我党为中心进行暗杀政策，其次以民盟为对象。"

杜斌丞28日接见了王彦亭。王彦亭1987年10月3日在《团结报》发表文章说："1946年春国民党政府还都南京，我原拟乘船径直去宁。当我去中共代表团驻地向王炳南同志辞行时，他要我绕道西安去南京。

他说：'到西安后，赶快告诉杜斌丞老，马歇尔来华调解完全是个骗局，现在蒋介石调兵遣将的部署已完成，全面内战即将爆发，杜老在西安处境非常危险，要他赶快离开西安去延安或上海。'我于 4 月 28 日到西安，即去王家巷杜家转告了王炳南同志的意见。杜老听后只简单地回答说：'知道了。'并无避走之意。"

4 月 30 日，蒋介石由重庆飞抵西安，5 月 2 日离陕，枭训高桂滋、赵寿山不要同杜斌丞和民盟组织来往。赵寿山三劝杜斌丞暂离西安避锋，杜斌丞表示坚守工作岗位不他去。赵寿山后来在《与蒋介石二十年的斗争史》中说："1946 年春，蒋介石来西安，用飞机接我和高桂滋在西安见面。蒋介石、宋美龄和我、高桂滋四人饭后谈话。蒋和我谈过以后，很严肃地问高桂滋：'据说你的西安办事处处长李少棠是民盟盟员？'高见蒋很严肃，忙站起来答道：'报告委员长，他过去是我的老旅长。'并拍了一下胸膛肯定地说：'我保证他不是盟员。'又接着说了一句：'他不过常和杜斌丞下棋。'刚说完，蒋介石就把桌子一拍，大骂道：'杜斌丞，无耻！他欺骗我。我先一天问他是不是民盟，他说不是，第二天就把民盟的牌子挂出来了！'接着又厉声对高说：'这种无耻之徒，不要同他来往，他会给你制造环境！'蒋说话时怒气冲冲，周身打战。"赵寿山预感杜斌丞的处境已相当险恶，在返防武威之前，数次力劝杜斌丞暂离西安他往以避其锋。晁晓愚 1964 年 2 月 20 日说："1946年春，担任国民党第三集团军总司令的赵寿山从甘肃武威防地返回西安，我曾见他几次劝说杜斌丞先生他往。第一次是在甘露巷的赵寓中。一天，我去赵宅，先我而到的杜斌丞、仲兴哉同志已和寿山同志谈着。我到后，赵继续说：'斌丞兄，长安虽好，但绝对不是你久居之地，应即迁往他地呀！'杜说：'我从重庆回来的时间还不很久，暂且待着，再看情况吧！'赵又说：'西安僻陲西北，就不如大都大邑好隐蔽呀！你若不走的话，那目标就太显亮。我认为，毕竟站在有风处、风大处，还感觉不到有风嘛！而偏僻黑暗的地方，甚或门缝、窗孔中的小微风，一吹到人的身上，就会引起严重的病症发生呀'杜这时面带笑容，用手把胡须分左右两边摸着，说：'不要紧！不要紧！'仲兴哉和我也插话谈了几句。但没有得出结论，各自回家了。第二次是在信义巷的第三集团军驻西安办事处。我是找杨晓初处长的，先到。随后，赵寿山、杜斌丞两位也来了。我们几个人又谈起了在赵宅中悬而未决的话题。赵对杜说：'斌丞兄，你坚持不走的原因，我判断在你的思想中，是依靠三座靠山，所以才不愿离开西安。这三座靠山是：一杜聿明；二在军队中的朋友；三西北地区的民众。这都是你思想中的靠山。经我分析，这都不是有力的石山，而是无力的雪山呀！先说杜聿明吧，人家是为他的主子服务的，唯他的主子之命是从，马首是瞻，而绝对不是你家的顶门杠子和看门的狗。这座山已是雪山了吧。其次说军队中的朋友吧，固然在军队中你确实是有不少的朋友和乡亲故旧，但你就没有考虑到，人数虽多，而其中的哪一个朋友，是能够真正地、负责地、挺出身来，给你卖气力呢？那能靠住事吗？又是无力的雪山一座。第三再说西北的民众，在人家的心目中，只认枪杆子，他们才不管你民众不民众哩。假使现在你的思想中，完全依靠这些雪山，其结果，非失败不可。所以，我希望你还是早点走开为是。'杜的回答是：'猪烧肘（祝绍周）不过是个小鬼，能奈我老杜何！'他们的话我听了几次了，遂插言说：'斌丞兄，寿山兄能几次劝你走，可能他对这事的认识比你清楚明了，旁观者对一些事物变化的认识，往往比当事人的认识较为清醒呀。寿山兄既然几次劝你，你是不是考虑一下，在外边走一趟，看看情况。'杜答：'老弟，请你放心吧，不要紧的。寿山对这桩事的看法和我不同。一动不如一静啊！'这次也是没有得到结果，谈论一番而分散了。第三次是在天赐楼饭馆。有杜斌丞、赵寿山和他的夫人黄居仁、王干侯和我，五六个人，在二楼的雅座间。当饭菜还未端上桌时，寿山同志又前事重提，仍坚持他的看法，催促杜早些离开西安。赵这次说话虽然是小声低调，但词意更严肃更尖锐，他说：'斌丞兄啊！我虽然几次劝你走，而你总是不听，也罢，我再没有办法了，将来人家要杀你的头，希望你死的光棍些，不要窝囊，别给陕西人丢人，到那时，我只能回来收拾你的尸体，开追悼会，送花圈。'杜说：'放心吧，对事物的向前发展，我们看得不要太悲观了。'我说：'听说张锋伯早去兰州，孙辅丞也去了汉口，斌丞兄可否向他俩看齐呢？'杜这时举起酒杯，说：'谢谢各位对我的关照。但宇宙间的万事万物总都是彼此间有差别的，不能把举一反三认为定律，也就是不能对待所有事物持一概而论的机械方式，张、孙二人和我的情况不同啊！放心吧，没有什么关系，喝酒。'席间再无人谈论此事。席散，当大家走出天赐楼门口时，黄、王又向杜先生说：'你老对寿山的劝告，应当重视起来啊！'"

"北极星" 就在北边

面对国民党当局拿起屠刀向要和平、反内战的人们头上砍来，杜斌丞安危就在一瞬之际，但是他不惧淫威，冷静对待，处之泰然。他看到《文化周报》经济困难，就对主编王维祺幽默地说："你们有困难就说嘛，咱们还有一位'财神爷'嘛！"他顺手写了一张"付维祺拾万元（法币）"的纸条，让王维祺到韩望尘先生家里去拿钱。

他还派王菊人、韩兆鹗飞抵重庆，向民盟主席张澜递交西北总支工作概况的报告，和杨明轩派马文彦代表西北组织去重庆参加"小民革"中央会议。马文彦后来说："会议结束后回陕时，王昆仑、交我带给杜斌丞一封信，内容是以组织的意思，劝杜斌丞暂时离开西安以保安全。杜在西安王家巷的住宅附近已住有特务监视其行动，我乘一个黑夜向杜汇报了参加重庆会议的情况，并递上了王昆仑给他的信。杜听了开会情况介绍很高兴，但对劝他离开西安的意见则感动地说：'如果为着个人的安全离开西安，那目前所担负的这一摊子工作，又将交给谁来承担呢？为了工作，只好继续干下去！'我对他那种为革命勇挑重担，不顾个人安危的大无畏精神深为感动。杜斌丞同志最后对我说：'最近甘肃省和其他地方一些同志前来汇报和研究工作，在西安的食宿等费用把手头的钱用完了，希望你回到三原凑点。'并让常跟他的杜良明同志随我同到三原去取。我回到三原后，立即同杨明轩同志到邓宝珊同志家中相商，由邓家和我家各出500元，一并交杜良明同志带回西安。"马文彦走后，第二天，杜斌丞又去高桂滋公馆会见前来请示工作的民盟甘肃组织负责人任谦。商讨甘肃盟务工作和配合人民解放战争问题。

陕西国民党当局继1946年4月23日杀害王任律师，5月1日，民盟西北总支部青年部长、西安《民众导报》主编李敷仁被国民党特务绑架枪击于咸阳原上。

5月3日，在国民党陕西当局组织特务、流氓破坏下，《秦风日报工商日报联合版》被迫停刊。5月4日，杜斌丞与杨明轩在田一明公馆商定，民盟活动全部转入地下。成立"李敷仁血案后援会"，同国民党进行针锋相对的斗争。5月5日，他再次接见王彦亭。王彦亭1987年10月3日在《团结报》上发表文章说："5月2日，我间接得知李敷仁同志（中共秘密党员）于5月1日中午被特务公然绑架，并听说已被枪杀在离西安50华里的咸阳原上公路旁边。次日立即往张光庭同志处了解情况。张简单介绍了李被绑架的经过，并说：'杜斌丞已被特务监视，他家对门有个小茶馆，经常有两个特务监视出入行人和杜的行动。有时特务不在茶馆，可以利用这个机会进杜家门，出来时可以叫杜先生派人在外面看看，特务不在时你可以出门向西走，进莲湖公园，那里人多，万一特务跟踪也好脱身。'5月5日早晨，我乘机进了杜家。当时杜斌丞老正在吃早点，看见我进来，吃惊地说：'外面有特务，你怎敢进来呀！'杜老接着谈了李敷仁被绑架的经过，并告诉我说：'李没有被打死，已被中共地下党连夜救往陕北，外边人现在都不知道，千万不要传出去。'又说：'反动派还要逮捕杨老（杨明轩）、王维祺等人，杨已隐藏起来，王马上要去陕北。'我问：'特务已监视了您，能不能离开？'他说：'可以离开，高桂滋可以保护我出西安，通过他的防区可以到延安。'我说：'既能走开，就赶快走吧！'他说：'我不走，杨老已不能出来活动，西北民盟工作无人负责，我要对工作负责，我要坚持下去。'我说：'蒋介石这个人毫无信义，对你们参加西安事变的人恨之入骨，张学良、杨虎城至今关押不放即是证明。祝绍周又是个杀人不眨眼的魔王，现在敌人已开了刀了。王炳南同志的估计是对的，您在西安确实很危险，现在既然能走开，希望您赶快走吧！'他听后站起身来，背着双手，沉思着在房子里走了两圈，突然坐下来说：'我不能走，我走了西北民盟无人负责，即使有再大的危险，我也不能走，要对革命负责，革命就免不了有牺牲。'接着又说：'你赶快去南京告诉炳南同志，要民盟中央向蒋政权提出抗议（李敷仁同志公开身份是中国民主同盟盟员）！'我只得告辞出来。我到达南京后，立即给梅园新村打电话，约王炳南同志来鼓楼五条王昆仑同志住处，向他汇报了见杜老的详细经过，王听后急得直跺脚，连连说：'真糊涂！'他深感杜老的生命危在旦夕。"

5月上旬，延安《解放日报》发表题为《抗议西安新闻界血案》的评论。要求国民党惩凶赔偿，立即停止恐怖暴行。这时，杜斌丞收到关梦觉平安抵达北平的来信，庆幸关脱离虎口。关离西安后，被甩掉的跟踪特务分子曾扬言，关已在"陕州被活埋"了。5月11日，第十八集团军驻陕办事处处长周子健电报中共中央："据杜（斌丞）老称，李敷仁未死，大有挽救希望，右耳后尚有一子弹未取出来，现在泾阳某村隐蔽，国特亦知李未死，现派大批特务赴咸阳、泾阳一带寻找，下令务必寻获就地处决。为了李之安全，如有可能请陕西省委（工委）派人将其送往关中治疗。"中共中央书记处书记任弼时当日复电周子健："已告陕委派专人秘密转移至有我武装保护之安全地区，俟伤愈后接进边区。"在中共陕西省工委书记汪锋严密组织下，在党外爱国民主人士的密切配合努力下，通过层层关卡，李敷仁安全进入陕甘宁边区关中地委所在地的马栏继续养伤，7月17日抵达延安。

5月14日，中共中央电示驻重庆代表团："西安特务捣毁《秦风日报工商日报联合版》使其停刊，杀死王任律师，又暗杀《民众导报》总编辑李敷仁，在西安已引起严重恐慌，使进步分子人人自危。特务并准备继续暗杀大批进步分子，而其打击对象是民主同盟人物。""此事如不给以严重反抗，压下反动派嚣张之气，西安民主运动将有一时期走向消沉，望即与民盟商量由民盟出面，在外交上向国民党政府提出严重交涉，我们加以赞助，并在宣传上发动全国的抗议运动。要求律师公会即派调查团到西安调查惨案真相，课国民党以严重之法律上的责任。"

第二天，孔从洲率第五十五师官兵通电全国，宣告为反内战脱离蒋军。8月下旬，孔进入解放区。王任律师被杀害，李敷仁遭绑架暗杀未遂，中国民主同盟于5月29日发表声明，抗议国民党反动派在西安制造的惨案。抗议指出：西安"秦风工商日报"为西安唯一民间报纸，其发行人为本盟中央常务委员杜斌丞氏，该报素以持论公正，发扬民主，为西北人士所爱戴。西安地方反动分子，嫉视该报发行已久，今年3月1日，大批特务捣毁该报营业部；19日，该报记者杨宾青夜乘人力车回寓，被暴徒殴打受重伤；27日，又有暴徒图谋纵火，三次未遂，次晨发现慢性燃烧弹四枚之多。自此，捣乱事件有加无已。5月3日，该报被迫停刊。当3月1日事件发生时，本同盟盟员、西安律师王任先生，仗义出任该报顾问，严重指斥，竟于4月9日被反动派诬为"烟犯"捕去，并于4月23日非法枪决。同时，本同盟盟员、西安名教育家李敷仁氏，竟横遭暗杀。事件发生后，西安人民恐怖万状，近更闻国民党当局密令禁止本同盟在陕活动，而将有民盟嫌疑之分子列入暗杀名单中。事如果确，则形势更为严重。本同盟认为，此类血案不止为本同盟之损失，实为中国民主前途之重大打击。故对此事必须彻底追究责任，力求惩办祸首。

民盟发表声明后，杜斌丞指示王维祺转入解放区。王维祺1987年5月10日说："在李敷仁同志血案发生后，国民党特务也搜捕我。杜斌丞老关心我的安全，通过我父亲转告我，以安全为重，迅速转移，设法到解放区去。他还送给我十万元法币作路费。我知道他当时处境困难，生活上也很艰苦，我真不忍心接受他的资助。"

送走王维祺，中共中央书记处书记任弼时于6月14日致电第十八集团军驻陕办事处处长周子健："因西安环境险恶，可请杨明轩与吴伯畅（中央调查部和陕西省工委驻西安调查站负责人）妥商秘密进边区办法。杜（斌丞）如还能在西安立足，可不必来，但杜欲来，则与杨同来。"周子健后来说："接电后我即征求杨、杜意见。"

6月18日，中国民主同盟梁漱溟、沈钧儒、张君劢、章伯钧、罗隆基、张申府、黄炎培致函孙科、邵力子、王世杰、吴铁城、陈立夫、张厉生，转陈蒋介石："查西安《秦风日报》其发行人为本盟常委杜斌丞氏，该报平日宣传民主持论公正，为西北人士所爱戴。不意始则于3月1日被大批暴徒所捣毁，继则该报记者杨宾青于19日夜返家被暴徒殴伤，该报报社于27日又被暴徒三度纵火，次晨并发现慢性燃烧弹四枚。旋则报差被打，订户被迫停阅，甚则5月1日大批暴徒遍布该报周围，横施无理搜查，禁止携报出入。该报抗争二日卒致被迫停刊。尤有甚者，律师王任为保护该报，接受常年法律顾问之聘，突于4月9日被捕，诬以'烟犯'被保安司令部枪决。本盟盟员李敷仁为西北通俗文学家，去秋受任陕西省立民教馆主编《民众导报》，对社会教育贡献极大，青年农民亦尊为导师。5月1日突来暴徒将其从民教馆架上汽车，骗至咸阳以绳勒颈，并击中数枪而死。且闻陕西当局，将本盟盟员一律列入暗杀名单中。似此等现象勉为言之，令人痛心。主席昭示四项诺言，言犹在耳，而本同盟盟员之言论、身体、生命之自由，竟被完全剥夺，实不能不认为遗憾。于此更为应指出者，西安为西北重镇，此类暴行竟公然连续数月之久，足见其中显系党政当局有计划有组织造成，不仅妨害人民自由，亦且有损政府威信。本同盟对此暴行实不能忍受，除提出严重抗议外，并提供下列意见，请予速办：（一）立即彻查此案之主使人及执行人，并分别依法予以严办。（二）除负责李敷仁、王任之殡葬费外，并应从优抚恤使其家属生活及教育费用，得有着落。（三）应准'秦风工商日报'继续复刊，妥加保护，并保证今后不发生类似事件。"

蒋介石政治上已走进死胡同，一面在军事上于6月26日以几十万大军大举进攻中原解放区，全面内战爆发；一面派遣大批军警、特务、流氓实施绑架、暗杀手段来对待"持不同政见者"，排除异己。还对赵寿山下手，撤了第三集团军总部，以"拆庙赶和尚"的卑劣手段迫使赵寿山出国"考察水利"。

7月10日，第十八集团军驻陕办事处处长周子健电报中共中央："据杜（斌丞）、杨（明轩）谈，因国民党特务监视甚严，各方面友人均恐与其交往，工作已无法进行，愿往延安。"周子健1959年8月说："其后不久，杨明轩得以秘密前往延安。"

此时的中国时局，不但西北地区已是腥风血雨，西南地区也是屠刀狂舞。中国民主同盟中央委员李公朴7月11日被国民党特务击杀于云南省昆明街头。15日，民盟中央委员闻一多又被国民党特务杀害于主持李公朴追悼会后的归途中。噩耗传到西安，许多人对杜斌丞的处境与安全更为担忧，而他还是和以前一样地安详、镇定，不为所动，反而以民盟能有李公朴、闻一多这样的真理卫士而自豪、而鼓舞。他说："李公朴、闻一多代表的是真理，强权决不能毁灭真理。我们只怕没有人来发扬真理，并不怕蒋介石毁灭真理！"

在中共中央西北局和中共陕西省工委书记汪锋的周详安排下，王维祺事先秘密离开西安进入边区。7月19日，由汪锋从马栏秘密派往西安的韩夏存，机智巧妙，摆脱特务，陪同杨明轩脱离虎口，离开西安北上马栏，后转赴延安。

西北民盟总支部的杨明轩、李敷仁、王维祺离开了魔窟，而杜斌丞的处境又是如何？周梵伯后来说："1946年夏季的一天傍晚，我外出访友归来，突然发现杜斌丞先生由高桂滋公馆出来，我便赶上去请他到我家一叙。灯光下，我看他的额头上增添了几条细长的皱纹，头顶脱发不少，身体也消瘦了，可他的一双慧眼仍是那样有神，我不禁黯然地对他说：'我从孙蔚如、王宗山口中得知，你的处境不好。我的意思你还是离开西安，免遭特务毒手，那些混世魔王什么事情都能干得出来。'杜先生果断地回答：'历来取胜之道，莫过魁首身先士卒，镇定自如。我是民盟西北组织的负责人，如果只图个人安全，怎能实现民主救国，并为大家做出榜样呢？人生自古谁无死，留取丹心照汗青。我在乱世中度过多半生，残体留至现在也不容易；但历史无情地考验着每一个人的生命，生命应当有价值，价值就在于有益于国家、民族，有益于子孙后代。'他讲得慷慨激昂，感人肺腑。这时我才深刻感到'视死如归'的真正含义，也更感到杜先生的形象比以往更加高大了。他起身告辞，走到大门口握手告别时，又一次十分关切地对我说：'我理解你的处境也很困难，但不要悲观，我相信天快亮了。'接着又用手指了指北边说：'北极星就在北边。'往事回首，真没想到这一别竟成为我和杜先生的最后永诀。"

杜斌丞已做好了最坏打算，送走杨明轩前后，他还向高建白交代，利用所任军职掩护民盟的工作。高建白 1951 年说："蒋介石将高桂滋先生的部队第十七军吃掉后，给他一个第一战区副司令长官名义的闲差，又要我做第二十四军官总队总队长。军官总队是个办理军官转业手续的机构，我不愿就任此职，但斌丞兄说此事要干，可用此职做些掩护民盟活动的工作。赵寿山先生也力主我接受此职，说他离职后，部下转业等事托我帮忙。斌丞兄知道我和时在西安的虞宏正、潘承孝、赵汉威、岳劼恒、李仙洲、王玉岗等十几位大学教授多有交往，则又嘱咐我要多向这些朋友宣传中国共产党的政策。"

由毛泽东点将，8 月 10 日，中共陕西省工委书记汪锋前赴陕南商洛，迎接李先念率领的中原军区突围部队，由赵伯平接任省工委书记。

到了 8 月 17 日，中共中央社会部直属西安情报处处长王超北电报中央："据杜清同志告：军统对陕西名流及教育界进步人士和十七路军退休军人张翔初、杜斌丞、成柏仁、杨子廉、李虎臣、王菊人、杨明轩等百余人列入要加害的黑名单。""杜清"即原中共中央社会部领导的西安情报处副处长李茂堂，公开身份是国民党中央调查统计局陕西调查统计室主任。进入延安的杨明轩也接连电告王菊人："望告杜斌丞，由王菊人主持武，武伯纶主持文，文武配合，盟共配合，派得力青年学生入国民党部队，以'陕西人民自卫军'的名义作号召，组织起武装力量。""国民党特务注意赵寿山之女赵铭锦，应同杜斌丞的一群孙子、王菊人的夫人一起统筹，相机进入陕甘宁边区。""将秘密电台移至乡间，电务人员确保安全送进边区。"

8月31日，根据国内形势的急骤变化，朱德总司令电令第十八集团军驻陕办事处撤回延安。9月10日，办事处的最后一批工作人员撤离西安。第十八集团军驻陕办事处撤销。

被监视在家的杜斌丞对来看望他的田一明夫人秦琳说："我的斗争岗位在西安，我不能回避斗争。"秦琳后来说："杜斌丞先生的住宅被敌人监视后，朋友们难去看望他。一天，我按照杜先生吩咐的办法走到他家门口，向坐在外面的特务问道：西北大学的高教授住在哪个院子？特务努个嘴说：在前院。我走进了杜家的大门，这是一个坐北朝南有三排房屋的旧式庭院。前院高宪斌教授家静悄悄的。走到过厅，我看见角落里停放一辆人力车，上面落满灰尘，不由流下眼泪，敌人监视后，杜老出门的权利也没有了。当我轻轻地走进杜先生的书房兼卧室，他正坐在大书桌旁，面向东，背靠椅，侧着身，借着窗外射进的光线，拿着一本书在聚精会神地阅读。桌上放着各种报刊和书籍，当中是墨盒、砚台、笔架上插着几支毛笔，旁边放着一支红色铅笔。这哪像是一个被软禁的人，分明是一个勤于治学、手不释卷的学者。杜先生听到脚步声，放下手中的书，招呼我坐在他的书桌对面，接过我递给他的重庆出版的报刊，微笑着说：'你胆量可真不小！'他仔细地询问外面的消息和一些朋友的近况。当我看到他穿的短袖圆领针织汗衫已经破损时，他说：'你叫人在上海代我买两件大尺码的汗衫来换。'一切和平常一样，丝毫没有紧张和消沉的气氛。一会儿，杜良明送进杜老的午餐：一小罐米饭，一盘土豆。我劝他改善伙食，注意营养。他说：'这饭很香。'他边吃边同我谈话，说：'不要怕，我一点也不怕。他们（指蒋介石、胡宗南）能把我怎样？'站在一旁的杜良明用手拍着佩带的手枪说：'特务敢闯进来，我就放开枪打死他。'还有一次我去看望杜先生，劝他迅速离开西安，到上海或香港躲避一段时间，并说一切费用我们已有安排。在此次看望之前，杜先生也曾独自出过门，到明星池洗澡，又到玄风桥高桂滋家坐了一会儿，特务大吃一惊，一再逼杜良明要人，待先生回家才算罢休。这说明，摆脱特务监视离开西安还是可能的。但杜先生拒绝我的建议，他说：'我的斗争岗位在西安，我不能回避斗争。假若离开，我在西北就没有什么作用了。敌人会讥笑我。不明真相的人会说我胆小被吓跑了。一些在西北坚持民主运动的人斗志也会受到影响。我已经快六十岁了，还怕杀头！即使他们下毒手，我也无所畏惧。'杜先生慷慨悲壮的言谈使我深受感动，含着泪花离开他家，心里默默地祝他平安。局势越来越紧张，有一天良明到我家，传达了杜先生的嘱咐：'不要再到他家，有事良明用电话约我见面的时间、地点。'"

到了9月中旬，丝丝秋风，给政治空气压抑下的杜斌丞带来一个特大喜讯，他望眼欲穿的原第十七路军起义部队9月13日在邯郸宣布成立西北民主联军第三十八军。军长孔从洲，政治委员汪锋，副军长刘威诚。中国民主同盟中央数电杜斌丞，促其急离西安，以免遭胡宗南之毒手。王菊人1950年8月20日在《记杜斌丞先生之狱初稿》中说："孔从洲在河南巩县率领第五十五师起义失败，蒋胡匪帮因之对陕西之民主人士施以压力，特别是对于民盟，更是施以大的压力，残酷益甚。时盟中央亦了解杜君若不离陕西，必有危险。那时杨明轩同志已到延安，屡派人来促君北上。盟中央执委会在南京开某次全体会议，韩卓如同志特别了解君在西安真有朝不保夕之危境，他焦急更甚，先由盟中央电召去京开会，继由梁漱溟、韩卓如二同志两电促去京。君召我密商决定去否。时蒋胡匪帮对君压迫更甚，我认为在当时层层监视中，欲有所为而不能，只有离开西安为上策。君曰：'陕西当局决不许我走，我在危难时决不求一身之安全，置诸同志于不顾。你为其易，我当其难，你走吧！我是决定不走的。'我再三劝他先走，我说，你一走，我把工作有应布置的，我布置好再走，你先走。君自己总是不走，劝我走。最后我看君决心不走，我说：你既不走，我不能舍你而去，那我也不谈走的事了。"

9月21日，王菊人回电杨明轩："杜斌丞在西安坚持斗争，暂不进入边区。"

"决心迎接蒋胡挑战"

国民党统治区的人民大众，在白色恐怖的压抑气氛中熬到了 1947 年。元旦这天，毛泽东在《解放日报》发表《新年祝词》指出："只要全国人民团结一致，坚持不屈不挠的奋斗，那么，在不久的将来，自由的阳光一定要照遍祖国的大地，独立、和平、民主的新中国一定要在今后数年内奠定稳固的基础。"

1 月 6 日至 10 日，中国民主同盟一届二中全会在上海举行。全会政治报告指出："1946 年这一年，在群众运动中，是民主与反民主两种力量的斗争年。民主人士因为拥护政协、争取和平与统一，有了许多轰轰烈烈的慷慨激昂的牺牲，而反动分子亦暴露了他们卑劣无耻，穷凶极恶的真面目。在这些斗争中，我们民盟交付的代价的确很大。我们民盟在西安的《秦风日报》被捣毁了。我们的同志王任被诬陷而冤杀了。我们的李敷仁同志被绑架枪杀，于死里逃生的情况下脱走到了延安。去年一年中，反动分子摧残压迫民主力量的案件实在举不胜举。"

1 月 22 日这天，正逢农历春节，李馥清、叶惠贞两位女士去给杜斌丞拜年。1965 年 4 月，李复清回忆说："我们总想见见杜老再动身，见不上杜老的面，心里总觉不安。1947 年旧历年初一，我和晓初同志到高桂滋（胡宗南部的副长官）家中去拜年，一见高的小卧车在院子里，我便和高的妻子叶惠贞商量，借用军车去给杜老拜年。我们推门直入，走进杜老的上房，他老人家正和戴铭九围着火炉喝茶。见了我们，他感到突然，忙问：'他俩（指高桂滋和杨晓初）怎么没来？'我告诉他，我俩是半路上决定来的。我的话把杜老惹得笑了起来，捋着胡子说：'你这是心诚不怕虎伤人！'时间不允许再谈笑了，我连忙向杜老说：'大家都说你离开西安好，留在这里什么也做不成。大家希望你把胡子刮掉，化了装再设法送你走。继续待下去，是不安全的！我和晓初已经决定先去上海，再设法去其他地方。'我的话他听了有些生气，大声说：'咱们不走，那一群狗把咱敢怎么样！'我又向他说明不能不走的理由，并且说明走不是懦弱，而是为了保存力量，再作斗争。杜老说什么也不同意我的看法，他坚持不走，言语激昂，不怕牺牲。当我和惠贞告辞的时候，杜老从抽屉里取出两份民盟的文件交给我们，我们走出房门，他还高声说："我不准你俩走！'车子离开杜老家门口时，有两个贼头贼脑的人盯了我们两眼，看来对于'副司令长官'的专车来去匆匆有点出乎意料。我们回到高家，我怕特务以后追问副长官的专车为什么去杜家，一进门第一句话就对高说："你知道我姊妹俩还去了谁家？'高说："猜不到。'我说："顺路到王家巷给杜老拜了个年。杜老嫌你俩胆小，夸奖我姊妹俩胆子大。'没料高突然难过起来，说："你走时没说这。我这官不做又能怎么样！去看看杜老，顶多他们把我押起来，再么把我头割了！我这么大的年纪，还怕死吗！'我听了这话才松了一口气。"

正月十五前，民盟甘肃代表吴剑夫来看望杜斌丞。吴剑夫后来说："1947 年春节后，民盟西北总支部驻甘肃特派员吴鸿宾同志约我去谈话，他郑重地对我说：现在需要派一位可靠的同志去西安，把我们这里的工作向杜斌丞先生作一汇报，并请示今后工作，经过考虑决定派你去，你的意见怎样？我欣然接受了这项任务。我正月初六离开兰州，初九到达西安，住在大麦市街平民客店。十一日，天麻麻亮我便去杜家。杜先生让我坐在他书桌对面的那张椅子上。我向杜先生作了自我介绍，然后递上吴鸿宾写的信，他看后划了一根火柴把信烧了。我汇报的内容：（一）民盟甘肃的情况；（二）甘肃事变失败后人员分散、武器保存的情况；（三）甘肃的政局；（四）甘肃几位重要同志的情况和处境。我汇报时杜先生一直仔细地听着，没有插过一句话，偶尔轻轻地把他的胡子向上捋卷几下。他听完我的汇报，叫那位青年给我准备午饭，遂走进屋子里间拿出两本油印的书递给我，说："你先看这两本书，里面重要的章节多看几遍，心里要记牢。白天你不要出去，就在这里看书，天黑后你再回去。有些问题明天再谈。你明天再早一点来。'我接过两本书一看，是毛主席的《论联合政府》和《新民主主义论》。这是我第一次读毛主席著作，心里非常高兴。杜先生说完话走出后，我就贪婪地读起来。这一天我是在杜先生的书房里度过的，黄昏时候回到客店。正月十二日清晨大约 6 点钟，天还未大亮，我再去杜先生家。昨天给我开门的那位青年引我到杜先生书房，杜先生正在看书，问我昨天看的书要点是否记住了，我把两书重点择要地向他复述一遍。杜先生说我的记性不错，要我回去后把书上的要紧话向同志们讲，并说这是建设新中国的指针。接着杜先生向我分析形势，讲解时事。话头从蒋介石召开国民大会开始。杜先生指出：'蒋介石忙着开他们的国民大会，通过他们的《中华民国宪法》，叫嚷着要还政于民，他这样做是冒天下之大不韪，是倒行逆施。蒋介石是靠投机、冒险和欺骗起家的，他的本性决定了他今后还要干更大的投机、冒险和欺骗，他现在干着这些事。抗日胜利以后，他搞军事讹诈、政治讹诈，进攻解放区，屠杀同胞，镇压民主运动，但到处碰壁。现在，他统治中国的政治基础已经从根底上动摇。他正坐在火山口上，给自己敲着丧钟，他离崩溃的日期不远了。中国正处在黎明前短暂的黑暗阶段。'杜先生强调：'共产党领导的革命是真正为人民大众谋福利的革命，共产党对国家忠心耿耿，大公无私，是中国的希望。反对蒋介石的独裁要靠共产党，打败蒋介石的军队要靠共产党，摧毁蒋介石的反动统治要靠共产党，建设未来的新中国要靠共产党。我们民盟和共产党合作，接受共产党领导，反对蒋介石独裁专政，反对美国支持蒋介石，这是坚定不移的。民盟和共产党合作，接受共产党政治主张，这是民盟生命力的所在，也是民盟政治上选择好的一条道路，要坚定不移地走下去。在国事（是）问题上一切以共产党的马首是瞻。蒋介石骂民盟是共产党的应声虫，我们甘心情愿当共产党的应声虫。蒋介石过去对民盟曾经施加了很大压力，既用高压政策，也用软化政策，两个政策交替使用。最毒辣的是挑拨民盟和共产党的合作、团结关系，这些我们都及时识破了，揭露了，顶住了。现在他对民盟更其变本加厉地实行高压政策，把民盟视为第二号敌人，威胁、监视、逮捕、监禁、暗杀民盟的人员，想使我们屈服于他的淫威之下，这是他的妄想。蒋介石现在很有可能唆使他的特务对民盟的一些主要人员进行阴谋陷害和暗杀，闻先生、李先生遭遇的事可能再现，这些法西斯暴徒是什么事都会干出来。我们要对此保持政治警惕，不能使其阴谋得逞。张表方（张澜）先生现在被特务监视着，还经常接到特务们的恐吓信，威胁他的人身安全，他受很大的压力。'杜先生在谈到甘肃的斗争时，说：'甘肃向来在政治上比较闭塞，甘肃的同志在艰苦的环境里开创局面，干得很好。今后环境可能要变得更加险恶，遇到的困难将来会更多更大。要注意保存力量，有的同志要分散隐蔽，许青琪、王教五等同志最好能转移一下，改变一下处境。甘肃事变是受苦受难的广大汉、回、藏同胞揭竿而起，共同反抗蒋介石、朱绍良、胡宗南、谷正伦、马步芳，是给他们很大的打击的义举。从某种意义上讲，它牵制了蒋介石的一部分兵力，减轻了蒋介石、胡宗南对陕甘宁边区的压力。失败的原因是多方面的，有内在的也有外在的，对内在原因要给以回顾，等到条件成熟时还要奋戈再起。要和回、汉、蒙、藏同胞中有代表性的，不满国民党蒋介石的头面人物广交朋友，要和各行各业中有代表性的人物广交朋友：只要是反蒋的，反朱的，反胡的，反谷的，反马的，我们都要设法联络，建立感情，壮大反蒋力量。青年学生的爱国民主运动现在已经在全国范围内蓬勃开展起来了，这是反对蒋介石的一支生力军，我们要响应、声援，配合青年学生的民主爱国运动。揭露蒋介石的内战阴谋，扰乱他的反革命部署，叫他们疲于奔命，叫他们经常患头痛病，患牙痛病。'杜先生一口气谈了两个来钟头，每一句话都那么铿锵有力，使人激情澎湃。他的谈话，开阔了我的政治视野，增强了我的革命斗志和政治热情。他走进屋子拿出一个封贴严密的小纸包，长宽不过一寸，递给我说：'这个东西你带去亲交鸿宾同志，今天我讲的一些话也可以择要向甘肃同志讲讲。'杜先生转身去拿来针线，看着我将小纸包缝在我的衣裤里。当我告辞时，杜先生说'等等'，叫来那位青年，说：'出去看看。'不多一会儿，那位青年手里拿着一把葱蒜进来，说：'没啥。'杜先生送我到院子中间，到南屋里请出一位先生。那位老先生透过眼镜看了我一眼，没有说话。杜先生介绍说：'这是高（宪斌）先生，请他陪你出去。'高先生便同我一道出来，一直到北大街，分手时还一再叮咛我注意小心。"

元宵刚过，杨明轩、李敷仁在延安与中共中央西北局秘书长兼统战部长张德生一起商量成立延安民盟组织。2月22日，张德生便致电中共陕西省工委书记赵伯平："决定成立民盟延安支部，并准备杨老公开。请派人问杜老有何意见，并见菊人，询其近情。"这里提"杨老"即杨明轩，"公开"即公开杨的共产党员身份。

在蒋胡白色恐怖中杜斌丞自己临危不惧，视死如归，却对革命同志的安全十分关切，想方设法保护革命同志。

蒋胡进犯延安前夕，杜斌丞叫高建白设法将两位革命好伴侣杨晓初、李馥清夫妇安全送离西安。高建白晚年回忆说："斌丞兄知道我在1926年受李大钊的托付，营救了地下共产党员胡伦。1935年春，霍子乐先生来找我，说陕北绥德国民党党部邓仰至关押了一些人，希望我能出面营救。他请我将共产党的两名地下党员白寿康（后来做了师政委）、齐谓川（后来做了青海军区政委）保释出来。我就将他俩要出，使他俩获得自由。他还知道我在共产党领导的皖北阜阳暴动中，我部有一批暴动者未来得及出走，我都发给他们路费：近者20元，远者30元。当时就有赵紫元、王伯藩、陈长铭、马云程、任启民、惠毓瑞等20人领了路费，我让他们平安离开，避免受追究与查问。斌丞兄对我说：'以后这种事还会有，免不了还得要你出面营救或掩护。'1946年5月斌丞兄介绍我加入民盟后，此类事我自然承担起来。就在1947年春，蒋胡迫害革命与民主人士的风声已紧，斌丞兄让我设法将杨晓初、李馥清夫妇送离西安。我想这事很重要，我得亲自去护送，才有保证。当时我就借军官总队长的名分与工作，带了副官李天民（中共地下党员）一起亲自护送。当时河南漯河的第十四军官总队与第二十五军官总队出了一些事端，胡宗南、韩锡侯就要我临时兼管了这两个总队。此时，我就借处理这些事去郑州。杨晓初原来的公开身份是三十八军驻郑州办事处处长，第三集团军驻西安办事处处长等职。我们一行四人，一起乘火车离开西安到郑州。杨、李二人平安地在郑州下了火车，我与天民到漯河检查工作。当我们由漯河返西安时，专门在郑州住了一宿，又看望了杨晓初和李馥清。我见他二人安全无恙，也就放心了。后他们二人绕道到上海，辗转到解放区西柏坡，又才到延安。新中国成立后，他们二位都是西北局与省市重要领导干部，杨晓初曾任西安市副市长，李馥清是全国政协委员、全国人大代表，民盟与妇联的领导。"

这年1月，中共中央西北局统战部编印的《陕西概况》第13号载：国民党陕西当局已勒令进步的《新妇女》《孩子报》《文林》报刊停刊，对文化界进行"大扫荡"。时为《新妇女》杂志发行人的秦琳后来说："西北民盟总支部正式成立后，决定出版《新妇女》杂志，由杨明轩直接领导。按照当时的出版法，发行地址要登在报头下边。对于把该刊的发行地址登记在我家，以我为发行人，我初有所顾虑，杜斌丞先生知道后就安慰我说：'你不要害怕。抗战刚刚胜利，全国人民强烈要求民主与和平，国民党现在还不敢对民主运动公开进行迫害，你要勇敢地承担这个任务。'杜老还就编辑方针提出了意见：'杂志要讲究斗争艺术，可以办得灰一些，主要刊登一些争取民主自由方面的文章，多从妇女角度写。'第3期杂志发行后，国民党特务闯进我家，气势汹汹地说：你们的刊物不合法！今后不许再印。我向杨明轩同志汇报，他指示赶快收摊。三天后，几十个警察包围了我的住宅，里里外外搜查没有查到有嫌疑的东西，便借口我家后院住的两名工人没有户口将他们逮捕。杜先生知道后对我说：'要警惕，特务什么事情都能干出来。要讲究斗争方式，用合法斗争同他们斗。'"秦琳的丈夫田一明说："我当时是陕西省参议会参议员，参议员有'豁免权'，秦琳以电话向省参议会负责人提出抗议，要求保障人权，并赔偿损失。为此西安市警察长连忙解释说是误会。"

3月7日，中共中央西北局决定，中共陕西省委工作委员会并入关中地委，地委书记赵伯平。地委设国统区工作委员会，指导国统区党的工作和民主运动。

中国民主同盟3月8日发表《为和谈正式破裂宣言》。对国民党政府令京沪渝等地中共办事人员限期一律撤退，国共和谈从此正式破裂而深表痛心，宣言声述内战惨痛，"希望政府切实保障人权，即使此人而确为共产党也，亦不应故加迫害，苟非共产党而仅以其人为政府所不满意也或常发为不满政府之言论，而并未有实际妨害社会秩序之行为也，则更不宜强冠以共产党之名，而加之以迫害。"

蒋介石、胡宗南迫不及待了。3月13日，集中34个旅25万兵力，向陕甘宁边区发动大规模进攻，延安保卫战从此打响。中共中央军委以教导旅等部5000余兵力，阻击由洛川、宜川北犯的胡宗南部14万大军。16日，中共中央军委决定组成西北野战兵团，所部兵力约为2.6万人，彭德怀任司令员兼政治委员，习仲勋任副政治委员。

3月18日傍晚，毛泽东、周恩来从容撤离延安。次日拂晓，西北野战兵团从延安撤出，胡宗南占领延安，中共中央发出《关于我军撤出延安的解释工作的指示》："蒋胡急于进攻延安，正表示国民党当前处于极端困难情况之下（军事、经济、政治上极大困难），是为着振奋人心并借以团结内部所采取的一种行动。我们失去延安虽有某些损失"，"而我们若能将胡敌大部吸引在陕甘宁而加以打击消灭，这正便利于其他解放区打击和消灭敌人，恢复失地。"

就在毛泽东和中共中央撤离延安的这天晚上，杜斌丞向不便表明政治身份的中共中央调查部直属西安情报处处长王超北表示："决心迎接蒋胡反动集团的挑战。"王超北说："1947年3月18日，我处打入胡宗南总部的情报人员给我送来了蒋介石给胡宗南和陕西省主席兼陕西全省戒严总司令祝绍周的密令：'杜斌丞、白伯英、王菊人等通匪有据，速即查办。'当天晚上，我即避开守在杜斌丞先生住宅对面茶馆内监视的一班特务，从严佑民同志的院内经偏门进入杜斌丞先生家中，当面说明上述情报。杜斌丞先生很镇定，他说：'斗争难免有牺牲，我不能让蒋介石的恐怖手段吓倒。'当时他还觉得，他是有一定社会地位的知名人士，蒋介石不至于对他下毒手。我当即劝告他，蒋介石、胡宗南一伙是杀人不眨眼的魔王，什么坏事都能干得出来的，你应该外出躲避。我还表示：我们可以帮助他去延安。当时，八路军驻西安办事处已被蒋胡反动派强行封闭，我负责的西安情报处是唯一能直接同中共中央保持电讯联系和交通联络的党组织代表机构（实际还有别的情报系统）。我们的机构是绝对秘密的，我的政治身份是绝对秘密的。杜先生对延安很向往，但因不大了解我的政治面貌，对我持有一定怀疑，所以没有接受我的忠告。最后他表示：‘决心迎接蒋胡反动集团的挑战。’”

卑劣栽赃　身陷囹圄

蒋介石、胡宗南终于向杜斌丞下毒手了。胡宗南占领延安的第二天，即 3 月 20 日下午，一帮特务拥进西安王家巷 32 号杜斌丞的住宅，采取卑劣的栽赃陷害伎俩，逮捕了杜斌丞。当天被捕的还有王菊人。王菊人 1950 年 8 月 20 日在《记杜斌丞先生之狱初稿》中说：“民国三十六年春二月二十八日（3 月 20 日）下午 3 时前，每隔一二个钟头，即有便衣一人来问：‘杜先生在家否？’杜良明同志（后亦同日晚被捕，受严刑，死于牢中）答：‘在。’即以此严重情形告君（杜斌丞），君泰然自若，曰：‘早知有今日，听其自然。’到下午 3 时许，有座车一辆，驶抵西安王家巷 32 号君寓，载乘特务人员七八人（此人数可问居恭），一拥而入，直至君房中。时君正读书，特务以枪指君头，君厉声斥曰：‘我姓杜的向不怕死，汝欲何为！’特务等先驱君及全家人到院中受监视，然后在君室大搜查，室中不过有书百余本及衣被。搜查为时甚久，其详密处只未挖墙掘地而已。大约将栽赃之物放好后，突有特务在屋中大呼云：搜得毒品了。即时特务又带君入室曰：在你枕边查得烟土一块约三两，桌上搜得海洛因一包约一两，你非卖即吸，有何话说。君曰：‘我不卖不吸，你们在社会上到处打听，到处可得真相。我不但不吸大烟及海洛因，并任何烟都不吸。即以事理来说，我若是卖或吸，也决不会摆在桌上和枕边。你们丧心病狂，栽赃陷害，还同你们有何话说？’特务等闭口不语，只再三要君具结，君曰：‘你们这些特务，栽赃害人，全非事实，我岂能具结?'特务等再三纠缠，君不断斥之。特务等忍心诬陷，代君写一甘结，君之印章在抽屉内，特务等即取来盖章，亦有书籍及较好之衣物，一齐抢去。时已夜9时许，先取毛巾将君双目蒙蔽，二人扶君出，上车疾驶而去。我记得某次审问我时，因我前次之口供同君案卷在一起，当特务翻寻找我的口供时，我曾窃看到特务对君捏造之甘结，字迹显非君书。君被送到公安总局，蒙目之布不为解开。君怒斥，守者说你不要生气，不然早把手铐戴上了。君仍怒斥不少为屈。奉命栽赃陷害杜斌丞的国民党特务分子，解放后向人民政府供认了其中的内情。"

中共陕西省委党史研究室原主任罗文治在1998年8月出版的《中共陕西地下党反敌特斗争纪实》一书中说："在敌特搜查杜斌丞家之前，西安市警察局局长萧绍文根据省政府主席兼全陕戒严总司令祝绍周的密示，布置了栽赃陷害的阴谋。负责搜查的姬守礼、陈廷珍均有供认。陈廷珍称：姬守礼约我去萧绍文处，萧面告我说，并从他的口袋内取出祝绍周所给他的一个手谕，叫陷害杜先生。他说这是一个重大的案子，必须秘密。当时他就拿出一包海洛因，分作两包，让我和姬守礼当时就去杜斌丞府。于是我俩各拿一包，带了20多名警士和职员，并协同二分局局长付魁伍进了杜府。先由我和杜先生谈话，姬守礼在我和杜先生谈话当中，就将所拿的一包毒品放在杜先生房内书架上。后我和姬商谈，给杜的罪已经搁上，并可借此置他于死地，于是就把我的那一包带回去了。事后有人对从杜宅查出毒品有怀疑，询问萧绍文，萧说：要他有大烟，他就有。敌特虽有如此卑劣的栽赃伎俩，但是杜老不嗜烟毒人所共知，此次搜查'成绩'人皆不信。"

杜斌丞被捕的第二天，即3月21日，中共中央调查部直属西安情报处处长王超北电报中央："杜斌丞先生和他的侍从杜良明与王菊人均被捕。详细如下：本月20日下午5时，有武装警察和特务二百余人，将他们的住宅分别包围搜查，至10时许始出。在搜查中，警察在街道即大声扬言：'杜胡子贩毒、吸毒！'暗中将大烟一包乘隙塞入杜的衣箱，认为证据确实。将杜绑在洋车上，拉出王家巷东口，转押于南门外张家村。"中央回电："杜斌丞被捕，更证明国民党的脆弱。敌企图以占延安与给民主人士的高压来挽救其军事危机，但后果并不能如愿以偿。目前你们处在敌后，应善自注意安全。"

被捕的杜斌丞 3 月 22 日在西安市公安总局看守所受审。4 月 5 日，由市公安总局看守所转押于新城秘密牢室。王菊人在《记杜斌丞先生之狱初稿》中说："过了十三号（公历 4 月 4 日），又于夜间蒙我双目，转押到祝匪绍周押重要政治犯之秘密暗室内（即祝匪所部之教导总队部，在今新城最东边近北有十间房即是），接着把他也送来。一房有三室（靠新城城墙下），我和他对门而居约半年。外边前后有一班看守兵，房内两个特务，监视森严，大小便不许出房子，各给瓦罐一，一星期尚不准洗刷罐子一次。至于饮食，顿顿受饿（给我们馍各一个），此被捕两周内之情况也。我们的押室，都是暗室，室内不辨黑白，既不能说话，也不能暗中通讯。三天以后，才将窗子拆开几个砖，上留半尺透明。"

4 月 7 日，在新城秘密牢室第二次受审。王菊人在《记杜斌丞先生之狱初稿》中说："匪帮问君有何感想可以写出，君诺之。问完后还押室，特务以纸笔来。君握笔疾书，写了十余张十行纸之多。我只由君告我此文内容，谓以民盟之立场反帝反封建，主要的是反内战。内战之起，主要在执政的国民党，共产党和民盟都是主张和平的。政协决定的只要国民党实行，自然便走到和平统一的道路上去。君此一篇文字乃爱国爱民之心之天真流露，为民请命，激昂慷慨以陈词。特务见君坐在地下，文具等放在小椅上，直书未留稿。下午 4 时后写起，至夜 8 时后才写完。不得保存，真可惜也。至审问词，我记得的如下：（问）你同共产党有关系吗？（答）民盟今天的政策是同共产党合作，以求达到和平统一的目的。至我个人则无关系。（问）你认得孔从洲吗？（答）认得。（问）你认得王菊人吗？（答）那是我的朋友，当然认得。（问）八路军那方有人给你一封信，你见到吗？（答）没有。（问）此信交一个姓方的转交你，你当然知道姓方的名字和在什么地方，你一定知道的，可以说出来。（答）不知道，我认得的朋友里，并没有个姓方的，我无从答复。（问）你哪里来的藏那么多的反动书籍？（答）国民党主张言论自由，我凡愿看的都买来看，何谓反动。（问）你说你不吸大烟、白面，那么搜得之物从何而来？（答）我不卖不吸，人所共知，果是卖是吸，断无以禁品放在枕边、桌子上之理，你们这些特务栽赃陷害，昭然若揭，你心中明白这毒品是哪里来的，这是特务从你们库里拿出来诬害我的。全非事实，我岂能承认。至此，问者无一言。后乃云：我叫你承认，是为你的，你既具结于前，现在何以不承认？君厉声曰：'你们这些特务栽赃，又代我妄写甘结，今日在此，一对字迹，便知是谁写的，现在又强我承认，如此无法无天的政府！你们要杀就杀，何必多问？'问者无言，叫带君去。此审讯回答之词，由君写以告我，我所记得者，仅此而已。"

杜斌丞长媳高居恭于 4 月 8 日致书民盟中央："中华民主同盟总部秘书先生并转章（伯钧）、罗（隆基）两先生钧鉴：赐函敬悉。家父自上月 20 日下午被陷后安置何处，迄今无法得知，衣服饮食，亦无由馈送。居恭一弱女子耳，奔走经旬，毫无着落，只有日坐愁城，徒呼负负而已。辱承关注，无任感荷。敬恳鼎力施救，俾能早获自由，则阖家有生之日，即戴德之年矣。情迫事急，草复不恭。敬叩钧安。杜高居恭叩复。"

对于杜斌丞遭捕一事，中国民主同盟也于 4 月 25 日发表对时局的宣言。指出："我们对政府无端逮捕民盟领袖及盟员如杜斌丞、骆宾基、王菊人等提出严重抗议，并要求政府对逮捕者立即释放。"

杜斌丞遭捕，其在米脂的夫人朱佩英受惊于 5 月 2 日病殁家乡。

5 月 8 日，中国民主同盟主席张澜致函南京国民政府行政院院长张群，驳斥中央社的造谣。并首先指出：4 月间本盟曾推章伯钧、罗隆基两同志赴京，关于本盟盟员杜斌丞等无端被捕事，拟向政府有所接洽。阁下未暇接见，本盟颇以为憾。

胡宗南占领延安，好景不长，大约一个半月，连吃青化砭、洋马河、潘龙三次败仗。5 月 4 日，陕甘宁边区 5 万军民在安塞县真武洞举行

"三战三捷"祝捷大会。周恩来、彭德怀、习仲勋在大会上讲话，宣布中共中央和毛泽东主席撤出延安后，一直在陕北与边区军民共同奋斗。

三战三捷和庆祝大会，既是对蒋介石、胡宗南的当头痛击，也是给遭捕的杜斌丞、王菊人等送去的喜讯和安慰。

不仅如此，杜斌丞的好友杨虎城将军的部将赵寿山将军，在出国"考察水利"前夕，终于摆脱蒋介石的监视，巧妙脱身，从上海乘轮北渡天津。在地下党组织的护送下，秘密来到晋冀鲁豫解放区的邯郸，脱离险境。7月6日，赵寿山将军在晋冀鲁豫解放区发表通电，宣布起义。通电称："余之长官杨虎城将军，尽瘁革命，卓著功绩，只以'双十二'兵谏，禁锢十载，至今生死不明，其部队又横遭压迫分化瓦解并篡夺以去。余之至友如杜斌丞、王菊人、许权中、李敷仁等，年来被拘捕杀害者，亦不下数十人，被害家属咸望余能为之复仇雪恨。""无论为公为私，均不容当此祖国灾难深重之日，逃避责任，远涉重洋也。""余决以坚决行动，反对蒋介石反动政府之卖国独裁内战政策到底。"

与此同时，西北人民解放军野战军骑兵第六师组建。杨虎城长子杨拯民，由陕甘宁晋绥联防军延属军分区副司令员，调任骑六师副师长、党委副书记。

7月21日至23日，转战陕北的中共中央在陕北靖边县小河村召开前委扩大会议。会议的中心议题是如何进一步组织和发展对国民党军的战略进攻。毛泽东指出：现在，蒋介石在政治上更加孤立，但还未到绝对孤立。对蒋的斗争，计划用五年解决，看过去这一年的成绩，是有可能的。关于土地政策，毛泽东指出：土地政策今天可以而且需要比"五四指示"更进一步，因为，农民群众的要求更进了一步。平分是原则，但按情况可以有某些伸缩，如对杜斌丞，但对共产党员则不应例外。

接着，由孔从洲和汪锋率领的由杨虎城旧部改编的民主联军第三十八军，编入晋冀鲁豫野战军陈赓第四兵团，即将南渡黄河天险，向豫西、陕南进军。杜斌丞虽在狱中，喜讯却一个个传来，他兴奋不已。在杜斌丞精神情操的感召下，具有正义感的狱卒王鸿勋冒险向外传递信息。高建白 1951 年说:"斌丞兄被诬陷入狱后,民盟总部一再向南京国民政府抗议、交涉,要求释放,都告无效。不久,有一位狱兵王鸿勋(周至县人)送来一信。我得信真是高兴非凡,赠他 20 万元法币,不料王君大为不满,说:'高先生,请你了解我,我是因为敬佩杜先生,同情杜先生,纯然是为了帮助杜先生完成事业,才来送信的,并不是为了要钱。'他说着痛哭起来。我没想到能遇这样侠义的人,深为敬佩。我想,革命是中国劳动人民一致的要求,所以都愿意帮助遇难的革命者。我向王君讯问斌丞兄在狱中的情况,他简单地作了说明。从此,除王君来往传信,还有两人常来传信,但都不吐露真实姓名,也不拒绝我赠送的报酬。经他们若干次传送信件,我知斌丞兄的各种疾病都发作了,知他和王菊人同志利用王君传递纸条,彼此以诗互相慰勉,并屡次询问赵寿山、孔从洲先生的近况,念及韩望尘、张光远的情况,及家属子女的情况。凡此斌兄暗示之事,我均以隐语函复所问。"

杜斌丞被捕后,住宅周围不但有特务昼夜监视,而且宅中也有特务住了进来。8 月 6 日,被捕的王菊人之妻李亚廉冒险探监。告诉王菊人,赵寿山已到邯郸,发出起义通电。又告杜斌丞:"你家已住个特务,不可送信。"此后,杜的通牍改送高建白处。

凛然赴义 气塞苍溟

1947 年 8 月 20 日,人民解放军西北野战兵团在杜斌丞的家乡米脂县沙家店,歼灭胡宗南整编第三十六师 6000 余人,结束了国民党军对陕北的重点进攻,西北野战军由内线防御转入内线反攻。正如毛泽东所讲的,此役陕北战事"翻过山坳坳了"。

8 月 22 日,由陈赓、谢富治统一指挥的晋冀鲁豫野战军第四纵队、西北民主联军第三十八军和新组建的第九纵队,共 8 万人,在晋南、豫北交界处的垣曲、济源间及茅津渡以东地段渡过黄河,乘胜向陇海路潼关洛阳段进击,造成解放军"东取洛阳,西叩潼关"之势。西安胡宗南震惊，如热锅蚂蚁。

闻知人民解放军已到潼关，杜斌丞在狱中喜而为诗。王菊人在《记杜斌丞先生之狱初稿》中说："牢中对于我们，任何书不准着，君无事，思作诗。暗中买得《唐诗三百首》一本，日日朗诵。特务等因相处较熟，未没收此书。每日常学为诗，叫我看。君在车内赴玉祥门途中，曾作诗赠监刑者，惜无法知之矣。在此期中，习作甚多，将我记得者，零断不全，然皆实录也。君偶闻之守兵云，解放军已到潼关，喜而为诗：'□□□□□□（此句记不得了），汉家旌旗满潼关。为问元戎今何在，不扫楼兰誓不还。'《闻杜聿明在华北拉兵赴东北》：'忍教骨肉自相残，华北仍是旧河山。月照城头血凝碧，骨曝沙砾岁岁寒。'又《牢中慰问同难王菊人同志》：'国家正多事，南冠到此城（我们都被押在新城，此城指新城而言）。望门思张俭，慷慨感侯生。我志非石转，君心比月明。衷怀诚怛怛，自足慰吾情。'《闻解放军到潼关》，上四句忘了，下四句是：'人恨秦暴虐，群望汉旌旗。我有擎天手，与子以为期。'"

9月15日，中共中央军委通报各战区的作战情况。指出：陕北已收复佳县、米脂、吴堡、子洲、镇川、横山、靖边、保安、吴旗、安定、固临诸城镇。彭德怀率野战军已进至青化砭、延川之线以南地区，胡宗南军主力七个旅又两个团则在该线以北被阻击，无法迅速南撤。彭军待完成歼敌一部任务后，准备不久即打到外线去。这些胜利喜讯，不时传来狱中，杜斌丞一一所闻，兴奋之情藏于心中。

做贼心虚，色厉内荏的国民党陕西当局，10月1日再次将关押杜斌丞、王菊人牢房的窗孔裹泥塞实，牢内又成为暗室。王菊人在《记杜斌丞先生之狱初稿》中说："民国三十六年过了八月节（中秋节），到十七日（公历10月1日）午饭后，突闻窗外有倾倒砖头声，看君窗外也置了好些砖头。未几，伪总队部李主任副官来监视，叫兵把我们的窗塞实，并用泥裹泥，房子又成为暗室矣。室内不能辨黑白，他和我也无法写通讯了，但我们均了解这是案情严重的表示。"

《西京日报》10月2日报道：高崇民、周鲸文出任东北各省市行政联合办事处行政委员，车向忱任嫩江省政府副主席，关梦觉任嫩江省教育厅厅长。他们都是经杜斌丞、杨明轩等大力协助，从西安首途或经西安，进入东北解放区的。这一月，西北野战军收复延川、延长县城。11日攻克清涧县城。清延战役共歼胡宗南军 8000 余众。并攻克黄龙山东段南北麓的白水、韩城、石堡等城镇。

狱中的杜斌丞 10 月 4 日致书高建白。王菊人在《记杜斌丞先生之狱初稿》中说："至二十日（公历 10 月 4 日），君使人送给高建白信。回来带了 20 万元，一封回信。君与高本约有术语，但君又忘记，以示我，我更不了解。"

10 月 5 日，杜斌丞又致书高建白：

> 建白弟鉴：近日此间情况恶化，事急时迫，未知前致居恭之函，已否转达？兄困幽数月，诸病交作，日益沉重。自思三十年来，无日不为民主而奋斗！反动诬陷，早在意中；个人死生，已置度外。彼独裁暴力，虽能夺我革命者之生命，绝不能阻挠人类历史之奔向光明，终必为民主潮流所消灭也。惟望人民共起自救，早获解放自由，则死可瞑目矣。请转告诸生至友，共同努力，以期实现合理平等之社会国家，则公理正义，自可伸张于天地之间。居恭遭遇至苦，弟应多去照料；并通知鸿模，此时不必返陕。良民（明）随兄受害，令人悯痛！现在究押何处？设法营救为要。呜呼！悲愤交集，言不尽意。吾弟知我最深，务须珍重。信及款袜，均已收到。兄斌，十月五日。

"居恭"即杜斌丞长媳高居恭；"鸿模"，是杜斌丞次子，时在天津。高建白 1951 年说："此信直到 1947 年 11 月 2 日才由一不相识的狱卒送到高家。"

敌人终于举起屠刀。10 月 7 日，杜斌丞在西安玉祥门外慷慨赴义，为中国新民主主义革命流尽最后一滴血。王菊人在《记杜斌发丞先生之狱初稿》中说："二十二日（公历 10 月 6 日）傍晚，我从窗中看见大门外停放一辆公共汽车，接着又开到一辆大卡车。天晚后忽外边又加了两个岗兵，时天雨淅沥，室外兵的谈话，一点听不清。平时这伪直属中队的连长初夜查岗一次，便不再来。是夜每不到一个钟头便查一次，且用手电照着从门缝中把我二人看一次，时大约近夜 10 时，上述各殊异情形只能断定必有严重事故，不过想不到发生如此之突变而已。天将曙，我睡醒，忽闻雨声中有人持伞来，进来将那个看守的特务叫起，一同出去，我想到必有事故，急穿衣而起，从我门缝中看见特务手提钥匙立在君门口。他低声说：'杜先生请起来，要搬到旁的地方去。'闻君问：'现在什么时间？'特务答 5 点多钟了。我看见他点着灯，穿棉衣、长袍，又套袍罩子，戴上礼帽。我由灯光下看见君泰然自若，神色不变，盖君早不以生死着意矣。其从容就义之精神，真不可得。特务开门以手巾蒙君目。又进来两个特务扶君从我窗下过，我急从窗缝看，只见院中有十几只手电灯到处照射，由其灯光中看院中穿军衣或便衣者满院皆是，既不许君带衣物，加上上夜情形，以及当时之院中异状，和可疑之时间，已断定君将不免矣。后闻之伪总队部人云，君到传达室始加绳，缚以公共汽车载君去。君殁之时日为民国三十六年阴历八月二十三日（公历 10 月 7 日）上午 5 时至 6 时之间。此君之就义经过也。"

10 月 7 日凌晨 5 时，冷雨凄风，杜斌丞慷慨赴义，昂然倒在刽子手的枪口之下。

10 月 9 日，中共中央调查部直属西安情报处处长王超北电报中央："祝绍周以全陕戒严总司令名义，于本月 7 日晨 5 时，用'勾结匪军，密谋暴动，贩卖烟土兼共匪关中地委会负责人'等罪名，将杜先生等 12 人枪毙。"

10 月 11 日，杜斌丞的遗体秘密安葬于西安城北郊吕家壕。杜斌丞的长媳高居恭等人回忆："1947 年 10 月 7 日杜斌丞遇害后，警察局通知家属到刑场收尸。高居恭同在杜家做饭的任师到玉祥门外刑场收尸，雇车将杜斌丞的遗体拉到南关外小客栈，停放了五天。经高桂滋、韩望尘等人筹资，白伯英、杜鸿厚、高宪斌等人筹办，买了一副柏木棺材，由北郊吕家壕（现未央宫东张村）村民吕炳福、李春新等人，在吕家壕田埂旁挖了一个墓，晚上用牛车将杜斌丞的遗体由南关外小客栈拉到吕家壕，连夜安葬。事后吕家人对外称，埋葬的是城里常姓人的亲戚。吕炳福、李春新是杜斌丞外孙常永安、常永生两人的乳父、乳母，杜斌丞的墓地是其堂弟杜理丞原先购置的产业。"

新中国成立后，杜斌丞的遗骨始由北郊迁到南郊烈士陵园。高宪斌1949年5月24日说："民主同盟中央常委兼西北总支部主任委员杜斌丞先生，于民国三十六年（1947）十月七日就义于西安之玉祥门外，余因种种关系除于入殓之际前往一面外，殡葬之时均未参加。"戴居仁2005年9月3日说："杜斌丞先生是我父亲戴铭九的挚友，他们志同道合，接触频繁，交往极深，对国民党反动派的黑暗统治深恶痛绝，其政治观点如出一辙，我们姊妹常见杜先生，称他'胡子伯伯'。胡子伯伯遇难的时候，我父亲正在西安炭市街高智怡医院住院治病，噩耗传来，他非常义愤和悲痛，心情几至难以自控，他又不听杨子廉、韩望尘等老伯们的劝阻，连我们儿女也不让陪他，独自到胡子伯伯的墓上去祭奠追念。他回来后少言不语，处于极度的悲痛之中，期待着胡子伯伯预言的曙光普照神州大地。"

10月12日，中国共产党发言人就杜斌丞先生遇害一事指出，蒋介石政府对国统区民主运动实行大规模的残酷迫害，说明了其对自己的统治能力已丧失信心，是其愈加接近死亡的表现。中共中央主席毛泽东修改任弼时1948年1月12日在中共西北野战军前线委员会扩大会议上的讲话稿时加了如下一段话："杜斌丞是民主同盟的人，是一个民主分子，他被胡宗南杀死了，但是类如杜斌丞这样的人还是有的。有这样的人参加民主政府，使民主政府成为共产党领导的各革命阶级的代表人物联合组成的政府，而不是共产党一党包办的政府，这样对于团结中国百分之九十以上的老百姓一道奋斗是有利益的。"中共中央书记处书记周恩来1948年2月对米脂县县长姬伯勋说："斌丞是一位坚贞的革命战士，是鲁迅式的共产党员，为新民主主义革命奋不顾身地工作，作出了卓越的贡献。他那激昂慷慨的维护民主的言论，临危不惧的大无畏精神，蒋介石害怕他，人民需要他。他生的伟大，死的伟大，正气磅礴，足可千秋。"同年 10 月 7 日，陕甘宁边区各界代表在延安集会追悼杜斌丞先生，毛泽东为斌丞先生题词："为人民而死，虽死犹生。"

杜斌丞就义后，中国民主同盟主席张澜为杜斌丞被枪杀案发表严正声明。声明指出："对民盟中央常委兼民盟西北总支部主任委员杜斌丞先生本月 7 日在西安无辜被害一事，本人极端愤慨，同时亦极感悲痛。这不只是对被难者自身损失及民盟重大损失的悲痛，我对国家法治与民主的前途更感悲痛。"杜斌丞先生"其立身行事与其思想主张不止西北人民所共仰，实亦全国人士所共知，他毕生的文化教育事业之成绩，昭昭在人耳目。他笃信民主和平，而近年来努力促进国家之民主、和平亦为事实。惟以禁在囹圄早失自由之人，今天竟指其有'勾结匪军阴谋暴动'之行为，且以此定罪行刑，则所谓'贩卖毒品'等等诬陷，实不值一辩了。""关于杜先生的无辜被害，民盟除正式向政府提出严重抗议外，谨将案情诉诸全国及全世界之公道与正义。"

在西安玉祥门外和杜斌丞同时遇难的还有刘伍、张周勤、方廷堂、薛玉瑞、李杰三、韩生祥、贾自明、田振英、田振玺、王宝灵、刘高士等 11 位革命者。

杜斌丞遇害第五天，即 10 月 12 日，董必武便以《闻杜斌丞先生在西安遇害为长句吊之》。诗云：

> 大颡虬髯骨相奇，胸罗武库是吾师。
> 共推国士谋能断，屡作罪言安复危。
> 当路芳兰宁有幸？噬人瘈狗竟无知。
> 秋风惨澹西安市，万户伤心泪暗垂。

杜斌丞殉难一周年，除陕甘宁边区各界在光复后的延安举行公祭追悼外，在他殉难的两周年、35周年、50周年和诞辰100周年，先后由中国民主同盟总部、民盟中央公祭、悼念或召开纪念会。

杜斌丞殉难一周年，林伯渠为了悼念在西安一起战斗、互为师友的杜斌丞，特作《杜斌丞先生遇害周年祭诔诗以悼之》：

> 杜斌丞先生是西北人民反对帝国主义侵略、反对蒋胡独裁、赞颂中共主张、争取民主事业之实现的一切爱国民主人士中最有声望的代表。卖国贼蒋介石、胡宗南去年侵占延安之次日（3月20日）逮捕了他，去年今日残害了他。先生为西北人民而牺牲，大义凛然，气塞苍溟。今当先生遇害周年，我们为西北人民之需要先生而深表痛悼！一年来，西北人民已获得伟大胜利，今后当更发扬先生的正气，与全国同胞在中国共产党领导下，亲密团结，继续努力，推翻国民党反动派的统治，严惩屠杀人民的战犯罪行，以早日解放大西北，实现新民主主义中国的伟大历史任务，来永恒地纪念杜斌丞先生！

> 桥陵间气挺人豪，秋水襟怀松柏操。
> 子美家风天此醉，文山遭遇节尤高。
> 誓将热血培民主，唤醒睡狮吼怒涛。
> 告慰先生应瞑目，千章红叶满晴皋。

1948年3月，在党中央和周恩来的关怀下，修建了米脂县"斌丞图书馆"，同时在馆内附设杜斌丞纪念室，保存了烈士生前的遗物和重要文件，边区政府主席林伯渠亲笔为图书馆题了匾额。但在"文化大革命"中图书馆被撤并，纪念室也改作他用。1982年开始重新修建"斌丞图书馆"和纪念室，9月4日正式开放。

1995年4月5日，杜斌丞扶助优秀贫困学生奖学基金管理委员会在西安成立。

1997年10月15日，杜斌丞烈士铜像在米脂县落成揭幕。

2006年5月10日，陕西省杜斌丞教育思想研究会成立。

后辈说前辈

我们在撰写这部著作之前，采访了多位当年的亲历者、当事者、见证人和知情人，以及他们的亲属。同时发现他们的后辈对自己父辈、祖辈生平事迹多有调查和研究，掌握了大量珍贵翔实史料，有的撰写成册成文，已公开出版或发表；有的已整理成卷，存放家中。这对我们撰写这部著作是一个有益的补充，也可以帮助人们更多地了解历史真相的情节和细节，我们选择几位采访谈话记录，整理成文，以飨读者。

李大钊推荐了我父亲

王森然之子王工——

说起榆林中学，就一定要说起杜斌丞先生。因为榆林中学号称西北的革命摇篮，这也主要指的是杜斌丞先生任榆林中学校长十年期间所创造的辉煌。教育的根本宗旨和目的是培养人才，杜斌丞先生培养了刘志丹、谢子长、高岗、刘澜涛、霍世杰、曹力如、王子宣、杜润滋、张秀山、史唯然、张光远等这样一大批中国革命历史上叱咤风云的人物，堪称革命教育家。

杜先生是 1917 年从北京国立高等师范学校毕业后回榆林中学任教的，第二年任榆林中学校长。1919 年五四运动爆发，杜先生主持榆林中学之初，正好是五四新文化运动新思潮给教育带来新风气、新思想的时候。

我的父亲王森然参加过五四运动，投身到新文化的传播之中。1923 年，曹锟北洋政府以父亲有"过激"言行之罪名通缉过他。在李大钊、胡适、陈独秀的掩护下，父亲避至北京大学，又辗转到河北冀州。1924 年元旦，李大钊把我父亲叫回北京，和我父亲商量一件事情。李大钊说："我给你介绍个人，叫杜斌丞，前几年从北京高师毕业，现在主持陕北榆林中学，我认为你可以和他结识一下，或许能成为至交，你到他那里去，作为一个拓荒者，开辟一下陕北这块处女地。"

我父亲从李大钊那里，始知杜斌丞正为榆林中学邀请一批教学人员，而且要具备三个条件：一是有一定专业知识和知名度；二是必须是新文化运动的缔造者、拥护者，有一定社会影响；三是五四运动的斗士和参与者。根据杜先生的要求，李大钊觉得我父亲具备这三个条件，就竭力给杜先生推荐。

我父亲和杜先生一见如故，情投意合，息息相通。春节过后，父亲顾不得天寒地冻，路途遥远，经过 15 天的行程，到了陕北榆林，从此他俩的友谊贯穿一生。

1947 年 10 月，杜斌丞先生遇难了。从此两位老人阴阳相隔，但是杜先生的形象、人格和精神，一直存放在父亲的脑海里，父亲时不时向我们提及榆林的往事。我最近找出一张老照片，是杜先生在春寒料峭天地里穿着厚厚的棉大衣，戴着棉帽子，蓄着胡子，在黄河口岸迎接我父亲的情景。

30 年前，我去过一趟榆林，发现父亲在榆林中学办的四个刊物，我很惊奇。第一个叫《榆林之花》；第二个叫《榆林旬刊》，就是十天一期；第三个叫《塞声》；第四个叫《姊妹旬刊》。当年，父亲在闭塞的条件下怎么办成这些刊物，令人无不感叹！这就是父亲作为一个新文化传播者的使命感，和杜先生知人善任。他们要把榆林中学办成新知识、新文化教学基地的初衷相互融合，相互配合。父亲所办的刊物，也作为当时《民意报》《大公报》《世界日报》三家报纸的副刊，而引起读者反响。副刊主编就是父亲王森然，这是后来我从榆林中学校史展览中看到的。报头下面印着主编父亲的名字，作者刘景桂，也就是刘志丹的名字。刘景桂的文章和名字出现在《榆林之花》第五期和第六期上，赫然醒目。我看了以后也非常吃惊，非常感动。这三张报纸像雪片一样飞向广东、飞向上海、飞向北京、飞向全国各地，让人们知道了陕北，知道了榆林中学，知道了陕北有一帮有为的新青年，这就是李大钊先生所讲的对处女地的最初开垦，是拓荒者收获的最初成果。我父亲每天有诗篇，记述他在榆林中学的生活。他的诗作有时一天三首，有时候一天十首，每首诗都标注有日期和写作的环境，父亲的白话诗作曾产生过极大的影响。父亲在榆林中学任教时，还投身于贫民教育或平民教育，这也是杜斌丞先生教育思想所期待和盼望的，杜先生和我父亲一起在榆林实现了这一点。废除科举，废除"子曰"的时代，私塾变成了公学，学什么、教什么，在这点上，杜先生和我父亲，还有先前的魏野畴、后面的李子洲等老师表现出了新式教育的视野与气度。兼容并蓄，教学相长，德智体全面发展，移风易俗，支持新鲜事物，蔚然成风。

父亲说，杜先生主持榆林中学，有魏野畴、李子洲和我父亲这样的新文化传播者的教员，也有像杜聿明父亲一类比较守旧的老先生任教，其原因是没有那么多新文化传播者教师，不得不聘用老先生。但是，两种教学理念，两种教学方式相互兼容，取长补短，共同实现着他教育救国的理想，这是杜先生教育思想的一个创新。

我父亲说，放假或例行假日，杜先生常把他接到米脂家乡，进行社会调查。父亲特别印象深刻的是，当杜先生把他从黄河渡口接回榆林中学，开学典礼上，杜先生向全校师生介绍父亲。杜先生曾这样对师生们说："我给你们请来了一位老师，是非常难得的，你们不是都非常羡慕五四运动吗，王老师就是五四运动的战士，你们最好的榜样。"这时候刘志丹就站出来，把他知道的王森然的一首诗《杀！杀！杀！》朗诵出来，一下子就把对父亲的尊敬和开学典礼的气氛推到了高潮。父亲听了热泪盈眶，在这个偏僻的所在，能有人这么关心着中国的未来……

父亲和杨虎城先生的结识，也是杜先生介绍的，正好杨虎城避居在榆林。

榆林中学之所以成为西北革命的摇篮，就是因为西北革命领袖人物刘志丹、谢子长等出自榆林中学，当然还有一批无产阶级革命家。后来刘澜涛专门谈到这一点，还谈到了王森然。刘澜涛的话我记得特别清楚，他说王森然在陕北的影响远远超越了榆林，超越了陕北的范围。王森然离开陕北11年之后，这片黄土地成了西北革命根据地。

有人问我，杜斌丞先生的两撇胡子怎么那么像李大钊，我想了一下，由于胡子的特征，连整个人的相貌都很像，我想这个胡子除了代表那个时代，它也代表一个人的个性，有这种胡子的人霸气。什么叫霸气，我们在艺术、在学术上有专有的名词解释，那就是英雄之气。杜斌丞是位真正的革命英雄。

我爷爷和杜老之谊

井岳秀嫡孙井晓天——

我爷爷和杜斌丞老之间的友谊，是毋庸置疑的。杜老在榆林办学和我爷爷配合是相当默契的，像榆林职中实习工厂等11个厂子就是那时候一起搞起来的。这些厂子实际上是榆林现代毛纺业和制革业的开端，杜老和榆林一些达人贤士是有很大功劳的。我爷爷八十六师的修械所实际上应该算是陕北汽车业的一个肇始，榆林发电厂可能在陕西偏远地区也算是较早的。包括交通、机场、公路，爷爷在那里还是做了一些工作，包括水利建设。爷爷和杜老专门把李仪祉请到榆林去做了一个总体的水利建设规划，后来又发动慈善机构给善款，完成了榆林地区一些现代水利设施，在这件事情上应该说是争议不大。

我大伯井龙文在世时亲口对我说起榆林中学第三次学潮的事。实际上就是在万佛楼建成以后，每年农历的五月二十九日都要庆祝纪念。可能就是在建成的第二年这天吧，万佛楼前面演大戏，看戏的人很多，我大伯也去了，可能在看戏的过程中拥挤相互推搡，都是学生，年龄也就10多岁还不到20岁，结果在挤搡过程中我大伯犯病了，突然倒地口吐白沫，他患有癫痫病。我爷爷部下一看，怎么把井大少爷打成这样子，就把一个姓苗的学生打伤了，因为这个事情，榆中的学生就罢课。杜校长当时不在学校，后来榆林当局专门把杜校长从家里请回来给学生做工作，我爷爷从此再也不让我大伯在榆林上学了，叫他回西安。当时学生可能就提出让爷爷来学校给他们道歉，杜先生从中做了很多工作，说这个不可能。既然不可能你们就不要提这个要求了，也不开除闹事的学生就行了。在杜先生的调解下，这次事件就这么平息了。后来就传开我大伯是一个恶少，带着兵马把学生打伤了，我们家人也责怪他惹下祸。我大伯也很委屈，他说实际情况是我犯病了，几个士兵弄错了，以为学生把我打了，就去打学生。我和大伯相处的过程中，知道他是一个性格内向、处事软弱的人，用现在的话说就是一个很平常、很胆小、怕惹事的人，没有什么太大的本事。爷爷生前给干亲家师子敬的信中也讲道："荆州（龙文）不能上进，惟性情颇慈善，将来或不至作恶身。"也许就是癫痫病制约了他的性格，尽量不惹事生气。他要真是一个恶少的话那可能就不是后来这个样了。杜先生为了平息这个事情给学生做了很多工作，应该说我爷爷很感激他。

杜先生跟我爷爷关系应该说是很密切的，特别是他担任榆林中学校长期间，爷爷起用杜先生担任榆中校长也是正确的。首先，杜先生是一位很成功的教育家，他把榆林中学办得非常好，也培养了很多人才。同时他还是一位杰出的政治家，他离开榆中后，包括后来辅佐杨虎城，还是在团结各方面力量，调解各方面矛盾上做了很多工作。他后来就作为西北民盟的发起人，又继续做了很多革命工作，也是一位革命家和社会活动家。要我说，杜先生是位兼教育家、政治家、革命家三种身份的一个人，应该说在陕北当时一批精英中他是比较突出的。

陕西这块地盘曾是冯玉祥的势力范围，其属下宋哲元当省政府主席时，陕西的银行主要就是冯玉祥开办的西北银行，冯玉祥战败以后西北银行就等于倒闭了。在这种情况下，陕西金融业一下子停滞了。没银行不行，没银行整个经济活动就没法发展了，所以我爷爷和杜先生他们就提出办一个自己的银行，叫陕北地方实业银行，在1930年10月提出来的，然后12月就开业了。这个银行当时办得很成功，后来拿出3万块钱做小额贷款，主要对中小商家解决一些问题，发展得还是很好的。我爷爷算是陕北地方实业银行的董事长，银行也算是陕北最早的股份制企业。我爷爷去世以后，高桂滋的八十四师和我爷爷的八十六师军费拖欠，还有几个营业所被抢，我爷爷也不在了，这个银行就支持不下去了。到西安事变后，孙蔚如主陕，就把陕北地方实业银行由陕西省银行并购了，这个问题解决了，应该说这也是我爷爷和杜斌丞他们当时办的一件对地方经济发展有益的事情。杜先生入没入股，入多入少，我不知道，他支持这个银行是肯定的。

关于我爷爷之死，完全是非正常死亡，造成这种非正常死亡的直接后果，只能怪他自己。爷爷几乎每天都要巡查城防，1936年2月1日（农历正月初八）这天，天寒地冻，狂风卷沙，爷爷由手下一位罗姓团长陪同夜间巡查完毕，返回家里，脱去外衣的时候，不慎手枪滑落地上走火，伤了自己，且伤势过重，没有抢救过来。也就是说，爷爷不小心自己要了自己的性命。爷爷死了以后，传言甚多，有人说爷爷和高桂滋矛盾深，高桂滋派人把爷爷打死了；有的说，是共产党把爷爷杀了；还有的说是仇家把爷爷暗害了。总之，说什么的都有，但都不符合实际，而且非常离奇。我爷爷自己手枪走火，致重伤时，几个姨太太正在现场打牌，枪声一响，家人大惊失色，慌乱一团，这就是当时的情景。

张季鸾是榆林人，著名报人，创办的《大公报》蜚声海内外，他和

我叔祖父井勿幕当年在日本是同学，关系很好。正因为有这层关系，我
爷爷到榆林后讨了一个姨太太，和张季鸾同姓，据说是张季鸾的亲属
女子。张季鸾也托我爷爷给他父母购买一块墓地，爷爷给办了，大概
是1934年张季鸾回乡祭祖时我爷爷还热情接待了他。张季鸾祭祖完毕
返程时，我爷爷还派高参张赞元陪同他从榆林到达太原，山西省政府主
席徐永昌也接待了张季鸾和张赞元，然后从太原返回天津。张季鸾后来
在他的《回乡记》里对这次回乡祭祖和返程记述得比较详细，讲得非常
清楚。

我爷爷和杜斌丞先生的关系，前十年可以说是基本融洽的，政见也
基本上一致，分歧不大。1927年国共分裂后，他俩虽有对全国时局和
榆林政局上的分歧意见，但仍然是朋友，并没有影响两人之间的私人友
谊，在办学、发展经济上思想基本趋于一致。虽有杜斌丞主张"倒井"
之说，但大面子上还过得去，杜先生自己以后也不想"倒井"了。1930
年底或1931年初，杜斌丞先生辅佐杨虎城初期，就住在西安南门里西
侧大湘子庙附近的我们家里，这是爷爷的房产。1933年6月上旬我爷
爷去西安住了两个月，调解杨虎城和邵力子之间的矛盾，和杜先生一起
多次见面商量。杨虎城在民乐园召开盛大欢迎会，杜先生和杨虎城陪我
爷爷一块上了主席台，这是有明确历史记载的。大约是在西安事变前我
们家从榆林迁回西安，杜先生才离开湘子庙住房，搬到王家巷居住。九
一八事变后，在抗日问题上，我爷爷和杜先生态度是一致的，我爷爷
在榆林20多年没有置一间私家房产和一亩地产。大湘子庙我家房子于
1954年由公家收买征购了，现在属西安邮电系统的住房，大门至今没
变，里面已经是面目全非，彻底改变了。

我爷爷死后一张纸的资料都没有留下来，我现在给爷爷和叔祖父合
编一本资料书，有关爷爷的史料很难找到，找到的也是从中央档案馆、
南京档案馆和台湾的党史馆、"国史馆"等有关渠道搜集到的。原来听
说榆林一个人手里保存有一批老照片，其中也有我爷爷的，但人家不
给看，张口要高价，且高得离谱，我们只好放弃。此人到底有没有老照

片，还是在虚张声势，谁也说不准。听说榆林政协出面购买，也因价格谈不拢放弃了，但始终没有见到过照片。

20世纪二三十年代的新老军阀混战，我爷爷都没有参加，就是其他地方打得最厉害的时候，榆林倒是一个世外桃源，榆林获得一二十年相对安宁状态。正是在这期间，榆林的教育、水利、实业、公共事业等有了较快的发展。关中条件比陕北好，但受战乱、天灾、疫情影响，实际上各方面发展停滞了，甚至是倒退了。

国共第一次合作破裂后，经历了长达十年的内战。内战初期，陕北并没有共产党的真正活动，慢慢才有零星的活动。这时，爷爷与共产党人并没有结冤宿仇。再后来，革命活动有些极"左"的现象，酿成一些事件，爷爷只是当作社会治安对待，杀了少数人，里面可能也有个别共产党人，但总的是从保一方安宁角度出发来平息事件的，并非完全是与共产党人作对。冯玉祥"清党"反共时期，冯虽对他下达了指令，但爷爷并未"清党"。革命形势越来越发展，陕北闹红轰轰烈烈，爷爷执行蒋介石命令，站在了革命的对立面，这和杨虎城、张学良等地方杂牌军一样，都参加过"围剿"当地的红军游击队，但总体是消极的。陕北苏区发生的第一、二、三次"围剿"，爷爷是奉命参加了的，自己也受到红军的一些打击，如失守靖边、血战横山等，比较大的战斗恐怕就是这些了。爷爷和其他地方势力派一样，也看穿了蒋介石企图一箭双雕，达到杂牌军与红军两败俱伤的险恶用心，所以对"围剿"采取消极态度也是有事实根据的。当然爷爷执行蒋介石命令，给苏区、给革命造成一定损失，既成事实，也是不应回避的。

至于清涧起义之前诱杀石谦旅长之说我认为是不存在的。如果说我爷爷是个没头脑的人，他会干这种事情；正因为他向来头脑清醒，就不会去杀石谦。如果他当时杀了石谦，也会在内部进行一番清查清洗，把所有的共产党人都会清除出部队。可是石谦死后50天才爆发了清涧起义，50天期间爷爷的部队还存在一批共产党人，搞了清涧起义，说明爷爷并没有把石谦之死与共产党人联系起来。石谦死后，石谦的亲属从来没有认为是我爷爷所为，我们家人解放后还与石谦夫人有来往。我从有关油印文史资料上也没有看到明确说石谦是我爷爷诱杀的。石谦确实是从清涧到榆林给我爷爷祝寿这个期间死的。但从石谦亲属和后人的口里我们得知，石谦那时在榆林娶了个小老婆，住在榆林城。石谦常在清涧军营，不在榆林时，小老婆常跟一个商店老板在家里一块抽大烟。石谦到底是因情仇而死还是为仇家所害，无人能说得清楚，是一桩悬案。我爷爷诱杀石谦之说完全是一种推测，就如同说高桂滋派人杀了我爷爷一样离奇。就连亲属和后人都不认可的事却硬要搁在我爷爷头上，仅凭一些人没有真实凭据的推理，以讹传讹，有失公允，不符合历史史实。

马德涵河西之行

吴鸿宾之子吴文泰——

我的父亲吴鸿宾，是 1926 年在北京大学加入中国共产党的。在他革命最艰苦，也是最轰轰烈烈的十年中，他和杜斌丞结下了深厚的情谊。杜老可以说是父亲的良师挚友。1929 年，陕北地下党通过北平组织要聘请教员到陕北去教书，党组织就找到我父亲，父亲没有任何意见就同意去了。

1932 年 11 月，父亲受中共陕西省委派遣，从西安去兰州，建立了中共甘宁青特委，父亲任特委书记，这一点杜斌丞是知道的。1936 年，父亲经过杜老的介绍，担任杨虎城将军的秘书。第一次见面，杨将军对父亲印象很好，干练、聪明、有学问，当时就给了父亲 200 大洋，也算是见面礼吧。我记得非常清楚，母亲用这钱买了一座德国造的马蹄时钟。时钟一直保存着，"文化大革命"以后，当作革命文物捐赠给西安八路军办事处了。

西安事变爆发以后，西安召开了一个各界群众大会，父亲作为抗日爱国人士代表，在大会上发了言，代表西北回民拥护张、杨两将军的八项主张，停止内战，一致抗日。在西安事变的和平解决中，杜老对我父亲的影响也是很大的。

1937年春，为营救红军西路军被俘人员，一天，杜老来到我家。当时我家住西安广济街1号，寒暄一阵，杜老说明来意，我父亲一时感到很诧异，也很吃惊，这么大的任务能完成吗？

杜老慢慢给我父亲讲：有一位姓张的朋友将要见你，一些事情他和你具体商量。父亲便问那位姓张的是做什么的？杜老说，这位朋友你不认识，也不是什么大人物，是他领你去见另一位朋友，我先给你打个招呼。杜老说话到此，父亲也不便再深问下去，只觉事情并不简单。

不久，结果来了两位姓张的，一位是张文彬，上年8月毛泽东就派他来西安，做十七路军联共抗日的事情；另一位叫张子华，宁夏人，原在上海中央局军委工作。此时，他俩都是周恩来身边的工作人员，参与了西安事变的和平解决。两位姓张的把父亲带到红军驻西安联络处，也就是现在的"八办"，见到周恩来。因为我父亲在上海中央特科工作过一段时间，认识周恩来，这次见到，感到格外亲切，周恩来也笑容满面。一会儿，周恩来略显焦虑的神情告诉父亲，大体意思是说：你大概知道吧，我们渡河的西路军在河西一带失败，有一批被俘人员状况堪忧，急需解救，张、杨两将军八项主张里不是有一条释放政治犯吗？现在我们想了一个办法，找个适当的人选去河西，把话传过去，让马家军释放这些红军指战员，你看看有没有人和那边说上话，搭上桥，人家要什么条件都可以答应。具体事情你和张文彬同志商量一下，定了以后告诉我。

周恩来说完，父亲说可以商量，就离开去另一房间与张文彬研究。父亲想来想去，还是觉得让马德涵去传话搭桥比较合适。父亲告诉张文彬，马德涵虽然官不大，地位不高，但他是河西马家军马步青的老师，师生情谊还算不错。和张文彬商量好后，便告诉周恩来定夺。周恩来要找个回族人士，从中斡旋。这考虑是很适当的，杜斌丞推荐父亲去物色回族人士也有高明之处，因为父亲本身也是回族。

当晚，父亲和周恩来分手后就去找马德涵。父亲向马德涵把话挑明了，是周恩来先生委托我找你的，要什么条件你就尽管说。马德涵仗义疏财，什么条件也没有提便答应前去河西一趟，见马步青。

第二天，父亲引荐马德涵和周恩来见了面，周恩来很高兴，只是考虑到河西路途遥远，马德涵年龄大了，身体能不能受得了，需要再派一个人陪马德涵前往。说来也巧，我的一位远亲做皮货生意，他叫马宪明，来西安催款，也是个有文化的人，从小和我父亲同窗，人也比较诚实可靠。我父亲征求了他的意见，他表示同意。就这样，我父亲买了两张机票，送马宪明陪同马德涵去了河西。

马步青一听说老师来求见，很是高兴，立即见面。马德涵说明来意，马步青告诉马老师，这批红军一部分已经押送到西宁去了，其余可以缓一点解送西宁。

马德涵在河西武威住了三两天，叙了叙师生情谊，便很快返回西安。

周恩来听了汇报，对马德涵说：感谢你不辞辛苦，你去河西的目的已经达到，完成了任务。周恩来认为马步青答应缓解西宁，这就争取了时间。

周恩来电告毛主席后，毛主席来电大意是说郭、刘二位同学是杨虎城的人，曾做过青海的代表，与二马是旧友，可以去找二马；吴鸿宾是回民，是邓宝珊的人，可亲见二马。郭、刘在西安是大学生，与杜斌丞要好，请找一找。

马步芳是马步青的胞弟，却是马步青的上级。马步青驻河西，他要听命于驻西宁的马步芳，没有马步芳的点头，马步青是不敢自主行动的。

到了春暖花开的4月，青海省政府主席马麟从沙特麦加朝圣回来，途经西安停留，陪同者为青海省政府秘书长谭克敏。马麟是马麒的弟弟，马步芳的叔父。我父亲听到这个消息，很快找到张文彬，就说，咱们可借此机会把马麟这个关系拉上，对解救西路军有好处，弄一桌饭请客，周副主席和马麟同时出席，偶尔相遇，咱们不用多说，看看马麟给不给这个面子。张文彬同意了，请示周恩来，也同意了，问谁出面呢？

父亲说还是由马德涵做东比较合适，并约定了时间。

马德涵居住在西安东门里桥梓口，在回民中还是很有名气，人缘颇好。马德涵找到马子健，要在马子健院子请客，马子健爽快答应。且在桥梓口天兴楼包了一桌饭菜，弄到马子健院子。待客时，我父亲和马德涵陪马麟先到，当张文彬陪同周恩来出现时，马德涵向马麟作了介绍。听父亲说，马麟一听"周恩来"三个字，脸色都变白了。周副主席面带笑容，从容上前，叫了声马主席，伸手与马握手，马麟惊恐情绪才慢慢消去。周恩来和马麟便寒暄起来，话题谈了一些国共联合抗日的事情，双方都能接受，有些共同语言，相谈甚欢，气氛也和缓融洽了。

这次"会客"过后，我父亲利用去回民坊清真寺过礼拜的机会，又一次见到马麟。父亲凑到马麟身边问："马主席，您对周恩来的印象如何？"马麟说："共产党真了不起，能人多。"父亲把这话也反馈给了周恩来。

父亲还借机给马麟说，自己从平凉来西安闲住了几年，没有啥事，想去青海讨个工作，请马主席给马军长（马步芳）写个信，推荐一下。马麟和侄儿马步芳虽有隔阂，还是爽快答应了，让秘书长谭克敏写了一封引荐信。1937年夏，父亲持马麟亲笔信函到达西宁，住在西宁一亲戚家，递完信等候消息。此时，马步芳已得悉马麟在西安会见周恩来的情报，对父亲前来西宁他自有判断。

由于是马麟的亲笔信，马步芳也不好推辞、拒绝接见父亲，在一次会见其他客人时，一并接见了父亲，显然是虚以应付，敷衍了事，谈话当然不可能深入。接见过后，马步芳派他的两个秘书马霄石和古希贤向父亲传话说："主席说，西宁这里地盘小，不利先生施展才能，尚请先生另觅高处。"

马步芳"婉言"拒绝，"求职"一事无望，父亲还是抓紧时机，调查了被俘西路红军的状况。得知红九军军长孙玉清同志已被杀害，大部分被俘红军指战员集中关押在乐都县"新兵营"。之后，父亲将被俘红军现状向党组织做了汇报。此后，八路军驻兰州办事处根据父亲提供的情报，向党中央作了报告，其汇报内容《谢觉哉日记》有较详细的记载。谢老当时任兰州"八办"主任。在多方的营救下，马步芳、马步青释放了一批西路军被俘人员，一部分留在西安，一部分要押送到南京，从西安要转乘火车，叶剑英得到消息，在西安车站解救了数百名西路军人员。

我父亲能够参加到这次解救西路军被俘人员的事情中，正是杜斌丞向周副主席引荐的结果。

后来，我父亲还为成立民盟西北甘肃组织带我去过杜老的家，印象最深的是他的住宅有个黑漆大门，院子挺大的。见了杜老，父亲向我介绍说，这是你杜伯伯。杜伯伯上前摸了摸我的头，挺热情的。其实杜老以前去固原路过平凉，也到过我们家，我在学校，没见到他。1947年春节，为了民盟的事情，我父亲还派我叔伯兄吴剑夫来西安看望杜老，听取他对民盟甘肃组织的指示，取回一些材料，我叔伯兄也是民盟甘肃组织青年委员。

"走共产党的道路"

任谦长孙任歆——

我是任谦的长孙。我爷爷新中国成立后曾经担任过陕西、甘肃两省的副省长，去世前是陕西省政协副主席。我爷爷新中国成立前在国民党军队工作，因为受到国民党高层的排挤非常苦闷。1940年，爷爷为了寻找出路，就去西安找杜斌丞求教。杜斌丞和我爷爷长谈一番，最后明确向我爷爷指出，要"走共产党的道路"。我爷爷受杜斌丞思想的影响，从此思想就发生了很大变化，逐步向共产党的思想和人物靠拢。从西安返回以后就和民盟甘肃成员加强联系，组织了甘南民变。甘南民变失败以后他就去了重庆，受民盟总部杨子腾的引荐，和中共中央副主席周恩来见了面。周恩来听了我爷爷关于甘南民变的情况汇报，对当前形势的看法和认识，周恩来对爷爷做了很多指示，指示他回到甘肃去，继续在国民党部队工作，为党做些贡献。爷爷回到甘肃以后，1945年就正式加入了民盟，国民党任命我爷爷为平凉保安司令。周恩来知道这件事情后，指示中央社会部和西北局加强与我爷爷的联系，互相配合工作。其间，我爷爷在平凉已经接触到了西北局的地下党，为边区做了很多事情。

1946年，我爷爷多次密谋发动国民党平凉驻军起义，因时机不成熟，未能起事。这时候我爷爷就把我父亲送到延安交给了西北局习仲勋书记，习仲勋照顾父亲的学习和生活。1948年因甘肃工委一个领导干部叛变，我爷爷身份暴露，这时候我爷爷已经加入了中国共产党。身份暴露以后，经过艰难困苦周旋和生死考验，回到了延安，在延安西北局工作，跟随习仲勋和彭德怀解放甘肃、解放兰州，担任甘肃省军政委员会副主任。同时受彭德怀的指示，去甘肃岷县动员鲁大昌等国民党的高级将领和近一万人起义，从而加快了甘肃解放步伐。

新中国成立后，我爷爷分别担任过西北局民政部副部长、陕西省副省长、甘肃省副省长和陕西省政协副主席。从我爷爷半个世纪走过的路，我认为爷爷的思想前后发生了根本的转折，这个转折的关键，是爷爷1940年在西安和杜斌丞的一席长谈的结果。1948年，我爷爷加入中国共产党。

1980年，我在西安陆军学院上学。一个星期天我去爷爷家里，爷爷让我陪他和一个老太太去钟楼附近吃羊肉泡馍。见到老太太时，爷爷问我杜瑞兰你认识不认识，你要叫她奶奶，我说我不认识。爷爷说杜奶奶的父亲就是杜斌丞，我十分惊讶！然后叫了声杜奶奶。吃完饭，回到家里，爷爷在客厅就给我讲述这段历史。

我作为任谦的长孙，在那个年代，杜斌丞作为西北民盟的主要领导人，对我爷爷明确说要走共产党的道路是十分难能可贵的。我作为一个共产党员，觉得杜斌丞先生是中国共产党真正的朋友，党外布尔什维克。

尘封一杯酒 风雨故人来

成柏仁之孙成小秦——

我爷爷成柏仁和杜斌丞老1907年的时候就是同学了，那是在三原宏道书院，同学中还有张奚若、吴宓等。因为闹学潮我爷爷和张奚若被书院除名了。除名之后，他俩就参加了同盟会。辛亥革命前夕，井勿幕、张奚若去日本购买军火，准备举义，武器还没运回武昌起义爆发。不久，张奚若再去日，将军械运回陕西，成为陕西辛亥革命的功臣。爷爷后赴美国哥伦比亚大学学习，攻读政治学。在哥伦比亚大学结识胡适、陶行知、宋子文、孙科、蒋梦麟等人。爷爷1925年回国后，出任国民政府教育部国际出版物交换局局长、高等教育处处长，任中央大学、清华大学政治学教授等。杜斌丞老后来去北京高等师范学校上学，毕业后回榆林中学任校长。

后来，我爷爷走上一段从军之路，陕西响应武昌起义时，他参加了秦陇复汉军，与清军激战于潼关。1912年曾考入同济德文医学堂（今同济大学）。三年后回陕，在西安省立一中任教一两年，便投身陕西靖国军，任参议，被派往驻沪、粤代表，负责靖国军与孙中山革命政府的联络工作。还任过胡景翼陕西陆军第一师参议，随军赴河南，出任过几个县的县长。杨虎城主政陕西后，急于延揽人才，我爷爷受邀从南京回陕，开始在禁烟局任职。不久，在清乡局给杜老当助手。后来，接替杜老任清乡局副局长。杨虎城主陕，需要一个发声的地方，也就是说，陕西乃至西北需要一个舆论阵地。1935年，杨虎城、杜斌丞就和爷爷商量这件事情。当时，西安绥靖公署有个《西北文化日报》，进步倾向性明显，国民党陕西省党部和南京方面多有纠缠。杨虎城和杜斌丞打算再办一个比较中性的报纸，把自己的声音传出去，新办的这个报就叫《秦风周报》，由我爷爷主持，宣传陕西历史、辛亥革命史、靖国军史，包括西北地区的风土人情等。杨虎城、杜斌丞和我爷爷一起筹集了一笔办报经费。报纸出版后上面有杨虎城、孙蔚如的诗，办得有声有色，喜闻乐见。

西安事变发生后，据我所知，我爷爷对事变是持不同意见的，也就是反对的。不是后来有人宣传我爷爷是支持兵谏的，这一点应该实事求是，是啥就是啥。事变发生当天，我爷爷就给南京的于右任、张季鸾发了急电，说西安发生事变了。于右任说不能支持的，风险很大。张季鸾也说兵谏是不可以的。我爷爷第二天就把西北将领逼蒋抗日的宣言登上《秦风周报》，第三天就停刊了。我爷爷和杨虎城、杜斌丞、孙蔚如等关系很亲密，靖国军时就认识并一块共事，也不好公开反对西安事变，只好再不发声了，报纸一直到西安事变和平解决，杨虎城快出国"考察"前才恢复出刊，这也是杜斌丞老说服支持和参与的结果。重新出刊，报名改为《秦风日报》，西北特色、陕西特色更加浓郁了，有别于其他报纸。一句话，是站在西北人的立场上说话。《秦风日报》在抗战中最主要的是宣传抗战，在这个过程中，我爷爷受杜斌丞老的影响很大。杜斌丞跟我爷爷不一样的地方就是他很早与共产党有关系，倾向共产党，支持共产党和八路军，反蒋抗日的态度是很鲜明的。我爷爷不是这样子，他在上海、广州时就与孙中山打交道，崇敬孙中山，代表胡景翼出席过国民党一大会议。但是，我爷爷也是个"君子不党"的人物，拒绝加入国民党。他说我要有独立立场，与其加入政府，不如组党，与其组党不如办报，爷爷办报的欲望是很强烈的，杜斌丞老很是了解爷爷这一立场和个性特点，这也是杜斌丞老坚决支持爷爷办报的原因和初衷。所以，我爷爷办的《秦风日报》采取中立立场，为陕西人、西北人发声，宣传抗战。国民党蒋介石抗战初期，应该说还是积极的，我爷爷宣传国民党政府抗战的内容还是比较多的，这一点是毋庸置疑的。但是到了1939年1月蒋介石发动第一次反共高潮后，加之受杜斌丞老的影响，我爷爷态度有所转变，更多地同情共产党和八路军。到了皖南事变后，更是替共产党、八路军和新四军说话。也就在这一年，我爷爷在杜斌丞老介绍下加入"小民革"，支持联苏、联共反蒋抗日，以后又加入西北民盟支部，成为抗日民主人士。抗战之后，爷爷看到国民党蒋介石独裁、腐败、准备打内战，国内政治气氛不成样子，爷爷政治立场发生了根本性的转变，他对国民党不抱希望了，真正转变到同情、拥护和支持共产党方面来，像杜斌丞老一样，走共产党的道路。

《秦风日报》的立场原来是中立的，国民党一直给予资助。后来爷爷不想要国民党经费了，也不愿受他们左右了，更加独立思考地不受人左右地办报，支持拥护共产党的《新民主主义论》《论联合政府》的主张。国民党方面一看《秦风日报》倾向变了，也就不给经费了，开始迫害这个报纸了，报纸出版达到了难以维系的地步。这时，周恩来通过王炳南给杜斌丞传话，建议《秦风日报》和《工商日报》两家合起来办报，出版联合版。《工商日报》是由刘文伯主持办的，刘文伯也算是陕西八大家之一，和杨虎城渊源很深，原本是杨虎城的部下，参加过西安事变。报纸倾向也比较"左"，受到胡宗南、熊斌的打压与迫害，一度处境困难，经费不支。王炳南传话后，杜斌丞老出面，传达周恩来意见，把两个报合起来出刊。开始刘文伯并不同意，他反对蒋介石独裁，关押杨虎城，却认为自己的《工商日报》可以渡过难关。经杜斌丞一再做工作，两个报纸就合并了，定名为《秦风日报工商日报联合版》，报社成员中有张性初、耿建白、李子健、梁益堂等，这些人都是共产党员，或脱党后与共产党人保持着关系。耿建白也叫耿坚白，原名耿炳光，澄城县人，曾任中共陕甘区委、陕西省委书记，因反对瞿秋白盲动主义被开除出党，耿炳光是冤枉的，但是他一颗共产党的心并未泯灭，这些人对我爷爷思想影响也是很大的。两个报纸合并后，反蒋的倾向更明显了，实际上成为杜斌丞主持的西北民盟机关报了，成为民盟的宣传阵地和喉舌，与蒋介石、胡宗南在西北的反动统治誓不两立，我爷爷自然也成为反独裁、争民主、反内战的一员舆论战将。

两报联合版出刊后，在西南联大任教授的张奚若发表了一次公开演讲，要求蒋介石下台，演讲轰动西南联大，影响一时。但是，大后方那么多报纸，却没有一家敢于刊登和报道。张奚若把演讲稿寄回陕西，我爷爷力主刊登在两报联合版上，这一下惹怒了国民党陕西当局，企图查封联合版，威胁广告商不许刊登广告，还派特务来捣乱，不让发行报纸。此时，杜斌丞老从重庆回来，带回民盟总部谈话和指示，我爷爷又把谈话内容刊登在联合版上，更引起国民党当局的恼羞成怒，气急败坏，它们组织右翼分子和不明真相的人进行反对联合版的示威游行，游行到冰窖巷附近和五味什字，冲进去砸了报馆发行部，砸了报馆，扔燃烧弹，用卡车冲上去，把梁益堂的腿撞断了，接着杀害了报社法律顾问王任律师，绑架杀害李敷仁未遂，由此，联合版报就与反动势力的争斗公开化了，直到把我爷爷、杜斌丞老监视起来，联合版停刊了。

我爷爷和杜斌丞老相识40年，在西安一起工作十七八年，他俩情笃谊深，患难与共，同渡时艰，杜斌丞老和我们家不是一般的关系，我爷爷是受他影响同情拥护共产党的。我父亲也是这样，父亲成青阳原名锦辉，是学理工专业的，对政治不大感兴趣。他在西北农校上附中，多少同学后来去了延安，他没有去，考入西南联大电机系，理想当个工程师。报考西南联大时，我爷爷看到西安没法继续待下去，政治空气压抑，不利于学习，也支持我父亲去报考。开学临行时学费路费筹不齐，爷爷老友、政治家、书法家寇遐先生就对父亲说："锦辉，伯伯卖几幅字，给你凑学费。"寇遐连夜就写，写了好多幅，卖得3000元，父亲才有钱求学上路。到了昆明，进入联大，父亲平时生活费就放在张奚若家里，每月支付。前多年，张奚若的儿子张文普给我讲述过父亲在西南联大时的许多往事。他说："当年你父亲在昆明上学，每星期天都要去我们家。"我父亲把张奚若不称教授、老师，而是亲切地叫伯伯。张奚若家每到周日，也是高朋满座，像闻一多、吴晗、李公朴他们常在一起高谈阔论，评点时政，我爸也在一旁侧听，慢慢受到这些前辈的影响，对国民党蒋介石独裁统治产生厌怨。张奚若也告诉我父亲，任何政党都不要加入。我父亲一次去找于右任，张奚若不高兴，就对我父亲说，你不要和国民党来往，好好读你的书。当然，这些话不一定完全正确，但反映了这些前辈痛恨国民党的独裁统治心理。1943年，杜斌丞老从重庆去昆明活动的时候，住在杜聿明公馆，把我父亲叫去进行了长谈，还当面给了1000元。杜斌丞见我父亲时，知道父亲曾因抗战家里钱汇不出去已经中断学业，去昆明附近一个小镇教书去了。杜斌丞离开昆明时，没有告诉我父亲，再留下3000元在张奚若那里，作为父亲的学费，继续学业。我父亲受到杜斌丞、张奚若、吴晗、闻一多、李公朴这些人的影响，开始"左翼"化了。特别是在抗战胜利以后，1946年昆明学生游行时，国民党镇压学生扔了手榴弹，炸死了几个学生，父亲在这次事件中变得"左倾"了，激进了，抬着同学尸体向国民党当局示威游行。张奚若也针对我父亲的表现说过一段话："国民党的做法，是把过去对政治不关心、不感兴趣的人，推到关心政治的一边。原来采取中间立场的人，现在开始采取激进立场了。"

1946年5月4日，西南联大举行结业典礼。7月底，原来组成西南联大的国立北京大学、清华大学和私立天津南开大学回迁，我父亲返回西安。处在反共前哨的西安时局黑云压城，两报联合版报馆已被砸了，我家周边布满了特务、暗哨。我爷爷告诉父亲，赶快离开西安，越快越好，到北京去继续学业。我父亲离开西安时，去看杜斌丞老。我父亲在他的《自传》里也记述了去杜斌丞家里的情景。他一进门，看见杜老正在那看书，一看我爸进来，放下书问了问回西安后的情况，说的和我爷爷一样，"锦辉呀，赶紧离开西安，越快越好。"

我父亲就去了北平，在清华大学继续学业。他根据张奚若先生的建议，从理工科转到英文系，参加了清华大学学生自治会，投身运动，加入了党的外围组织，办进步刊物，散发传单，反独裁内战，反迫害。我姑姑写信告诉了他杜老遇害的噩耗，父亲便在《清华旬刊》上发表了忆杜斌丞先生的文章。在这篇文章里，他深情地回忆了杜斌丞先生对他的关心和教诲。并说："我有责任把所知道杜先生的情况写出来，告诉世人，让大家能够加入到民主的潮流当中。"前几年，我从国家图书馆把《清华旬刊》调出来，看到父亲这篇回忆文章写得非常有激情，非常真挚。可见杜斌丞老对我爷爷、我父亲的影响是非常大的。

杜斌丞老就义前，通过狱卒带出话来，万一他有不幸，要我爷爷把民盟担子挑起来，坚持下去。他就义后，党组织安排我爷爷离开西安，我爷爷坚持不走。这时国民党特务机关给爷爷寄来了装有子弹的恐吓信和黑材料，威胁爷爷说再不收手，小心他们的特殊武器。爷爷镇静自若，没有被吓倒。他认为自己和杜斌丞老有所不同，在蒋介石眼里，对杜斌丞老更是恨之入骨。直到西安快要解放了，国民党陕西省主席董钊派了他的侯副官前来跟我爷爷说："成先生，我们准备撤退了，你是不是跟我们一起走？"我爷爷说："我身体不行，最近一直不好，不能动。"侯副官是在试探我爷爷的口气，不走，回头便是绑架我爷爷，因为把张锋伯已绑架走了。侯副官一走，我爷爷就叫了辆三轮车离开家，躲藏了起来。第二天晚上，宪兵车子开到我家门口，一上来就砸门，好在我爷爷躲得及时，逃过一劫。我爷爷一直躲藏到解放军入城才回到家，为民主，我爷爷一直坚持到了最后。

我们家和杜斌丞可以说是世交了。新中国成立以后，杜斌丞老女儿杜瑞兰称我爷爷为干爹。为怀念杜斌丞老，我爷爷请寇遐写了一副对联："尘封一杯酒，风雨故人来。"挂在卧室，看字如见人，常看常念，如同在世。

领导苏联一情报组织

王敦瑛之子王涛——

我们一般人只知道杜斌丞是位教育家、政治家、革命家和著名民主斗士，共产党的忠实朋友，也知道他是杨虎城政治幕僚长和西北领袖人物，但很少有人知道他领导过情报组织，而且领导的是苏联国防部在西安的情报组织。仅凭这一点，也可以说，杜斌丞也是一位反法西斯国际主义战士。

这个情报组织，与我父亲王敦瑛有直接的关系。换句话说，我父亲正是在杜老的领导下，作为苏联国防部的情报人员，在西安开展情报工作的。

1905 年，我父亲出生在山东省黄县。1918 年，13 岁的父亲小学毕业，便随爷爷闯关东，落脚在黑龙江省黑河，入黑河市立中学就读。黑河市地处边陲，与苏联布拉戈维申斯克市隔黑龙江相望，黑河、哈尔滨多有苏联人居住来往。1922 年，父亲考入哈尔滨俄文补习学校，1930 年毕业于哈尔滨俄文法政大学。九一八事变后，日军占领东北，父亲参加抗日救亡工作。1933 年经王自立、王一号介绍加入共产第三国际组织，入苏共，成为苏共党员，在哈尔滨地区从事对日军情报工作，从此我父亲成为职业革命家。1934 年 8 月，父亲赴苏联莫斯科，入军政训练班，参加特殊培训，接受共产主义思想教育，学习基本军事知识，掌握军事技能，接受系统的谍报工作业务训练。在这里，父亲才知道他直接隶属于苏联国防部领导。这个特殊培训班，父亲生前有清楚的文字记载：设在莫斯科郊外，八个人一起学习，除了五个中国人外，还有一个蒙古人，一个匈牙利人，一个希腊人。五个中国人和蒙古人住在一起，匈牙利人和希腊人住在一起。1935 年 5 月，父亲训练结业回国，负责成立情报工作组，仍在东北从事对日军情况工作，破坏交通，袭击日军运输物资列车、汽车等，为苏联国防部服务，同时也是参加中国抗日工作。

七七事变爆发，父亲于年底转入关内，经自己的上级米列尔（德籍）授意，在武汉通过关系打入国民党航空委员会，随同苏联空军志愿人员担任中尉译员，并从事地下情报工作。全面抗日战争进入 1938 年 7 月，奉航空委员会派遣随军购团赴苏联购买军用飞机，担任译员。1939 年 4 月回国后调入国民政府军事委员会顾问事务处，任上尉俄文翻译官，先后在（西安）和第一战区洛阳地区工作。1940 年，父亲在洛阳第一战区司令部工作时经高崇民介绍，结识十八集团军驻洛阳办事处主任袁晓轩（后叛变），提供国民党军事情报。这年 4 月，第一战区司令长官卫立煌在洛阳召开军事会议，邀请十八集团军总司令朱德和苏联军事顾问团首席顾问出席会议，父亲担任苏联顾问团首席顾问译员。其间，第一战区司令部接待顾问团的一位袁姓副官检举父亲有共党嫌疑，国民政府军委会顾问事务处停止了父亲的工作，调西安待命。经过一番申述，托人疏通，半年后恢复工作，随同苏联军事顾问团驻西安胡宗南三十四集团军司令部。

1941年初，国民党顽固派破坏统一战线，制造"皖南事变"，苏联撤回军事顾问团，父亲工作由此改变，为掩护身份，进入西安陆军军官学校第七分校，任俄文教官，后又进入胡宗南部任中校咨议员，晋升上校。

1943年上半年，国民党顽固派借口共产国际解散发动第三次反共高潮，苏联军事顾问团撤离，将一部无线电台留给我父亲。苏联驻华武官罗申向在重庆的周恩来请求并商定以我父亲为主，在西安成立情报组织，搜集国民党军事情报。后来周恩来向罗申推荐杜斌丞参与领导这个情报组织，并介绍了杜斌丞的情况，罗申非常满意。周恩来指示王炳南向杜斌丞转达了他和罗申的意见，杜斌丞表示接受。父亲与杜斌丞在西安见面后，杜老认为搞情报，不但要有相应的领导系统，也必须要有可靠的情报人员和技术人员。杜老的这一考虑和我父亲的想法一致，杜老和屈武便物色了杨明轩，杨明轩又物色了赵寿山第三集团军驻西安办事处主任蒙定军，后又增加张性初和杨荫东。蒙定军有经验，他原是赵寿山三十八集团军中共工委书记，负责三十八军和孙蔚如第四集团军内中共地下组织，沉稳老练，政治坚定，身边带有电台（未启用）；张性初是早期共产党员，杜斌丞为董事长的西安《秦风日报》主编。杨荫东是1947年2月打入国防部第七补给区司令周士冕身边的少校参谋（后升中校），由中共陕西省工委领导的西安军事情报组主要成员。

父亲这个情报组织领导成员物色好以后，周恩来从重庆派来八路军驻重庆办事处电台台长杨才（原名夏中和）和爱人钱瑾（原名龙文英）。杨才，四川人，参加过长征，原来是党组织派往莫斯科学习无线电技术回国的。杨才夫妇来西安时，我父亲按约定的地点、时间和暗号去接头，可是一连20多天没有接上。夫妻俩着急死了，眼看身上的费用花完了，杨才对钱瑾说，等下去。他俩除了给人打小工，每天仍然按原来约定去接头，直等了一个多月，杨才终于在西关外与身着军装的父亲接上了头。我母亲李儒珍搞译电，母亲是1940年经东北著名民主人士高崇民介绍和父亲结合的。

这个情报组织班子搭起之后，在杜斌丞、杨明轩、蒙定军和我父亲的直接领导下开始工作。我父亲在西安东门里玄风桥34号找到一处门面房，上下两层，还有小小地下室。一层可开小商店，二层做工作室，地下室堆放什物，一层小商店可掩护二层工作室。蒙定军介绍来一位人员叫张岗，从边区来的，当伙计，专事营业，掩护二楼工作室。商店老板为杨才，老板娘便是田瑾。玄风桥34号周围多为国民党高官和富户住房，一般不停电，利于随时发报。

领导成员和工作人员落实定位后，罗申武官和周恩来给这个情报组织起名为"西安通讯组"，我父亲为组长，并经过苏联国防部认定。苏联国防部通过罗申武官按时提供经费，也只有我父亲一人为正式在册成员。

西安通讯组的任务以收集胡宗南部和西北驻军情报为主，兼有政治、经济情报，也和中共有着互帮互助的协作关系，也就是情报的互享。周恩来推荐杜斌丞，据我父亲讲，主要是因为杜老是共产党的真正朋友，政治可靠，地位高，接触上层人物多，情报来源广，等级高。杜斌丞物色的杨明轩也是一样，政治可靠，接触面广，情报来源途径多。蒙定军任第三集团军办事处主任，办事处距离玄风桥很近，便于联系工作，还可以通过赵寿山收集甘肃一带驻军情报。张性初不但政治可靠，更能通过办报收集情报。杨荫东的西安军事情报组和西安通讯组不属于一个系统，但蒙定军领导杨荫东，杨荫东只和我父亲后来有情报关系。

杜斌丞、杨明轩、蒙定军、王敦璜四人为西安通讯组核心领导成员，杜、杨二人不出面，也不去玄风桥，只规定蒙定军随时可以去玄风桥送情报，传达指示。杜、杨、蒙三人每周在红十字会杨明轩女婿那

里，或西门里建国公园（现儿童公园）附近我父母亲住处会面商谈一至
两次。每次会面我大姐在门外望风放哨，我父亲也多次去王家巷杜斌丞
家中商量事情。

　　据我父亲档案中有文字记载，西安通讯组的情报直接发到苏联国防
部，每周定时发两次。苏联提供的经费多由八路军驻重庆办事处转八路
军驻西安办事处，父亲就近领取经费，因此，父亲也和八路军驻西安办
事处发生关系，但仅仅是经费方面的，主要是为办事处周子健处长提供
情报。

　　1945年4月中旬，国民政府行政院任命屈武为陕西政府委员兼省
建设厅厅长，6月18日屈武赴任。出发前，罗申（时任苏联驻华大使）
在重庆让屈武给我父亲带来一些经费。屈武出发前罗申告诉屈武，王敦
瑛在西安为我们苏联搞情报工作，他是我的人，希望屈先生到西安对王
敦瑛给予协助。屈武后来对父亲确实协助是很大的。但屈武1946年3
月底又随张治中去新疆，任迪化（乌鲁木齐）市市长。

　　从1946年春开始，国民党陕西当局对杜斌丞、杨明轩的监视越来
越严，特务、暗探化装成小商小贩或闲杂人员出没在住所周围，到了四
五月间，父亲去杜斌丞住宅很不方便，就再也没有去过，但杜斌丞还是
想办法把指示和情报传递给蒙定军。8月间，党中央为防不测，把杨明
轩接到延安，杜斌丞不去延安，他要在西安坚持战斗下去，但环境已相
当险恶。

　　胡宗南、祝绍周在西安大搞白色恐怖，严密监测电台，无线电信
号测向车深夜在城内转来转去。一天，我父亲参加长官部纪念孙中山周
会，胡宗南在纪念周会上大发雷霆："不久前，我们破获了八路军一个
电台，但是城里的无线电台信号满天飞，始终破获不了，难道你们都是
吃干饭的！"一次，电台工作室隔壁居民无意间向杨才、钱瑾他们说：
晚上老听到你们房子有嘀嘀嗒嗒的声音。杨才、钱瑾便警觉起来，发报
时用棉被将电台捂起来，尽量不让声音传出去。电台工作时，照明灯泡
往往随着电键的嘀嗒声忽明忽暗，杨才、钱瑾就摘下灯泡，换成蜡烛照

明，张岗在一楼观察动静。

到了 1947 年 3 月，胡宗南率 20 多万大军进犯延安，杜斌丞被捕，测向车不停地在玄风桥一带来回转，但一直没有发现父亲这个电台。到了 4 月，赵寿山将军已摆脱蒋介石的监视，从上海秘密乘轮北上天津，在地下党的掩护下，进入晋冀鲁豫解放区的邯郸。鉴于蒙定军和赵将军的关系，中共陕西工委书记赵伯平通知蒙定军尽快撤离西安，回工委所在地的马栏，这样，西安通讯组的领导工作重任就落在我父亲一人肩上孤身应对。父亲在长官部和绥署都有职务，又要主持通讯组工作，困难程度可想而知。5 月 24 日，蒙定军离开西安时，向他所领导的西安军事情报组杨荫东等作了交代，如有紧急情报可通过我父亲的电台发出，杨荫东也和我父亲接头见面。据杨荫东后来回忆说，他只在西安通讯组电台发过一次电报。许发宏、王诗吟同志合著的《西安军事情报组纪事》一书中有较详细的记述。

到了 10 月，转战陕北的中共中央和西北野战军继三战三捷之后，又取得了榆林歼敌、沙家店战役、延清战役的胜利，敌我态势发生改变，西北野战军已由内线防御转入内线反攻。按毛主席的话说：我军已"翻过山坳坳了"。这时陈谢大军已南渡黄河、逼近潼关，火烧火急的胡宗南、祝绍周气急败坏，10 月 7 日，在玉祥门外杀害了杜斌丞和 10 多个革命者，西安城内风声鹤唳，无线电信号测向车整天在城内转悠。加之中央社会部、情报部派往西安领导潜伏在胡宗南部的熊向晖、罗青长、陈忠经三人的王石坚被捕叛变，涉及华北、西北、东北的中共情报系统遭受严重破坏，西安通讯组处境岌岌可危，特务三次冲进玄风桥 34 号搜查，但一无所获。形势严重到如此程度，不得不停止发报，不久，自毁电台。我父亲只好通过苏联驻兰州领事馆陆路传递情报，一直坚持到 1949 年 5 月 20 日西安解放。

过了八天，28 日，时任西安警备司令部参谋长的蒙定军在给西安市委组织部部长董学源的一封信中谈到父亲的工作问题："王敦瑛确系在国际组织领导下在西安对敌工作中与我发生过工作关系，我可负完全责任证明……他的工作，我意是要请周副主席转请国际许可，方能公开。"

新中国成立前夕的 1949 年 9 月 26 日，西安市委顷接西北局通知，转述中央来电调我父亲到北平由中央分配工作，请即转告本人将这里的工作手续等速即进行交代结事，个人生活家庭问题进行准备，以便早日前往，走时女儿、儿子可以带上。后来，习仲勋把我父亲留在了西安。

新中国成立后，苏联首先承认新中国，并派罗申为驻新中国首任全权大使。

1949 年底，我父亲前往北京见到罗申大使，罗申大使递给父亲一张名片。确认了我父亲 17 年来为共产党国际和苏联情报机关工作所做出的贡献，并给予高度评价。罗申大使在名片两面用俄文写道："王同志在伟大的中国人民谋幸福的工作中，你表现出自己是一个真正的革命者，我为此向您表示高度的谢忱，所余工作经费可以供您和您的家属使用。"

罗申大使对我父亲的高度评价，实际上也是对包括在西安通讯组时期作为核心领导人的杜斌丞、杨明轩、蒙定军的高度评价。和我父亲一样，杜斌丞、杨明轩、蒙定军三人，为共产国际和苏联情报机关工作做出了贡献。

1950 年 6 月 22 日，伍修权给时任外交部办公室主任王炳南的信中写道："王敦瑛的材料已亲交罗申大使，他口头向我表示，王敦瑛是忠心耿耿的革命者，经过了最困难环境考验，他对王只有好的证明，此事他也告诉过李克农和师哲，我想这就是罗申大使的证明，他不会另写书面材料的，王敦瑛的党籍问题，他提议依中国情况解决。"

1950 年 8 月，我父亲重新加入中国共产党，党龄从 1933 年算起。

在西北局书记习仲勋的安排下，1951 年 10 月，我父亲任西北大学电大教育广播教育委员会副主任委员、西安市中苏友好协会理事。1952年，习仲勋又安排我父亲创建西北俄文专科学校，即担任现在的西安外国语大学前身行政负责人、临时党支部书记、教授，后任副校长。父亲成为西安外国语大学的创始人之一。1958 年起，父亲又先后任陕西师范学院外语教研室、陕西师范大学外语系主任、教授。

1979 年 6 月 10 日，父亲病故，习仲勋、屈武、周子健等领导同志发来唁电。

父亲去世后，和其他革命老干部逝世一样，骨灰安放在西安市烈士陵园第一区域。每年清明节，母亲都会带着我们姐弟去烈士陵园祭奠父亲亡灵。而母亲总是先到杜斌丞先生墓前，烧香祭奠，献上花束，悼念昔日的革命战友和领导者，直至母亲 1989 年去世。

杜斌丞年表

1888 年（诞生）

5 月 10 日　出生于陕西省米脂县县城城隍庙湾，乳名绍儿。

1895 年（7 岁）

春　入私塾，接受孔孟之道启蒙教育。学名丕功，字斌丞（亦有写作"斌臣""斌城"者），后以字行，有时自署"秉诚"。

1903 年（15 岁）

冬　与米脂县城东街常姓之女结婚。

1905 年（17 岁）

5 月 13 日　长子鸿范出生。

1906 年（18 岁）

春　入绥德中学堂读书。此学堂为其五姨父高祖宪创办，并亲任学监（校长）。

1907 年（19 岁）

春　南下关中，考入三原宏道高等学堂。关心时政，认为"真正的救国之道只有革命一途""秋瑾、邹容是伟大的爱国革命英雄"。

1908 年（20 岁）

是年　继续在三原宏道高等学堂就读。订阅在日本东京出版的中国同盟会机关报《民报》及陕西留日学生在东京创办的《夏声》等进步刊物，关心时事，寻求富民强国之道。

1909 年（21 岁）

暑期　从三原回米脂省亲，适二哥守功经商失败，豪富逼债，难为得母亲以泪洗面，劝慰母亲说："妈！不要难过，我们想办法。为富不仁的财主压迫劳苦者，天下到处皆然，受害的不止我们一家，只有把中国的社会根本改造了，劳苦者才有翻身出头的日子。"

是年　结发妻常氏病殁。

1910 年（22 岁）

是年　继续在三原宏道高等学堂就读。关心家乡事，给青年学子致书，介绍外边的新思想、新事物。

1911 年（23 岁）

是年　在三原宏道高等学堂，为辛亥革命武昌起义和陕西革命党人响应武昌起义发动西安起义而欢呼，奔走相告。

1912 年（24 岁）

4 月 11 日　与朱佩英再婚。

6月　毕业于三原宏道高等学堂高等预科。因家境窘迫，未能前往北京求学，在绥德中学堂任教一年。

1913年（25岁）

7月　与姑舅表弟马师儒联袂考入国立北京高等师范学校，读历史地理科。

9月16日　长女瑞兰出生。

1914年（26岁）

是年底　五姨父高祖宪辞关中道尹之职，携眷移居北京，对杜斌丞多有照料与接济。

1915年（27岁）

是年　高祖宪之子高建白入北京高等师范学校附设中学，杜斌丞、马师儒和高建白三姓表兄弟同出一"家"，共进一校，互学共勉。适时，中国同盟会陕北籍会员惠又光奉孙中山之命，从日本回国，进行反袁世凯宣传活动，先后住高祖宪家和延安会馆。在此，杜斌丞多次向惠求教，遂对孙中山政治主张和惠又光联络多方，呼吁以武力开展反袁活动深表敬佩和赞誉。

1916年（28岁）

是年　先后对袁世凯复辟帝制、段祺瑞等北洋军阀执掌国务院实权忧心忡忡，认为"启发民智乃为救国之首途"。

1917年（29岁）

3月3日　次子鸿模出生。

6月　北京高等师范学校毕业，谢绝诸友热情挽留，放弃北京、天津就职就业机会，决心走"教育救国"之路，毅然返回陕北家乡榆林中学任教，得到榆林镇守使用井岳秀的支持，受聘教务主任。榆林中学为当时陕北 23 县联立唯一中学。

1918 年（30 岁）

春　任榆林中学校长，采用蔡元培在北京大学实行的"循思想自由原则，取兼容并包主义"的办学方针，力除陈规，锐意革新。以德、智、体三育并重为办学方针，特别强调要以救国救民为"德"的主要标准。要求师生要牢记"国家兴亡，匹夫有责"的名言，确立"振兴中华，舍我其谁"的志向。

1919 年（31 岁）

春末　热情支持北京"五四"学生爱国运动，让学生走向社会，组织讲演团，分组到各街巷讲演宣传，到商店检查日货。倡导支持学生成立自治会、文学研究会、时事讲演会、读书会，课程增加新文化内容和白话文。

1920 年（32 岁）

是年　在榆林中学设代售点，代售旅京陕西学生联合会创办的《秦钟》月刊。该刊宗旨为唤起陕人的自觉心，介绍新知识于陕西，宣布陕西的社会状况于外界。筹资于米脂县属之武镇前街修建窑洞七孔，设立一所小学。

1921 年（33 岁）

7 月　主持榆林中学甲、乙两班学生毕业典礼。参加毕业学生会餐，即席发表充满革命热情和坚定信心的讲话。他说："俄国革命的胜利，开创了人类历史的新纪元，民主革命的潮流已经席卷全球，中国民主革命也有了希望，反动军阀统治的日子不会太长了。""希望同学们多关心政治，努力进步，做一个于国于民有益的人。"这期毕业的甲、乙两班学生共 52 人，先后有 18 人升入大专学校，7 人进入军事学校，先后有 20 多人参加革命，10 人加入共产党。

1922 年（34 岁）

3 月 榆林中学第五次正式招生 59 名，土地革命战争时期的陕甘边革命根据地创建人刘志丹，以及刘文蔚、柳湜等是此次考入的学生。

8 月 支持李子洲、呼延震东、白超然等陕北旅京津学生代表暑期回陕，力争陕西政教当局将省立第四师范学校办在了绥德。

是年 率领陕北教育界赴京津参观学习先进教学经验和学校管理制度，推动陕北旅京津学生组织起陕北教育促进会，出版《促进》刊物，配合《共进》杂志宣传新思想。

1923 年（35 岁）

春 诚聘从北京高等师范学校史地系毕业的魏野畴来榆林中学任教，并介绍蛰居榆林的杨虎城与魏相识。魏是陕西兴平人，共产党员。这是杨虎城结识的第一位共产党人。从此，杨与魏结下了不解之缘，成为与共产党合作共事的开端。

冬末 率榆林中学部分教师到京津参观访问，诚聘京津进步教师来榆林中学任教。经李大钊推荐，参加过"五四运动"的王森然与杜斌丞见面。杜对王说："陕北就缺你这样的教师呢？你能到我们哪里去吗？我约好了李子洲，你和他一块去'开荒'吧，你应该趁此机会去西北开拓新文化的处女地。"

1924 年（36 岁）

2 月 22 日 《新秦日报》报道，陕西视学韩兆鹗呈称："榆林各县联立中学开办有年，成效卓著，一切设备编制均能遵章，教育管理无不合法，学生程度颇有可观。陕北人民比年以来大有进步者，该校之力也，以故各界人士口碑载道……"

是月　在关中三原渭北中学任教的李子洲来榆林中学任教，讲授国文和历史两课。李为共产党员。

是月底　冒着春寒料峭的风雪，出城数里，迎接从北京远道而来的王森然老师。举行了欢迎会，王森然老师不禁热泪盈眶。

3月初　引荐王森然结识杨虎城，二人成了好朋友。

11月　与李子洲、王森然等商议并促成杨虎城率部南下关中参加驱逐军阀刘镇华的斗争。

1925 年（37 岁）

3月　共青团榆林支部成立，榆林中学学生张肇勤、刘景桂（志丹）、周梦雄、刘景向先后为书记。

是年秋　送长子杜鸿范赴广州参加国民革命，入黄埔军校第四期。

冬　支持榆林中学学生刘志丹，奉中共党团组织选派抵达广州，考入黄埔军校第四期。

1926 年（38 岁）

3月8日　《民生日报》刊登陕北联合县立榆林中学报告称："本校自杜校长接办以来，建筑校舍，购置教品，引聘各省积学之士专任教员，形式精神日臻完备。并且养成学生自治能力、法制精神起见，提倡学生自治，使用以共同之精神服从公共之意见，而为公共服务……"

6月　中共绥德地方执行委员会成立，榆林中学中共基层组织活动活跃。榆林特别支部由榆林中学辛班学生刘景向、癸甲班学生郭洪涛先后任书记。榆中支部由癸甲班学生武开章任书记。

1927 年（39 岁）

3月6日　应国民军联军驻陕总部邀请，从榆林前往西安，参加西安解围庆祝活动。同时率领榆林中学学生及陕北进步青年 78 人同行，进行广泛社会活动。这些学生和社会青年先后进入中山军事学校和中山学院进行学习训练和深造，成为陕西国民革命运动的积极分子和骨干人才。先后会见国民军联军驻陕总部正、副司令于右任、邓宝珊等。

3月31日 应邀在国民军联军驻陕总部主办的中山军事学校讲话。

4月中旬 应国民军联军第十路总司令杨虎城之邀，赴三原小住，与杨叙旧，畅谈当前形势。

6月底 辞榆林中学校长之职，出省赴外地考察。临出发时，他教导一批留在西安的陕北青年："你们要站在长线（共产党）上，不要站在短线（国民党右派）上"。以此来提醒大家要时刻辨明政治方向。他还自谦自嘲地说："我混迹榆林这一小天地里十余年，不了解国内外形势和发展变化情况，很愿借此机会出外观察学习。"

7月初 到达尚未宁汉合流的武汉考察。了解蒋介石制造"四一二"反革命政变和国民党反动集团勾结帝国主义的罪行，了解湖南、湖北农工运动蓬勃发展的情况，然后转赴北京，潜心读书，研究马列著作，分析观察国内外形势。

冬 杨虎城托请杜斌丞堂弟杜理丞邀杜斌丞赴皖北造访军次。杜斌丞转告堂弟："我不懂军事，等虎城兄有用我的时候我就去了。"

1928年（40岁）

夏秋 陕北中共府谷县委领导饥民进行"交农"斗争、中共榆林县镇川区委领导农民进行"抗白地捐"斗争先后取得胜利。杜斌丞同曹又参从北平返回陕北神木，谋划"倒井"斗争。因时机不成熟，秋末以"为陕北办赈济"为由，同曹复返平津，临行时将高硕卿（高岗）、谷玉山等安排在井部高志清处。

1929年（41岁）

春 从北平返回榆林，榆林中学全校师生举行欢迎老校长大会，会场气氛十分热烈，杜老校长作了热情的讲话。在讲到国内形势时，他批评国民党宣传"党外无党，党内无派"是荒谬的："国民党说'党外无党'，实际上党外有党，比如共产党等；'党内无派'，实际上党内有派，而且派系很多，如冯派、阎派、李宗仁派，还有政学系，改组派等等。"

夏初 由榆林复返北平，主持陕北灾民救济会工作，为陕北灾民争取配额多方呼吁。

6月23日 同张凤翙、寇遐等旅平陕西同乡在中山公园欢迎由济南赴北平的杨虎城，并合影留念。

7月 协助中共陕北特委派往北平募求赈灾的杜嗣尧、霍世杰从华洋义赈会领到部分赈粮赈款，从北平运回陕北。为府谷、神木、佳县、吴堡、绥德、清涧等县饥民渡过旱灾起了一定的救急作用。

1930年（42岁）

10月初 在北平指教参加中原大战失败的二十三军高桂滋部旅长高建白说："从政治上说，阎、冯与蒋介石的战争是国民党内部的权力斗争，是军阀的混战。培五（高桂滋字）站在阎、冯一边，还不能说是参加革命战争，不过打蒋介石总是好的，客观上对南方的革命根据地有利。你们这次想把蒋介石打倒，没有打倒，反而失败了，不要灰心，如果将来站在人民一边，为人民而反蒋，那就不会孤立，就可以胜利。"

10月29日 杨虎城总指挥兼陕西省政府主席率十七路军进入西安，主持陕政，分电诚邀陕西在外各知名人士"回陕襄理庶政"。

11月 从北平返陕，一回到西安，便希望杨虎城率十七路军一定要励精图治，在陕西有所作为；并提出首先要抵御蒋介石瓦解吞并异己的独裁统治。他说："一个杨虎城，一支十七路军，斗不过蒋介石，迟早要被吃掉；只有西北大联合，进而促进南北大联合，才能对付蒋介石。"即为后来的"大西北主义"。

冬 嘱新任绥德县县长高望之到任后，设法释放被捕关押绥德监狱的刘澜涛、张德生。高县长理清案情，为刘、张代拟了遭诬陷入狱的具结文书，由刘、张二人签字后出狱。刘时任中共陕北特委秘书长，张任中共府谷县委组织部长。

1931 年（43 岁）

1 月 27 日 《西安日报》报道：陕西省政府委任杜斌丞、曹国华为省清乡总局副局长（局长一职一般由省政府主席兼任）。杜、曹到职后，接受中共陕西地下党组织推荐，让共产党员霍世杰任省清乡总局专员。

2 月 掩护被捕爱国青年马云泽西安脱险。马是谢子长派往西安筹措武器弹药、在陕北开展武装斗争的。

3 月 22 日至 23 日 主持陕西清乡总局召开的视察员会议，面瞩各视察员：前赴各县勿扰害良民，切戒越权行动，万勿稍带腐化恶化习气。

4 月 30 日 在西安各界清乡运动大会上讲演，强调"不正的民团应一律取消，以免危害人民，妨碍治安。"

是月 与友人高又明、窦荫三、南汉宸、寇遐、邵力子、韩望尘、刘文伯等集资创办西安集成三酸厂。

5 月 18 日 以第十七路军总指挥部特派慰劳专员身份，带 20 余人员前赴彬县检阅新受编的警备骑兵旅苏雨生部。促使苏雨生释放了被扣押的刘志丹。

6 月 11 日 第十七路总指挥杨虎城代理国民政府陆海空军总司令、洛阳行营主任。不日，洛阳行营改为潼关行营。7 月 6 日，杨虎城宣誓就任潼关行营主任职。

7 月中旬 奉陆海空军总司令潼关行营主任杨虎城之命，以行营高级参议身份，代表杨入甘与各地方实力派进行联络。

8 月 25 日 冯玉祥旧部雷中田和国民政府委派之甘肃视察员马文车勾结，发动事变，扣押甘肃省政府主席冯鸿宾，把持甘政。

9 月上旬 在兰州代表杨规劝雷中田等人和平解决"雷马事变"，以平息"甘变"，接受潼关行营指挥。但雷、马二人仍执迷不悟。

9 月 28 日 眼见和平解决"雷马事变"无望，又知吴佩孚即到兰州，断定甘局终必以武力解决。于是，克服重重险阻离兰返陕，和杨虎城主任密议收拾西北局势计划。

10 月 30 日　受杨虎城复派赴甘，为新编第十三师师长陈珪璋、新编十四师师长鲁大昌送去委任状及关防。

11 月 11 日　杨虎城派陆海空军总司令潼关行营参谋长、陆军第十七师师长孙蔚如率部入甘靖乱。

11 月 12 日　发动平凉各界以"陇东军政农工商学各界"的名义，致电孙蔚如，欢迎孙率部入甘靖乱。

11 月 20 日　孙蔚如率十七师从西安首途入甘靖乱，潼关行营主任杨虎城夫妇及各界要人在西关外热烈欢送，当晚抵达彬县。

12 月 10 日　第十七师四十九旅占领兰州。雷中田南窜，马文车、吴佩孚等乘机北渡黄河。

12 月 11 日至 12 日　随孙蔚如进入兰州。经潼关行营批准，甘肃省政府临时维持委员会成立，并举行第一次会议。孙蔚如为委员长，委杜斌丞为秘书长，拟定《甘肃省政府临时维持委员会组织大纲》。孙蔚如宣誓就任甘肃宣慰使职。经孙委任，杜兼任宣慰使署秘书长，十七师四十九旅旅长杨渠统为兰州警备司令。

是月　在兰州会见由宁夏抵兰的张德生、张东郊、李罕言等中共地下党员。派杜立亭为酒泉行政专员与马仲英部联络代表，执行杨虎城、杜斌丞策划的"回汉一家，陕甘一体，打通新疆，联合苏联"反蒋救国主张联络任务。

1932 年（44 岁）

2 月 1 日　杨虎城通电就任西安绥靖公署主任，受杨聘为西安绥靖公署高级参议。

2 月 11 日　从兰州回西安，代表孙蔚如向杨虎城汇报甘肃政情，特别是孙、杜二人密商方案："暂让出陕西于蒋，以安其西顾之心，十七路军指挥部移出兰州，由孙蔚如率十七师走新疆。并分兵宁（夏）、青（海），既跨有四省，整理训练，可为他日革命根据地。"也是完成九一八事变后杨虎城打造西北抗日基地计划的重要步骤和行动。

2 月 20 日 甘肃省政府临时维持委员会委员、新编第十三师师长陈珪璋因有"异动"被四十九旅旅长兼兰州警备司令杨渠统秘密处决。正在西安的杜斌丞认为"大西北主义"计划"失此一着,全盘皆输。"

3 月上旬 急从西安返兰,协助孙蔚如妥处陈珪璋被杀后甘肃出现的复杂局面。因陈被杀,引起甘政骤变,孙蔚如部退出兰州,大西北主义计划受挫。

4 月 30 日 甘肃省政府正式成立,邵力子任甘肃省政府主席(稍后到任)。所有临时维持委员会依原定组织大纲同时取消。

是月底 在兰州秘密会晤中共陕西省委派来的谢子长、杜润滋。默许长子杜鸿范随谢、杜参加靖远起义。

5 月 7 日 新成立的甘肃省政府委员会第一次会议上,经主席邵力子提议,担任省委秘书长。

11 月上旬 因腿疾不能视事,向邵力子主席书面请辞甘省府秘书长一职。

11 月 11 日 由甘回陕。

1933 年(45 岁)

2 月 21 日 奉杨虎城之命,以西安绥靖公署高级参议的身份,到达甘肃天水三十八军军部,劝慰孙蔚如军长因对甘肃政权被夺而心有不甘的愤懑心情,密商与进入川陕边的红四方面军打通关系,取得联络重大事宜。三天后,杜、孙二人一起返回西安,与杨虎城作进一步磋商。

5 月 4 日 在杜斌丞和《西北文化日报》总编辑宋绮云(共产党员)、中共上海中央局军委王右民的策划下,杨虎城致书供职于汉中三十八军军部参谋武志平(共产党员)"尚喜佐理孙军长努力工作,是为至要。"暗示武志平协助孙军长与红四方面军进行"联络"。与此同时,杜斌丞也致书武志平,告诉武杨虎城已确定和红四方面军进行友好联络,并要武秘密进行此事,妥办玉成。

5月11日　孙蔚如军长和武志平密谈布置任务后，武便化装秘密进入川北红四方面总部进行联络。

5月31日　红四方面总部派代表徐以新到达汉中。第二天便和孙蔚如军长密谈达成双方互不侵犯协定，史称"汉中协定"或"汉中密约""巴山协定"。

9月22日　以西安绥靖公署高级参议身份，偕同三十八军参谋长张绍亭联袂启程汉中，同孙军长一起商量进一步执行汉中协定事宜。此行对于巩固杨虎城与红四方面的双方关系起到很大稳定巩固作用。同时与中共陕南特委负责人汪锋、张德生会面，并给予经济资助。

1934年（46岁）

1月　会见从上海到西安活动的中共地下党员徐彬如和王根僧。徐、王二人是为杨虎城的"大西北计划"而来。

5月　商派原榆林中学学生、共产党员张光远去川北与红四方面军联络。

是年　督促米脂县开始民国年间地方志编纂工作，并为米脂民国《县志》参订人之一。

1935年（47岁）

8月16日　次子鸿模与马秉初三女儿马康如成婚。

10月初　接待东北籍抗日民主人士高崇民，安排高与杨虎城会见。高是携带杜重远给杜斌丞的密信从上海来西安推动东北军、十七路军停止"剿共"联合红军抗日的。

是月　规劝杨虎城将军善待背井离乡的东北军眷属，改善第十七路军与入陕东北军的关系，以此打造东北军、十七路军和红军合作共事的西北抗日局面。

11月初　约告中共陕西临时省委委员孙作宾："杨虎城将军要与抵达陕北的中央红军建立联系，互不侵犯，望孙从中沟通实现。"

12 月下旬 热情接待毛泽东的秘使汪锋，进行了长时间密谈，向汪锋详细介绍了杨虎城目前对中共和中央红军的基本态度。汪锋是持毛泽东、彭德怀给杨虎城、杜斌丞、邓宝珊密信前来西安，与杨虎城谈判红军和十七路军联合抗日大计的。毛泽东密信中称杜斌丞为"西北领袖人物"。

1936 年（48 岁）

7 月 沟通中共陕西临时省委组织委员孙作宾与三十八军军长孙蔚如的政治联系，支持孙作宾和临时省委书记高克林赴陕北苏区保安，向中共中央汇报，转告了孙蔚如愿和红军联合共同抗日的意愿。

8 月 13 日 毛泽东派张文彬赴西安，向杜斌丞转交亲笔信，称"杜先生一言兴邦""救西北救华北救中国之伟大事业愿与先生共勉之"。

12 月 12 日 "西安事变"爆发，同日张学良、杨虎城两将军决定改组陕西省政府，任命杜斌丞为陕西省政府秘书长，代表杨虎城参加了由红军、东北军、西北军三方组成的联合办公厅工作，成为"抗日联军临时西北军事委员会设计委员会"成员之一。多次与周恩来单独晤谈，聆听指示，很快接受了共产党和平解决"西安事变"的主张，认定"共产党站得高、看得远"，喊出了"跟共产党走"的响亮口号。

1937 年（49 岁）

1 月初 陪同杨虎城一起派马文彦急赴南京拜访于右任，了解西安事变和平解决后南京方面的动态。

3 月上旬 亲往西安市北广济街吴鸿宾（共产党员）住处，促成吴与周恩来见面。吴向周举荐西安回族知名人士马德涵飞往武威，了解红四方面军在河西走廊失散人员情况。

5 月 28 日至 6 月 3 日 赴沪送别杨虎城出国"考察水利"。

9 月 派马文彦赴南京了解国民党人士对国共合作的反应。

10 月初 派田一明赴武汉，借为陕西地方团队领取弹药之机，探听杨虎城将军回国抗日的可能性。

1938 年（50 岁）

秋　多次到西安"八办"与陕甘宁边区政府主席兼中共驻陕代表林伯渠等会谈，受到特务监视。

11 月　研读林伯渠亲赠的《联共（布）党史简明教程》。

1939 年（51 岁）

1 月　两次接到国民党陕西省党部送来的"党员登记表"，两次撕毁。看穿国民党当局的阴谋诡计："共产党员组织决定加入国民党，可以是假的；如果我加入了，假的也变成真的了。"

是月下旬　在重庆召开国民党五届五中全会，确立"防共、限共、溶共、反共"方针前后，面对蒋介石的极力拉拢和胡宗南登门拜访、表示殷勤、许以军事委员会参议职、按时酬赠高薪等许诺，不为所动，拒之不受。

1940 年（52 岁）

2 月 20 日　毛泽东在陕甘宁边区文化协会第一次代表大会上发表的《新民主主义的政治与新民主主义的文化》讲话，在西安《解放》杂志发表。阅读了张文彬带给他的毛泽东这个讲话全文后说："中国革命从此有了明确的道路和方针，这就是毛先生指出的新民主主义，除此别无道路。"

1941 年（53 岁）

3 月 19 日　中国民主政团同盟在重庆正式成立，后简称"民盟"。

7 月中旬　奉蒋介石之召赴重庆，不日免去省府委员之职。

秋中　赴河南渑池会见第十七军军长高桂滋，动员高军长和共产党人合作抗战。

秋末　和孙蔚如一同赴重庆，在重庆经王炳南介绍，加入中国民族大众同盟，任陕西组组长。一年后，大众同盟改为中国民主革命同盟。

冬初　以看望在杜聿明部供职的长子杜鸿范为名，到西南会见李济深、李仁重、朱蕴山、龙云、刘文辉、邓锡侯等人，沟通南北抗日民主人士的关系。

1942 年（54 岁）

春末夏初　和杨明轩、王菊人等成为中国民主政团同盟总部直接吸收的第一批盟员，从此策划组织陕甘地区的民主运动。

9 月上旬　与前来西安的李宗仁密谈国内民主和团结抗战等重大国是机密。

是月　婉拒第一战区司令长官蒋鼎文馈赠。

1943 年（55 岁）

1 月上旬　喜获王炳南托孔从洲从重庆带回西安转交沈钧儒送来的中国民主政团同盟纲领性文件。

8 月 13 日　遵照周恩来提议，联系筹组的《秦风日报工商日报联合版》在西安面世，宣传抗日与民主。

秋　赴昆明积级广泛地开展抗日民主活动。

冬　在重庆拜会中国民主政团同盟主席张澜。

是年　参加苏联驻华武官罗申领导的"西安通讯组"并成为该情报组织的核心领导成员之一。

1944 年（56 岁）

2 月　致书移防甘肃固原（今属宁夏）第十七军军长高桂滋，要高响应共产党提出的抗日民族统一战线号召，不要与陕甘宁边区的部队发生摩擦，侵犯边区。高桂滋复信杜斌丞，表示赞同。

9 月 10 日　中国民主政团同盟在重庆召开全国代表会议，决定将中国民主政团同盟改为"中国民主同盟"。

10 月　与杨明轩、王菊人、郭则沉等人秘密成立中国民主同盟西北总支部筹备委员会，提出"亲苏、友共，努力实现新民主主义"的政治纲领，并主持西北盟务。

12 月　接见李宗仁的代表尹冰彦，让其带回致李宗仁亲笔信，表示要在西安、要为民主而坚持斗争下去。李阅信后深为感慨地说："杜先生这样的坚贞倔强，将来是要吃他们（蒋介石）的亏了。"

是月下旬　与杨明轩一起听取前来西安的民盟甘肃负责人王新潮汇报，商定将甘肃西北民主政团改为民盟甘肃支部，并再次阐述了民盟西北总支部"亲苏、友共，努力实现新民主主义"的政治纲领，及"三反"（反帝、反封建、反官僚主义）和"三不反"（不反苏、不反共、不反人民）的指导思想。

1945 年（57 岁）

1 月初　从西安赴平凉转固原，与第十七军军长高桂滋密商建立"西北民主联军"，插旗反对积极反共、消极抗日的蒋介石。

2 月 15 日　中共陇东地委书记段德彰电报中共中央西北局书记高岗："西安确息：本月初因民主同盟问题，蒋令胡宗南立即逮捕杜斌丞就地适宜处理（此令曾有同志看到），闻杜本人现在固原高桂滋处。"

2 月 27 日　第十八集团军驻陕办事处处长周子健电报中共中央秘书长任弼时："杜斌丞已于 23 日返西安，高桂滋陪同。"

6 月 16 日　中共中央秘书长任弼时致电第十八集团军驻陕办事处处长周子健：望告杜斌丞，国民党企图利用美援进行内战。但在日寇败退前，仍不能放手做，故目前正在伪装民主，加强独裁统治，为内战做准备。我们除扩大抗日武装，扩大解放区，筹备解放区代表会议外，极望大后方民主人士，多注意民主运动、农村工作，特别是军队的联系，以便在情况变化时能与我们一道来制止内战。

7 月　和杨明轩、屈武主持中国民主革命同盟西北地方组织在西安秘密成立，称为"小民革"，举行了入盟宣誓。"小民革"是民盟西北组织的领导核心，除杜斌丞、杨明轩、屈武人称"三老"外，其成员还有成柏仁、关梦觉、张锋伯、王菊人、姚警尘、马文彦、张性初、李敷仁、武伯纶、张光远、郑竹逸、王维祺等人。

9 月 应蒋介石之"电邀"由西安到重庆，奉蒋召见，拒绝蒋的高官厚禄拉拢。

10 月 1 日至 12 日 在重庆举行的中国民主同盟临时全国代表大会上，被补选为中央委员，公推为中央常务委员会委员。

10 月 15 日 在重庆出席民盟一届一中全会，并会见王昆仑、杜聿明等人。

1946 年（58 岁）

1 月 10 日至 31 日 以"中国民主同盟代表团政治顾问"身份参加在重庆举行的政治协商会议。会议期间，民盟新闻处对外宣布："民主同盟顾问杜斌丞和周鲸文、彭一湖三氏已参与协商会议，以便直接提供意见。"会后返回西安。

2 月 4 日 中国民主同盟西北总支部在西安正式成立，主任委员杜斌丞、杨明轩、王菊人、李敷仁、成柏仁等为执行委员，杨子廉为秘书长。

2 月 6 日 主持召开民盟西北总支部委员会会议，讨论发展地下武装组织问题。

3 月 派堂弟杜理丞赴东北做国民党高级将领杜聿明的策反工作。

是月 中国民主同盟中央提出，杜斌丞为改组后的联合政府行政院不管部的政务委员。

4 月 30 日 蒋介石由重庆飞抵西安，5 月 2 日离开。期间枭训高桂滋、赵寿山不要同杜斌丞和民盟组织来往。赵寿山三劝杜斌丞暂离西安避锋。杜说不要紧，不要紧，表示坚守工作岗位，绝不他去。

7 月 11 日 中国民主同盟中央委员会李公朴被国民党特务击杀于云南昆明街头。15 日，民盟中央委员闻一多又被国民党特务杀害于主持李公朴追悼会的归途中。噩耗传到西安，人们对杜斌丞的处境和安全更为担忧。而他还是和往日一样安详、镇静，不为所动。反而以民盟能有李公朴、闻一多这样的真理卫士而自豪、而鼓舞。他说："李公朴、闻一多代表的是真理，强权绝不能毁灭真理。我们只怕没有人来发扬真理，并不怕蒋介石毁灭真理。"

8月17日 中共中央社会部、调查部直属西安情报处处长王超北电报中央："据杜清同志告：军统对陕西名流及教育界进步人士和十七路军退休军人张翔初、杜斌丞、成柏仁、杨子廉、李虎臣、王菊人、杨明轩等百余人列入要加害的黑名单。未筱"。杜清，即西安情报处副处长李茂堂，公开身份是国民党中央调查统计室主任。

秋初 对冒险前来看望并劝他尽快离开西安去边区的田一明夫人秦琳说："我的斗争岗位在西安，我不能回避斗争。"

9月 民盟中央数电杜斌丞，促其急离西安，以免遭胡宗南之毒手。处在国民党特务层层监视之中的杜斌丞对王菊人说："陕西当局决不许我走，我在危难时绝不求一身之安全，置诸君同志于不顾。你为其易，我当其难，你走吧，我是决心不走的。"

12月初 赵寿山将军在上海拜会民盟中央领导人张澜、沈钧儒及李济深等人，建议他们以"开会"名义，把杜斌丞接到上海，以防被蒋介石在西安暗杀。

1947年（59岁）

3月13日 国民党34个旅、25万兵力向陕甘宁边区发动大规模进攻。18日傍晚，毛泽东主席和周恩来等中央领导从容撤离延安。当天晚上，西安情报处处长王超北侦悉蒋介石当天已给胡宗南、陕西省主席兼陕西戒严总司令祝绍周下达"即速查办杜斌丞、白伯英、王菊人等通匪有据"密令。晚上，王超北从严佑民院内偏门进入杜宅，当面告知蒋介石的密令内容并愿帮助杜去延安，"西情处"也是唯一可以帮助脱离虎口的党的地下组织。但杜已做好最坏打算，加之对王超北的政治面貌不清楚，拒绝帮助。镇定自若地说："斗争难免有牺牲，我不能让蒋介石的恐怖手段吓倒。"最后表示"决心迎接蒋胡反动集团的挑战。"

3月20日下午　横遭栽赃陷害被捕。当天被捕的还有民盟同仁王菊人。

3月21日　西安情报处处长王超北电报中央"杜斌丞先生和他的侍从杜良明与王菊人均被捕。"

10月7日　在西安玉祥门外英勇就义。

※　※　※　※

1948年10月7日　陕甘宁边区各界代表在延安集会，追悼杜斌丞先生，毛泽东为斌丞先生题词："为人民而死，虽死犹生。"

此后，在他殉难二周年、35周年、50周年，先后由中国民主同盟总部、民盟中央公祭、悼念或召开纪念会。

1988年5月10日　民盟中央举行纪念杜斌丞同志诞辰100周年集会，民盟中央副主席叶笃义在纪念会上讲话说，杜斌丞同志的一生，是由同情革命、支持革命、参加革命到献身革命的一生。他是我国革命知识分子的光辉典范，是值得永远学习和纪念的。习仲勋、刘澜涛、楚图南、杨静仁、吕正操、屈武、马文瑞等出席纪念大会。

1995年4月5日　杜斌丞扶助优秀贫困学生奖学金在西安设立。

1997年10月15日　杜斌丞烈士铜像揭幕仪式暨殉难50周年纪念大会在陕西省米脂县举行。

2006年5月10日　陕西省杜斌丞教育思想研究会成立。

2008年5月10日　陕西省举行纪念杜斌丞诞辰120周年暨《杜斌丞年谱》首发式座谈会。

2010年11月6日　正泰·杜斌丞扶助优秀贫困学生奖学金在西安设立。

2018年9月6日　中共米脂县委、米脂县人民政府、陕西省杜斌丞教育思想研究会在米脂县召开纪念杜斌丞诞辰130周年暨斌丞图书馆建馆70周年大会。

后 记

本书在撰写过程中：

一、主要参考了中央文献出版社出版的《毛泽东年谱》《周恩来年谱》《任弼时传》《习仲勋传》《杨明轩年谱》，中共党史出版社出版的《中国共产党历史》（第一卷、第二卷）、《汪锋传》，中国文史出版社出版的《丹心素裹》《杨虎城年谱》《秦岭之子——汪锋革命传奇》《乱世云烟——井勿幕、井岳秀昆仲史事钩沉》，由中共陕西省委党史研究室、陕西省杜斌丞教育思想研究会编，南海出版公司出版的《杜斌丞年谱》，长征出版社出版的《汉中密约》，陕西人民出版社出版的《辛亥革命在陕西》《陕西靖国军》《国民革命在陕西》《西安军事情报组纪事》《中共陕西地下党反特斗争纪实》《常黎夫》，东北大学出版社出版的《东北军军史》等书目。

二、采访了张平、王维祺、王建领、刘米拉、贾自新、王聚英、李东朗、李蓉、江琳、王晓建、姚文琦、王工、李伶、惠世武、卫佐臣、李力群、霍世仁、邓成城、戴居仁、高凌云、常永生、张光、杨玉瓒、马晓文、杜自强、成小秦、杜致廉、杨拯湘、杨协、杨瀚、王延生、李荣珍、王又凯、张克非、井晓天、任歆、高大会、李雪飞、贺抒玉、谢绍明、吴仲英、吴文泰、杜如樟、高振祥、高振儒、黄振国、常小力、高士杰、杜方正、杜可夫、刘世华、刘毓珠、姬晓东、鲁翰、郭明焕、申长明、张国全、宋新勇、钟自鸣、魏书亮、陈瑜、李利春、李平、杨新铁、王长安、王涛、杜承民、杜秦川等同志。特别是杜如樟同志还应邀对书稿进行了仔细校对和订正。

三、陕西金石人文文化传播有限公司张国磊、王靖月、常冠军、郭金龙同志承担成书事务工作。

在此，对以上受访人员和工作人员一并表示谢意。

作　者

2019 年 7 月